1대 달라이 라마의

대승의 마음 닦는 법

1대 달라이 라마의

대승의 마음 닦는법

역저 중암선혜

금빛소리

머리말

로종(Blo sbyoṅ)이라 부르는 이 대승의 마음 닦는 법은 오늘날 티베트 불교에서 매우 중시하는 수행법들 가운데 하나이며, 아띠쌰 존자에 의해서 이 가르침이 티베트 땅에 전해진 이래 1천년의 장구한 세월 동안 쇠퇴함이 없이 오늘날에도 그 수행의 전통이 도도한 강물처럼 이어져 오고 있다.

이 로종의 수행은 처음 티베트 까담빠(教誡派)에서 시작하였지만 자비를 위주로 한 세속보리심을 실천하고 수행하는 간결하고 직설적인 이 법문은, 중관과 유식 같은 대승의 심오하고 난해한 교리에 대한 학습이 없더라도 누구라도 쉽게 접근하고 닦을 수 있을 뿐더러, 나아가 즉각적이고 실제적인 체험을 내면에서 불러일으킴으로써, 일반불자들은 물론이거니와 티베트의 모든 불교종파들에 전파되어 오늘날에는 티베트 불교를 대표하는 독특한 수행법으로 전 세계에 널리 알려지게 되었다.

또한 이 로종의 원문은 판본에 따라서 56구절에서 70구절에 불과한 단문에 지나지 않으나, 여기에는 대승의 위대한 스승이신 용수보살(龍樹菩薩)과 무착보살(無着菩薩)과 적천보살(寂天菩薩)로부터 각각 전승되는 대승의 세 학파인 중관학파와 유식학파와 수행가지파[1]의 수행구결이 남김없이 망라되어 있는 제호와도 같은 참으로 귀중한 가르침이다.

이 뜻을 좀 더 설명하면, 용진·예시걜챈(智幢)이 대승수심결교도서(大乘修心訣教導書)에서, "보통 이 로종의 가르침은 아사리 샨띠데와(寂天)의 보살집학론(菩薩集學論)과 입보리행론(入菩提行論) 둘의 교계이며, 특별히 로종(修心)의 도차제(道次第)를 이와 같이 만든 이는 조오제(大恩人)이다. 그 또한 아띠쌰 존자께서 많은 스승님들로부터 보리심을 닦는 교계들을 청문함으로써, [인도에서 전해지는] 대승의 보리심을 닦는 로종의 가르침들을 빠짐없이 모두 전해 받았다. 특별히 법왕자 보살인 샨띠데와(寂天)의 보살집학론과 입보리행론 둘의 가르침인 자타평등상환(自他平等相換)의 고귀한 보리심을 닦는 법 일체를 아사리 쎄르링빠(金洲法稱)로부터 얻음으로써 그의 가르침을 몸체로 삼고, 구루 다르마락시따(法護)와 성자 마이뜨리요기(慈愛瑜伽師)를 비롯한 다른 스승들의 단편적 가르침들을 또한 하나로 거두어 모은 뒤, 이 대승의 마음 닦는 차제를 만들었다"고 설함과 같이, 이 로종의 가르침은 아띠쌰 존자께서 활약하시던 11세기 당시 인도의 후기불교의 세 가지 수행전통과 지존하신 스승들의 육성을 고스란히 담고 있는 소중한 가르침인 것이다.

그리고 특히 이 로종의 가르침은 티베트에서 까담빠의 선지식들이 활동했던 시기에는 문둥병 환자들이 많이 닦았던 탓에 흔히 제최(mDze chos : 문둥이의 법)로 알려지기도 했다. 이것은 그만큼 천형과도 같은 문둥병 환자들에게 절망과 좌절의 늪에서 벗어나 해탈의 길로 인도하는 구원의 메시지와 같은 역할을 했었음을 알 수가 있다. 그들은 이 로종의 가르침을 통해서 자신의 병을 단순히 불행이나 저주의 산물로 받아들이지 않고, 업(業)의 인과법칙으로 이해하고 자발적으로 수용하면서 불행의 원인인 무시이래의 자기 악업을 참회하였을 뿐만 아니라, 나아가 타인의 병고와 불행과 고통의 일체를 자기 몸에 거두어들인 뒤, 그것을 대신 참회하고 소멸시키고 자기의 선업을 회향하고 행복을 기원함으로써, 자기의 불행과 질병을 극복하고 치유하는 동시에 이것을 통해서 또한, 모든 유정들을 생사윤회의 고통에서 해탈시키고자 하는 전화위복의 기회로 삼아서 스스로 대승보살의 길을 갔던 아름다운 역사의 숨결이 배어있는 가르침이기도 하다.

이와 같은 고귀한 역사의 숨결을 담고 있는 이 로종의 가르침은 비록 티베트 땅에서 만개한 가르침이나, 시공을 초월해서 오늘날 물질문명이 극도로 발달한 현대사회를 살아가는 한국의 불자들에게도 그대로 적용될 수 있는 가르침이기도 하다. 중생의 무명과 번뇌가 야기한 부정한 공업(共業) 속에 건립된 인간세계는 물론 천상을 비롯한 육도세계의 삶이 고통 그 자체임을 인식한다면, 로종의 원문에서, "불행의 일체는 [아집(我執)] 하나에 있다"고 설파한대로, 생로병사 등의 온갖 불행들이 아집(我執) 하나에서 비롯하는 것임을 통찰한 뒤, 그것을 극복하고 치유하는 자타상환(自他相換)의 법을 닦는다면, 이 로종의 가르침이 우리의 내면에서 일으키는 즉각적인 가피인 분노와 질투 따위들이 줄어들고, 법성의 활력인 이타의 자비심이 불러오는 내면의 행복과 적멸 등을 체험할 수 있다고 생각한다.

끝으로 한 가지 주의하자면, 이 로종의 법은 진실한 염리심(厭離心)의 토대 위에서 실천하고 수행할 때, 그 본연의 목적인 결정승(決定勝)이라 부르는 적멸의 해탈과 일체지자의 경지로 나아가게 되나, 그렇지 않고 세속의 안락과 명리를 버리지 않은 상태에서 이 법을 닦는다면, 그 결과는 윤회 속에서 선취(善趣)의 안락과 행복을 얻는 증상생(增上生)으로 끝나고 마는 것임을 통찰할 필요가 있다.

그러므로 이 로종의 전승자인 지존하신 쫑카빠 대사에게 어느 날 문수보살님께서 출현하여 로종 수행의 함정을 경책하기 위해서, "맨 처음 윤회의 일체에서 벗어나려는 출리(出離)의 염오심(厭惡心)이 없다면, 비록 문사수(聞思修)의 셋 등의 무엇을 닦고 행하든 모두가 윤회와 악도의 원인에서 벗어나지 못한다. 그러므로 생기차제(生起次第)와 원만차제(圓滿次第) 등의 심오한 법들 또한 일단 내려놓은 뒤, 진실한 염리심(厭離心)이 일어날 때까지 노력함이 필요하다"고 설하신 교훈은 로종(修心)의 법을 닦는 모든 이들이 경청하고 명심해야 하는 금언(金言)이기도 하다. 길상원만.

2020, 4월 부처님 오신 날에
따라불모가 자생하는 양라쉬의 성소에서 중암 합장

아띠쌰(Atīśa) 존자의 약전

보통 티베트 불교에서 대은인(大恩人, jo bo rje)으로 높여 부르는 아띠쌰(Atīśa, 982-1054) 존자는 본명이 디빰까라쓰리즈냐나(Dipamkara Śrijñāna, 吉祥燃燈智)이며, 그의 광대한 역사를 까담쩨뛰(噶當派大師箴言集)에서는 다음과 같이 요약해서 기술하였다.

"길상하신 아띠쌰(Atīśa)라 부르는 그는 티베트 사람들이 싸호르(Zahor)라 부르는 인도의 동쪽지방 방갈라(Baṅgala) 땅에서 재물과 위세가 넘치는 게왜뺄(dGe baḥi dpal, 吉祥善)이라 부르는 왕의 아들 셋 가운데 둘째 아들로 [서기 982년] 임오년(壬午年)에 탄생하였으니, 이름을 월장(月藏, Zla baḥi sñiṅ po)이라 하였다. 21세까지는 왕궁에 거주하였으며, 외도와 내도의 공통의 학문을 배웠다.

그 뒤 아사리 아와두디빠(Avadhūtipa, 一切斷者)와 다르마락시따(Dharmarakṣita, 法護)와 싼띠빠(Śantipa, 寂靜)와 나로빠(Nāropa)와 돔비빠(Ḍombhipa)와 라훌라굽타(Rāhulagupta)와 와끼쓰와라끼르띠(Vākīśvarakirti, 語自在稱)와 릭빼쿠죽(Rig paḥi khu byug, 大明杜鵑) 형제와 제따리(jetāri, 勝敵)와 보디바드라(Bhodhibhara, 菩提賢) 등을 비롯한 수많은 스승들로부터 금강승(金剛乘)의 가르침을 청문하였다.

스승님과 본존(本尊)의 권유에 따라서 29세가 되던 해, 오딴따뿌리(Otantapuri, 能飛城寺) 승원에서 대중부(大衆部)의 상좌 씰라락시따(Śīlarakṣita, 戒護)의 면전에 출가하니, 법명을 디빰까라·쓰리즈냐나(Dipamkara Śrijñāna, 吉祥燃燈智)라고 하였다. 그 뒤 3년 동안 법상학(法相學)을 수학하고, 자타의 학파에 정통하였다.

아르야 따라(Tārā, 度母)의 예언대로 바다에 배를 띄워 13개월이 걸려서 [오늘날 인도네시아 수마트라 섬인] 쎄르링(金洲, gSer gliṅ pa / Suvarṇadvīpa)에 도착하였다. 스승이신 쎄르링빠(金洲法稱, gSer gliṅ pa)의 문하에서 12년 동안 머물면서 유가의 광행도(廣行道)의 차제를 청문하고, 조작함이 없는 보리심이 일어났다. 견해는 [양변(兩邊)에 머물지 않는] 극무주(極無住)의 중관견(中觀見)을 지녔다. 많은 본존(本尊)들의 존안을 친견하였으며, 일산(日傘)을 13개 받드는 외도의 도사와 논쟁하여 승리함으로써 13개의 일산을 아띠쌰 존자에게 바쳤다. 비끄라마씰라(Vikramaśīla, 戒香寺) 승원에 초빙을 받고, 18개 열쇠의 주인이 되니, 곧 18부파(部派)의 정수리의 보주(寶珠)가 되었다.

티베트 서부 지방인 뙤응아리(sTod mṅaḥ ris)의 출가국왕 예시외(Ye śes ḥod, 智光)가 닝마빠(舊派)의 조악한 행위를 견디지 못하고 있다가 아띠쌰 존자의 명성을 듣고서, 초청하기 위해서 처음 사신들을 보냈으나 대바구니(sMyug rlon) 속에 갇혀 죽고 말았다. 두 번째 때는 예시외(智光)가 금을 채굴하기 위해서 나갔다가 가르록(Gar log)의 왕에게 붙잡힌 뒤, 몸체와 동등한 금을 가져오면 풀어주겠다고 말하자, 예시외(智光)가, '그 황금을 가지고 아띠샤 존자를 모셔오면 나는 여기서 죽어도 좋다'고 한 뒤, 그곳에서 죽었다. 조카인 출가국왕 장춥외(Byaṅ chub ḥod, 菩提光)가 갸·쬔뒤 쌩게(rGya rtson ḥgrus seṅ ge, 精進獅子)와 낙초·로짜와(Nag tsho Lo tsā ba)를 차례로 파견해서, 마침내 아띠샤 존자께서 61세 되던 해인 [서기 1042년] 임오년(壬午年)에 뙤응아리(sTod mṅaḥ ris)에 도착한 뒤, 3년 동안 머무셨다. 녜탕(sÑe thaṅ)에서 9년, 우짱(dBus gtsaṅ)의 다른 곳에서 5년 동안 머무셨다. 존자께서 73세가 되던 [서기 1054년] 갑오년(甲午年) 누수월(婁宿月) [장력(藏曆)] 8월 18일 녜탕(sÑe thaṅ) 사원에서 미륵자존이 계시는 도솔천으로 가시는 입적(入寂)의 모양을 보이셨다. 그곳에서 남카디메(rNam mkhaḥ dri med, 無垢虛空)의 이름으로 태어난다고 말씀하였다. 일부의 전기에서 티베트에 13년 동안 머무신 것으로 말하는 것은 뙤응아리(sTod mṅaḥ ris)에서 3년과 오가는 길에서의 1년을 계산하지 않은 것이다.

저술로는 보리도등론과 수지법(修持法, Thugs dam)인 소간백법(小簡百法, Chos chuṅ rgya rtsa)의 앞부분에 후일 삽입한 25가지의 [입이제론(入二諦論) 등의] 소간법문들이 있다. 아띠샤 존자의 초기의 제자로는 뙤응아리(sTod mṅaḥ ris)의 대역경사 린첸쌍뽀(Rin chen bzaṅ po, 寶賢)와 낙초·로짜와(Nag tsho Lo tsā ba) 출팀갤와(Tshul khrim rgyal ba, 戒勝)와 출가왕인 장춥외(Byaṅ chub ḥod, 菩提光)와 [중앙티베트 등지에서의] 후기의 제자의 핵심인 따라 불모님이 예언한 돔뙨빠·갤왜중내(ḥBrom ston pa rGyal baḥi ḥbyuṅ gnas, 勝者源)와 응옥·렉빼쎄랍(rṄog Leg paḥi śes rab, 妙慧)과 쿠뙨·쬔뒤융둥(Khu ston brTson ḥagrus gyuṅ druṅ, 精進堅固)과 괸빠와(dGon pa ba)와 낸조르첸뽀·장춥린첸(rNal ḥbyor chen po Byaṅ chub rin chen, 菩提寶)과 호닥·착티촉(lHo brag Chag khri mchog)과 착다르뙨빠(Phyag dar ston pa)와 낸조르빠·쎄랍도제(rNal ḥbyor pa Śes rab rdo rje)의 넷은 유가사(瑜伽師)로 알려졌다. 쑤·도제걜챈(gZus rDo rje rgyal mtshan)과 롱빠·가르게(Roṅ pa Gar ḥges)와 욜최왕(Yol chos dbaṅ) 삼형제와 샹쮼예르빠(Shaṅ btsun yer pa)와 곰빠대빠라마(sGom pa dad pa bla ma)이다."*

---

* 까담째뛰(噶當派大師箴言集), pp.55-7, 青海省, 青海民族出版社, 1996. 6, China.

아사리 쌴띠데와(Śantideba, 寂天)의 약전

아사리 쌴띠데와(Śantideba, 寂天)은 7세기 말에서 8세기 초에 활약했던 인도의 고승으로 문수보살님으로부터 전승되는 대승의 수행가지파(修行加持派)의 시조이다. 그의 위대한 전기를 따라나타(Tāranātha)의 인도불교사에 의거해서 약술하면, "아사리 쌴띠데와(寂天)는 남인도의 싸우라스뜨라(Saurāṣṭra) 왕국의 왕자로 태어났다. 숙업의 복보(福報)에 의해서 어려서부터 문수보살님을 꿈속에서 친견하였다. 장성한 뒤 왕위에 오르게 되었다. 꿈속에서 문수보살님께서 어좌에 앉아서 말하길, '아들이여, 이것은 내 자리이며, 내가 너의 선지식이다. 너와 내가 둘이 한 자리에 앉는 것은 참으로 옳지 않은 일이다'라고 하였다. 또한 아르야 따라(聖度母)께서도 친어머니의 모습을 하고서 뜨거운 물을 머리에 부어줌으로써, '어찌된 일입니까?'라고 묻자, 아르야 따라(聖度母)께서 말씀하시길, '왕국은 지옥의 마르지 않는 뜨거운 물과 같다. 그것으로 네게 관정을 하는 것이다'라고 하였다. 이에 왕위에 오르는 것이 옳지 않음을 안 뒤, 즉위식 전날 밤에 도망을 쳐서 왕궁을 나왔다. 거기서 21일 동안을 걸은 뒤 큰 수풀 아래 있는 한 샘물에 도착하였다. 샘물을 마시려고 할 때, 한 여인이 가로막은 뒤 맛있는 다른 물을 따라준 뒤, 숲속의 동굴에 사는 한 요기에게 데려갔다. 그에게서 바른 가르침을 받고 수행함으로써 무량한 삼매와 지혜를 얻으니, 그 요기는 문수보살이었으며, 그 여인은 아르야 따라(聖度母)이였다. 그 뒤부터 항상 문수보살의 존안을 친견하였다. (중략)

그 뒤 중인도의 나란다 승원에 당도하여 친교사 승천(勝天, rGyal baḥi lha)에 의지해서 출가하니, 법명을 적천(寂天, Śantideba / Shi baḥi lha)이라 하였다. 그곳에서 학승들과 함께 기거하면서, 음식은 또한 매번 쌀 다섯 되를 먹었다. 안으로는 삼매에 들고, 문수보살님으로부터 법을 듣고, 집학론(集學論)과 집경론(集經論)을 저술하고, 모든 법을 남김없이 통달하였을지라도 또한 밤낮으로 잠을 자고, 겉으로 다른 사람의 눈에는 문(聞)·사(思)·수(修) 셋을 전혀 행하지 않는 것처럼 보여주었다.

그래서 다른 승려들이 믿음의 재물을 낭비하는 이 사람을 절 밖으로 쫓아내길 결정한 뒤, '경전을 돌아가며 낭송하게 되면 이 사람이 자기 스스로 떨어져나간다'고 방법을 논의하고, 그와 같이 행하였다. 마지막에 아사리 적천(寂天) 또한 경전을 낭송하는 차례가 되자, 처음에는 거절하였으나 거듭거듭 요청함으로써, '그러면 법단을 차려라. 낭송을 하겠다'고 말하자, 일부의 승려들은 의심을 하였으나, 대부분은 그를 법좌에서 끌어내리려는 목적으로 모여들었다. 마침내 아사리께서 사자좌에 오른 뒤 말하길, '일찍이 있었던 법을 낭송하길 원하는가? 아니면 없었던 법을 낭송하길 원하는가?'라고 묻자, 모두가 그를 시험해 보기 위해서 일찍이 없었던 법을 낭송하라고 말하자, 아사리께서 입보리행론(入菩提行論)을 설하였다. [입보리행론의 반야품의 제35송의 제1, 2구(句)인] '어느 때 사물과 비사물(非事物)들이, 마음 앞에 존재하지 않는, 그 때 다른 [실유(實有)의] 모양이 없음으로써, 소연(所緣)이 사라져서 [희론이] 크게 적멸한다.]'는 구절 중간에서 아사리의 몸이 하늘로 떠오른 뒤 사라졌으나, 몸은 보이지 않을지라도 또한 목소리의 들림은 끊어지지 않고, 입보리행론을 완전하게 설하였다. (중략)

거기서 불망다라니(不忘陀羅尼, Śrutidhara)를 얻은 빤디따(Paṇḍitaḥ, 智者)들이 마음에 기억하니, 까쓰미르(Kaśmīr)의 빤디따들에 의하면 1천의 게송이 넘고, 서두예찬(書頭禮讚 / 歸敬偈, mChod brjod)은 자기들의 요량으로 지어서 붙였고, 동쪽지방의 빤디따들에 의하면 전체가 7백 게송 밖에 되지 않고, 서두예찬(書頭禮讚)은 근본중론의 그것을 따다 붙였으며, 또한 참회품과 반야품의 둘은 빠졌다. 중인도의 빤디따들에 의하면 서두예찬과 저술의 서언(誓言)이 없고 본문만 있었다.

후에 덕을 기리고자 하는 의도에서 1천 게송의 입보리행론이 출현하였다"**라고 하였듯이, 그 후에도 각처를 다니면서 교화사업을 통해서 불법을 현양하였다.

** 따라나타(Tāranātha)의 인도불교사(印度佛教史, rGya gar chos ḥbyuṅ), pp.169-172, Sherig Parkhang, 2005, Delhi, India.

일러두기

❶ 번역의 대본은 1대 달라이 라마 겐뒨둡빠(dGe ḥdun grub pa, 僧成)의 텍빠첸뾔로종기담빠(Theg pa chen poḥi blo sbyoṅ gi gdams pa, 大乘修心訣教授)의 목판본이다.

❷ 본서의 티베트어 표기는 일본 토호쿠(東北) 대학의 티베트어 표기법을 따랐다.

❸ [ ]·( )의 표시는 원문의 요약된 문장의 이해를 돕기 위해서 저자가 텍첸로종기티쭁째뒤빠(大乘修心訣教導攝略)와 보리도차제광론(菩提道次第廣論)을 비롯한 여러 관련서적에서 보충한 것이다.

❹ 본문에서 범어와 티베트어의 표기는 언어습관에 따라 편하게 표기하였다.

- 차 례 -

로종(修心)의 상사전승(上師傳承)의 기원문

길상하고 보배로운 근본 스승님
제 정수리 연화월륜의 보좌 위에 앉으시옵소서!
큰 은혜의 문을 통해서 섭수하여
몸 · 말 · 뜻 삼금강(三金剛)의 성취를 하사하옵소서! (1송)

자리이타를 자연성취 하신 천인사(天人師) · 불세존과
보처(補處)이신 불패의 법주 미륵자존(彌勒慈尊)[2]과
두 번째 경의분변(經義分辨)[3]으로 예언되신 아쌍가(Asaṅga, 無着)의
거룩한 불보살님의 세 분께 기원하옵니다. (2송)

천부경론(千部經論)[4]의 법주이신 바쑤반두(Vasuvandhuḥ, 世親)와
심오한 아비달마(對法藏)[5]에 정통하신 쓰티라마띠(Sthiramati, 安慧)와
성자지위[6]에 오르신 대지혜의 아르야비묵따쎄나(Āarya vimuktasena, 聖解脫軍)의
성교(聖教)의 의취를 통견(洞見)하신 세 분께 기원하옵니다. (3송)

신해지(信解地)[7]에 머무신 바단따비묵따쎄나(Bhadanta vimuktasena, 大德解脫軍)와
예전부터 대승의 종성이 각성되신 촉기데(mChog gi sde, 勝軍)와
범속한 세속행위에서 초월하신 비니따쎄나(Vinītasena, 戒軍)의
광행도(廣行道)의 세 분께 기원하옵니다. (4송)

대승의 심오한 뜻을 통견하신 바이로짜나바드라(Vairocanabhadra, 遍照賢)와
미륵자존의 심요(心要)를 지니신 하리바드라(Haribhadra, 獅子賢)와
은밀한 금계(禁戒)를 수지하신 꾸쌀리체와(Kusali che ba, 大乞士)의
붓다의 의취(意趣)를 호지하신 세 분께 기원하옵니다. (5송)

모든 교계를 파지(把持)하신 꾸쌀리충와(Kusali chuṅ ba, 小乞士)[8]와
정법으로 국정을 다스리신 쎄르링빠(gSer gliṅ pa, 金洲法稱)와
중생의 무명을 멸하신 디빰까라쓰리즈냐나(Dīpaṃkara Śrījñāna, 吉祥燃燈智)의
의취의 구경에 도달하신 세 분께 기원하옵니다. (6송)

심견(深見)·광행(廣行)의 도에 머무신 돔뙨빠(ḥBrom ston pa)[9]와
강설·수행·자비의 셋으로 장엄하신 뽀또와(Po to ba)[10]와
교증(敎證)[11]의 불법의 주인이신 쌰라와(Śa ra ba)[12]의
붓다의 최승의 아들이신 세 분께 기원하옵니다. (7송)

공성과 대비의 법주이신 채카와(ḥChad kha ba)[13]와
삼장(三藏)의 법안을 지니신 쎄·찔부와(Se spyil bu ba)[14]와
광대한 소지계(所知界)의 일체를 관조하신 린첸하(Rin chen lha, 寶天)의
구류중생(九類衆生)의 인도자이신 세 분께 기원하옵니다. (8송)

중생의 구호자이신 선지식 딱쌈짼(sTag śam can, 虎皮裙師)[15]과
이타사업을 근행(勤行)하신 대보살 닥라빠(Brag la pa)[16]와

성교(聖教)와 우빠데쌰(教誡)의 창고지기이신 쑤르캉빠(Zur khaṅ pa)[17]의
가지전승(加持傳承)[18]의 세 분께 기원하옵니다. (9송)

지혜 만다라의 지비(智悲)의 광명이 아름다우신 하로되외(lHa blo gros ḥod, 天慧光)와
보리심의 보석을 지닌 인간사자의 아들 하린첸쎙게(lHa rin chen seṅ ge, 天寶獅)와
아름다운 보살행의 쌰꺄쏘남뺄쌍뽀(Śākya bsod nams dpal bzaṅ po, 釋迦福吉賢)의
오탁악세의 인도자이신 세 분께 기원하옵니다. (10송)

복덕과 지혜의 두 자량(資糧)을 수습한 힘으로
단증공덕[19]을 자연성취하신 하쏘남휜둡(lHa bsod nams lhun grub, 天福天成)[20]스승님과
승가집회의 우두머리이신 겐뒨둡빠(dGe ḥdun grub pa, 僧成)의
화신의 비구이신 두 분께 기원하옵니다. (11송)

윤회의 길선원만(吉善圓滿) 일체에 집착치 않고
대비의 힘에 이끌려 가련한 유정들을 구호하고,
공성의 이취(理趣)를 여실히 변석하는 반야로써
아집(我執)의 탐닉에서 돌아서게 가지하옵소서. (12송)

요약하면, 스승님들을 찬탄한 복덕으로
최승의 도를 닦아 이룸에 장애가 없고,
선지식과 수명과 자구와 거처와 친우를
남김없이 생각하는 것만으로 이루게 하옵소서. (13송) 길상원만!

[이 로종(修心)의 상사전승(上師傳承)의 기원문은 텍첸로종기티쭝째뒤빠(Theg chen blo sbyoṅ gi ḥkhrid cuṅ zad bsdus pa, 大乘修心訣敎導攝略)에서 발췌한 것이다.]

대승로종의 원문

༄༅། །ཐེག་པ་ཆེན་པོའི་བློ་སྦྱོང་གི་རྩ་ཚིག་བཞུགས་སོ།།

བླ་མ་དང་ཡི་དམ་དབྱེར་མེད་པ་ལ་ཕྱག་འཚལ་ལོ།
본존과 일체이신 스승님께 예경하나이다.

로종의 법계

མན་ངག་བདུད་རྩིའི་སྙིང་པོ་འདི། གསེར་གླིང་པ་ནས་བརྒྱུད་པ་ཡིན།
이 마음 닦는 구결의 감로의 정수는 쎄르링빠(金洲法稱)로부터의 전승이다.

རྡོ་རྗེ་ཉི་མ་ལྗོན་ཤིང་བཞིན། ཚིག་དོན་ལ་སོགས་ཤེས་པར་བྱ།
금강석과 태양과 약왕수(藥王樹)와 같이, 글과 의미 등을 알도록 하라.

1. 본수행에 앞서 닦는 전행(前行)

དང་པོ་སྔོན་འགྲོ་དག་ལ་བསླབ།
맨 처음 전행(前行)들을 학습하라.

2. 로종(修心)의 본행(本行)

세속보리심(世俗菩提心)의 수습

ལེ་ལན་ཐམས་ཅད་གཅིག་ལ་གདའ།

불행의 일체는 [아집(我執)] 하나에 있다.

གཏོང་ལེན་གཉིས་པོ་སྤྲེལ་མར་བསྒོམ།

똥렌(gToṅ len, 주고 가져오기)의 둘을 번갈아 닦으라.

འབྱོངས་ནས་རླུང་ལ་བསྐྱོན་པར་བྱ།

닦음이 숙달된 뒤에는 호흡을 타라.

རྟོགས་སུ་མ་ཆེ་རྣམ་རྟོག་སྤོངས། རབས་བདུན་ལ་སོགས་དཔེ་ལྟ་མང་།མཛའ་བོའི་
བུ་མོའི་གཏམ་རྒྱུད་སོགས། མན་ངག་འདི་ཡི་གླེང་གཞི་ཡིན།

괘념하지 말고 분별을 버려라. 과거칠불의 사례처럼 많으니,
붕우(朋友)의 딸의 고사(古事, mDzaḥ boḥi bu moḥi gtam rgyud) 등이,
이 구결의 전거인 것이다.

ཡུལ་གསུམ་དུག་གསུམ་དགེ་རྩ་གསུམ།རྗེས་ཀྱི་མན་ངག་མདོར་བསྡུས་པ།
སྤྱོད་ལམ་ཀུན་ཏུ་ཚིག་གིས་སྦྱངས།

삼경(三境)·삼독(三毒)·삼선근(三善根)은, 후득(後得)의 요약된 구결이니,
모든 행동거지 속에서 법구(法句)들로 로종(修心)을 행하라.

འདུན་པ་བསྒྱུར་ལ་རང་སོར་བཞག
[자애(自愛)의] 의향을 바꾸어서 본자리에 안치하라.

སངས་རྒྱས་སྒྲུབ་སྙམ་སྨོན་པའི་སེམས། ལེགས་པར་གོམས་པ་མཐར་ཕྱིན་བྱ།
붓다를 이루길 생각하는 원심(願心)을, 여실하게 닦고 익힘이 구경에 이르게 하라.

승의보리심(勝義菩提心)의 수습

བརྟན་པ་ཐོབ་ནས་གསང་བ་བསྟན།
견고함을 얻은 뒤 비밀을 열어 보여라.

ཆོས་རྣམས་རྨི་ལམ་ལྟ་བུར་བསམ། མ་སྐྱེས་རིག་པའི་གཤིས་ལ་དཔྱད།
제법이 꿈과 같음을 사유하라.
무생(無生)의 각성(覺性, Rig pa)의 본성(本性, gŚis)을 심찰하라.

གཉེན་པོ་ཉིད་ཀྱང་རང་སར་གྲོལ། ལམ་གྱི་ངོ་བོ་ཀུན་གཞིའི་ངང་ལ་བཞག
대치(對治, gÑen pa ñid)도 본자리에서 해탈한다.
도(道)의 본질을 [공성의] 아뢰야(阿賴耶)의 상태에 안치하라.

ཐུན་མཚམས་སྒྱུ་མའི་སྐྱེས་བུར་བྱ།
좌간(座間)에 환상(幻相)의 사람으로 닦으라.

3. 역연(逆緣)을 보리심의 지분으로 바꾸기

ལེ་ལན་ཐམས་ཅད་གཅིག་ལ་གདའ།
불행의 일체는 [아집(我執)] 하나에 있다.

ཀུན་ལ་བཀའ་དྲིན་ཆེ་བར་བསྒོམ།
일체를 대은인(大恩人)으로 닦으라.

འཁྲུལ་སྣང་སྐུ་བཞིར་འཁྱེར་བ་ཡིས། སྟོང་ཉིད་སྲུང་བ་བླ་ན་མེད།
착란의 현상을 사신(四身)으로 전용함으로써, 공성이 위없는 수호이다.

4. 일생에 닦는 수행요결

སྟོབས་ལྔ་དག་ལ་སྦྱང་བར་བྱ།
오력(五力)을 닦도록 하라.

ཐེག་ཆེན་འཕོ་བའི་མན་ངག་ནི། སྟོབས་ལྔ་ཉིད་ཡིན་སྤྱོད་ལམ་གཅེས།
대승의 포와(意識轉移)의 구결도 오력(五力)이니, 위의(威儀)를 소중히 여기라.

5. 마음이 닦아진 척도

ཆོས་རྣམས་དགོངས་པ་གཅིག་ཏུ་འདུས།

모든 법들은 일의(一意)에 거두어진다.

དཔང་པོ་གཉིས་ཀྱི་གཙོ་བོར་བཟུང་།

두 가지 확증(確證) 가운데 핵심을 잡으라.

ཡིད་བདེ་འབའ་ཞིག་རྒྱུན་དུ་བསྟེན།

오로지 마음이 안락함을 항상 의지하라.

ཡེངས་ཀྱང་ཐུབ་ན་འབྱོངས་པ་ཡིན།

심란할지라도 [역연을 로종의 도(道)로 바꿈을] 행할 수 있으면 마음이 닦아진 것이다.

སྦྱང་བའི་ཚད་ནི་ལོག་པ་ཡིན།

닦아진 척도는 돌아섬이다.

སྦྱོར་བ་བཞི་ལྡན་ཐབས་ཀྱི་མཆོག ཡོན་ཏན་གཞན་ལས་ཁྱད་པར་འཕགས།

네 가지 가행(加行)을 갖추면 최승의 방편이니, 공덕이 다른 법에 비해서 특별히 뛰어나다.

6. 로종(修心)의 서언

སྤྱི་དོན་གསུམ་ལ་རྟག་ཏུ་བསླབ།

세 가지 보편적 요의(要義)를 항상 학습하라.

ཉམས་པ་མེད་པ་རྣམ་གསུམ་བསྒོམ།

쇠퇴함이 없는 셋을 닦으라.

དཀའ་བ་གསུམ་ལ་བསླབ་པར་བྱ།

세 가지 어려움을 배우라.

རྒྱུ་ཡི་གཙོ་བོ་རྣམ་གསུམ་གཟུང་།

세 가지 핵심적 요소를 잡으라.

འབྲལ་མེད་གསུམ་དང་ལྡན་པར་བྱ།

세 가지 분리되지 않음을 지니라.

ཡན་ལག་ཉམས་པ་བརྗོད་མི་བྱ།

지체(肢體)가 온전하지 못함을 말하지 말라.

གཞན་ཕྱོགས་གང་ཡང་མ་བསམ་མོ།

타인에 관해서 일체 생각하지 말라.

ཐོག་མཐའ་གཉིས་ལ་བྱ་བ་གཉིས།
처음과 마지막 둘에 둘을 행하라.

གཉིས་པོ་གང་བྱུང་བཟོད་པར་བྱ།
둘 중에 어떤 것이 일어나도 감내하라.

གཉིས་པོ་ཚང་ན་ཐམས་ཅད་བླང་།
둘이 갖춰지면 일체를 가져오라.

གཉིས་པོ་སྲོག་དང་བསྡོམ་ནས་སྲུང་།
둘을 목숨과 바꾸어도 수호하라.

ཕྱོགས་སུ་འཛིན་པ་ཐམས་ཅད་སྤང་།
편향함의 일체를 버리라.

བཀོལ་བ་རྣམས་ལ་རྟག་ཏུ་སྦྱང་།
특정인에 대해서는 항상 닦으라.

ཉམས་སུ་བླང་བར་སླ་བར་བསླབ།
실천하기 쉬운 것을 닦으라.

རགས་པ་གང་ཡིན་སྔོན་ལ་སྦྱང་།
조악한 어떤 그것을 먼저 정화하라.

དྲག་འཆུན་སྤོང་ལེན་རྟག་ཏུ་བྱ།

준엄함의 버림과 취함을 항상 행하라.

དུག་ཅན་གྱི་ཟས་མི་བསྟེན།

독이 든 음식을 의지하지 말라.

གཞུང་བཟང་པོ་མ་བསྟེན།

너그러움(寬恕)에 의지하라.

འཕྲང་མ་སྒུག

복수의 때를 기다리지 말라.

མགྲོགས་ཀྱི་རྡེ་མ་གཏོད།

간교한 계책을 쓰지 말라.

མཛོ་ཁལ་གླང་ལ་མ་འབྲོ།

조(mDzo: 犏牛)의 짐을 소에게 신지를 말라.

སྐྱིད་ཀྱི་ཡན་ལག་ཏུ་སྡུག་མི་འཚོལ།

내 행복의 요소로 남의 불행을 찾지 말라.

གཏོ་ལོག་མི་བྱ།

양재(禳災, gTo)를 전도되게 행하지 말라.

ལོག་ལོག་མི་བྱ།

그릇되게 이해하지 말라.

གནད་ལ་མི་དབབ།

급소[약점]을 건들지 말라.

ལྷ་བདུད་དུ་མི་དབབ།

신(神)을 마(魔)가 되게 하지 말라.

ཡུད་ཙམ་པ་མི་བྱ།

잠시라도 행하지 말라.

རེས་འཇོག་མི་བྱ།

번갈아 행하지 말라.

དངོས་དང་ཡན་ལག་གཉིས་ཀར་སྦྱང་།

정분(正分)과 지분의 둘을 닦으라.

ཡུལ་ལ་ཕྱོགས་མེད་དག་ཏུ་སྦྱང་། ཁྱབ་དང་ཉིང་འབྱོངས་ཀུན་ལ་གཅེས།

대상을 차별 없이 닦고, 두루 깊이 닦아지게 하고, 일체를 애중히 여기라.

7. 로종(修心)의 교훈

རྣལ་འབྱོར་ཐམས་ཅད་གཅིག་གིས་བྱ།

모든 요가(瑜伽)를 하나로 행하라.

ལོག་གནོན་ཐམས་ཅད་གཅིག་གིས་བྱ།

하나로 모든 제복(制伏, Log gnon)을 행하라.

ཀོ་ལོང་མི་སྒོམ།

쉽게 분노하지 말라.

གཞགས་ངན་མ་རྒོད།

모진 말로 못질하지 말라.

འོར་ཆེ་མ་འདོད།

감사의 말을 바라지 말라.

ཡུས་མ་སྒོམ།

과시(誇示)하지 말라.

འཕྲལ་ལ་གང་ཐུག་སྒོམ་དང་སྦྱར།

문득 어떤 일을 만날지라도 수행과 결부하라.

རྐྱེན་གཞན་དག་ལ་ལྟོས་མི་བྱ།
외적 조건들에 의지하지 말라.

རྒྱུ་མཚན་ཐམས་ཅད་གཞོམ་པར་བྱ།
모든 이유들을 파괴하라.

རྟོག་དཔྱོད་གཉིས་ཀྱིས་ཤུན་མཐར་བྱ།
통찰과 분석의 둘로써 단련하라.

ཏོལ་ཆོད་དུ་སྦྱང་།
결연하게 수행하라.

ད་རེས་གཙོ་བོ་ཉམས་སུ་བླང་།
이번엔 핵심을 수행하라.

དོན་ཆེན་གང་ཡིན་བླང་བར་བྱ།
의미가 큰 그것을 취하라.

འབྲས་བུ་རེ་བ་ཐམས་ཅད་སྤོང་།
결과를 기대하는 일체를 버리라.

མ་འོངས་པ་ལ་གོ་ཆ་རྟག་ཏུ་གོ
미래를 위해 갑옷을 입어라.

* 선지식 채카와(ḥChad kha ba)의 로종된뒨마(修心七事)의 해설인 1대 달라이 라마의 텍첸로종기담빠(大乘修心訣敎授)에 인용된 로종의 원문구절은 모두 71개에 달한다. 이것은 텍빠첸뽀로종갸짜(大乘修心訣百選)[뵈끼쭉락십쬐캉(Bod kyi gtsug lag shib dpyod khaṅ) 간행]에 수록되어 있는 텍첸로종기짜칙(大乘修心訣原文)의 56구절과 비해서 15구절이 추가되어 있고, 원문의 배열순서 또한 일치하지 않음을 볼 수가 있다. 이것은 티베트 로종의 시원인 아띠쌰 존자로부터 1대 달라이 라마의 시대까지 이르는 대략 400년의 긴 세월동안 많은 전승스승과 전파경로를 거치면서 이어져온 티베트 로종의 변천사를 담고 있는 것이라 할 수 있으나, 본래의 의미는 변질됨이 없이 잘 이어지고 있음을 또한 알 수가 있다.

로종의 역사와 위대성의 개관

이것은 8대 달라이 라마의 스승인 용진·예시걜챈(Yoṅs ḥdzin Ye śes rgyal mtshan, 智幢)이 저술한 "텍빠첸뾔로종기티익로쌍공갠셰자와슉쏘(Theg pa chen poḥi blo sbyoṅ gi khrid yig blo bzaṅ dgoṅs rgyan shes bya ba bshugs so, 大乘修心訣教導書善慧義趣莊嚴論)"에서 발췌해서 번역한 것이다.

저자의 집필의 동기

대승수심결(大乘修心訣)의 실제

첫째. **상사전승의 연원을 통해서 [이 교계를 저술한] 지은이의 위대함을 열어 보임**

1. 텍첸로종(大乘修心訣)의 상사전승의 연원
2. 텍첸로종(大乘修心訣)의 교계를 저술한 지은이의 위대함
3. 텍첸로종(大乘修心訣)의 티베트의 전승과정

둘째. **로종(修心)의 우빠데쌰(敎誡)에 존경심을 일으키기 위해서 법의 위대성을 열어 보임**

1. 대승의 보리도차제와 로종(修心)의 관계

여기서 강설하고자 하는 법은 이와 같으니, 무릇 불세존의 모든 경전들의 가르침의 정수의 핵심을 하나로 거두어 모은, 모든 제불보살님들께서 오롯이 한길로 나가시는 [성불의] 정로이자, 대승의 큰 스승이신 나가르주나(Nāgārjuna, 龍樹)와 아쌍가(Asaṅga, 無着)와 샨띠데와(Śantideva, 寂天)의 세 분께서 붓다의 의취를 온전하게 천명하신 일체지자의 경지로 나아가는 완전무결한 [대승의] 정로인, 길상하신 아띠쌰 존자의 가르침인 텍첸로종(大乘修心訣)으로 알려진 세속과 승의의 두 보리심을 닦는 간댄(겔룩빠의 본산)의 이전구결(耳傳口訣)에 의거하여 실천하는 규범이 그것이다.

대승수심결(大乘修心訣)의 실제

이 교계의 강설에는 셋이 있다. 첫째는 상사전승(上師傳承)의 근원을 강설하는 문을 통해서 [보리심의 교계를 저술한] 지은이의 위대함을 보임과 둘째는 이 [보리심의] 교계에 확고한 믿음을 일으키기 위해서 법의 위대함을 보임과 셋째는 그 교계의 내용을 실제로 강설함이다.

첫째. 상사전승의 연원을 강설하는 문을 통해서 [이 교계를 저술한] 지은이의 위대함을 열어 보임

1. 텍첸로종(大乘修心訣)의 상사전승의 연원

길상하신 아띠쌰(Atīśa) 존자의 텍첸로종기짜칙(大乘修心訣原文)[21)]에서, 원문에서, "이 마음 닦는 구결의 감로의 정수는 쎄르링빠(gSer gliṅ pa, 金洲法稱)로부터의 전승이다"라고 설하였으며, "감로의 정수와도 같은 이 우빠데쌰(Upadeśa, 教誡)는 아사리 쎄르링빠로부터 전승된 것이다"라고 설하였다. 그 뜻을 갤쌔·톡메쌍뽀(rGyal sras Thogs med bzaṅ po, 無着賢)께서, "그것을 닦는 구결(口訣)은 조오제(Jo bo rje, 大恩人) 지존(至尊, rJe lha gcig) 아띠쌰(Atīśa, 982-1054)께서 구루 다르마락시따(Dharmarakṣita, 法護)라 부르는 자기의 살은 베어 남에게 베푸시고, 오로지 자비를 닦음으로써 공성의 깨달음이 마음에 생겨나신 지존하신 분과 타인의 고통을 실제로 자기 몸에 전이시키는 힘을 가진 [성취자 꾸쌀리충와(Kusali chuṅ ba, 小乞士)라 부르는 구루 마이뜨레야요기(Maitreyayogi, 慈愛瑜伽師)]와 구루 쎄르링빠(金洲法稱)의 세 분 스승님들로부터 얻으신 가운데 이 법은 구루 쎄르링빠(金洲法稱)의 전승이다"라고 하였다.

또한 5대 빤첸라마(Pan chen bla ma) 로쌍예시(Blo bzaṅ ye śes, 善慧智)의 『람림마르티뉴르람(菩提道次第直指教導一切智者捷路論)』에서, "강물의 근원이 설산에서 비롯됨과 같이, 묘법의 전승 또한 교법의 주인이신 정등각 불세존에게 닿음이 필수적이다"라고 설함과 같이, 무릇 청정한 구결이라면 정등각 불세존으로부터 중간에 끊어짐이 없이 이어지고, 붓다의 말씀과 어긋남이 전혀 있지 않으며, 그 구결을 닦음으로써 붓다의 교설과 위대한 논전들의 가르침에 대해서 불변의 확신을 부여하는 위력이 필수적인 것인 바, 이 대승의 마음 닦는 가르침 또한 붓다로부터 시작하여 중간에 전승이 끊어짐이 없이 이어지고, 붓다의 교설에 담긴 의취에 착오가 없음과 이 구결에 의지하여 붓다의 교설과 위대한 논전들에 대하여 불변의 확신을 도출하는 도리를 아래에서 자세하게 설명하게 된다.

보통 이 로종의 가르침은 아사리 쌴띠데와(Śāntideva. 寂天)의 보살집학론(菩薩集學論)과 입보리행론(入菩提行論) 둘의 교계이며, 특별히 로종(修心)의 도차제(道次第)를 이와 같이 만든 이는 조오제(Jo bo rje, 大恩人)이다. 그 또한 아띠쌰 존자께서 많은 스승님들로부터 보리심을 닦는 교계들을 청문함으로써 [인도에서 전해오는]

대승의 보리심을 닦는 로종의 가르침들을 빠짐없이 모두 전해 받았다. 특별히 법왕자 보살인 쌴띠데와(寂天)의 보살집학론(菩薩集學論)과 입보리행론(入菩提行論) 둘의 가르침인 자타평등상환(自他平等相換)의 고귀한 보리심을 닦는 법 일체를 아사리 쎄르링빠(金洲法稱)로부터 얻음으로써 그의 가르침을 몸체로 삼고, 구루 다르마락시따(法護)와 성자 마이뜨리요기(慈愛瑜伽師)를 비롯한 다른 스승들의 단편적 가르침들을 또한 하나로 거두어 모은 뒤, 이 대승의 마음 닦는 차제를 만들었다.

아띠쌰 존자의 위대한 공덕을 설함에 있어서 먼저 상사전승(上師傳承)의 역사를 진술함으로서 아띠쌰의 교법의 연원이 청정함을 밝히는 것이 매우 중요하다. 아띠쌰 자신께서 큰 스승님들의 존명을 언급한 끝에 말씀하시길, "천신과 인간과 아수라들로 복분을 갖춘 일체를 여기에서, 안락을 구족한 모든 이들을 인도하기 위해서, 하나의 물길이 두 갈래 세 갈래로 갈라지듯이, 이 교법이 또한 그와 같이 전승된 도리를 밝힌다. 과거의 모든 생애에서 그들은 실제로 법을 설하였고 현재에 이르기까지도, 천계에 올라가서 법을 또한 열어 보인다. 몇몇 분은 스스로 화현하여 법을 열어 보임이 또한 있다. 비밀의 난행(難行)을 행하는 스승님들과 드러나지 않는 법계에 계시는 스승님들께 또한 예배하나이다. 백(百)과 오십(五十)[22]에 이르는 최상의 무리이신 스승님들께서는 끊임없이 가피를 베푸시옵소서! 선서(善逝)와 차별이 없는 무량한 빤디따와 성취자들의 법과 존명을 크게 찬양하고서, 나 또한 최상의 법원을 열어 보이니, 그것을 의

지하는 여기에 모든 유정들은, 지금부터 모든 생애마다 스승님의 문하를 거치면서 최승의 두 자량이 원만하게 자라나고, 구경의 대락(大樂)의 법신과 색신의 유경(有境: 證得)을 얻게 하소서!" 라고 하셨다.

또한 쫑카빠 대사도 람림첸모(菩提道次第廣論)에서, "아띠쌰의 위대함을 설하고, 교법의 연원의 청정함을 열어 보이기 위해서 지은이의 위대함을 논설한다"고 설한 것은 까닭이 매우 큰 것이다. 그러므로 우리들의 스승이신 대비를 갖추신 그 분 [세존]께서 처음 지고한 보리심을 일으키고, 중간에 삼무수겁(三無數劫)의 세월에 걸쳐서 [성불의] 자량을 쌓으시고, 최후에 교화의 대상들을 교화할 시절이 도래하자 도솔천의 내원궁(內院宮)에서 하생오관(下生五觀)[23]을 하시고, 까삘라와쑤뚜(黃白城)[쎄르꺄(Ser skya)]의 도시에서 어머니 마야부인(Maya婦人)[규툴마(sGyu ḥphrul ma)]의 자궁에 들어가 태어나셨다. 그 뒤 29세가 되실 때까지 왕궁에 머물면서 무수한 천신과 사람들을 성숙시키셨다. 스물아홉 살에 가정을 버리고 출가하여 6년 동안 고행을 닦으셨다. 그 뒤 보드가야의 금강보좌(金剛寶座)에서 정등각을 증득하여 성불의 모양을 보이신 뒤 세 차례에 걸쳐 법륜을 굴리시고, 무량한 중생들을 성숙시키고 해탈케 하였다.

그와 같이 붓다께서 교화중생의 근성과 심원을 살펴보신 뒤 무변한 법문들을 설하였을지라도, 간추리면 8만4천의 법문에 모아지고, 8만4천의 법문도 또한 간추리면 삼장(三藏)에 거두어지고, 이것도 설법의 내용에 의거하면 삼학(三學)에 거두어 지고, 수레에 의거하면 삼승(三乘)에 거두어 지고, 삼승도 요약하면 소승과 대승 둘에 거두어진다. 이것 또한 교화할 중생의 의요(意樂)의 탓에 요의(了義)와 미요의(未了義)의 무궁한 법의 차별이 있다. 일부의 중생에게는 단지 선취(善趣)의 몸을 얻게 하는 방편과 일부에게는 오로지 윤회에서 해탈하게 하는 방편과 일부에게는 대승의 보살행을 위주로 열어 보임과 또한 완전무결한 길로 인도할 만한 교화대상에게는 대승의 온전한 길을 열어 보이는 등의 무변한 차별이 있을지라도, 최후에는 대승으로 인도하여 모두 성불하게 만드는 방편이 되는 것들로서, 성불의 방편이 되지 않는 붓다의 말씀은 단 한 구절도 없다"라고 설하였다.

그와 같이 또한 잠뺄챈죄(文殊眞實名經)에서, "삼승(三乘)의 출리(出離)[로 발생하는 도과(道果)는], 오직 일승(一乘)의 도과로 머무른다"고 설함과 쫑카빠 대사께서도, "[이정(二淨)이] 원만하신 붓다는 허물의 한 쪽만이 소진하거나, 공덕의 한쪽만을 성취하신 것이 아니라, 모든 허물의 부류들을 소진하고, 모든 공덕의 종류들을 원만히 갖춘 것이니, 그것을 닦아 이루는 대승 또한 일체의 허물을 소멸하고 일체의 공덕을 산출함으로써, 다른 수레들의 모든 단증공덕(斷證功德)들의 온갖 종류들이 대승의 도에 거두어지는 것이다. 그러므로 붓다를 닦아 얻는 대승의 지분으로 모든 교전(敎典)들이 거두어지니, 허물 하나만을 소멸하거나 공덕 하나만을 산출하는 것을 붓다께서는 말씀하지 않는 까닭과 그들 전부를 또한 대승이 닦지 않음이 없기 때문이다"고 설하였다.

이 아띠쌰의 법통을 까담빠(bKaḥ gdams pa, 教誡派)라 부르는 것 또한 붓다의 말씀 가운데 단 한 글자도 버림이 없이 직접 간접적으로 한 중생의 성불하는 방편으로 오로지 전용하는 것을 말하는 것이다. 그러므로 대비의 세존께서 보처불(補處佛) 미륵자존(彌勒慈尊)에게 말씀하시고, 미륵자존께서 아사리 아쌍가(Asaṅga, 無着)[팍빠톡메(ḥPhags pa thogs med)]에게, 그가 아사리 바쑤반두(Vasuvandhuḥ, 世親)[익녠(dByig gñen)]에게, 그가 아르야 비묵따쎄나(Āarya Vimuktasena, 聖解脫軍)[팍빠돌데(ḥPhags pa grol sde)]에게, 그가 바단따 비묵따쎄나(Bhadanta Vimuktasena, 大德解脫軍)[쮠빠돌데(bTsun pa grol sde)]에게, 그가 법왕자 촉기데(mChog gi sde, 勝軍)에게, 그가 법왕자 비니따쎄나(Vinītasena, 戒軍)[둘왜데(ḥDul baḥi sde)]에게, 그가 대보살 바이로짜나바드라(Vairocanabhadra, 遍照賢)[남빠르낭재쌍뽀(rNam par snaṅ mdzad bzaṅ po)]에게, 그가 대보살 하리바드라(Haribhadra, 獅子賢)[쎙게쌍뽀(Seṅ ge bzaṅ po)]에게, 그가 꾸쌀리체와(Kusali che ba, 大乞士)에게, 그가 꾸쌀리충와(Kusali chuṅ ba, 小乞士)에게, 그가 아사리 쎄르링빠(金洲法稱)에게, 그가 조오제(Jo bo rje, 大恩人) 아띠쌰 존자에게 전하였다.

또한 바단따 비묵따쎄나(大德解脫軍)가 아사리 구나미뜨라(Guṇamitra, 功德友)에게, 그가 대보살 하리바드라(獅子賢)에게, 그가 아사리 쁘르나와르다나(Pūrṇavardhana, 滿增)[강와뻴(Gaṅ ba spel)]에게, 그가 꾸쌀리체와(大乞士)에게 전수하였다고 한다.

또한 아사리 바수반두(世親)가 아사리 쓰티라마띠(Sthiramati, 安慧)[로되땐빠(Blo gros brtan pa)]에게 전수하고, 그가 꾸쌀리체와(Kusali che ba, 大乞士)에게 전수하였다고 한다.

붓다께서 예언하신 이들 대승의 아사리들 대부분이 수 백세를 사시면서 유정들의 이익을 행하심으로써, 지금의 일반 중생들의 수명의 한도와 연계한 뒤 앞뒤가 맞고 맞지 않는 따위의 의심을 일으켜서는 안 된다.

또한 석가세존께서 성문수사리보살에게 설하시고, 그가 아르야 나가르주나(Ārya Nāgārjuna, 龍樹)에게 전수하고, 그가 아사리 짠드라끼르띠(Candrakīrti, 月稱)에게, 그가 마하위드야꼬낄라(Mahā Vidyākokila, 大明杜鵑)[릭빼쿠죽첸뽀(Rig paḥi khu byug chen po)]에게, 그가 동생 위드야꼬낄라(Vidyākokila, 小明杜鵑)[릭빼쿠죽충와(Rig paḥi khu byug chuṅ ba)]에게, 그가 아띠샤 존자에게 전하였다.

또는 문수보살께서 아사리 쌴띠데와(Śantideva, 寂天) [시와하(Shi ba lha)]에게 전하고, 그 뒤 차례로 전승되어 아사리 쎄르링빠(金洲法稱)에게, 그가 조오제(Jo bo rje, 大恩人) 아띠쌰 존자에게 전하였다. 아사리 쌴띠데와(寂天)로부터 그와 같이 전승된 차제를 까담렉밤(噶當書)[24]에서, "문수보살님과 악샤야마띠(Akṣayamati, 無盡慧)[로되미쌔빠(Blo gros mi dzad pa)], 에라르다리(Elardari)와 바즈라쑤라(Vajrasūra, 金剛勇)[빠오도제(dPaḥ bo rdo rje)], 대보살 마하쓰리라뜨나(Mahāśrīratna, 大吉祥寶)[린첸뺄(Rin chen dpal)]와 근본스승이신 쎄르링빠(金洲法稱), 나에게 광행전승(廣行傳承)을 전수하신 은혜로운 여섯 분의 스승님들께 예배하나이다"고 설하신 이것이 아닌가? 생각하니, 그렇게 문수지존께서 아사리 쌴띠데와(寂天)에게 전하고, 그가 아사리 에라르다리(Elardari)에게 전하고, 그가 아사리 바즈라쑤라(金剛勇)에게 전하고, 그가 아사리 대보살 마하쓰리라뜨나(大吉祥寶)에게 곧 티베트 말로 대보살 린첸뺄(Rin chen dpal)에게 전하고, 그가 아사리 쎄르링빠(金洲法稱)에게, 그가 나 아띠쌰에게 전하였다. 여기서 악샤야마띠(Akṣayamati, 無盡慧)가 법왕자 쌴띠데와(寂天)의 다른 이름이 아닌가? 생각되니, 들음이 많은 다문(多聞)의 학자들은 변석하길 바란다.

2. 텍첸로종(大乘修心訣)의 교계를 저술한 지은이의 위대함

이 아띠쌰 존자는 과거 무량한 겁(劫)부터 복혜의 두 자량을 원만하게 쌓으신 뒤, 원하신 대로 오탁악세의 중생들의 귀의처로 세상에 오시니, 오늘날 인도 동부의 싸호르(Zahor) 왕국의 황금보당(黃金寶幢)이라 불리는 궁전에서, 법왕 게와뺄(吉祥善)과 왕비 외쎄르짼(光明) 둘의 아들로 태어났다. 태어나서 곧바로 지존하신 따라 불모님의 존안을 친견하고, 불모님께서 모든 일들을 예언하셨다.

그 뒤 16세가 될 때까지 공예와 의학, 성명(聲明)과 논리(論理)의 4가지 학문을 전공하여 크게 통달하고, 붓다의 교법에 악심을 품고 분노하는 많은 외도들을 인명(因明)의 논리를 통해서 물리쳤다. 그 뒤 흑산(黑山)으로 부르는 계족산(鷄足山)의 법당에서 성취자 라훌라(Rāhula)로부터 4가지 관정을 완전하게 받으시고, 지비금강(智祕金剛)이란 비밀법명을 받으셨다. 또한 성취를 이루신 많은 스승님들을 사사하였으며, 스물아홉에 이르기까지 사부(四部)의 딴뜨라(續)들의 모든 경론과 교계들을 배우심으로써 뛰어난 빤디따가 되었으며, 삼매와 신통 등의 무변한 체험들이 마음에서 생겨났다.

"금생의 이 몸으로 밀법(密法)의 수행에 정진하여 최승성취를 닦아 얻으리라!"고 결심하시자, 아띠쌰의 거처와 여러 날 가야하는 먼 거리의 계족산(鷄足山)에 계시는 성취자 라훌라 스승께서 그 즉시 아띠쌰의 면전에 나타나신 뒤, "그대가 오명(五明)을 아는 등의 이전의 공덕들이 어디로 가지 않으니, 출가하여 본존으로 대비관음을 모시고 자비의 보리심을 닦도록 하라. 쌀 반 되를 보시한 선과(善果)를 누리고 있는 한 사람 [서부 티베트의 구게(Gu ge) 왕국의 출가왕 장춥외(Byaṅ chub ḥod, 菩提光)]이 그대를 부르고 있으니 그곳으로 가라. 그곳에 교화 받을 많은 중생들이 있다"고 말씀하신 뒤, 출가를 권유하고 북쪽의 설산의 고원에 불법과 중생의 이익을 널리 행하게 된다고 예언하였다.

또한 어느 날 밤 꿈속에서 석가세존께서 권속들과 함께 점심공양을 들고 계시는 대열에 아띠싸 존자께서도 역시 자리하고 있었다. 세존께서 권속들과 함께 아띠싸를 바라보시더니, "그대는 무엇을 집착하여 출가하지 않는가?"라고 말씀하심과 동시에 꿈을 깨었다. 이제 반드시 출가해야 한다고 생각한 뒤 [소승의 18부파 가운데 하나인] 대중부(大衆部)의 장로이자 대율사이며, 가행도(加行道)의 입진실분삼매(入眞實分三昧)를 성취한 씰라락시따(Śīlarakṣita, 戒護)를 은사로 출가하니, 법명을 디빰까라쓰리즈냐나(Dīpaṃkara Śrījñāna, 吉祥燃燈智)라 하였다. 그 스승님으로부터 서른하나가 될 때까지 법상승(法相乘)의 내명(內明)의 대소승의 삼장들을 배웠다. 특히 오딴따뿌리(Otantapuri, 能飛城寺) 승원에서 구루 다르마락시따(法護)의 면전에서 대비파사론(大毘婆沙論)을 12년간 배웠다.

그 뒤 다르마락시따(法護) 스승님으로부터 로종(修心)의 가르침을 청문하였다. 다르마락시따라 부르는 이 스승님은 광대한 자비심을 지니신 까닭에 자기의 거처에서 가까운 마을에 한 사람이 병에 걸려 위독하자 의사가 말하길, "이 병에는 산 사람의 살을 얻어야 효과가 있고, 만약 얻지 못하면 다른 방도가 없다"고 하였다. 사람의 생살을 어디서고 얻지 못한 채 그 환자가 절망에 빠져있자, 그 때 스승님께서 무량한 자비심이 발동하여 그렇다면 내가 생살을 보시하리라고 말한 뒤 자기의 넓적다리 살을 베어서 주었다. 환자가 그것을 먹고 효과가 있었다.

스승께서 그로 인해 무진한 고통을 당하였으나 대비의 마음으로 인해서 후회하지 않았다. 환자에게 효과가 있었냐고 묻자 그가 답하길, "병에 효과가 있었으며, 스승님께 큰 고통을 끼쳤다"고 말하자, 중생에게 이로움이 있다면 나는 죽음 또한 감내할 수 있다고 하였다. 고통이 극심하여 잠을 이루지 못하다가 새벽 무렵 겨우 잠이 들자 꿈속에 하얀 사람이 나타나서, "대보리를 얻고자 하면 이와 같은 난행이 필요하다. 착하도다! 착하도다!"라고 말한 뒤, 상처에다 침을 발라주고 손으로 부드럽게 쓰다듬어주자 상처 또한 사라지는 꿈을 꾸었다. 잠에서 깨어나서 보니 실제로 그와 같이 되어있었다. 꿈속의 그 사람은 대비관음이라고 말하였다.

이 스승께서는 예전부터 성문의 설일체유부(說一切有部)의 견해를 가지고 있었을지라도 대비관음의 가피와 자비심으로 말미암아 타인에게 자기 생살을 베어줌으로써 많은 장애가 소멸하고, 광대한 복덕의 자량을 성취한 힘에 의해서 존재의 참모습인 공성의 이취(理趣)가 아사리 나가르주나 부자(父子)의 견해처럼 마음에 일어났다. [중론(中論) 등의] 중관이취(中觀理聚)[25]의 전적들 또한 타인의 가르침을 받거나 논전들을 직접 봄에 의거하지 않고서도 마음속에 활연히 출현함으로써 일상에 염송하는 일이 생겼다고 하였다. 이 스승님께서 아띠쌰에게 로종(修心)의 가르침을 널리 교수한 것들을 모본(母本)처럼 가려 모은 것이 로종쵠차콜로(Blo sbyoṅ mtshon cha ḥkhor lo, 劍輪修心訣)와 로종마자둑좀(Blo sbyoṅ rma bya dug ḥjoms, 孔雀除毒修心訣)의 둘이라고 말하였다. 아띠쌰 존자께서 그 스승님으로부터 수심(修心)의 가르침을 청문한 뒤 마음속에 일어난 깨달음을 게송으로 읊으니 다음과 같다.

내가 국정(國政)을 버리고 난행을 닦을 때
복덕을 쌓은 덕에 지존한 스승님을 만나고,

이 감로의 묘법을 설하시고 법력을 주시어
지금 대치법을 얻어 칙갸(Tshig rgya, 句印)을 수지하고,

종파에 떨어지는 편견이 있지 않으니
지혜를 전개해서 일체를 학습할 때,
무량한 경이로움을 내가 봄과 동시에
이 탁세에 이 법으로 이익이 생하였다!

또한 아띠쌰 존자께서 마이뜨레야요기(慈愛瑜伽師)로부터 이 수심(修心)의 가르침을 청문하였다. 마이뜨레야요기께서는 은둔처에서 자비의 보리심을 수행의 핵심으로 삼아 닦으신 분이니,

까예! [시원도 알 수 없는 윤회 속에서]
부모님이 된 유정들을 모두 인도하고자,
내게 있는 오독(五毒)의 번뇌 그것들로
유정들의 오독을 남김없이 뽑아내리라!

탐욕 등이 없는 선업의 있는 바 그 모두를
육도의 유정들에게 평등하게 나눠주리라!

질병 등의 악업의 결과로 받는 고통들과
그와 동류의 고통들을 남김없이 뽑아내리라!

질병 등이 없는 이익과 안락 어떤 그것을
육도의 유정들에게 평등하게 나눠주리라!
이같이 행하면 나 또한 이 윤회바다 속에
한 순간인들 떠도는 기회가 어찌 있으랴!

그렇지만 위없는 대보리를 이룰 때까지
받아야 할 모든 번뇌와 인과의 업들이
금생의 이 몸에서 전부 익어지게 하소서!
그 또한 금년금월에 다 가져오게 하소서!

그 또한 오늘 이 순간에 완결된 뒤에도
작은 고통 하나를 수행방편으로 삼아서
이 마음이 온전히 다스려지이다! 자애유가사여!

이와 같이 자비의 보리심의 증도가(證道歌)를 짓고 갠지스 강변에서 수행하며 머물렀다. 그 때 지존하신 미륵자존께서 그의 면전에 강림하여 자애로운 존안을 나타내시고 찬탄하셨다.

단지 듣는 것만으로 악도의 괴로움이 소멸하는 증도가
단지 사유하는 것만으로 윤회의 나무가 잘라지는 증도가
단지 닦는 것만으로 보리를 신속하게 시여하는 증도가

대자대비의 보리심의 이 증도가는 경이롭고 희유하도다.

오독의 번뇌를 원수처럼 파괴함을 알지라도
그대가 이같이 마음을 근수함은 희유하도다.
질병과 고통을 온전히 감내하기 어려움에도
그대가 이같이 행함은 경이롭고 희유하도다.

자기의 이익을 내버리고 이타행을 근수할 때
속절없이 윤회에 유랑함이 누구의 분부인가?
고로 자리의 마음은 잠깐조차 돌아보지 않고
타인이 원치 않는 것을 자기가 취함이 성자이다.

대승경전들이 무량무변 할지라도 여기에
귀속되지 않음이 티끌만큼도 있지 않으니,
그러므로 그대 유가행자의 이 금강도가는
듣고 사유하고 닦거나 강설하여도 좋도다.

신들을 비롯한 세간의 진실한 귀의처이자
시방의 부처님들의 마음의 정수인 이것이
그대 마음에 일어남은 참으로 희유하도다.

이와 같이 미륵세존께서 크게 환희하여 찬양하심으로써 자비의 깨달음이 광대하게 자라나고, 의심의 그물이 풀어진 뒤 보고 듣고 기억하고 접촉하는 일체유정에게 유익함을 주는 법력을 얻었다.

그와 같이 낮에 세 번, 밤에 세 번을 행하고, 모든 때와 장소에서 기억을 유실함이 없이 이 법으로 마음을 닦고 몸을 수양하는 이 금강도가를 부름으로써, 천룡과 야차, 아수라와 금시조, 인비인과 마후라가, 식육귀(食肉鬼)와 나찰 등이 어머니가 외아들을 자애로 보살피듯이 존경하여 복종하였다. 또한 각국의 왕들과 대신과 왕비와 바라문과 장자(長者)와 동남동녀와 백성들 일체가 귀순하고 즐거이 추종하고, 보고 듣는 일체가 자애의 본성이 되었다. 또한 말과 코끼리와 물소와 원숭이와 날짐승과 맹수의 무리들과 아래로는 벌레들조차 두려워하지 않고 즐겁게 자애유가사의 발아래 모여들었다.

그와 같이 자애유가사께서 마음으로 일체를 호념한 뒤 다시 서원하길,

무시이래로 살가운 인연을 짓고 맺은
내 부모님이 되었던 유정들을 남김없이,
위없는 보리에 들여놓는 서원을 세우니
이 법으로 미륵자존께 공양을 하리라!

그때 자리는 잠간조차 돌아보지 않고
타인의 이락만을 오로지 수습하리니,
이것이 대보리를 수증하는 핵심이니
이 법으로 미륵자존께 공양을 하리라!

고락과 비고비락의 어떤 감정이 생겨도
보리를 시여하는 도우미로 받아들이고
다겁(多劫) 동안 어떤 복을 쌓을지라도,
과거처럼 성문의 법에 떨어지지 않고
이 법으로 미륵자존께 공양을 하리라!

그 정도로 만족 않고 무슨 일이 생기든
인욕의 갑옷을 입고 조금도 휘둘리지 않고,
특별히 은혜로 보살펴준 그 사람들이
배은망덕해도 웃는 얼굴로 호념하리니
이 법으로 미륵자존께 공양을 하리라!

분노하는 적방들이 악업을 지을지라도
나쁜 생각에 한 순간도 떨어지지 않고,
현상과 마라와 신귀가 적으로 다가와도
사리사욕을 애착해서 지키는 일이 없이
이 법으로 미륵자존께 공양을 하리라!

죽음의 질병이 닥쳐와 피하지 못하여도
삿된 법에 마음이 이끌림을 겪지 않고,
인색함에 물든 탓에 재물이 적을지라도
사명(邪命)[26]으로 의식을 조달하지 않고
이 법으로 미륵자존께 공양을 하리라!

사악한 벗들이 사방에서 에워쌀지라도
제압해서 자립함을 누구에도 행하지 않고,
요약하면 가고 머물고 무엇을 행하든
불찰의 실수를 전적으로 행하지 않는
이 법으로 미륵자존께 공양을 하리라!

그와 같을지라도 또한 모든 제법들을
실유로 분별함을 추호도 행하지 않는,
이것이 보리를 수증(修證)하는 핵심이니
이 법으로 미륵자존께 공양을 하리라!

이와 같이 이 진실한 정수공양(正修供養)을
나 유가행자의 심사(心思)를 정화하기 위해,
미륵자존의 성중께선 이 공양을 가납하소서!
받으시고 나서 제 마음이 정화되게 하소서!

이와 같이 지존하신 미륵자존께 정수공양[27]을 광대하게 올리자, 그 때 허공에서 다섯 명의 공양천녀들을 비롯하여 소리와 광명 등의 갖가지 환희로운 공양물들이 무수하게 출현하였다. 그 당시 자애유가사에게 이 마음 닦는 가르침을 청하는 이들이 무수하게 나타났으며, 그 가운데 핵심은 아띠쌰 존자였다. 아띠쌰 존자께서 그 스승님 곁에서 대승의 보리심을 닦는 가르침들을 청문함으로써 확신의 마음이 일어났다. 그래서 이 두 분 스승님의 은혜를 언제나 크게 간직하였다. 그러한 까닭에 아띠쌰 존자께서도 직접 다음과 같이 말씀하셨다.

자애의 성인이자 대성취자인 유가사와
락시따라 부르는 제 살을 남에게 주신,
비공통의 대승의 발심을 베풀어주신
용맹하신 두 분 스승님께 예배하나이다.

그와 같이 아띠쌰께서 많은 빤디따와 성취자들을 스승으로 삼아서 현교와 밀교의 교계들을 널리 청문한 뒤 대승의 보리심을 닦을 때, 어떤 길이 질속하게 정등각의 붓다를 성취하는 빠른 길인가를 생각하시고, 붓다가야의 금강보좌를 참배하고 바깥 탑돌이를 하였다.

그 때 허공 속에 젊고 나이든 두 여인이 서 있었다. 그 가운데 나이든 여인에게 젊은 여인이 예배한 뒤 말하길, "질속하게 성불하길 원하면 어떤 법을 학습해야 합니까?"라고 질문하고 서있자, 늙은 여인이 말하길, "자비의 보리심을 닦으라"고 한 뒤, 밀법(密法)에서 보리심을 닦는 가르침[28]을 설하자, 아띠쌰 존자께서도 그것을 청문한 뒤 병에다 물을 옮겨 담듯이 통달하고, 보리심에 대하여 이전에 비해서 더욱 견고한 확지(確知)가 생겨났다.

다시 대탑의 안쪽 탑돌이를 하실 때 본당 뒤쪽의 전각(殿閣)에 모셔 놓은 작은 신들이 큰 신들에게 예배를 한 뒤, "질속하게 성불하길 원하면 어떤 법을 학습해야 합니까?"라고 질문하고 있었다. 큰 신들이 말하길, "자비의 보리심을 닦으라"고 한 뒤, 바라밀다 대승에서 보리심을 닦는 가르침을 설하는 것을 자세히 들음으로써, 병에다 물을 옮겨 담듯이 통달하고 보리심에 대하여 견고한 확신(確信)의 마음이 일어났다.

그 뒤 고귀한 보리심의 우빠데싸(敎誡)를 완전하게 가르쳐줄 스승님이 어디에 계신가 하고 탐문한 뒤, 쎄르링빠(金洲法稱) 스승님이 모든 보리심의 교계의 법주로 알려진 까닭에 오늘날 인도네시아의 쎄르링(金洲)으로 찾아가기로 결심한 뒤, 제자인 빤디따 싸이닝뽀(Saḥi sñiṅ po, 地藏)를 비롯한 많은 권속들과 함께 배를 띄워 1년 3개월쯤 바다 위에서 꼬빡 지내게 되었다.

그 때 바다 위에서 [보리심의 수습을 분노하는 자재천의 저주로 발생한] 거대한 바다괴물인 추씬냐미첸뽀(Chu srin ña mid chen po, 大摩羯)와 폭풍을 만나 배가 파선하기 직전에 다다르는 등의 허다한 장애와 위험들을 자비의 힘과 씬제쎼(gŚin rje gśed, 閻魔敵)의 유가수습에 의지해서 소멸시킨 뒤, 불법과 중생의 이익을 위해서 고난을 참아가면서 마침내 쎄르링(金洲)에 도착하였다.

아사리 쎄르링빠(金洲法稱)를 친견하고 갖가지 공양물들로 광대하게 공양을 올린 뒤 완전한 보리심의 우빠데싸(Upadeśa, 敎誡)를 교수해 주시길 청하였다. 아사리께서 말씀하시길, "자비의 보리심을 능히 배울 수가 있겠는가? 여기서 12년을 머물 수가 있겠는가?"하고 묻자, "그렇게 할 수가 있다"고 말씀 드린 뒤, 12년 동안 그곳에 머물면서 머리와 베개를 맞대고 청문함으로써 완전한 대승의 수심결(修心訣)을 병에서 병으로 물을 따르듯이 전수받았다. 자기보다 타인을 애중히 여기는 광대한 보리심의 보물이 마음에서 생겨났다. 쎄르링빠 스승님께서 크게 환희한 뒤, 불교의 법주로 추대하는 기념으로 스승님께서 어릴 적부터 모셔오던 황금불상을 아띠쌰 존자에게 주셨다. 또한 모든 불교의 법주가 되게 하시고, 특별히 북쪽의 티베트 설원에 대승의 교법이 태양처럼 빛나게 하는 허다한 인연을 마련하시고, 여러 가지 교훈[29]들을 게송으로 설하였다.

위와 같이 아띠쌰 존자에게는 보통 백오십 명 정도의 많은 빤디따와 성취자 스승들이 있으며, 그 가운데 해와 달처럼 널리 알려진 성취자 스승들이 열두 명 정도 있고, 그들 전체 가운데 이 쎄르링빠(金洲法稱) 스승님을 견줄 바 없는 최고의 은혜로운 스승님으로 받들었으며, 단지 쎄르링빠 스승님의 존명만 들어도 눈물을 흘리시고, 두 손을 머리에 얹고 예배드리고, 매달마다 추모예식을 거르지 않고 올렸다. 한 제자가 여쭙길, "아띠쌰 존자께서는 많은 빤디따와 성취자 스승들이 계시는데 유독 이 쎄르링빠 스승님만을 이와 같이 존경하는 것은 무슨 까닭입니까?"라고 묻자, 답하시길, "나의 스승님들에게 공덕의 크고 작음의 있음을 통해서 특별히 존경하는 것이 아니다. 이 쎄르링빠 스승님의 은혜가 가장 크기 때문이다"고 말씀하셨다. 다시 묻기를, "어떤 은혜가 있습니까?"라고 하자, 답하시길, "내게 있는 공덕으로 생각하는 이 작은 선한 마음도 쎄르링빠 스승님의 은혜이기 때문이다"고 말씀하셨다.

또한 까담렉밤(bKaḥ gdams glegs bam, 噶當書)의 지분인 라매남타르최끼중내(Bla maḥi rnam thar chos kyi ḥbyuṅ gnas, 上師傳記法源)에서, "아띠쌰 존자께서 쎄르링빠 스승님과 머리와 베개를 맞대고 대승의 법을 남김없이 배우시고, 특별히 바라밀다 대승의 궤도인 삼세의 모든 부처님들이 가시는 한 길인 불법에 들어가는 교법차제(教法次第)와 보살집학론(菩薩集學論)과 입보리행론(入菩提行論)의 비공통의 우빠데쌰(教誡)인 청정한 증상의요(增上意樂)로써 자타의 처지를 바꾸는 세속보리심(自他相換世俗菩提心)을 닦는 비공통의 가르침 또한 쎄르링빠 스승님으로부터 비롯됨으로써 누구와도 비교할 수 없는 유일한 지존인 것이다. 까담빠(教誡派)의 정결함이 모든 침방(寢房)에서 광명으로 불타는 이 전통 또한 쎄르링빠 스승님으로부터 비롯된다. 이것을 비롯한 까담빠의 전통은 대부분 쎄르링빠 스승님으로부터 비롯한다고 말하였다.

이러한 도리를 또한 쫑카빠(Tsoṅ kha pa) 대사께서도, "길상하신 아띠쌰 존자께서는 중관의 견해를 지니셨고, 쎄르링빠 스승님께서는 유식실상파(唯識實相派)의 견해를 지니셨을지라도 보리심을 그에게 의지해서 얻으심으로써, 모든 스승님들 가운데 최고의 은혜를 입은 분으로 인정하는 전기(傳記)를 교법의 핵심을 터득한 자가 보면 도(道)의 요체를 크게 이해하는 바가 있다"고 말씀하셨다. 또한 람림첸모(菩提道次第廣論)에서, "아띠쌰 존자를 세 가지 율의를 갖추신 것을 통해서 찬양할 때 또한 보살의 율의를 갖추시니, 낙초·로짜와(Nag tsho Lo tsā ba)의 뙤빠걔쭈빠(sTod pa brgyad cu pa, 아띠쌰八十讚)에서, '당신께서는 바라밀 대승의 문에 들어오신 뒤, 증상의요(增上意樂)가 청정하게 되었으며, 보리심으로써 중생들을 버리지 않으시니, 지혜를 지닌 대비자께 예배 하나이다'라고 함과 같이, 대자대비의 근본인 보리심을 닦는 많은 가르침들과 특별히 쎄르링빠 스승님을 의지해서 지존하신 미륵자존과 문수보살님으로부터 아사리 아쌍가(Asaṅga, 無着)와 쌴띠데와(Śantideba, 寂天)로 전승되는 최상의 교계를 오랫동안 수습함으로 말미암아, 아띠쌰 팔십찬(八十讚)에서, "자리를 흔연히 버리시고 타인의 이익을, 진정으로 행한 그가 나의 스승이시다"라고 함과 같이, "자기보다 타인을 애중히 여기는 보리심을 마음에 일으키고, 그 원보리심(願菩提心)으로 온전하게 일으킨 행보리심(行菩提心)인 대승의 광대한 보살행의 배움을 자임(自任)함을 수순하는 학처(學處)를 배우는 선행으로 보살들이 제정한 한계를 벗어나지 않았다"라고 말함은, 쎄르링빠 스승님의 구결에 의거해서 자기보다 타인을 애중히 여기는 고귀한 보리심이 마음에서 생긴 것을 찬양함이다.

그 뒤 인도로 돌아오셔서 교법의 사업을 크게 행하시며 머물고 계실 때, 서부 티베트의 [구게(Gu ge) 왕국의] 출가왕(出家王)이자 숙질 사이인 예시외(Ye śes ḥod, 智光)와 장춥외(Byaṅ chub ḥod. 菩提光)께서 로짜와(Lo tsā ba, 譯經僧) 갸·쬔뒤쎙게(rGya rTson ḥgrus seṅ ge, 精進獅子)와 낙초·로짜와(Nag tsho Lo tsā ba) 두 사람을 인도에 차례로 파견해서, 마침내 갖가지 어려움들을 겪으면서 아띠쌰 존자님을 초빙하였다. 성스러운 인도 땅의 모든 빤디따들의 정수리의 보석 동곳처럼 추앙받으며, 당시의 권력자들인 왕과 대신들을 비롯한 많은 군신들이 머리 조아려 예배하는 존자님께 티베트로 초청하는 말씀조차 드리기가 어려웠음에도 불구하고,(중략) 로짜와 갸·쬔뒤쎙게(精進獅子)가 한가한 틈을 타서 낙초 로짜와를 아띠쌰 존자의 면전으로 안내한 뒤, 맨달(Maṇḍala, 의식용 법구)과 많은 황금들을 예물로 바치고 나서, 변방의 티베트에서 과거에 법왕들이 출현한 상황과 티베트의 국왕과 대신들이 보살이었던 정황과 사원과 수승한 삼소의(三所依)인 불상과 불경과 불탑이 안치되어 있는 현황과 불법이 흥망성쇠를 겪은 과정과 정황과 출가왕 예시외(智光)와 장춥외(菩提光)가 아띠쌰 존자님을 숭경하는 과정과 현재 티베트불교에 청정함이 없어진 상황들을 자세히 말씀드린 뒤, 티베트를 대비로 살펴주실 것을 간청하고서 그들 모두가 크게 눈물을 흘렸다.

아띠쌰 존자께서 말씀하시길, "티베트의 군신들은 보살들이며, 특별히 두 출가왕들은 보살들이다. 나를 위해서 티베트의 많은 인재와 재물들이 또한 희생을 당함으로써 나 또한 부끄럽고, 내가 가지 않으면 국왕의 명령 또한 이루지 못하게 되나, 그렇더라도 내가 티베트에 이익이 되고 되지 못함을 살펴볼 필요가 있다. 본존에게 기원한 뒤 답을 주겠다"고 하였다.

그날 밤 아르야 따라 불모님께 황금맨달(의식용 법구)을 올린 뒤, "제가 티베트에 들어가면 불법과 유정들에게 이로움이 있는지 없는지? 국왕의 소원을 채워줄 수 있는지 없는지? 몸과 수명에 장애가 있는지 없는지?"하고 여쭈었다. 따라 불모께서 말씀하시길, "불법과 유정들에게 유익함이 있고, 특별히 한 거사에게 크게 이로우니, 그가 불법을 크게 융성하게 한다. 아들 제자보다 손자 제자가 환희하고, 손자 제자보다 증손 제자가 환희하게 된다. 국왕의 심원 또한 만족시키나, 수명은 20년이 줄어들게 된다"고 하셨다. 아띠쌰 존자께서, "유정들에게 이익이 된다면 수명이 단 하루밖에 없을지라도 감당할 수 있다"라고 생각하신 뒤, 낙초 로짜와를 비롯한 티베트 사신들에게 말씀하시길, "내가 티베트에 들어가겠지만 이전부터 해오던 업무들을 모두 완결하려면 3년쯤이 걸리니, 그때까지 머무를 수 있는가?"하고 묻자, 그들이 대답하길, "십년이 걸려도 저희들은 머무를 수 있습니다"라고 함으로써, 티베트에 들어가는 것을 직접 허락하였다.

그 뒤 아따쌰 존자께서 인도사람들이 눈치 채지 못하도록 남쪽과 북쪽의 큰 성지들로 순례를 떠났다. 그 뒤 네팔의 팍빠 씽꾼(ḥPhags pa śiṅ kun, 聖一切樹圓塔)[쓰와얌부(Svayaṃbhū)대탑]으로 참배가자고 말씀하신 뒤 티베트의 역경승들을 대동하고 출발하였다. 그 뒤 천천히 발걸음을 옮겨서 마침내 뙤응아리(sTod mṅaḥ ris, 서부 티베트) 지방에 당도하자, 출가국왕인 장춥외(菩提光)께서, "티베트에서 불법이 흥망성쇠를 겪은 과정을 자세하게 말씀드리고 난 뒤, 티베트 전체에 유익한 법을 대비로 살펴주시길 간청하고, 티베트의 미개한 중생들을 업의 인과로써 훈육하여 주십시오"라고 간청하였다. 아띠쌰 존자께서 크게 환희하여 부처님의 모든 가르침들을 한 중생의 수행차제로 안배한 논전인 장춥람된(Byaṅ chub lam sgron, 菩提道燈論)을 저술하였다. 붓다의 교법을 바로 알지 못함과 그릇되게 아는 일체를 척결한 뒤 불법을 태양처럼 빛나게 하였다.

대역경승 린첸쌍뽀(Rin chen bzaṅ po, 寶賢)가 토딩뺄기하캉(mTho ldiṅ dpal gyi lha khaṅ)의 황금법당으로 모신 뒤 극진하게 받들어 모셨다. 관정과 우빠데쌰(敎誡)들을 청함으로써 뎀촉(bDe mchog, 勝樂金剛佛)의 관정을 비롯한 많은 법들을 교수하였다. 그 때 로짜와 린첸쌍뽀(寶賢)의 마음에 한량없는 믿음이 일어나서 붓다의 몸·말·뜻 셋의 상징인 존상과 경전과 탑을 제외하고 모든 것들을 아띠쌰 존자께 바쳤다. 아띠쌰 존자께서, "나의 통역으로 가지 않겠느냐?"고 묻자, 로짜와 린첸쌍뽀(寶賢)가, "모자를 벗어 머리를 내보인 뒤, 머리가 이렇게 하얗게 세었으니 저는 수행을 하고 싶습니다"고 말씀드리자, 아띠쌰 존자께서 말씀하시길, "까예! 로짜와 린첸쌍뽀여, 그대가 진실한 수행에 들어가게 되면, 과거세부터 쌓아온 무량한 선법(善法)의 힘들이 일어난다. 얻기 어려운 가만(暇滿)을 갖춘 고귀한 사람의 몸을 얻었고, 우담발라 같은 부처님의 가르침을 만났으며, 그것을 열어 보여주는 선지식을 만났으며, 윤회의 질고를 완전히 소멸하는 묘법의 감로약(甘露藥)을 얻었으며, 무지의 어둠을 소제하는 정법의 등불을 만난 이 때, 나쁜 일들에 마음이 휘둘림이 없이 정진하라"고 충고하셨다. 그가 이 말씀을 가슴에 깊이 새기고, 선실(禪室)의 문을 굳게 잠근 뒤 법문을 주고받는 구멍 하나를 통해서 음식을 취하였다. 문미(門楣) 위에다, "이 선실 안에서 세속의 분별망상이 일어나면 호법의 수호신들께서는 머리를 베어 가져가라"고 글을 써 붙인 뒤, 아띠쌰 존자의 대비의 섭수 속에 12년 동안 일념으로 정진함으로써 뎀촉(勝樂金剛佛)의 62성중 만다라를 직접 친견하고, 무지개의 몸을 성취하였다고 알려졌다.

돔뙨빠(ḥBrom ston pa) 린뽀체 또한 응아리 지방에서 아띠쌰 존자를 만났으며, 그가 여러 가지 묘책을 써서 중앙 티베트로 모셔오고, 법연을 갖춘 이들에게 광대한 법륜을 굴리시며 17년 동안 티베트에 머물면서 교법의 사업을 광대하게 행하셨다. 쫑카빠 대사께서, "그 또한 서부 응아리(mṄaḥ ris)에서 3년, 녜탕(sÑe thaṅ)에서 9년, 위(dBus)와 짱(gTsaṅ) 지방에서 5년을 지내면서, 복연을 갖춘 이들에게 현밀의 경전과 교계들을 남김없이 열어 보임으로써, 교법의 전통이 쇠락한 것들을 새로이 세우시고, 조금 남아 있는 전통들을 부흥시키시고, 삿된 분별의 더러움에 물든 법들을 잘 씻어버린 뒤, 불법이 더러움에 물들지 않게 하셨다"고 설함과 같다.

그와 같이 교법의 사업을 광대하게 행하시니, 그 가운데서 또한 이 대승의 로종(修心訣)을 티베트 땅에 밝게 드러내 보이셨다. 근본인 청정한 율의에 머물면서 대승의 마음 닦기 수행이라 부르는 아띠쌰 존자의 까담(bKaḥ gdams)은 행적이 고결하고,

현정선(賢淨善)[30] 세 가지 어떠한 측면에서든지 비교할 수 없는 이 학풍을 유행시킴으로써, 티베트 사람들에게 누구와도 비교조차 할 수 없는 법은(法恩)을 끼쳤다.

3. 텍첸로종(大乘修心訣)의 티베트의 전승과정

이것을 아띠쌰 존자께서 선지식 돔뙨빠·걜왜중내(ḥBrom ston pa rGyal baḥi ḥbyuṅ gnas, 勝者源, 1004-1064)에게 전수하니, 돔뙨빠 린뽀체께서 서부 응아리에서 처음 아띠쌰 존자를 만나면서부터 받아 지닌 뒤, 마지막 녜탕(sÑe thaṅ) 사원에서 입멸하실 때까지 오랫동안 사사함으로써, 보리도차제(菩提道次第)와 그것의 핵심인 이 대승의 로종(修心)의 전승교계들을 항아리에서 다른 항아리로 옮겨 담듯이 온전하게 청문하였다.

이 돔뙨빠 린뽀체께서 세 명의 다르마 형제들에게 전수하는 가운데 특별히 선지식 뽀또와·린첸쌜(Po to ba Rin chen gsal, 寶明, 1027-1105)에게 전하였다. 선지식 뽀또와(Po to ba)께서 돔뙨빠 린뽀체를 7년 동안 몸의 그림자처럼 떨어짐이 없이 사사함으로써, 이 대승의 수심결(修心訣)을 완전하게 청문하고 수습하였다.

이 선지식 뽀또와(Po to ba)께서 대승의 수심결의 핵심인 고귀한 보리심을 수행의 정수로 삼았으며, 그것에 대하여 확신을 일으키는 전거로서 까담(bKaḥ gdams)의 육론(六論)으로 알려진 보살지(菩薩地, Byaṅ sa)와 대승장엄경론(大乘莊嚴經論, mDo sde rgyan), 본생경(本生經, sKyes rabs)과 법집요송경(法集要頌經, Ched du brjod paḥi tshoms), 보살집학론(菩薩集學論, bsLab bdus)과 입보리행론(入菩提行論, sPyod ḥjug)의 여섯 가지 논전에 대해서 강설청문을 널리 행하였다. 선지식 뽀또와(Po to ba)의 수많은 제자들 가운데 선지식 랑리탕빠(Glaṅ ri thaṅ pa, 1054-1123)와 선지식 샤라와·왼땐닥(Śa ra ba Yon tan grags, 功德稱, 1070-1141) 두 분이 한 쌍의 일월처럼 널리 알려졌다. 특히 선지식 샤라와(Śa ra ba)에게 전법사업의 대임이 떨어짐으로써 그가 이 대승의 수심결을 널리 전파하였다.

이 선지식 샤라와(Śa ra ba)에게 제자들이 수없이 있을지라도 대보살 채카와·예시도제(ḥChad kha ba Ye śes rdo rje, 智慧金剛, 1100-1175)에게 이 수심의 묘법을 전파하는 대임이 떨어졌다. 보살 채카와(ḥChad kha ba)로 알려진 그는 한 닝마빠(舊密)의 가문에서 태어났으며, 신밀(新密)과 구밀(舊密)의 많은 법들에 정통하였고, 법상(法相)의 전적들을 또한 오랫동안 연찬하니, 백여 권질(卷帙)[31]의 경론에 통달하였음에도 마음 속 깊이 이러한 성불의 법리와 같지 않은 심오한 우빠데쌰(敎誡)가 있으리라는 생각이 끊임없이 일어났다. 어느 날 선지식 랑리탕빠(Glaṅ ri thaṅ pa)의 로종칙개마(修心八頌)[32]의 비유 하나[33]를 봄으로써, [제5송의 비유로서], "이익과 승리는 타인에게 베풀고, 손실과 손해는 내가 받으며"를 보는 순간 불현듯 신심이 크게 일어남으로써, 제자들 몇몇과 우루(dBu ru) 지방으로 간 뒤 랑리탕빠의 거처를 탐문하였으나 이미 입적하였다고 말하자, 그럼 이 로종의 가르침이 누구에게 있는가? 하고 물었다. 선지식 쌰라와(Śa ra ba)에게 있다고 말함으로써 맬도(Mal gro) 지방으로 갔다. 그곳에서 1년 동안 가만히 법문을 듣고 조사해 보았지만 대중법회에서 일반적인 법문 외에 별도로 로종의 심요를 자세하게 설함을 듣지 못하자 의심이 일어났다. 그래서 생각하길, "이 선지식에게 직접 질문한 뒤 로종의 가르침이 있고 없음을 판단한 뒤 있으면 청문하고 없으면 다른 곳으로 가리라"고 결심하였다.

어느 날 선지식 쌰라와께서 향나무 숲속에서 탑돌이를 하고 있을 때, 그의 면전에 다가간 뒤 [외투의 일종인] 참체(Phyam tshe, 半月形大氅)를 법석으로 편 뒤 여기에 앉으시길 청하였다. 쌰라와(Śa ra ba)께서, "은혜로운 대사(大師, Jo bo ston pa), 여기 앉아 무엇을 하고자 하는가? 지금 법을 설하지 않는다"고 말하자, 채카와(ḥChad kha ba)께서, "상의할 것이 있습니다?"라고 말하자, 쌰라와께서, "대사(大師), 내가 강설하지 않지 않음이 어디 있는가? 법상에서 일체를 강설하였다"고 말하자, 그와 같지만, 제가 본적이 있는 법문 가운데, "자기의 안락을 중생에게 주고, 유정의 고통을 자기가 대신 짊어진다"라고 한 것이 있는데, 그것이 제 마음에 크게 유익하였는바, "그것이 성불의 진정한 교계입니까?"하고 여쭙자, 쌰라와께서 말씀하길, "대사, 그대 마음에 유익하고 유익하지 않다는 이야기가 무슨 말인가? 일체지자의 붓다는 닦지 않으면 이루지 못하고, 닦는 그 때부터 그와 같은 생각을 가짐이 없이는 성취함이 있지 않다"고 하였다.

이 정도의 논의만으로도 법문 가운데 뛰어난 증험이 반드시 있으리라는 생각이 들었다. 그러면 그것에 대한 경문의 구절 하나를 청합니다. 저희들은 교법을 배우고 경문에 의지하는 자입니다. 쌰라와께서 말씀하길, "아사리 나가르주나(龍樹)를 준거로 삼지 않는 자가 어디 있는가? 보만론(寶鬘論)에서, '나에게서 그들의 죄업들이 모두 성숙되고, 나의 선업들이 모두 그들에게서 성숙되게 하소서!'라고 설하였다"고 하자, 다시 묻기를, "저는 이 법을 크게 신해하니 가르침을 청합니다"고 함으로써, 쌰라와께서 말씀하길, "대사, 자기 스스로 이와 같이 실천 속에 머물도록 하라! 자신이 불행에 의한 자기의 감정을 살펴보라"고 하였다. 그 뒤 선지식 쌰라와(Śa ra ba)를 지순한 마음과 행위의 양면을 통해서 여법하게 사사하니, 12년 동안 그를 한시도 여의지 않고 로종(修心)의 가르침을 청문하고 실증함으로써 견고한 확신을 얻게 되었으며, 이 로종의 가르침을 널리 전파하는 사업의 임무를 맡게 되었다. 이러한 도리를 두고 쫑카빠 대사께서, "보리심의 전승자 채카와(mChad kha ba)"라고 말하는 동시에 크게 칭송하였다.

대보살 채카와(ḥChad kha ba)께서 이 법을 선지식 쎄·찔부와·최끼걜챈(Se spyil bu ba Chos kyi rgyal mtshan, 法幢, 1121-1189)에게 전수하니, 쎄·찔부와(Se spyil bu ba)께서 선지식 채카와를 21년간 사사하면서 이 로종의 가르침을 온전하게 청문하고 실천궁행하였다. 로종낸귀(Blo sbyoṅ sñan brgyud, 修心耳傳)의 원문들을 가려서 모으고 뜻을 비망록(備忘錄)으로 기록하고, 다른 사람들에게

도 널리 전파하였다.

선지식 쎄찔부와(Se spyil bu ba)가 선지식 담빠·하딩빠(Dam pa lHa sdiṅs pa)에게 전수하고, 그가 선지식 쌍걔왼(Saṅs rgyas dbon)에게 전수하고, 그가 촉빼롭뾘·왼땐뺄(Tshogs paḥi slob dpon Yon tan dpal, 吉祥功德)에게, 그가 캔첸·데와뺄(mKhan chen bDe ba dpal, 吉祥樂, 1231-1297)에게, 그가 린뽀체·쏘남닥빠(Rin po che bSod nam grags pa, 福稱)에게, 그가 걜째·톡메쌍뽀(rGyal sras Thogs med bzaṅ po, 無着賢, 1295-1369)에게 전수하니, 그가 일생토록 이 로종을 실천궁행함으로써 자기보다 타인을 애중히 여기는 꾸밈없는 진실한 보리심이 마음에서 생겨났다. 몸을 보거나 목소리를 듣거나 손으로 접촉한 모든 유정들과 최소한 이름만이라도 들은 사람들을 가히 고통에서 벗어나게 하였으며, 후대의 사람들의 이익을 위해서 이 로종(修心)의 지침서를 또한 저술하였다.

선지식 톡메쌍뽀(無着賢)가 렝다와·슈누로되(Re mdaḥ ba gShon nu blo gros, 福童, 1359-1412)에게 전수하고, 그가 쫑카빠·로쌍닥빠(Tsoṅ kha pa Blo bzaṅ grags pa, 善慧稱, 1357-1419)에게 전수하고, 그가 호르뙨·남카뺄댄(Hor ston Nam mkhaḥ dpal ldan, 虛空吉祥)에게, 그가 겐뒨둡빠(dGe ḥdun grub pa, 僧成, 1391-1474)에게, 그가 둘진·로되배빠(ḥDul ḥdzin Blo gros sbas pa, 慧護, 1400-1475)에게, 그가 빤첸·예시쩨모(Pan chen Ye śes rtse mo, 智頂, 1433-未詳)에게, 그가 제·꺕촉뺄(rJe skyabs mchog dpal)에게, 그가 제쭌·엔싸빠 로쌍된둡(rJe btsun dBen sa pa Blo bzaṅ don grub, 善慧義成, 1505-1566)에게, 그가 캐둡·쌍걔예

시(mKhas grub Saṅs rgyas ye śes, 佛智, 1525-1590)에게, 그가 제쭌·로쌍최끼걜챈(rJe btsun Blo bzaṅ dchos kyi rgyal mtshan, 善慧法幢, 1567-1662)에게, 그가 샵둥하빠·로쌍땐빠다르게(Shabs druṅ lha pa Blo bzaṅ bstan pa dar rgyas, 善慧法興隆)에게, 그가 둡첸·로쌍잠빠(Grub chen Blo bzaṅ byams pa, 善慧慈)에게, 그각 둡왕·최끼갸초(Grub dbaṅ Chos kyi rgya mtsho, 法海)에게, 그가 나의 은사이신 라마 둡빼왕축·로쌍남걜(Grub paḥi dbaṅ phyug Blo bzaṅ rnam rgyal, 善慧尊勝)에게 전수하였다. 나 예시걜챈(Ye śes rgyal mtshan, 智幢, 1713-1793)이 따씨룬뽀 승원에서 스승님으로부터 이 로종의 교도서를 청문하였으며, 또한 간댄의 푹뽀체(Phug po che, 大石窟)에서 이 로종의 심요들을 여러 차례 들었다.

또한 걜쌔·톡메쌍뽀(無着賢)께서 갸마와·왼땐외(rGya ma ba Yon tan ḥod, 功德光)에게 전수하고, 그가 팍빠로펠(ḥPhags pa blo ḥphel, 聖智增)에게, 그가 짼응아·출팀뺄(sPyan sṅa Tshul khrims dpal, 吉祥戒)에게, 그가 로빠·짼응아·쏘남하왕(Lo pa spyan sṅa bSod nam lha dbaṅ)에게, 그가 걜쌔·쏘남렉촉(rGyal sras bSod nam legs mchog, 福德妙善)에게, 그가 뉵라빤첸·응아왕닥빠(sÑug la pan chen Ṅag dbaṅ grags pa, 語自在稱)에게, 그가 짼응아·응아왕최닥(sPyan sṅa Ṅag dbaṅ chos grags, 語自在法稱)에게, 그가 짼응아·닥괸빠(sPyan sṅa Brag dgon pa, 岩寂靜)에게, 그가 파봉카빠·뺄조르휜둡(Pha boṅ kha pa dPal ḥbyor lhun grub, 財富天成)에게, 그가 쑤르·틴래랍개(Zur ḥPhrin las rab rgyas, 事業極盛)에게, 그가 강짼괸뽀·응아왕로쌍갸초(Gaṅs can dgon po Ṅag dbaṅ blo bzaṅ rgya mtsho, 語自在善慧海)에게, 그가 데둑캔첸·로쌍

다르걔(sDe drug mkhan chen Blo bzaṅ dar rgyas, 善慧興隆)와 낸땐·잠양닥빠(Nas brtan ḥJam dbyaṅ grags pa, 文殊稱) 두 사람에게 전수하였으며, 겔롱·잠양닥빠(sGe sloṅ ḥJam dbyaṅ grags pa, 文殊稱)가 제·둡캉빠첸뽀(rJe sGrub khaṅ pa chen po, 大成道室者)에게, 그가 나의 은혜로운 근본스승이신 제쭌·응아왕잠빠(rJe btsun Ṅag dbaṅ byams pa, 語自在彌勒)에게 전수하였다.

이 전승법계는 걜쌔·톡메쌍뽀(無着賢)께서 저술한 로종된뒨매티익(Blo sbyoṅ don bdun maḥi khrid yig, 修心七事講解) 위에다 로종(修心)의 가르침을 광대하게 설한 법통이다. 로종의 핵심이 되는 요체들은 보리도차제의 자타상환(自他相換)을 강설하는 단계에서 자세히 설하였고, 이것의 청문전승을 근거로 하면, 빤첸·로쌍최끼걜챈(Pan chen Blo bzaṅ dchos kyi rgyal mtshan, 善慧法幢)이 둥빠·따푹빠(Druṅ pa rTa phug pa, 馬洞山人)에게 전수하고, 그가 제·둡캉빠첸뽀(rJe sGrub khaṅ pa chen po, 大成道室者)에게, 그가 빤첸·로쌍최끼걜챈(善慧法幢)의 주장처럼 보리도차제의 자타상환의 가르침 단계에서 로종(修心)의 교도를 자세하게 강술한 것을 제쭌·응아왕잠빠(rJe btsun Ṅag dbaṅ byams pa, 語自在彌勒)께서 비망록으로 기록한 것이 또한 있다.

제·둡캉빠첸뽀(rJe sGrub khaṅ pa chen po)께서 나의 근본스승이신 제쭌·응아왕잠빠(語自在彌勒)에게 이 로종의 이전구결(耳傳口訣)을 완전하게 전수하고, 까담(bKaḥ gdams)의 교법의 법주로 가지하였다. 나 예시걜챈(Ye śes rgyal mtshan, 智幢)이 은사이자 근본

스승이신 응아왕잠빠(語自在彌勒) 린뽀체의 발아래서 걜쌔·톡메쌍뽀(無着賢)께서 저술한 로종된뒨매티익(修心七事講解) 위에다 이 로종의 심오하고 광대한 교도들과 로종(修心)의 핵심요체들을 보리도차제의 자타상환의 관상수행하는 단계에서 가르쳐 보임을 반복해서 받았다.

둘째. 로종(修心)의 우빠데쌰(敎誡)에 존경심을 일으키기 위해서 법의 위대성을 열어 보임

로종(修心)의 우빠데쌰(敎誡)에 존경심을 일으키기 위해서 법의 위대성을 설함이다. 법이니, 이 우빠데쌰(敎誡)의 경론의 근원은 화엄경(華嚴經)과 십만송반야경(十萬頌般若經) 등의 대승경전들과 그것을 주석한 논전인 미륵보살의 현관장엄론(現觀莊嚴論, mṄon par rtogs paḥi rgyan)과 대승장엄경론(大乘莊嚴經論, mDo sde rgyan)의 등들과 성용수(聖龍樹)의 보만론(寶鬘論, Rin chen phreṅ ba)과 보리심석(菩提心釋, Byaṅ chub sems ḥgrel) 등들과 성무착(聖無着)의 보살지(菩薩地, Byaṅ sa) 등들과 대승의 논사들이 지은 그 논전들의 의취를 하나로 안배한 것이니, 특히 문수보살의 교계(敎誡)에 의거해서 대승의 경론들을 한 사람의 [성불하는] 수행차제를 하나로 안배한 적천보살(寂天菩薩)의 보살집학론(菩薩集學論, bsLab pa kun las btus pa)과 입보리행론(入菩提行論, sPyod ḥjug)의 둘과 그들 일체를 하나로 거두어 모은 것이, [다시 말해 인도의 대승불교의 세 가지 큰 흐름인] 삼종전승(三種傳承)[34]을 하나로 화합한 우빠데쌰(敎誡)가 길상하신 아띠쌰(Atīśa) 존자께서 저술하신 보리도등론(菩提道燈論,

Byaṅ chub lam gyi sgron ma)인 것이니, 그러므로 이 단계에서의 로종의 가르침의 근원은 마땅히 보리도등론인 것이다. 그와 같이 쫑카빠 대사도, "법(法)은 이 우빠데쌰(教誡)의 논전인 보리도등론(菩提道燈論)이다. 아띠쌰(Atīśa) 존자께서 저술하신 논서가 많이 있을지라도 뿌리와 같이 완전무결한 것이 보리도등론이니, 현밀의 두 가지 핵심을 거두어 모은 뒤 설해 보임으로써 능전(能詮: 설하는 글월)이 완전무결하고 마음을 조복하는 차제를 핵심으로 삼음으로써 실천하기가 쉽고, 대승의 [중관과 유식의] 두 큰 도리에 정통하신 두 분 스승님의 교계로서 장엄함으로써 다른 교설에 비해서 특별히 뛰어나다"고 설함과 같은 것이다.

1. 대승의 보리도차제와 로종(修心)의 관계

그리고 이 단계에서 로종(修心)의 원문을 별도로 분리해 놓은 것이 보리도차제의 상사(上士)의 단계에서 보리심을 닦는 법이니, 여기에는 칠종인과(七種因果)의 구결의 문을 통해서 닦는 법과 자타상환(自他相換)의 문을 통해서 닦는 법의 두 가지가 있음으로써, 이 수심결은 적천보살의 논전에 의거해서 자타상환의 보리심을 닦는 법 그것에 이전구결(耳傳口訣)의 허다하고 수승한 가르침들이 있는 것을 별도로 분리해 낸 뒤 저술한 것이다.

그와 같이 또한 쫑카빠 대사도, "대승의 보리심을 닦는 법 각각들 가운데서 선지식 채카와(ḥChad kha ba, 尸林瑜伽師)의 로종이 적천보살의 논전에 의거하는 보리심을 닦는 구결로 드러남으로써 그의 종론을 마땅히 설하고자 한다"고 설함과 또한, 입중론석의취명해(入中論釋義趣明解, ḥJug paḥi rnam bśad dgoṅs pa rab gsal)에서, "기꺼운 방편에 의해서 [보리심을] 일으키는 것에 지자(智者)의 왕들의 두 가지 도리가 드러나 있는 가운데 첫째는, 아사리 짠드라끼르띠(Candrakīrti, 月稱)의 사백론광주(四百論廣註, bShi brgya paḥi ḥgrel pa)에서 유정들이 무시이래로 부모 등의 친척이었음을 사유하면, 그들을 구제하기 위해서 윤회 속에 뛰어듦을 감내한다고 설함과 같이 대덕(大德) 짠드라고미(Candragomi, 皎月)와 지자(智者)의 왕인 까말라씰라(Kamalaśīla, 蓮華戒)도 역시 그렇게 설하였다. 두 번째는 길상하신 적천보살(寂天菩薩)의 교설이니, 그것은 다른 데서 설명한 바이니 그것을 통해서 알도록 하라"고 설하였다.

그러므로 이 논전의 교계의 위대함은 넷이니, ①모든 성교(聖教)를 모순 없이 이해하는 위대함과 ②모든 성언(聖言)을 교계(教誡)로 출현하게 하는 위대함과 ③붓다의 의취(意趣)를 쉽게 얻게 하는 위대함과 ④큰 죄행(罪行)이 스스로 소멸하게 하는 위대함이 그것이다.

그들 하나하나에 대해서 자세히 설명하면 논설이 장황해 짐을 우려해서 적지 않으니, 삼계의 유일한 법등(法燈)인 보리도차제광론(菩提道次第廣論)에 상세하게 설명한 바이니 그것을 통해서 알도록 하라.

텍첸로종기담빠

대승의 마음 닦는 법

본존과 일체이신 스승님께 예경하나이다.

대승의 마음 닦는 법, 이 로종(Blo sbyoṅ)의 가르침에는 셋이 있으니, 첫째, 로종(修心)의 성스러운 연원에 대하여 경건함을 일으키기 위해서 [누구로부터 전해졌는가를 밝히는] 상사전승(上師傳承)의 차제와 둘째, 로종(修心)의 법에 존경심을 일으키기 위한 이 가르침의 위대함과 셋째, 로종(修心)의 가르침의 실제수행이다.

1장

로종(修心)의 성스러운 연원

로종(修心)의 성스러운 연원에 경건함을 일으키기 위한 상사전승(上師傳承)의 차례이니, [티베트 로종의 전수자는 아띠쌰(Atīśa, 982-1054)라 존칭하는 디빰까라쓰리즈냐나(Dīpaṃkar Śrījñāna, 吉祥燃燈智)이니] 이 조오제(Jo bo rje, 大恩人)의 로종의 전승법맥에는 세 가지가 있다. 구루 쎄르링빠(gSer gliṅ pa, 金洲法稱)로부터의 전승과 구루 마이뜨레야요기(Maitreyayogi, 慈愛瑜伽師)로부터의 전승과 구루 다르마락시따(Dharmarakṣita, 法護)로부터의 전승[34]이 그것이다.

이 가운데 [자기와 타인의 처지를 바꾸는 닥샌제와(bDag gshan brje ba, 自他相換)라 부르는] 자타상환법(自他相換法)을 통해서 마음을 닦는 감로의 정수와 같은 이 로종(修心)의 구결은 구루 쎄르링빠(金洲法稱)로부터의 전승이다.

[대승수심결(大乘修心訣)이라 부르는 아띠쌰 존자의 텍첸로종(Theg chen Blo sbyoṅ)의] 원문에서, "이 마음 닦는 구결의 감로의 정수는 쎄르링빠(金洲法稱)로부터의 전승이다"라고 밝히고 있듯이, 불세존으로부터 쎄르링빠(金洲法稱)에 이르기까지 이어지고,

쎄르링빠 대사로부터 차례로 [아띠쌰 존자를 거쳐서 나 1대 달라이 라마 겐뒨둡빠(dGe ḥdun grub pa, 僧成, 1391-1474)까지] 이어지는 가르침이다.

또한 [나에게는 4가지 전승이 있으니] ①나의 근본스승이신 둡빠쎄랍(Grub pa śes rab, 成就慧) 린뽀체로부터의 전승과 ②쨴응아와·쏘남휜둡(sPyan sṅa ba bSod nam lhun grub, 福成) 린뽀체로부터의 전승과 ③쎔빠첸뽀·걜쌔빠(大薩埵· 無着賢)의 전통의 툭제뺄와(Thugs rje dpal ba, 大悲吉祥) 린뽀체로부터의 전승과 ④보살라마 채카와(mChad ka ba, 1101-1175)[36]의 전통 넷 가운데 여기서는 마지막의 채카와(尸林瑜伽師)의 전승이다.

이 보살라마 채카와의 마음 닦는 구결은 [쌴띠데와(Śantideba, 寂天)의] 입보리행론(入菩提行論)의 선정품(禪定品)에서 설명한 자타상환의 문을 통한 마음 닦는 도리로서, 이 가르침을 [겔룩빠의 다른 이름인] 리오간댄(Ri bo dgaḥ ldan, 兜率山門)을 개창하던 시절에 제·린뽀체(rJe rin po che)라 존칭하는 쫑카빠(Tsoṅ kha pa, 1357-1419) 대사께서 올카(Ḥol kha) 지방의 딱쩨(sTag rtse, 호랑이 산정)를 방문하였을 때, [간댄(dGaḥ ldan, 具喜)의] 장쩨(Byaṅ rtse, 北峰) 승원의 라마 남카뺄댄(Nam mkhaḥ dpal ldan, 虛空吉祥)[37] 등에게 상세하게 전수한 법문이다.

2장

로종(修心)의 가르침의 위대함

이 로종(修心)의 법에 존경심을 일으키기 위해서 이 가르침의 위대함을 설하니, [텍첸로종(大乘修心訣)의] 원문에서, "금강석과 태양과 약왕수(藥王樹)와 같이, 글 뜻 등을 알도록 하라"고 하였다.

그러므로 로종(修心)의 원문들을 고귀한 금강석[38]과 같이 귀하게 알도록 해야 하니, 금강석은 모양이 4각형이고, 깨어진 조각들 또한 모양이 4각형이고, 하나하나마다 [극히 뛰어난 광채가] 또한 금으로 장식한 뛰어난 장식품들을 제압해서 금강석이란 이름 또한 저버리지 않고, 일체의 빈궁을 또한 없앰과 같이 [텍첸로종(大乘修心訣)의] 원문의 한 글귀의 의미에 대해서 [타인을 애중히 여기는 대승보살의 이타행의 깊은] 체험이 있게 되면, [자기의 해탈을 우선시 하는] 성문과 연각의 수승한 공덕의 일체를 제압하고, 비록 [타인을 애중히 여기는 대승보살행] 그것을 견실하게 행하지 못할 지라도 [대승의 보리심을 견지함으로써] 보살이란 이름을 또한 저버리지 않고, 윤회의 빈궁 일체를 또한 소멸하게 된다.

또한 원문의 의미들을 태양과 같이 알도록[39] 해야 하니, 이것은 한 줄기 태양빛이 먼저 비추기 시작하면 또한 세상의 어두움을 멸하고, 그 뒤 신속하게 전체가 밝아옴과 같이, 원문의 한 글귀에 대해서 확고한 신해(信解)가 생기는 것만으로도 또한 [자기를 애중히 여기는] 애집(愛執) 등의 번뇌의 질병들을 능히 치료하고, 그 뒤 신속하게 원문 전체의 의미들에 대해서 견고한 신해가 생기기 때문이다.

원문의 그 글 뜻의 2가지[40]를 천상의 약왕수(藥王樹)[41]와 같이 알도록 해야 하니, [온갖 진귀한 약들이 열리는] 약왕수는 [뿌리와 줄기와 가지와 잎과 열매의] 전체가 또한 모두 질병을 치료하니, 단지 한 부분 또한 능히 번뇌의 질병을 치료함과 같이 원문의 글귀 전체가 또한 자아의 애집이 앞장서서 이끄는 번뇌와 소지장(所知障)[42]의 질병을 치유하는 묘방을 제시하고, 단편적 글귀들 또한 그것을 제시하고 있다. 그러므로 전체의 의미에 대해서 확고한 신해가 생기게 되면 그와 같은 질병들을 온전히 치료하고, 그것의 일부를 수행할지라도 또한 그것을 능히 치료하게 된다.

3장

로종(修心)의 실제수행

로종(修心)의 가르침의 실제에는 7가지가 있으니, 첫째는 본수행에 앞서 닦는 전행(前行)과 둘째는 본행(本行)과 셋째는 역연(逆緣)을 보리심의 지분으로 바꾸기와 넷째는 일생의 수행요결과 다섯째는 로종(修心)의 증표와 여섯째는 로종(修心)의 서언과 일곱째는 로종(修心)의 교훈이 그것들이다.

가. 본수행에 앞서 닦는 전행(前行)

[본수행에 앞서 행하는] 전행(前行)인 [로종 수행의 의지처가 되는 사람 몸의 소중함을 깨우치는] 소의(所依)의 법을 사유함이니, [텍첸로종(大乘修心訣)의] 원문에서, "먼저 전행(前行)들을 학습하라"고 하였다. 여기에는 마음흐름(心續)에 가피가 깃들이는 방편인 처음의 상사유가(上師瑜伽)의 수행과 두 번째의 마음흐름이 법의 그릇이 되게 하는 방편의 둘이 있다.

1. 상사유가(上師瑜伽)의 수행

우리들의 천인사(天人師)인 석가세존께서 처음 대보리를 얻고자 발심하시고, 중간에 3무수겁(無數劫)의 긴 세월 동안 자량을 쌓으시고, 마지막에 보드가야의 금강보좌(金剛寶座)에서 정등각을 현증하여 성불하신 뒤, 교화의 대상들에게 8만4천의 법문을 설하시니, 그 일체가 대승과 소승의 경장(經藏) 둘에 거두어진다.

처음의 [소승의 경장(經藏)]에서는, [대승과는 달리] 자기를 애중히 여기는 애집(愛執)을 배제함이 없이 배척의 대상인 자아의 집착을 자기의 소파분(所破分, 해탈을 위해서 마땅히 파괴해야 하는 대상)으로 삼은 뒤, 그것을 끊어버린 해탈을 얻게 하는 방편을 제시하였고, 둘째의 [대승의 경장]에서는 자기를 애중히 여기는 애집을 먼저 끊어버린 뒤, 타인을 애중히 여기는 마음을 지니게 하고, 모든 유정들의 이익을 위해서 성불하는 방편을 제시하였다.

그리고 그들 방편을 실천하는 수행 또한 선지식에 의뢰하는 것이니, 특히 대승도의 실천수행은 대승의 선지식(善知識)[43]을 사사하는 올바른 도리를 잘못됨이 없이 잘 이해한 뒤 친근함에 달려있다. 그러므로 잘못됨이 없는 올바르게 사사하는 법은, 자기의 스승님을 범부로 인식[44]하는 범속한 생각을 버린 뒤, 스승님이 참된 붓다라는 생각[45]을 일으키는 것이자, 그가 설한 바를 그대로 닦아 증득하는 그것인 까닭에 제일 먼저 [스승과 일체를 이루는] 상사유가를 닦는 것이다.

이 상사유가(上師瑜伽)를 닦는 법에는 여러 가지가 있으니, 첫째는 자기의 전면의 허공 속에 여덟 마리의 사자가 떠받치는 크고 넓은 보좌 위에 전승법계의 스승님께서 좌정하여 계시고, 그 스승님의 몸속으로 제불보살님들이 녹아듦을 관상한 뒤 닦는 법 하나와, 두 번째는 자기의 머리 위에 근본상사를 안치한 뒤 닦는 법 두 가지가 있다.

이 두 번째 법 또한 자기 머리 위에 근본스승을 안치하고, [그 위에 전승법계의 스승님들이 차례로 계시고], 그 꼭대기에 부처님이 계심이니, 곧 근본스승 위에 일렬로 포개쌓는 중첩식(重疊式)[46]으로 닦는 법과 자기 머리 위에 근본상사를 가운데 안치한 뒤, 그 둘레를 전승법계의 스승님들과 불보살님들과 성문연각들과 호법신중들이 에워싸는 고리모양의 환상식(環狀式)[47]의 둘이 있으니, 여기서는 환상식으로 닦는 법이다.

그의 머리에는 백색의 옴(OṂ) 자가, 인후에 붉은 색의 아(AḤ) 자가, 심장에 청색의 훔(HŪṂ) 자가 각각 있으며, 심장의 청색의 훔(HŪṂ) 자에서 광선이 발산되어, 전승법계의 스승님들과 불보살님들과 성문연각들과 호법신중들을 초청하여 모신 뒤, 옴 싸르와 따타가따 아르감 쁘라띳차 쓰와하 등의 일곱 가지 공양진언을 낭송해서 공양을 올린다. [참고로 일곱 가지 공양진언은 다음과 같다.]

옴 싸르와 따타가따 아르감 쁘라띳차 쓰와하

(마시는 물, OṂ SARVA TATHĀGATA ARGHAṂ PRATĪCCHA SVĀHĀ).

옴 싸르와 따타가따 빠댬 쁘라띳차 쓰와하

(발 씻는 물, OṂ SARVA TATHĀGATA PADYAṂ PRATĪCCHA SVĀHĀ).

옴 싸르와 따타가따 뿟빼 쁘라띳차 쓰와하

(꽃, OṂ SARVA TATHĀGATA PUSHPE PRATĪCCHA SVĀHĀ).

옴 싸르와 따타가따 두빼 쁘라띳차 쓰와하

(태우는 향, OṂ SARVA TATHĀGATA DHUPE PRATĪCCHA SVĀHĀ).

옴 싸르와 따타가따 알로께 쁘라띳차 쓰와하

(등불, OṂ SARVA TATHĀGATA ALOKE PRATĪCCHA SVĀHĀ).

옴 싸르와 따타가따 나이웨댜 쁘라띳차 쓰와하

(음식, OṂ SARVA TATHĀGATA NAIVEDYA PRATĪCCHA SVĀHĀ).

옴 싸르와 따타가따 샵따 쁘라띳차 쓰와하

(음악, OṂ SARVA TATHĀGATA ŚABDA PRATĪCCHA SVĀHĀ).

그 다음 자: 훔 밤 호: (JAḤ HŪṂ BAṂ HOḤ) [합일의 진언을] 낭송한다. 이로 말미암아 그 몸의 상반신에는 전승법계의 스승님들과 불보살님들이, 하반신에는 성문연각들과 호법신중들이 녹아들어 그들과 일체가 됨을 관상(觀想)한다.

또한 자기의 머리 위에 계시는 스승님을 처음부터 모든 붓다들이 회집한 본질로 닦는[48] 등의 여러 가지 방법들이 있는 가운데, 여기서는 마지막 방법을 택해서 설명하면 다음과 같다.

자기 머리 위에 여덟 마리의 사자가 떠받치는 크고 넓은 법상 위의 잡색연화(雜色蓮花)[49] 가운데의 월륜(月輪)의 보좌 위에 자기의 근본상사께서 좌정(坐定)하고 계시니, 아미타불처럼 몸빛은 붉고, 두 발은 금강가부좌를 결하시고, 두 손은 선정인(禪定印)을 맺으시고, [그 위에 불사의 감로수가 가득히 담긴 발우(鉢盂)를 들으시고, 붉은 법의를 입고 계시고], 아름다운 상호(相好)[50]로 몸을 장엄하시고, 60가지 미묘한 음성[51]을 지니시고, 자비의 보리심을 지니시고, 마음에는 모든 현상계를 다 아시는 진소유(盡所有)와 여소유(如所有)의 지혜[52]를 지니시고, 미소를 띤 얼굴로 환희 속에 자기를 바라보신다. [그의 머리에는 백색의 옴(OṂ) 자가, 인후에는 붉은 색의 아(AḤ) 자가, 심장에는 청색의 훔(HŪṂ) 자가 각각 있으며, 심장의 청색의 훔(HŪṂ) 자에서 광선이 발산되어, 전승법계의 스승님들과 불보살님들과 더불어 모든 성중의 만다라를 초청하고, 그들 모두가 스승님의 몸으로 녹아 듦으로써 스승님은 모든 전승법계의 스승님들이 회집한 본질이자, 모든 본존들이 회집한 본질이자, 모든 호법신중들이 회집한 본질임을 진심으로 사유함으로써][53] 근본스승님께서 처음부터 모든 전승법계의 스승님들이 회집하고, 모든 본존들이 회집하고, 모든 부처님들이 회집하고, 모든 호법신중들이 회집한 본질로 머물러 계심을 관상한다.

앞서와 같이 옴 싸르와 따타가따 아르감 쁘라띳차 쓰와하 등의 진언을 낭송해서 공양을 올리고, [합일을 이루는] 자: 훔 밤 호: [진언을] 낭송한다.

그 다음 "당신의 은혜로 대락의 처소에서"라는 등의 공통적 찬양을 행하고, 그 다음 개별적 찬양을 행한다.

[공통적 찬양은 2대 달라이 라마의 『상사유가·상사공양·교도(教導)』에 나오는 게송을 인용하면 다음과 같다.

무변한 불국토 만다라 전체의 실질이시자
편주(遍主)이시며 길상하신 금강살타 이시며,
세 귀의처의 회집이자 최상의 복전과 귀의처인
스승님의 발아래 언제나 항상 예경하옵니다.

당신의 은혜로 대락의 처소에서 강림하여

삼신(三身)의 경지와 공통의 성취를 함께,
찰나에 베푸시는 여의지보(如意至寶)[54] 이신
무비금강의 연화의 두 발에 예경하옵니다.

취사의 모든 학처(學處)를 설하는 등불이시며
무명의 어둠을 제멸하는 일광의 대자재이자,
번뇌의 열독을 제멸하는 월광의 구호주이신
견줄 바 없는 지존한 스승님께 예경하옵니다.

해탈의 길로 유정을 인도하는 대선장이시자
고통의 질병을 치료하는 명의의 지존이시며,
일체의 두려움에서 구제하고 이락을 베푸시는
스승님들께 언제나 항상 공경히 예경하옵니다.

그 다음 보현행원(普賢行願)에 나오는 "있는 바 모든"이라는 등의 칠지공양(七支供養)을 행한다. [칠지공양(七支供養)은 다음과 같다.]

있는 바 모든 시방의 국토에 계시는
삼세의 붓다이자 인간의 사자들인,
그 모든 불세존님들께 저는 또한
정결한 몸 · 말 · 뜻 셋으로 예경하옵니다.

보현행원(普賢行願)의 위신력(威神力)으로

모든 여래들을 향해 마음으로 현전시킨,
불국토의 미진수와 같은 몸을 조아려서
모든 지나(勝者)들께 극진히 예경하옵니다.

한 티끌 위에 미진수의 부처님들께서
보살대중이 운집한 가운데 머무심과,
그같이 무변한 법계에 남김없이 모두
제불들이 가득히 계심을 경모하옵니다.

그들을 찬탄하는 다함없는 바다들과
묘음지(妙音支)의 바다의 모든 음성들로,
제불들의 무변한 공덕을 찬미하옵고
모든 선서(善逝)들을 저는 찬양하옵니다.

아름다운 꽃들과 미려한 꽃목걸이와
청량한 자바라의 소리와 도향(塗香)과,
보산과 등불과 싱그러운 소향(燒香)을
그들 지나(勝者)들께 저는 공양하옵니다.

진귀한 의복들과 향수와 묘향(妙香)과
수미산처럼 쌓은 가루향의 향낭들과,
온갖 공물들로 꾸민 최승의 장엄으로
그들 지나(勝者)들께 저는 공양하옵니다.

광대하고 위없는 공양 그것들을
모든 지나(勝者)들을 또 경모하여,
보현행을 신앙하는 큰 힘으로써
모든 지나(勝者)들께 공양하옵니다.

탐 · 진 · 치 삼독의 힘에 이끌려서
몸과 말과 그같이 뜻으로 또한,
제가 지은 바 죄업의 그 일체를
저는 또한 낱낱이 참회하옵니다.

시방세계의 모든 제불보살님들과
연각과 유학과 무학의 아라한들과,
모든 유정들이 지은 복덕의 일체를
저는 또한 함께 수희(隨喜)하옵니다.

그들 시방세계의 [중생의] 등불들로
보리를 차례로 현증 · 성불하여 무착을 얻으신,
그들 구호주 모두에게 저는 또한
위없는 법륜을 굴려주시길 청하옵니다.

[열반의 시현을 정하신 그 부처님들께
모든 유정들의 이익과 안락을 위해서,
미진수의 겁 동안 세상에 머무시옵길
저는 또한 두 손을 모아 기원하옵니다.]

예경과 공양과 참회와 수희(隨喜)와
권청과 세상에 머무시길 기원하여,
제가 쌓은 바 다소의 모든 선업들을
저는 또한 무상보리에 회향하옵니다.
저는 또한 두 손을 모아 기원하옵니다.

그 다음 만다라 공양을 행한다. [여기에는 손가락으로 공양인(供養印)[55]을 지어 올리는 관상만다라와 만다라 법구(法具)에 공물을 쌓아 올리는 방식의 만다라 공양 2가지 있다.] 이 중에서 짧은 형식의 수인만다라(手印曼荼羅)의 공양작법이니, 양손가락으로 공양인을 맺은 뒤 다음의 게송을 낭송한다.

이와 같이 황금의 대지 위에
향수를 바르고 꽃을 뿌린 뒤
수미와 사주와 일월로 장엄한[56]
이것을 정토로 삼아 바치오니
모두가 불국토를 얻게 하소서.

이담 구루 라뜨나 만달라깜 니르야따 야미(3번)

[그 다음 만다라 공양수행을 더욱 깊게 하기 위해서 내공만다라(內供曼荼羅)[57]와 또는 2대 달라이 라마의 『상사유가·상사공양·교도』에 나오는 외공(外供)과 수성공양(修成供養)과 내공(內供)과 비밀공(祕密供)과 진실공(眞實供)의 네 공양을 행하면 좋다.]

그 뒤에 자기의 근본스승님[58]을 "귀의처의 회집" 등으로 자기의 심중에 명료하게 출현하도록 집중을 행한 뒤, 자기 자신이 윤회의 고통에 의해서 두려움에 떨고 있음과 내 스승님에게는 윤회의 고통에서 나를 구원하는 위력이 있음을 확신한 뒤, 이 시간부터는 나에게 어떠한 고통과 행복과 좋고 나쁨과 높고 낮음 등의 온갖 일들이 일어날지라도 그 또한, 근본스승님 외에는 달리 "기댈 곳이 없다"라고 깊이 사유한 뒤, 다음과 같이 귀의문을 낭송한다.

불보(佛寶)이신 스승님께 귀의하옵니다.
불보(佛寶)이신 법주님께 귀의하옵니다.
법신(法身)이신 스승님께 귀의하옵니다.
보신(報身)이신 스승님께 귀의하옵니다.
화신(化身)이신 스승님께 귀의하옵니다.

이와 같이 귀의를 하되 건성으로 하지 말고, 진실하게 행하라. 그 뒤에 다시 다음과 같이 기원을 행하라.

제불의 본성이신 라마 린뽀체께 기원하옵니다.
감로묘법의 원천이신 라마 린뽀체께 기원하옵니다.
삼계도사의 주존이신 라마 린뽀체께 기원하옵니다.
저의 희원의 귀의처인 라마 린뽀체께 기원하옵니다.

저의 심속에 전도된 모든 망념들이 멈추도록 가지[59]하옵소서.

저의 심속에 전도되지 않은 모든 정념들이 일어나게 가지하옵소서.

저의 심속에 두 가지 보리심이 신속하게 일어나게 가지하옵소서.

금생과 임종과 중음과 내생에서도 두 가지 보리심이 쇠퇴하지 않고 제 심속에 현전토록 가지하옵소서.

어떠한 역경과 장애가 저에게 일어날지라도 두 가지 보리심이 수련되는 도우미로 전용하도록 가지하옵소서.

이와 같이 간절하게 여러 차례 행하라. 눈에서 눈물[60]이 흐르고, 몸의 털들이 곤두서고, 몸을 가누지 못하는 등이 일어나고, 가슴과 뼛속에서 우러나는 진심으로 기원을 행하라.

이렇게 함으로써 스승님의 가피가 쏟아져 내리니, 스승님의 정수리로부터 하얀 빛줄기가 출현하여, 자기의 정수리 속으로 녹아들고, 스승님의 [신금강(身金剛)의] 가피가 몸속에 흘러듦으로써, 무시이래로 짓고 쌓은 모든 신업(身業)의 죄장들이 정화된다.

스승님의 인후로부터 붉은 빛줄기가 출현하여, 자기의 인후 속으로 녹아들고, 스승님의 [어금강(語金剛)의] 가피가 몸속에 흘러듦으로써, 무시이래로 짓고 쌓은 모든 구업(口業)의 장애들이 정화된다.

스승님의 심장으로부터 청색 빛줄기가 출현하여, 자기의 심장 속으로 녹아들고, 스승님의 [심금강(心金剛)의] 가피가 몸속에 흘러듦으로써, 무시이래로 짓고 쌓은 모든 의업(意業)의 장애들이 정화된다.

이와 같이 스승님의 [청정한 몸·말·뜻 삼밀(三密)의] 삼처(三處)로부터 3가지 광명이 동시에 출현하여 자기의 부정한 몸·말·뜻 삼문(三門)의 모든 죄장과 습기의 일체를 정화한다.

또 다시 귀의에서부터 부처님께서 세간에 머물러 주시길 바라는 청불주세(請佛住世)의 기원까지 앞서와 같이 행함으로써, 스승님께서 광명으로 충만하게 녹아들어 자기 정수리의 브라흐마짜끄라(梵天穴)를 열치고 들어와 아래로 내려간 뒤, 심장의 자기 마음과 하나로 화합한 불가불리의 상태에 자기 마음을 일념으로 오랫동안 또는 [잠시 동안] 머물게 한다.

2. 대승법기(大乘法器)의 수련

자기 자신을 대승의 법기(法器)[61]가 되도록 수련하는 수행에도 가만의 사람 몸을 얻기 어려움과 죽음과 무상을 사유함과 업의 인과를 사유함과 윤회하는 삶의 과환을 사유함의 넷이 있다.

1) 가만(暇滿)의 사람 몸을 얻기 어려움을 사유함

여기에도 또한 넷이 있으니, 가만의 본질을 사유함과 가만의 몸을 얻음의 큰 의미와 가만의 몸을 얻기 어려움을 사유함과 가만의 몸에서 해탈의 정수를 얻어야 함을 사유함의 넷이다.

(1) 가만(暇滿)의 본질을 사유함

여기에도 둘이 있으니, 첫째는 [8가지의 한가로움과 여유를 뜻하는] 팔유가(八有暇)와 둘째는 [불법을 닦을 수 있는 10가지의 원만한 조건을 뜻하는] 십원만(十圓滿)이 그것이다.

첫째의 팔유가(八有暇)는 [불법을 닦을 수 없는 8가지의 나쁜 조건들인] 팔무가(八無暇)를 버림을 뜻한다. 여기서 팔무가는 비인간의 유정들에게 귀속되는 4가지와 인간에 귀속되는 4가지를 말한다.

처음의 비인간의 유정에게 귀속되는 네 가지는 ①업과 번뇌에 의해서 지옥·아귀·축생의 삼악도에 던져진 유정들과 ②세간의 욕락(欲樂)에 의해서 마음이 크게 산란한 욕계(欲界)의 천인들과 ③생각이 절멸한 무상천(無想天)에 태어난 천인들과 ④색계와 무색계(無色界)에 태어난 범속한 천인인 장수천(長壽天)의 넷이다.

다음의 인간에 귀속되는 네 가지는, ①자기가 사람으로 태어났을지라도 [4가지 시절 가운데 하나인] 원만시(圓滿時)[62]의 인간들처럼 부처님께서 세상에 출현하지 않음과 ②비록 부처님이 출현하였을지라도 사부대중(四部大衆)이 가지 않는 장소인 변지(邊地)에 태어남[63]과 ③비록 불법이 성행하는 중앙의 국토에 태어났을지라도 뜻 감관과 혀 감관 등에 결함이 있는 불구자와 ④비록 육근(六根)이 온전할지라도 업과(業果)를 부정하는 삿된 견해를 지닌 자들이다. 이들을 무가(無暇)라 부르니, 정법을 수행할 여가가 없기 때문이다. 처음의 비인간의 유정들에게 속하는 4가지 무가는, 정법과 비법을 가릴 줄 아는 취사의 지혜가 없으며, 두 번째 인간에 속하는 4가지 무가는, 불법을 수행하려는 의지가 있지 않음이다.

둘째의 [불법을 닦을 수 있는 열 가지의 원만한 조건을 뜻하는] 십원만(十圓滿)에는 자기에게 속하는 다섯 가지의 자원만과 타인에게 속하는 다섯 가지의 타원만의 둘이 있다.

처음의 다섯 가지의 자원만(自圓滿)은, "사람으로, 중앙의 국토에 태어나고, 육근이 온전하고, 무간업(無間業)을 짓지 않고, 믿으며"라고 설함과 같이, ①사람으로 태어남과 ②불법이 성행하는 중앙의 국토에 태어남과 ③눈 등의 감관을 온전히 갖춤과 ④무간업(無間業)을 짓지 않고 머무름과 ⑤백정법(白淨法)의 처소인 계·정·혜의 삼학(三學)을 논설의 대상으로 설해 보이는 비나야(律經)와 경론(經論)의 삼장(三藏)을 믿고 따름이다. 이들 다섯을 자원만(自圓滿)이라 부르니, 불법을 닦는 데 필요한 조건들이자, 자기에게 속하기 때문에 그렇게 말한다.

다음의 다섯 가지의 타원만(他圓滿)[64]은, "부처님께서 출현하시고, 정법을 설하심과, 교법이 존재하고, 그것을 따라 행하고, 타인을 위해서 자애를 지님"이라고 설함과 같이, ①부처님께서 세상에 출현하심과 ②부처님께서 법을 설하심과 ③[법을 설함으로써 성도(聖道)를 얻고 이루는] 그의 교법이 존재함과 ④[타인이 성도를 얻고 이룸을 보고 들음으로써] 그의 교법을 따라 행함과 ⑤자신이 법을 여법하게 수행하는데 필요한 음식과 법의 등을 베푸는 시주가 있음이다. 이들 다섯을 타원만(他圓滿)이라 부르니, 불법을 닦는 필요한 조건들이자, 전적으로 타인의 심속에 속하기 때문에 그렇게 말한다.

⑵ 가만의 사람 몸을 얻음의 큰 의미를 사유함

그와 같은 가만(暇滿)의 사람 몸을 얻음은 의미가 심대하니, 구경의 목적을 이룸에 의거할지라도 또한 의미가 심대하고, 현생의 목적을 이룸에 의거할지라도 또한 의미가 심대하다.

첫째, 구경의 목적을 얻음에 의거할지라도 또한 의미가 심대함이니, 일체지(一切智)를 이룸에 있어서도 또한 의미가 심대하고, 해탈을 이룸에 있어서도 또한 의미가 심대하다.

처음이니, [일체지(一切智)를 이룸에 있어서도 또한 의미가 심대함[65]은] 오직 가만의 사람 몸에 일체지자를 이룩할 수 있을 뿐, 여타의 유정의 몸에는 이룩할 수 없기 때문이다.

다음이니, [해탈을 이룸에 있어서도 또한 의미가 심대함은] 오직 사람의 몸에서 [대승의 오도(五道) 가운데서] 견도(見道)의 수증(修證)이 발생하니, 일찍이 사람의 몸으로 불도를 수행한 적이 있는 욕계의 천인 일부를 제외하고서는 다른 상계의 천인의 몸에서는 견도(見道)가 발생하지 않기 때문이다.

둘째, 현생의 목적을 이룸에 의거할지라도 또한 의미가 심대함이니, [구경의 목적인 붓다를 이룸에 있어서도] 현생에서 몸과 재물과 권속의 원만함을 얻음이 필수적이다. 그 또한 몸의 원만함을 얻는 원인 역시 계율을 지키고, [재물을 얻는 원인 또한] 보시를 행하고, [권속의 원만함을 얻는 원인 또한] 인욕을 닦음이 필수적이다. [또한 별해탈계(別解脫戒)는 사람 몸에서 일어나며, 다른 유정의 몸에서는 일어나지 않는다.] 그러므로 그것을 닦은 최상의 의지처 또한 가만의 사람 몸이기 때문이다.

(3) 가만의 사람 몸을 얻기 어려움을 사유함

가만(暇滿)의 몸을 얻기 어려움을 사유함이니, 가만은 참으로 얻기가 어려우니, 그것은 원인의 문을 통해서 얻기 어려움과 자기의 본성의 문[66]을 통해서 또한 얻기 어렵기 때문이다.

첫째, 원인의 문을 통해서 얻기 어려움이니, 가만의 사람 몸을 얻는 데에는 청정한 계율을 지킴이 필수적이나, 그것을 지키는 것은 참으로 있기 어려울뿐더러 악도의 원인이 되는 불선의 악업을 반복해서 짓기 때문이다.

둘째, 자기의 본성의 문을 통해서 얻기 어려움이니, 자기와 동류가 아닌 다른 유정에 의거해서 볼지라도 실로 어려우니, [삼악도에 태어나는 유정들은 무변하나] 선취에 태어나는 유정들은[67] 극히 드물 뿐더러, 특히 가만의 사람 몸을 얻음은 극히 드물기 때문이다.

⑷ 가만의 사람 몸에서 정수를 취해야 함을 사유함

그러므로 가만(暇滿)의 몸에서 [해탈의] 정수를 취해야 함을 설파함이니, "의미가 심대하고 극히 얻기가 어려운 가만의 사람 몸을 얻은 이 때, [그것에 만족하지 말고] 이 몸에서 정수를 취하도록 해야 한다. 정수를 취함의 최고 또한 정등각 붓다의 경지이다"라고 하는 등이다. 가만의 사람 몸에서 [해탈의] 정수를 취하도록 격려하는 네 가지 법을 알아야 하며, 그 넷은 다음과 같다.

첫째, 우리들은 모름지기 불법을 닦아야 하니, 그 이유는 나를 비롯해서 남들 또한 모두 안락을 얻기 바라고, 고통을 없애길 원하는 것이 동일하기 때문이다.

둘째, 그것 또한 불법을 닦음에 달려있고, 불법을 닦는 것이 가능한 것이니, 외적 조건인 선지식을 만났을 뿐더러,

내적 조건인 가만의 몸을 갖추었기 때문이다.

셋째, 그것 또한 금생에서 모름지기 닦아야 하는 것이니, 후생에서 현생과 같은 가만의 몸을 얻기가 어렵고 보장이 없기 때문이다.

넷째, 그것 또한 지금 바로 모름지기 닦아야 하는 것이니, 언제 반드시 죽는다는 보장이 없기 때문이다. 죽음과 무상함을 숙고하고 반드시 죽는 것을 사유해야 할 필요성이 있다. 그것은 죽음을 사유하지 않으면 과환(過患)이 크고, 그것을 사유하면 이익이 크기 때문이다.

여기서 처음의 죽음을 사유하지 않은 과환이란 이와 같으니, 마지막엔 죽는다는 생각이 누구에게나 있지만, 또한 오늘은 죽지 않는다는 생각을 죽는 순간까지 가지고 있는 것이다. 그러므로 그것을 대처하는 법인 죽음과 무상함을 사유하지 않으면 이생에 머무를 준비만을 한 뒤, 내생 이후의 목적을 위해서 해탈과 일체지를 얻으려 하지 않고, 그것을 위해서 문(聞)·사(思)·수(修)의 삼혜(三慧)의 수행에 들어가지 않고, 설령 그것을 행하려는 생각이 있을지라도 뒤로 미루는 게으름 때문에 시간이 지나가 버린다. 더욱이 금생의 이득과 명성에 애착하는 탓에 번뇌를 일으키고, 그로 말미암아 불선의 죄업을 짓고 쌓음으로써 윤회의 고통을 맛보게 되기 때문이다.

다음의 죽음을 사유하면 이익이 큼이란 이와 같으니, 죽음과 무상을 억념하는 진지한 마음이 일어난 뒤, 오늘 내일 자기가 죽는 것임을 인식하게 되면, 금생의 친구와 친척 등에 애착하는 마음에서 벗어나 후생의 목적을 위해서 보시 등을 행하기 때문이다.

그렇다면 죽음과 무상한 마음을 닦는 것이란 어떠한 것인가? 하면, 번뇌를 끊어 버리기 전까지는 윤회세계에 태어남을 일시라도 막을 수가 없기 때문에, 그것을 두려워하는 마음을 닦는 것이 아니라, 악도에 들어가는 원인을 파괴하고, 선취에 태어나는 원인을 얻지 못하고 죽는 그것을 두려워하는 마음을 닦는 것이다. 그것을 수증(修證)하는 방편이 있음이니, 그것을 수증하면 공덕이 크고, 그렇지 못하면 후회하는 상태에서 죽어야 하기 때문이다.

2) 죽음과 무상함을 사유함

그러므로 죽음과 무상함을 사유함에는 죽음의 필연성을 사유함과 죽음의 불확실성을 사유함과 임종할 때에는 법이 아니면 어떤 것도 도움이 되지 못하는 도리를 사유하는 세 가지가 있다.

(1) 죽음의 필연성을 사유함

이 죽음의 필연성을 사유함에도 셋이 있으니, 반드시 죽음의 염라대왕이 찾아옴을 사유함과 수명은 늘어남이 없고 줄어듦만이 끊임없는 이것을 사유함과 또한 생시에도 불법을 닦을 시간이 없이 죽은 것을 사유함이 그것이다.

첫째, 반드시 죽음의 염라대왕이 찾아옴을 사유함이니, [여기에도 수명은 유위(有爲)이기에 반드시 죽음이 찾아옴과 수명은 찰나(刹那)이기에 반드시 죽음이 찾아옴과 일찍이 죽지 않은 사람이 없기에 죽음이 반드시 찾아옴의 셋이 있다.]

① [수명은 유위(有爲)[68]이기에 반드시 죽음이 찾아옴을 사유함이니], [법을 닦아서 열반을 성취한] 성문과 연각과 수승화신(殊勝化身)[69]들 또한 열반의 모양을 보이시니, 범속한 범부들은 더 말할 필요가 없는 것이다. [법구경(法句經)의 이본(異本) 가운데 하나인] 법집요송경(法集要頌經)[70]에서 다음과 같이 설하였다.

부처님들과 연각(緣覺)들과
붓다들의 성문(聲聞)들 또한,
이 육신을 또한 버리시니
범부는 말해서 무엇하리요?

② [수명은 찰나(刹那)[71]이기에 반드시 죽음이 찾아옴을 사유함이니], 또한 법집요송경에서 다음과 같이 설하였다.

어디에 살지라도 죽음이 이르지 않는
그러한 장소는 예초에 있지 않으니,
허공에도 없고 바다 밑에도 없으며
산들 틈새에 살아도 죽음이 찾아온다.

③ [일찍이 죽지 않은 사람이 없기에 죽음이 반드시 찾아옴을 사유함이니], 과거에 왔던 유정들도 또한 죽었으며, 현재와 또한 미래에 오는 유정들도 또한 죽기 때문이다. 또한 법집요송경에서 다음과 같이 설하였다.

과거와 현재, 미래에 오는 모든 이들
그들 또한 다른 세계로 떠나가니,
이 모두를 현자는 무상함으로 깨달아
법에 확고히 머물면서 수행을 행한다.

결국 죽음이 찾아오면 어떠한 방법으로도 그것을 또한 물리치지 못하니, 동작의 민첩함으로도 도망치지 못하고, 강대한 힘으로도, 재물로도, 물질로도, 진언으로도, 약물 등의 그 어떠한 것으로도 또한 물리치지 못하기 때문이다.

둘째, 수명은 늘어남이 없고 줄어듦만이 끊임없는 이것을 사유함이니, 이것은 반드시 죽는다는 것이 증거이다. 말하자면, 100년을 산다고 가정할지라도 달이 지나면 해가 되고, 날이 지나면 달이 되고, 낮과 밤이 지나면 날이 되니, 그 또한 오전과 오후 등이 지나감으로써 [늘어남은 없고 줄어듦만이 끊임없이] 일어나기 때문이다.

셋째, 생시에도 불법을 닦을 시간도 없이 죽은 것임을 사유함이니, 비록 100세 안쪽으로 사는 것이 분명할지라도 법을 닦을 시간이 있다고 하는 것은 맞지 않다. 그 절반은 잠으로 허비하고, 어린 시절 10년과 노년의 70세 이후는 노쇠해서 선업의 닦음을 감당하지 못하고, 뿐만 아니라, 갖가지 근심과 고통과 불안함과 질병 따위들이 수행에 장애를 일으키기 때문이다.

그러므로 우리가 100년 안에 죽는 것이 확실할지라도 어느 날 죽는다고 결정된 바도 없고, 또한 오늘 죽는다는 보장도 죽지 않는다는 보장도 없는 것이지만, 죽는 다는 사실을 명심한 뒤, 오늘 반드시 죽는다는 생각을 갖도록 하라. 이렇게 생각하면, 내생을 위해서 구악(舊惡)을 참회하고 새롭게 짓지 않는 참회방범(懺悔防犯) 등을 행하게 되는 좋은 이점이 있기 때문이다.

⑵ 죽음의 불확실성을 사유함

언제 죽을지 모르는 불확실성을 사유함에도 셋이 있으니, 남섬부주(南贍部洲)[72] 사람의 수명은 정해진 바가 없음으로써 언제 죽을지 모른다는 불확실성을 사유함과 죽음을 야기하는 조건들은 많고, 생존을 돕는 조건들이 많지 않음으로서 언제 죽을지 모른다는 불확실성을 사유함과 사람의 몸은 위약(危弱)해서 그와 같이 언제 죽을지 모른다는 불확실성을 사유함이 그것이다.

첫째, 우리들 남섬부주 사람들은 언제 죽는다고 정해진 바가 없다. [태어나면 무조건 1천세를 사는 것이 정해진] 북구로주(北俱盧洲)[73]의 사람들을 제외하고는 [나머지 주(洲)의 사람들은] 수명이 정해진 바가 없으며, 특히 남섬부주 사람의 수명은 정해진 바가 없다. 예를 들면, 겁초(劫初)[74]에는 인간의 수명이 무량세(無量歲)에 달했으나, 말겁(末劫)[75]의 끝에 이르면 인간의 수명은 10세에도 이르지 못하기 때문이다.

둘째, 죽음을 야기하는 조건들은 많고, 생존을 돕는 조건들이 많지 않음으로서 언제 죽을지 모른다는 불확실성을 사유함이니, 말 그대로 죽음을 야기하는 조건들은 많고, 생존을 돕는 조건들이 많지 않은 가운데, 생존을 돕는 조건들조차도 죽음을 야기하는 조건으로 바뀜이 있기 때문이다.

처음의 것이니, 우리들에게는 유정이 주는 해악과 무정물이 주는 해악의 두 가지가 있으며, 그 가운데 유정이 주는 해악에도 인간에 의한 것과 비인간에 의한 해악과 축생과 포악한 자들에 의한 해악들이 있고, 다음의 무정물이 주는 해악에는 몸 밖의 지·수·화·풍의 4대원소가 주는 [지진과 태풍 따위의 자연

재해와 같은] 해악과 몸 안의 사풍(邪風)과 담즙(膽汁)과 연액(涎液)의 셋[76] 따위에 의해서 몸의 원소가 균형을 잃고 해악을 일으킴으로써 죽기 때문이다.

또한 생존을 돕는 조건들조차 죽음을 야기하는 조건으로 바뀌는 경우가 있으니, 역시 음식과 음료와 집과 친척과 친우 등등이 죽음의 조건으로 변하는 경우가 허다하기 때문이다. 예를 들면, 너무 과도하거나 너무 부족한 양의 음식과 음료들은 몸을 해칠 뿐 아니라, 상한 음식을 먹음으로써 발생하는 식중독에 의한 죽음과 집이 무너짐에 의해서 발생하는 죽음 따위와 친척과 친우 등에 속아서 죽는 다양한 죽음들이 있으니, 우리들은 태어나자마자 그 때부터 죽음을 향해서 나아가고 있기 때문이다.

셋째, 사람의 몸은 위약(危弱)해서 그와 같이 언제 죽을지 모른다는 불확실성을 사유함이니, 정말 그렇다. 이 몸은 참으로 견고하지 못하고 위약해서 하찮은 해침에 의해서도 쉽게 죽기 때문이다.

⑶ 임종의 때에는 법이 아닌 어떤 것도 도움이 되지 않는 도리를 사유함

그것은 정말 그렇다. 우리가 죽어가는 그 때 비록 친척과 친우들이 곁에 많이 있다고 할지라도 또한 자기 혼자서 가야하고, 음식과 음료가 자기 옆에 쌓여있을지라도 또한 빈손으로 가야하고, 값비싼 옷들이 자기 옆에 놓여있을지라도 또한 맨몸으로 가야하고, 뿐만 아니라 태어날 때부터 함께 했던 혈육의 몸뚱이와도 결국 헤어지고 마니, 나머지 것들은 더 말할 필요가 없는 것이다.

[이렇게 다 이별한 뒤 홀로 떠나는] 그 때 무엇이 우리의 뒤를 따라오는가? 하면, 오직 선악의 업만이 우리의 뒤를 따라올 뿐이다. 특히 불선의 악업이 뒤를 따라옴으로써 해악을 일으키니, [임종과 재생의 바르도 뿐만 아니라 후생에 이르기까지] 불선의 악업이 고통을 일으키기 때문이다.

우리들이 홀로 죽어가는 그 때 부처님의 교법 하나만이 오로지 우리를 구제하는 나타(Nāthaḥ, 依怙)[77]와 싸라남(Śaraṇaṃ, 歸依)[78]과 빠라야남(Parāyaṇaṃ, 救護)[79]이 되어줌으로써, 지금 이 시간부터 두 가지 보리심의 법을 열심히 닦도록 하라.

3) 업의 인과를 사유함

우리들의 죽음이 언제라고 정해진 바가 없으나 [모름지기 지금 이 순간부터 법을 닦아야 하니, 그 원인이 무엇인가? 하면], 우리들이 죽은 뒤 아무 것도 없는 무(無)의 상태로 돌아가는 것이 아닌데, 해탈을 얻었다는 확신 또한 있지 않고, 업과 번뇌가 소진하기 전까지는 반드시 윤회세계에 태어나야 하고, 태어나는 곳 또한 선취와 악취의 둘 중에 하나임이 분명하고, 만약 내가 삼악도에 태어나면 어떠한 괴로움을 받게 되는가를 생각해서, 날마다 악취의 고통을 상기할 필요가 있는 것이다. 아사리 용수(龍樹)보살의 친우서(親友書)에서 다음과 같이 설하고 있다.

팔열(八熱)지옥과 팔한(八寒)지옥의
극렬한 고통들을 날마다 기억하고,
극심한 기갈에 시달려 바싹 야윈
아귀들의 고통들을 또한 기억하고,
어리석음의 몽매한 고통이 심대한
축생들을 보고 그 고통을 기억하라.

날마다 매일 이러한 고통들을 떠올리고 기억하는 것이 필요하니, 이렇게 하면 고통에 대한 염리(厭離)의 마음[80]이 일어남으로써, 자만(自慢)과 교오(驕傲)[81]을 없애고, 해탈을 구하는 마음이 일어나고, 고통의 원인이 불선(不善)임을 확실히 앎으로써 불선의 악업을 버리고자 하는 마음을 일으키고, 고통을 원하지 않음은 안락을 원하는 것이기에 안락의 원인인 선업을 행하고자 하는 마음을 일으키기 때문이다.

또한 자기의 경험에 미루어서 다른 중생들이 고통에 신음하는 것을 소연한 뒤 대비의 마음을 일으키고, 자기 자신이 윤회의 고통에 대해서 두려움을 일으킨 뒤, 불·법·승 삼보(三寶)님께 강렬한 귀의심을 일으킴이 있기 때문이니, 아사리 적천(寂天)보살의 입보리행론(入菩提行論) [인욕품(忍辱品)]에서 다음과 같이 설하였다.

[안락의 원인은 어쩌다 생겨나고
고통의 원인은 허다하게 많지만,]
고통이 없이는 출리 또한 없으니
그러니 그대 마음을 굳게 먹으라.

또 한편 독한 고통에도 공덕이 있으니
염리(厭離)는 교오(驕傲)를 멸하여 주고,
윤회하는 유정들에게 연민을 낳게 하고
죄업을 기피하고 선업을 사랑하게 한다.

그리고 또한 참회품(懺悔品)에서 다음과 같이 설하였다.

[잠시 살았던 이 짧은 삶속에서
사랑하고 미워했던 이들도 떠나고,
그들 목적으로 저질렀던 죄업과
흉보 그것만이 앞에 남아있나이다.

그같이 제가 '홀연히'라고 말하는[82)]
그것을 제가 깨닫지 못함으로써,
무명과 탐착과 성냄으로 인해서
온갖 죄업을 많이도 지었나이다.

밤낮은 가도 잡아 두지도 못한 채
금생의 수명은 항상 줄어만 가고,
채워줌이 어디선가 오지 않는다면
나 같은 자 어찌 죽지 않겠나이까?

제가 침상 위에 누워 죽어갈 때
친척 친우들이 주위를 에워싸도,
목숨이 끊어지는 말마의 느낌들을[83]
저 혼자 그것들을 겪어야 합니다.

염라왕의 사자에게 잡혀 끌려갈 때는
친척도 소용없고 친우도 소용이 없고,
그 때는 오직 복덕만이 기댈 곳이건만
그것조차 저는 친근하지 못하였습니다.

구호주여, 방일[84]속에 살아온 저는
죽음의 공포[85]가 이러한 줄 모르고,
오로지 덧없는 이생의 일만을 위해
숱한 죄업을 저는 쌓고 지었나이다.

죄인의 사지를 절단하는 형장으로
오늘 또한 데려가면 전전율률하니,
입이 타고 눈은 뒤집히고 넋을 잃는 등의
이전 모습은 간 곳 없이 몰골은 변했는데,

무섭게 노려보는 두렵고 두려운 모습의
염라의 저승사자에게 잡혀서 끌려가니,
형벌의 대공포의 중병에 짓눌린 몰골이
극도로 처참함을 더는 말해 무엇하리요.

'누가 이 큰 두려움 속에서 저를[86)]
정녕 구해 줄 수 있는지?' 하고,
공포에 불거진 두 눈을 부릅뜨고
사방으로 구호자를 찾아 두리번거리나이다.

사방 어디에도 구호자가 없음을 본 뒤[87)]
그 순간 완전히 상심하여 절망하리니,
그곳에 구해 줄 구호자가 있지 않다면
그때는 [속수무책] 어찌 해야 하나이까?

그러므로 중생의 구호자며 승리자로
중생의 구제사업에 한길로 정진하며,
십력(十力)으로 일체의 공포를 멸하는
그 분께 저는 오늘부터 귀의하옵니다.

당신께서 깨우치신 그 법이[88)]
윤회의 두려움[89)]을 소멸함과,
보살성자의 대중들께도 또한
그같이 진실하게 귀의하옵니다.

저는 그 같은 공포에 놀란 뒤[90]
보현보살님께 저를 바치오며,
만주고샤[91]보살님께 또한 저는
제 몸을 아낌없이 바치옵니다.

대비행(大悲行)에 오류가 없으신[92]
관자재보살님께 저는 또한,
애절한 목소리로 절규하오니
죄 많은 저를 구원해 주옵소서.

성스러운 허공장보살님과[93]
성스러운 지장보살님들과,
대비를 지닌 모든 구호자들께 또한
귀의처가 되어주시길 애원하옵니다.

만약 그를 보게 되면 염라왕의[94]
지옥사자 등의 분노하는 자들이,
두려워하여 사방으로 달아나는
금강수(金剛手)보살님께 귀의하옵니다.]

그렇다면 삼악도의 고통을 어떻게 사유하는가? 하면, 여기에는 지옥과 축생과 아귀의 고통 셋을 사유하는 것이다.

⑴ 삼악도의 고통을 사유함

가) 지옥계의 고통을 사유함[95)]

여기에도 열지옥(熱地獄)의 고통을 사유함과 한랭지옥(寒冷地獄)의 고통을 사유함과 고독지옥(孤獨地獄)의 고통을 사유하는 셋이 있다.

첫째, 열지옥(熱地獄)의 고통을 사유함에도 8가지가 있으니, 이것은 열지옥에 속하는 8대지옥의 고통을 각각 사유하는 것으로 다음과 같다.

① 등활지옥(等活地獄)[96)]이니, 과거세의 업에서 생겨난 무기들로 서로를 찌름으로써 의식을 잃고 땅에 쓰러지면, 하늘에서 '다시 살아나라'고 하는 소리가 들려옴으로써, 다시 살아남과 동시에 또한 앞서와 같이 극심한 고통을 반복해서 받음으로써 등활(等活)이라 부른다.

② 흑승지옥(黑繩地獄)[97)]이니, 지옥의 옥졸들이 죄인의 몸에 먹줄을 쳐서 [4등분이나 8등분을 한] 뒤, 그 선을 따라 불타는 쇠톱으로 몸을 썰고, 작은 도끼 등으로 몸을 자르는 극심한 고통을 반복해서 받음으로써 흑승(黑繩)이라 부른다.

③ 중합지옥(衆合地獄)[98)]이니, [크기가 큰 지역만한 큰 쇠절구 속에 죄인들을 집어넣고, 옥졸들이 크기가 수미산만한

불타는 망치를 휘둘러 두드려대고,] 죄인들을 모아놓고 염소나 양의 얼굴을 닮은 산들이 몸을 부수고, 쇠로 된 기계 안에 집어넣고 사탕수수의 즙을 짜듯이 압착하고, 쇠로 된 바위가 위에서 짓눌러 부숨으로써 중합(衆合)이라 부른다.

④ 호규지옥(號叫地獄)[99]이니, 불타는 철옥(鐵獄) 안에 집어넣고 몸을 태우는 고통을 당하자 그것을 참지 못해 울부짖음으로써 호규(號叫)라 부른다.

⑤ 대호규지옥(大號叫地獄)[100]이니, 불타는 철방(鐵房) 두 곳에 차례로 집어넣고 몸을 태우는 극심한 고통을 당하자 참지 못해 크게 울부짖음으로써 대호규(大號叫)라 부른다.

⑥ 초열지옥(焦熱地獄)[101]이니, 불길이 타오르는 쇠로 된 대지 위에 죄인을 올려놓고 몸을 태우고, 옥졸들이 불타는 관천창(貫穿槍)을 죄인의 항문에 찔러 넣고 머리까지 꿸으로써 몸의 구멍에서 불길이 치솟음으로써 초열(焦熱)이라 부른다.

⑦ 대초열지옥(大焦熱地獄)[102]이니, 옥졸들이 불타는 삼지창(三枝槍)을 죄인의 항문에 찔러 넣고 머리와 어깨까지 꿸으로써 몸의 구멍에서 불길이 크게 치솟고, 철과 구리를 녹이는 재를 가득 채운 솥 안에 집어넣고 몸을 삶아버림으로

써 살점과 가죽과 피들이 떨어져 나와 뼈만 남고, 밖으로 꺼내놓으면 다시 회복되고, 회복되면 다시 앞서와 같이 됨으로써 대초열(大焦熱)이라 부른다.

⑧ 무간지옥(無間地獄)[103]이니, 사방에서 불길이 치솟아서 자기 몸과 구분이 되지 않고, 불길이 타오르는 소리만 알 수 있고, [그러한 극렬한 고통이 잠시도 멈춤이 없기에] 무간(無間)이라 부른다.

그렇다면 그들 지옥에서 얼마 동안 지내는가? 하면, 인간의 50년이 사천왕천(四天王天)의 하루가 되고, 30일이 1달이 되고, 12달이 1년이 되니, 그 5백년이 사천왕천의 수명이 된다. 사천왕천의 5백년이 1하루가 되고, 30일이 1달이 되고, 12달이 1년이 되니, 그렇게 계산해서 5백년이 등활지옥의 수명의 한도가 되고, [흑승지옥의 수명은 등활지옥의 배가 되고, 차례로 나머지 지옥들의 수명은 배가 되고,] 대초열지옥의 수명은 중겁(中劫)의 반이 되고, 무간지옥은 1중겁(中劫)[104]이 수명의 한도가 된다.

그와 같은 팔열지옥의 고통 그것이 자기 몸에서 일어나면 견디기 어려우니, 시간이 길고 극렬한 까닭이니, 예를 들면, 지금 버터등불의 뜨거운 기름 속에 하루 정도 손을 집어넣고 당하는 고통도 참기가 어려운데, 팔열지옥의 고통은 더 말할 필요가 없는 것이다. 그러므로 윤회의 고통 가운데서 지옥의 고통이 제일 참기 어렵고, 특히 무간지옥의 고통은 더 참기 어려우니, 친우서(親友書)에서 다음과 같이 설하였다.

안락들 가운데 탐애가 다함이
안락의 주인이 되나니 그렇게,
그와 같이 모든 고통들 가운데
무간의 고통이 가장 극악하다.

여기서 하루 동안 3백 개 단창으로
잔악하게 찌르는 고통 어떤 그것은,
지옥의 작은 고통의 일부에도 또한
미치지 못하고 비유조차 하지 못한다.

우리들이 거기에 태어나지 않는다는 확신 또한 있지 않다. 왜냐하면, 불선의 큰 악업을 지음으로써 지옥에 태어나는 것인데, 우리들은 현재 또한 갖가지 불선의 문을 통해서 악업을 짓고 있으며, 또한 무시이래로 쌓아온 것을 대치법(對治法)을 통해서 파괴하지 않았고, 이숙(異熟)의 업[105]을 뽑아내지 못한 것이 허다하기 때문이다.

또한 이들 팔열지옥의 사방에는 근변지옥(近邊地獄)이라 부르는 소지옥(小地獄)들이 있으며, 그 가운데 몇 가지 예를 들면 다음과 같다.

① 화탄지옥(火炭地獄)[106]이니, 뜨거운 재가 무릎까지 차고, 발을 디디면 그 때 살과 뼈를 태워버리고, 발을 올리면 그 때 다시 살아난다.

② 시분지옥(屍糞地獄)[107]이니, 더러운 시체의 똥오줌이 허리까지 차고, 머리는 희고 몸이 검은 부추뇐(ḥBu mchu rnon, 주둥이가 금강석과 같이 단단한 벌레)[108]이라 부르는 벌레가 골수에 이르기까지 파고든다.

③ 도인지옥(刀刃地獄)[109]이니, 작고 예리한 칼들이 널려져 있는 도로에 발을 디디면 그 때 발을 자르고, 발을 들어 올리면 그 때 다시 살아난다.

④ 검엽림지옥(劍葉林地獄)[110]이니, 칼과 같은 나무 잎사귀들이 떨어져서 몸을 절단하고, 송곳니가 쇠와 같은 잡색의 개들이 달려들어 물어뜯는다.

⑤ 철자림지옥(鐵刺林地獄)[111]이니, 잡색의 개들을 피해서 쇠로 된 가시나무 위로 올라감으로써 아래로 향한 쇠 가시들이 몸을 구멍 내고, 꼭대기에 올라가면 주둥이가 쇠로 된 까마귀가 눈알을 파먹는 등으로 해침으로써, 또한 아래로 내려오면 그 때 가시들이 위로 향해서 몸을 찌르고 구멍을 낸다.

⑥ 철환지옥(鐵丸地獄)[112]이니, 잿물이 흐르는 무도하(無渡河)를 건너면 큰 가마솥 안에 짠 잿물을 넣고 끓이는 그 속에 쌀한 톨을 집어넣음과 같이 위아래로 오간다. 그 뒤 그곳을 나와 다른 곳으로 달아나 보지만, 옥졸들이 무기를 들고서 저지한다.

둘째, 한랭지옥(寒冷地獄)[113]의 고통을 사유함이니, 팔열지옥의 북쪽 지역에 암흑의 얼음구덩이 속에 팔한지옥(八寒地獄)이 있으니, 이것은 다음과 같다.

① 포지옥(皰地獄)[114]이니, 혹독한 추위로 말미암아 몸에 수포(水皰: 물집)가 생김으로써 포지옥이라 부른다.

② 포열지옥(皰裂地獄)[115]이니, 혹독한 추위로 말미암아 몸의 물집이 터지는 고통을 받음으로써 포열지옥이라 부른다.

③ 교아지옥(咬牙地獄)[116]이니, 혹독한 추위로 말미암아 이가 덜덜 떨림으로써 교아지옥이라 부른다.

④ 명호지옥(鳴呼地獄)[117]이니, 너무나 춥다고 비명을 질러냄으로써 명호지옥이라 부른다.

⑤ 규냉성지옥(叫冷聲地獄)[118]이니, 극심한 추위에 너무나 춥다고 계속해서 비명을 지름으로써 규냉성지옥이라 부른다.

⑥ 청련지옥(靑蓮地獄)[119]이니, 극심한 추위로 말미암아 몸이 시퍼렇게 변화고, 몸이 여섯 조각으로 갈라지는 까닭에 청련지옥이라 부른다.

⑦ 홍련지옥(紅蓮地獄)[120]이니, 혹독한 추위에 몸이 붉게 변하니, 붉은 연꽃처럼 몸이 여덟 조각으로 갈라짐으로써 홍련지옥이라 부른다.

⑧ 대홍련지옥(大紅蓮地獄)[121]이니, 혹독한 추위에 몸이 백 조각 또는 천 조각으로 갈라짐으로써, 폐와 심장에 이르기까지 속이 들여다보임으로써 대홍련지옥이라 부른다.

또한 그들 지옥에서 얼마나 오랫동안 지내는가? 하면, 중인도 마가다의 말(斗)로 80말 속에 참깨를 가득히 채운 뒤, 참깨를 100년에 한 알씩 집어내서 그것이 다할 때까지의 기간이 포지옥(皰地獄)의 수명의 한도이다.

그 아래에 있는 다른 지옥들의 수명은 차례로 20배씩 늘어나니, 그와 같이 포열지옥(皰裂地獄)의 수명에서부터 홍련지옥(紅蓮地獄)의 수명의 한도 20배가 대홍련지옥(大紅蓮地獄)의 수명의 한도가 된다. 장시간 지내는 동안에 받는 극심한 그 고통이 자기 몸에서 일어난다면 참기가 극난하다, 예를 들면, 지금 옷을 벗고 어름 구덩이 속에서 하루 동안 지내는 고통도 참기가 어려운데, 하물며 한랭지옥의 고통은 더 말할 필요가 없는 것이다.

우리들이 거기에 태어나지 않는다는 확신 또한 있지 않다. 왜냐하면, 강력한 불선의 악업을 지음과 불상의 법복을 걷어가고, 사견을 행함으로써 그곳에 태어나는 어떤 것을, 우리들이 현재 또한 짓고 있으며, 또한 무시이래로 쌓아온 것들이 허다하기 때문이다.

셋째, 고독지옥(孤獨地獄)[122]의 고통을 사유함이니, 고독지옥은 열지옥(熱地獄)과 한랭지옥의 부근과 물가와 평원과 산 등에 존재한다고 설함으로써, 수명과 장소가 일정함이 없다. 고독지옥의 고통은 경론에 의지해서 알도록 하라.

나) 축생계의 고통을 사유함

축생(畜生)[123]의 고통을 사유함이니, 축생들의 본거지는 바깥바다(外海)[124]이며, 그곳에는 술지게미에 달라붙은 파리처럼 무수하다. 하늘과 인간계에 있는 축생들은 본거지에서 갈라져 나와 흩어져 사는 축생들이다.

축생들의 고통이 어떤 것인가? 하면, 큰 짐승들이 작은 것들을 통째로 삼켜서 잡아먹거나, 작은 것들이 많이 합세해서 큰 것을 잡아먹는다. 일부는 털과 진주와 뼈와 살과 가죽을 위해서 죽거나, 일부는 주먹질과 발길질을 당하고, 막대기와 쇠막대기와 쇠갈고리로 두들겨 맞으며 착취를 당하고, 원치 않는 무거운 짐을 싣고 다녀야 하고, 코뚜레에 코가 꿰여서 끌려 다니고, 사냥꾼에 의해서 해침을 당하는 등의 무변한 고통들이 있다.

[축생의 수명이니,] 그곳에서 얼마동안 지내는가? 하면, 축생의 수명의 한도는 정해진 바가 없으며, [가장 짧은 것도 정해져 있지 않고,] 가장 오래 사는 것은 1중겁(中劫)[125]을 산다.

만약 그와 같은 축생의 그 고통들이 우리의 몸에서 일어난다면 정녕 참기가 어려우니, 지금 벌에게 쏘이는 아픔조차 또한 참기가 어렵기 때문이다.

우리들이 거기에 태어나지 않는다는 확신 또한 있지 않다. 왜냐하면, 불선의 중간 악업의 문(門)[126]을 지음으로써 축생으로 태어나는 것인데, 우리들은 현재 또한 갖가지 불선의 문을 통해서 불선의 악업을 짓고 있으며, 또한 무시이래로 쌓아온 갖가지 악업이 있기 때문이다.

다) 아귀계의 고통을 사유함

아귀(餓鬼)[127]의 고통을 사유함이니, 아귀의 본거지[128]는 우리가 사는 남섬부주의 지하로 5백 유순(由旬)을 지나서 있다. 하늘과 인간계에 있는 아귀들은 본거지에서 갈라져 나와 사는 산거아귀(散居餓鬼)[129]인 것이다.

또한 아귀의 종류는 36가지가 있을지라도 줄이면 셋이니, 외장아귀(外障餓鬼)[130]와 내장아귀(內障餓鬼)[131]와 내외이장아귀(內外二障餓鬼)[132]가 그것이다.

처음의 외장아귀(外障餓鬼)는 샘물과 연못 따위의 주변으로 물을 마시려 달려가면 칼과 단창 등을 손에 쥔 자들이 가로 막아서 마시지 못하거나, 물 등이 피고름으로 변함으로써 마시지 못한다.

두 번째의 내장아귀(內障餓鬼)는 입은 바늘구멍만하고 배는 수미산의 면적만함으로써 외부에서 먹지 못하게 방애함이 없을지라도 음식을 수용하지 못한다.

세 번째의 내외이장아귀(內外二障餓鬼)는 음식을 먹고 마시게 되면 불이 일어나서 몸을 태우고, 일부 아귀는 똥오줌 등의 부정한 음식을 먹을 수 있으나, 좋은 것은 얻지 못하고, 또 일부는 똥오줌 따위의 부정한 음식조차도 얻지 못해 굶주린다. 또 일부는 자기 몸의 피를 먹고, 좋은 음식을 얻지 못해 먹지 못한다. 또 일부는 늦봄의 달빛 또한 뜨거워서 참지 못하고, 겨울날의 햇빛 또한 차가워서 견디지 못한다. 또 일부는 물과 과실이 있을지라도 그것을 쳐다보면 나무의 열매가 없어지고, 강물들이 말라버리는 극심한 고통이 있다. 아귀들의 고통들을 용수보살의 친우서(親友書)에서 널리 설하였다.

[아귀의 수명이니,] 그곳에서 얼마동안 지내는가? 하면, 인간들의 한 달이 아귀의 하루가 되고, 그 30일이 1달이 되고, 그 12달이 1년으로 계산해서 500년이 아귀의 수명의 한도이다.

만약 그와 같은 그 고통들이 우리의 몸에서 일어난다면 정녕 참기가 어려우니, 지금 5,6일 동안 음식을 끊는 고통도 견디기 어려운데 아귀의 고통은 더 말할 필요가 없는 것이다.

우리들이 거기에 태어나지 않는다는 확신 또한 있지 않다. 왜냐하면, 불선의 작은 악업의 문(門)[133]을 짓고, 법과 물건 등에 인색함으로써 아귀에 태어나는 것인데, 우리들은 현재 또한 갖가지 불선의 문을 통해서 불선의 악업을 짓고 있으며, 또한 무시이래로 쌓아온 것이 있기 때문이다. 그러므로 삼악도에 태어나는 원인인 불선의 악업을 버리고, 선취의 원인인 선업을 닦아야 한다. 최상의 선업 역시 [원보리심(願菩提心)과 행보리심(行菩提心)의] 두 가지 보리심인 까닭에 그 두 가지 보리심을 수행해야 한다.

그리고 우리들이 언제 죽을지 [정해져 있지 않음으로써] 불확실하다. 죽고 나서 삼악도의 고통을 받는 것을 두려워한 뒤 삼보님께 귀의하고, 업의 인과를 신해(信解)하는 견실한 믿음을 일으키는 것이 필요하다.

⑵ 귀의처를 찾음

처음 불법에 들어가는 문을 설함에는 셋이 있으니, 귀의의 대상이 누구인가를 밝힘과 귀의의 대상에 어떻게 귀의하는가? 하는 귀의하는 법과 [귀의의 내용과] 귀의의 가르침인 학처(學處)이다.

가) 귀의의 대상

우리들이 악도의 고통에 의해서 두려워하고 있음과 [귀의의 대상인] 삼보에게 그것을 구제하는 위력이 있음을 아는 확신에 의지해서 귀의하는 것이다.

나) 귀의의 대상에 귀의하는 법

그렇다면 귀의의 대상이란 어떤 것인가? 하면, 마명보살(馬鳴菩薩)의 일백오십찬불송(一百五十讚佛頌)[134]에서 다음과 같이 설하였다.

어떤 이에게 모든 허물들이[135]
결단코 조금도 있지가 않고,
그에게 언제 어디서나 항상
모든 공덕들이 있는 바이니,

만약에 혜심이 있다고 한다면
그에게 마땅히 귀의(歸依)하고,
그를 찬양하고 그를 공경하고
그의 교법에 머무름이 옳도다.

다시 말해, 모든 [윤회의] 허물들이 소진해서 있지 않고, 모든 [해탈과 열반의] 공덕들을 소유하신 부처님, 그 분께 귀의하는 것이다.

또한 귀의해야 하는 이유[136]가 무엇인가? 하면, 정등각 불세존이 마땅히 귀의할 대상인 것이지, [세간의 천신인] 자재천(自在天) 등은 마땅히 귀의할 곳이 아니다. 왜냐하면, 그것은 자기 자신이 [윤회의] 모든 공포로부터 해탈하고, 다른 사람 또한 공포로부터 구제하는 방편에 정통하고, 타인을 연민하는 대비를 지니고, 일체의 유정들에 대해서 친소의 편애가 없이 평등하게 이익을 베푸는 그 귀의의 마땅한 이유가 부처님에게 있기 때문이며, 자재천 등에게는 그것이 있지 않기 때문이다. 그러므로 부처님의 가르침인 불법과 그 제자인 승가에도 귀의함이 또한 마땅한 것이다.

다) 귀의의 내용

귀의에도 넷이 있으니, [유가사지론(瑜伽師地論)의 섭결택분(攝決擇分)에 의하면] 삼보(三寶)의 공덕을 요지해서 귀의함과 삼보의 차별을 요지해서 귀의함과 삼보의 특성을 요지해서 귀의함과 다른 귀의처를 말함이 없이 [귀의의 대상을 오인하지 않고] 귀의함이 그것이다.

첫째, 삼보의 공덕을 요지해서 귀의함에도 셋이 있으니, 부처님의 공덕을 사유해서 귀의함과 교법의 공덕을 사유해서 귀의함과 승가의 공덕을 사유해서 귀의함이 그것이다.

첫 번째의 붓다의 몸·말·뜻 셋의 공덕과 사업의 공덕을 사유해서 귀의하는 것에도 아래와 같이 넷이 있다.

① 붓다의 신공덕(身供德)을 사유해서 귀의함이란, 32묘상(妙相)[137]과 80종호(種好)[138]의 공덕을 사유함이니, 이것은 마명보살의 뻴마르뙤빠(sPel mar bstod pa, 和答讚)[139]에서 설함과 같다. [그러나 실제는 마명보살의 다른 찬양문인 찬응찬(讚應讚, bsṄags ḥos bsṅags bstod pa)의 비유찬품(譬喩讚品)에 나온다.][140]

당신의 몸은 상호로 장엄되고
아름다운 [감청색] 눈의 감로[141]는,
구름 없는 청명한 가을 하늘을
별무리들이 장엄함과 같나이다.

[대능인(大能仁)의 금빛 몸은
황색법의를 둘러 단아하시니,
장엄한 황금산의 봉우리를
금빛 구름이 두름과 같나이다.

의호주여, 당신은 장신구로 꾸미지 않아도
얼굴에 빛나는 아름다운 광채는,
보름날 빛나는 둥근 달이 또한
구름을 여의어도 그것이 있지 않나이다.

당신 얼굴의 붉은 연꽃 입술과
홍련이 해가 떠서 열리는 그것을,
벌이 보게 되면 둘 다 연꽃인줄
의심 속에 빠져들게 되나이다.

당신의 미려한 금빛 얼굴 속에
하얀 치아가 아름답게 빛나니,
마치 장엄한 황금산 사이 속에
하얀 가을달빛이 박힘과 같나이다.

인천의 공양을 받으심이 마땅한 당신의
오른손은 법륜의 무늬로 아름다우시고,
윤회의 고통을 두려워하는 사람들에게
두려워 말라고 손짓으로 위안하나이다.

대능인 당신께서 걸어가실 때
두 발은 상서로운 연꽃과 같아,
대지 위에 연화문을 찍으시니
그 연꽃이 얼마나 아름다운지 모르나이다.]

② 붓다의 어공덕(語功德)을 사유해서 귀의함이란, 세간계의 모든 유정들이 동시에 각기 다른 질문들 하나씩을 할지라도, 마음의 일찰나지간에 통달한 뒤 일음(一音, gSuṅs dbyaṅ gcig)[142]으로 각자의 질문에 낱낱이 답변을 행하시니, 그 또한 유정들의 각자의 언어와 일치하게 알게 하는 뛰어난 음성공덕[143]을 소유함이다. 이것은 [나형외도(裸形外道)를 섭수하기 위해서 외도의 모양을 한 체실자(諦實者)가 질문한 바의] 보적경(寶積經)의 체실자품(諦實者品, bDen pa poḥi leḥu)에서 설함과 같다.

이 같이 모든 유정들이 석문(釋文)들을[144]
허다한 이유들로 일시에 물어올지라도,
마음의 일찰나에 그것들을 통달하시고
일음(一音)으로 각자 질문에 응답하신다.

[그러므로 도사(導師)께서 세간에서
범음(梵音)으로 설함을 알아야 하니,
이것이 인천(人天)의 괴로움을 뽑는
법륜(法輪)을 크게 굴리시는 것이다.]

③ 붓다의 심공덕(心功德)을 사유해서 귀의함이란, 여기에는 지지(知智)의 공덕과 자비의 공덕 둘이 있다.

먼저 지지(知智)의 공덕이란, 세간의 현상계를 손바닥에 올려놓은 암마라과(菴摩羅果)[145]처럼 막힘없이 요지함으로써 지지가 모든 현상계에 두루 미침이다. 이에 비해서 다른 스승들은 현상계의 광대함에 비해서 그것을 아는 능지(能知)의 지혜가 넓지 못함이니, 이것은 마명보살의 찬응찬(讚應讚)에서 설함과 같다.

[불세존] 오로지 당신의 지혜만이[146]
모든 소지계[147]에 두루 미치옵고,
당신 외에 다른 모든 이들에게는
소지계가 다만 클 뿐 이옵나이다.

[세존은 일체시간에 귀속되는 법의
모든 종류들의 근원의 일체를[148],
손바닥에 올려놓은 암마라과처럼
당신의 마음이 행하는 경계이오니,

제법을 움직이는 유정계와 물질계와 함께[149]
하나와 갖가지의 낱낱의 법들을 요지함이,
허공을 지나가는 바람과 같이
당신의 마음에는 걸림이 있지 않나이다.]

다음의 자비의 공덕이란, 유정들이 번뇌에 결박되어 자유가 없음과 같이 제불여래 또한 대비에 의해서 자유가 없이 구속됨으로써, 유정들을 향해서 대비가 끊어짐이 없이[150] 항상 들어감이니, 마명보살(馬鳴菩薩)의 일백오십찬불송(一百五十讚佛頌)에서 설함과 같이 사유해야 하는 것이다.

이들 중생들은 모두가 차별없이
번뇌들에 의해 결박을 당해 있고,
당신은 중생의 번뇌를 풀기 위해
장시간 대비에 의해 묶여 있으니,

먼저 그런 당신에게 절해야 하나이까?
아니면 생사의 허물을 알고 계시는,
당신에게 윤회에 장시간 그와 같이
머물게 만든 대비에 절해야 하나이까?

④ 사업의 공덕을 사유함으로써 귀의함이란, 붓다의 몸·말·뜻 셋의 사업을 자연성취 하심과 단절됨이 없는 2가지 문을 통해서 항상 유정의 이익을 행하시는 것이니, 유정의 입장에서 [해탈의] 선도(善道)로 인도할 수 있다면, 붓다의 입장에서 [그 구제의 대상들을] 원만구족하게 해 주지 못함이 있지 않고, 일체의 쇠락에서 구제하지 못함이 또한 없는 것이니, 요약하면, 마땅히 행할 바의 일체를 행하는 것이다. [예를 들면, 마명보살의 찬응찬(讚應讚)에서 설함과

같이 사유[151]하는 것이다.

당신께서는 어디에서든 중생들을
인도하지 못하거나 쇠락으로부터
구호 못하는 그것이 어디 있으며,
그것과 세간에 주지 못하는 바의
원만구족이 또한 어디 있나이까?]

두 번째의 교법의 공덕을 사유해서 귀의함이란, [앞에서 설한 바와 같이] 부처님을 공경하는 것을 원인으로 삼아, 무변한 공덕을 지니신 그 부처님께서도 아가마(言教)의 법을 청문하고 사유하시고, 현증(現證)의 법인 멸제(滅諦)[152]를 증득하시고, 도제(道諦)[153]를 닦음으로 인해서 얻으신 것이라고 사유하는 것이다. [예를 들면, 법집경(法集經, Cos yaṅ dag par sdud paḥi mdo)에서 설함과 같이 사유하는 것이다.

"'대저 이들 불세존들께서는 공덕이 무량하고 무변하시니, 이 공덕들은 법에서 출생하고, 법의 소득(所得)한 바를 향유함이고, 법에 의한 화현(化現)이고, 법이 주인[증상연(增上緣)]이 되고, 법에서 발생하고, 법의 행하는 경계이고, 법에 의뢰하고, 법에 의해서 성취하니'라고 설하였다."[154]]

세 번째의 승가의 공덕을 사유해서 귀의함이란, 교법을 공경하는 것을 원인으로 삼아, 이들 성자들은 정법을 여법하게 닦는 이들이라고 사유하는 것이다. [예를 들면, 법집경(法集經)에서 설함과 같이 사유하는 것이다.

"'승가는 법을 설하고, 법을 행하고, 법을 사유하고, 법의 터전이고, 법을 수지하고, 법에 의지하고, 법에 공양하고, 법의 사업을 행하고, 법의 행하는 경계가 되고, 법을 행함이 원만하고, 자성이 정직하고, 자성이 청정하고, 자비의 자성(自性, Chos can)이고, 항상 적정(寂靜)을 수용의 경계로 삼는 자이고, 항상 법을 향해 나아가고, 항상 백법(白法)을 행한다고 생각하는 것이다'라고 설하였다."[155]]

둘째, 삼보의 차별을 요지해서 귀의함이란, [아사리 아쌍가(Asaṅga, 無着)의 섭결택분(攝決擇分)[156]에서 설명한대로] 삼보는 내적으로 서로 같지 않음을 잘 요지해서 귀의하는 것이다. 여기에는 비공통의 개별적 특성의 차별을 알고 귀의함과 사업의 차별을 알고 귀의함과 신해(信解)의 차별을 알고 귀의함과 정행(正行)의 차별을 알고 귀의함과 수념(隨念)의 차별을 알고 귀의함과 복덕을 증장시키는 차별을 알고 귀의함의 여섯 가지가 있다.

① 비공통의 개별적 특성의 차별을 알고 귀의함이란, 부처님은 [보리를 현증(現證)하신] 정등각(正等覺)의 특성과 법은 [성불한 뒤 법륜을 굴리신] 그 결과임과 승가는 [타인의 가르침에 의해서] 정법을 여법하게 수행하는 차별이 있

음을 알고 귀의하는 것이다.

② 사업의 차별을 알고 귀의함이란, 부처님은 아가마(言教)를 교수하고, 법은 번뇌와 고통을 단멸하고, 승가는 [법을 수증(修證)해서 사과(四果) 등의 교증(教證)의 공덕을 얻고, 그것을 다른 사람이 본 뒤 이와 같이 되면 '얼마나 좋을까?'라는 생각에] 흥을 일으켜서 따라하는 차별이 있음을 알고 귀의하는 것이다.

③ 신해(信解)의 차별을 알고 귀의함이란, 부처님은 친근하여 받들어 모시는 대상으로, 법은 실증의 대상으로, 승가는 함께 모여서 생활하는 대상으로 신해하는 차별을 알고 귀의하는 것이다.

④ 정행(正行)의 차별을 알고 귀의함이란, 차례로 부처님은 공양과 받들어 섬기는 대상으로, 법은 유가수습의 대상으로, 승가는 법과 생활용품을 함께 이용하는 대상으로 알고 귀의하는 것이다.

⑤ 수념(隨念)[157]의 차별을 알고 귀의함이란, "이와 같이 불세존께서는"이라고 하는 등의 삼보[158]의 공덕의 차별을 알고 귀의하는 것이니, [삼보의 수념을 경문[159]의 말씀대로 기술하면 다음과 같다.]

첫 번째의 부처님의 공덕을 억념하는 문을 통해서 존경심을 일으키고, 자신 또한 그 문을 통해서 그와 같이 되고자 염원하고 행하는 불수념(佛隨念)[160]은 이와 같다.

"이와 같이 또한 세존(世尊: 出有壞)께서는 여래(如來)·응공(應供: 殺敵)·정등각(正等覺)·명행족(明行足)·선서(善逝)·세간해(世間解)·조어장부(調御丈夫)·무상사(無上師)·천인사(天人師)·불세존(佛世尊)이나이다.[161]

그 여래들께서는 복덕들이 [원인과 결과가 상응하는] 등류(等流)이시고, 선근(善根)들이 다함이 없나이다.[162] 인욕들로 장엄하시고[163], 복덕의 곳간의 근원이시고[164], 미려한 상호(相好)들로 장엄하시고, 묘상(妙相)들의 꽃이 만발하시고[165], 행하시는 경계가 적절하시고[166], 우러러보면 거슬림이 없나이다.[167] 신앙하는 이들은 희열하지 않음이 없고, 반야를 제압하지 못하고, 위력들을 짓누르지 못하나이다.[168]

모든 유정들의 스승이시고, 보살들의 아버지이시고, [성문의] 성자(聖者)들의 왕이시고, 열반의 성채로 나아가는 자들의 영도자이나이다.[169] 지혜가 무량하고, 변재(辯才)가 불가사의하고, 언설이 청정하고, 음성이 아름답고, 몸을 보면 만족함을 모르고, 몸이 견줄 바가 없나이다.[170] 제욕(諸欲)에 물들지 않으시고, 제색(諸色)에 물들지 않으시고, 무색(無色)들과 섞이지 않나이다.[171] 5온(蘊)에서 크게 해탈하시고, 18계(界)가 있지 않으시고, 12처(處)를 방호하나이다.[172]

모든 고통에서 벗어나시고[173], 모든 결(結)들을 끊으시고, 번열(煩熱)에서 해탈하시고, 애욕(愛慾)에서 벗어나시고, 폭류(暴流)를 건너가셨나이다.[174] 지혜가 원만구족하시고, 과거와 미래와 현재에 출현하신 불세존들의 지혜에 안주하시고, 열반에 머물지 않으시고, 진실의 변제(邊際)에 머무시나이다.[175]

모든 유정들을 살피시는 [삼신(三身)의] 경지에 머무시니[176], 이것들이 불신(佛身)의 뛰어난 바른 공덕들이도다."

두 번째의 법수념(法隨念)[177]은 불법의 공덕을 억념하는 문을 통해서 존경심을 일으키고, 자신 또한 그 문을 통해서 그와 같이 되고자 염원하고 행하는 것이다.

"정법[178]은 처음도 좋고, 중간도 좋고, 마지막도 좋으며[179], 의미가 좋고, 문장이 아름답고[180], 무잡(無雜)하고, 원만하고, 청정하고, 정결하나이다.[181]

[세존에 의해 법이] 잘 설하여졌으며[182], 바르게 보심이고[183], 질병이 없음이고[184], 시간이 끊어지지 않나이다.[185]

[정리(正理)를 갖추고][186], 잘 안치하고[187], 이것을 보면 의리(義利)가 있고[188], 지자(智者)들이 각자 자증(自證)함이나이다.[189]

세존께서 설하신 법비나야(法毘奈耶)[190]를 잘 의지하고[191], 반드시 출리(出離)하고[192], 원만보리로 나아가게 하고[193], 어긋나지 않고 모여 있으며[194], 의지할 바가 있고[195], 흐름을 끊음[196]이나이다."

세 번째의 승수념(僧隨念)[197]은 승가의 공덕을 억념하는 문을 통해서 존경심을 일으키고, 자신 또한 그 문을 통해서 그와 같이 되고자 염원하고 행하는 것이다.

"대승의 [성스러운] 승가(僧伽)[198]는 잘 들어가고[199], 여리(如理)하게 들어가고[200], 바르게 들어가고[201], 화합하여 머무르나이다.[202] [승가(僧伽)는] 마땅히 합장할 곳이며[203], 마땅히 예경할 곳이며[204], 길상한 복전(福田)이시며[205], 시물(施物)을 청정하게 하시며[206], 마땅히 보시할 곳이며[207], 마땅히 널리 보시할 곳이나이다."

⑥ 복덕을 증장시키는 차별을 알고 귀의함이란, 부처님 한 분에 의거해서 뛰어난 복덕이 자라남과 법에 의거해서 뛰어난 복덕이 자라남과 승가의 많은 대중에 의거해서 뛰어난 복덕이 자라나는 차별을 알고 귀의하는 것이다.

셋째, 삼보의 특성을 요지해서 귀의함이니, 부처님을 귀의를 설하시는 스승인 쌰쓰따(Śāstā / sTon pa)로 요지하고, 정법을 귀의의 본질로서 요지[208]하고, 승가를 귀의를 수행하는 반려자로 요지해서 귀의하는 것이다.

넷째, 다른 귀의처를 말함이 없이 [귀의의 대상을 오인하지 않고] 귀의함이니, 외도와 내도(內道)의 삼보의 우열의 차이를 요지해서 내도(內道)의 삼보에 귀의하는 것으로 외도의 스승과 가르침 등에 귀의하지 않는 것이다.

여기서 스승인 쌰쓰따(Śāstā)의 차별[209]이니, 정등각 불세존은 모든 과실을 끊고, 일체의 공덕을 지님에 비해서 외도의 스승은 그와 같은 것이 아니니, 아사리 토쭌둡제(mTho btsun grub rje)의 수승찬(殊勝讚)[210]에서 다음과 같이 설하였다.

제가 다른 외도의 스승을 버린 뒤
불세존 당신에게 귀의를 하나이다.
그것은 왜냐하면 당신에게는 모든
허물이 있지 않고 공덕이 있음이니,

[허나 세속인은 허물을 좋아하고
공덕을 지닌 것을 애착함으로써,
허물도 또한 공덕인양 바라본 뒤
다른 스승에게 귀의를 하나이다.

편입천(遍入天)과 자재천(自在天) 따위의
그들을 범부는 좋아하고 믿음으로써,
그들 공덕을 찬양해도 도려 그것들은
당신의 가르침에선 허물이 되나이다.

자재천이 분노의 화살 하나로써
삼층성(三層城)을 불태웠다고 함이 있으나,
불세존 당신의 지혜의 큰 화살은
분노하는 마음을 반드시 불태우나이다.[211)]

또한 같은 책에서 설하길,

달리 외도종파의 전적(典籍)에서
그렇게 그렇게 심사숙고하자,
이렇게 이렇게 구호주 당신을
제 마음이 신해하게 되었나이다.

[그와 같이 일체지자가 아닌 외도의
종파의 과실에 오염된 마음을 지닌,
사유가 망가진 자들은 허물이 없는
불세존 당신을 또한 보지 못하나이다.]

불도(佛道)의 가르침은 안락의 도인 까닭에 안락의 도과(道果)를 얻게 되나 외도의 가르침은 그와 같은 것이 아니니, 이것은 또한 제자에게도 차별을 낳는다.

[이 뜻을 좀 더 설명하면, 보리도차제광론(菩提道次第廣論)에서, "지나(Jina, 勝者)[212)]의 가르침은 안락의 길인 까닭에 안락의 결과를 가져오고, 윤회의 흐름에서 돌아 나오고, 번뇌를 청정하게

하고, 해탈을 추구하는 자들을 기만하지 않고, 일향으로 지선(至善)하고, 죄업을 깨끗이 정화하고, 외도의 가르침은 이들과는 서로 어긋나니"라고 하였으며, (중략) 찬응찬(讚應讚)에서 다음과 같이 설하였다.

"들어가고 돌아서야 하는 어떤 것과[213)]
염오(染汚)의 번뇌와 해탈의 어떤 것,
그것이 대웅(大雄)인 당신의 말씀과
다른 외도의 언설과의 차별이나이다.

오직 이 하나만이 진여성이며
그것은 오로지 기만의 법이니,
당신의 말씀과 여타의 언설서
뭐가 다른지 찾아 무엇 하리오.

이것만이 일향으로 지선(至善)하고
그것은 일향으로(해탈에) 장애를 일으키니,
당신의 말씀과 외도의 언설서
같지 않음이 어찌 있지 않으리오.

"그것은 물들이고 크게 물들게 하오나
이것은(윤회의 물듦을) 청정케 하니,
이것이 바로 의호주인 당신의 말씀과
다른(외도의) 언설과의 차별이나이다."]

라) 귀의의 학처(學處)

이 귀의의 학처에도 아사리 아쌍가(Asaṅga, 無着)의 섭결택분(攝決擇分)에서 나오는 법과 구결(口訣)[214]에서 나오는 법의 두 가지가 있다.

첫째, 섭결택분(攝決擇分)의 학처도 두 부분으로 되어있고, 각 부분은 넷으로 구성된다.

첫 번째의 부분은 참된 사부(士夫)[215]에게 의지함과 바른 법을 청문함과 여법하게 작의(作意)함과 그 법을 수순하는 동법(同法)을 행하는 넷이다.

① 참된 사부(士夫)[216]에게 의지함이란, 부처님께 귀의한 뒤 참된 선지식(善知識)[217]을 수도의 근본으로 본 뒤 여법하게 친근함이 필수적이다. 부처님께 귀의하는 것은 길을 열어 보이는 인도자를 귀의처로 삼는 것이니, 부처님을 수순해서 닦는 것은 길을 열어 보이는 선지식을 실제로 의지하여 닦는 것이기 때문이다.

② 바른 법을 청문함과 ③여법하게 작의(作意)함이란, 법에 귀의한 뒤 부처님과 성문의 제자들이 설한 법인 계경 등을 청문하고 여법하게 작의(作意)[218]하는 것이 필수적이다. 법에 귀의하는 것은, 아가마(言教)와 증득(證得)의 법을 현증의

대상으로 삼는 것이니, 그것을 수순해서 닦는 것은 바른 법을 청문하고, 여법하게 작의하는 것이 필수적이기 때문이다.

④ 법을 수순하는 법을 행함이란, [열반의 법을 수순해서 수행하는 것을 말함이니], 승가에 귀의한 뒤에는 [열반으로 들어가는] 불도(佛道)의 수행과 일치하게 닦는 것이 필수적이니, 승가에 귀의하는 것은, [해탈을 위해서 들어온] 승가를 불도를 닦는 반려자로 받아들이는 것이고, 그들을 수순해서 닦는 것이 불도를 닦는 것과 일치하게 닦는 것이기 때문이다.

두 번째의 부문은 감각기관이 도거(掉擧)에 떨어지지 않게 함과 학처(學處)를 바르게 수지함과 유정에게 자비로움과 언제나 삼보님께 공양하는 넷이다.

① 감각기관이 도거(掉擧)[219]에 떨어지지 않게 함[220]이란, 마음이 밖으로 달아나는 과실(過失)[221]을 사유한 뒤 그것을 멈추게 하는 것이다.

② 학처(學處)를 바르게 수지함이란, 부처님이 [제정하신 모든] 학처들을 전력을 다해 수지하는 것이다.

③ 유정에게 자비로움[222]이란, 부처님의 교법은 자비에 의해

차별을 열침으로써 자비를 일으킨 뒤 해치지 않는 것이다.

④ 언제나 삼보님께 공양함[223]이란, 날마다 삼보님께 공양을 부지런히 정성껏 올리는 것이다.

둘째, 구결(口訣)에서 나오는 학처도 삼보의 각각에 대한 개별적 학처와 공통의 학처의 두 가지가 있다.

첫 번째의 삼보의 각각에 대한 개별적 학처도 또한 [마땅히 행해야 하는] 응행학처(應行學處)의 학처와 [마땅히 하지 말아야 하는] 응지학처(應止學處)의 둘이 있다.

먼저 [마땅히 행해야 하는] 응행학처(應行學處)는 열반경에서 설함과 같이, 삼보의 하나마다 하나의 학처가 있으니, 대열반경에서, "어떤 이가 삼보에게 귀의하면, 그 사람은 우바새이니, 영원토록 또한 다른 신들에게, 귀의하지 않는 것이다. 불법에 귀의하면, 해치고 죽이는 마음을 떠나야 하고, 승가에 또한 귀의하면, 외도와 어울려서는 안 된다"고 하는 등을 설함과 같이 행하는 것이니, 그것은 다음과 같다.

① 부처님께 귀의한 뒤에는 다른 신들에게 예배하지 않는 것이니, 이것은 루드라(Rudra, 暴惡)[224]라 부르는 자재천(自在天)[225]과 비스뉴(Viṣṇuḥ, 遍入)[226]라 부르는 나라연천(那羅延天) 등의 세간의 천신에게 귀의하지 않는 것이니, 하물며 아귀

의 부류에 속하는 [지신(地神)과 용(龍) 등의] 신귀들에게 귀의하지 않음은 더 말할 필요가 없는 것이다. 그 또한 삼보를 믿지 않고서 세속의 신에게 영원토록 귀의를 구함은 옳지 않으나, 그들에게 불법을 수행하는데 필요한 순연(順緣)들을 얻으려고 일시적으로 구하는 것과 같은 것은 무방하다.

② 유정에게 어떠한 해악도 끼치지 않는 것이니, 불법에 귀의한 뒤에는 유정을 결박하거나, 두드려 패거나, 우리 속에 가두거나, 코를 뚫거나, 짐을 실을 수가 없음에도 억지로 싣고 옮기는 등의 해악을 버린 뒤, 자비로써 보호해 주는 것이다.

③ 외도와 교제하지 않는 것이니, 승가에 귀의한 뒤에는 삼보를 신앙하지 않고, 훼방하는 자들과 가까이 하지 않는 것이다.

다음의 [마땅히 하지 말아야 하는] 응지학처(應止學處)이니, 첫 번째는 부처님께 귀의한 뒤에는 붓다의 존상과 그림 등이 [잘되고 못되고] 여하하든 흉보지 않고, 험난한 곳에 안치[227)]하거나, 담보로 잡히는 등의 불경한 행위를 버린 뒤, 부처님과 같이 존경함을 지녀야 하는 것이니, 아사리 나가르주나(龍樹)의 친우서(親友書)에서 다음과 같이 설하였다.

그와 같이 선서의 형상을 나무로 조성한 것이[228)]
그 모양이 어떨지라도 좋으니 지자는 공양하라.

그러므로 "부처님의 존상에 대해서 이러니저러니"하고 흉보거나 또는 "크게 만들어졌다거나, 좋은 재료로 만들었다거나 또는 이렇게 만들 줄을 모른다"고 비난하지 말아야 한다. 예를 들면, [둘와룽남제(律分別)[229]에서,] 옛날 인도에 쎄부쎄르꺄(Śed bu ser skya, 黃白儒童)[마나와까삘라(Mānavakapila)]라 부르는 한 비구가 있었으니, 그가 유학(有學)과 무학(無學)의 비구들을 향해서 조롱하길, '코끼리 머리를 한 너희들이 법과 비법(非法)을 어찌 알겠는가?'라는 등의 사람과 동물의 18종류의 머리모양을 예로 들어서 업신여김을 행한 과보로 물고기의 종류인 마꼬라(Makora, 摩羯)[230]로 태어났는바, 18개의 각기 다른 머리를 달고 태어났다고 함과 같다.

또한 [둘와룽탠첵(毘奈耶雜事)[231]에서 설함과 같이,] 과거칠불 가운데 네 번째 부처님인 구류손불(拘留孫佛)[끄라꾸찬다(Krakuchanda, 滅累佛)/코르직(ḥKhor ḥjig)]께서 열반에 드신 후, 구미(具美, mDzes ldan)[짜루맛(Cārumat)]라 부르는 한 왕이 큰 대탑(大塔) 하나를 세우게 하자, 한 장인이 말하길, '그와 같이 큰 대탑은 세우도록 하지만 언제 완성될지 알지 못한다'고 두 번에 걸쳐서 빈정거렸다. 그 뒤 대탑이 무사히 완성되자 크게 후회한 뒤 금령(金鈴)을 공양[232]하였다. 그 과보로 죽어서 몸빛이 추루하고 왜소하나 목소리가 매우 아름다운 구미성(具美聲, sÑan pa bzaṅ po)으로 태어났다고 말하기 때문이다.

두 번째는 불법에 귀의한 뒤에는 단지 하나의 게송조차도

[법보로 존경해서] 경시하지 않으며, 경전을 저당 잡히거나, 매매하거나, 땅바닥에 내려놓거나, 험난한 곳에 안치하거나, 신발과 함께 짐 속에 넣어 운반하는 등의 불경함을 버린 뒤, 법보(法寶)와 같이 존경[233]해야 하는 것이다.

세 번째는 승가에 귀의한 뒤에는 단지 황색의 법의를 걸친 이상에는 [승보로 여겨서] 경멸해서는 안 되고, 또한 '너희 편과 우리 편'이라고 함과 같이 파당(派黨)을 지어서 훼방하는 마음을 버린 뒤, 승가의 일원으로서 존경해야 한다.

그와 같이 자신이 삼보를 존경함에 의거해서 자신을 또한 타인이 존경하게 되는 것이니, 삼마지왕경(三摩地王經)에서 다음과 같이 설하였기 때문이다.

> 그와 같은 업을 짓게 되면
> 결과도 그와 같은 것을 얻는다.

두 번째의 공통의 학처에도 또한 여섯 가지가 있으니, 그것은 다음과 같다.

첫째는 삼보의 차별과 공덕을 요지해서 거듭거듭 귀의함이니, 외도와 내도의 삼보의 우열의 차별과 삼보 안에서 서로간의 특성과 공덕을 요지한 뒤, 반복적으로 귀의하는 것이다.

둘째는 법은(法恩)을 수념(隨念)하는 문을 통해서 항상 삼보님께 공양올림을 부지런히 행하고, 음식을 들기 전에 먼저 헌신(獻新)[234]을 행하는 것이다. 이것은 [삼마지왕경(三摩地王經)에서, "부처님의 복덕에 의해서 음식을 얻음에도 또한, 그것에 대하여 범부는 은혜를 갚으려 하지 않는다"고 설함과 같이, 음식을 얻는 것을 예로 삼아서] 내게 어떤 안락한 일이 생기든지 그것은 모두 삼보의 은혜로 생각해서 항상 삼보님께 [은혜를 갚는다는 생각으로] 공양을 올리는 것이다. 또한 여기에도 둘이 있으니, 공양하는 일과 공양하는 마음가짐이다.

먼저 공양하는 일에도 또한 열 가지가 있으니, 그것은 다음과 같다.

① 부처님의 몸에 공양함이니, 부처님의 진신(眞身)에다 공양을 올리는 것이다.

② 탑에 공양함이니, [부처님을 위해서 부처님께 공양하거나, 그를 수순해서 배우기를 원하거나, 붓다를 이루기 위해서거나, 부처님을 신앙하는 문을 통해서] 불탑(佛塔)에다 공양을 올리는 것이다.

③ 직접공양이니, 자기에게 직접 현전하신 부처님의 몸과 그 불탑에 직접 공양을 올리는 것이다.

④ 간접공양이니, 이것은 자기에게 직접 현전하지 않은 부처님의 몸과 그 불탑들을 관상해서 공양을 올리는 것이다. [부처님께서 열반에 든 뒤 그것을 위해서 불상과 불탑 하나 등을 조성하는 것 또한 간접적 공양인 것이다.] 또한 자기에게 직접 현전하신 부처님의 몸과 그 불탑들에 공양할 적에도 이와 같이 행하도록 하라. 어떤 하나의 법성 그것은 곧 일체의 법성이 됨으로써, 자기에게 직접 현전하신 이 부처님의 몸과 불탑에 공양을 올리는 것은 곧 삼세의 제불들과 시방의 불탑 전체에 공양하는 것이라고 생각한 뒤 올리면, 앞서의 그 공양에 비해서 더 한층 수승한 복덕을 얻게 되는 것이다.

⑤ 자기가 몸소 공양함이니, 이것은 나태(懶怠)[235]와 해태(懈怠)[236]와 방일(放逸)함으로 말미암아 남에게 대신 시키는 것이 아니라, 자기가 몸소 준비해서 공양을 올리는 것이다.

⑥ 남에게 시켜서 공양함이니, 이것은 자기에게 약간의 재물이 있는 상태에서 어떤 사람이 빈곤으로 고통을 받는 것을 보고서, "이 사람에게 공양을 올리도록 시킨다면 그가 안락하게 되리라"고 생각한 뒤, 자비로운 마음을 일으켜서 다른 사람에게 대신 공양을 올리게 하는 것이다. 그때도 역시 자기 손으로 직접 준비해서 올리고, 또한 다른 사람으로 하여금 올리게 하면, 앞서의 그 공양에 비해서 더 한층 수승한 복덕을 얻게 되는 것이다.

⑦ 이양공양(利養供養)[237]의 공양이니, 이것은 꽃과 소향(燒香)과 등불과 향수와 음식과 음악과 의복과 장식물과 가락지 등을 공양하는 것이다.

⑧ 광대한 공양[238]이니, 이것은 앞의 이양공양(利養供養)을 장시간 행하는 것이다. 공양물이 좋고 많음과 실물이거나 실물이 아닌 [보현운공(普賢雲供)과 같은] 것과 자기와 타인이 강렬한 염원으로 올리는 것이자, 그렇게 올린 선근(善根) 또한 위없는 보리로 회향하는 것이다.

⑨ 번뇌가 있지 않은 공양이니, 이것은 나태와 해태와 방일함 등에 떨어짐이 없이 자기 손으로 직접 준비해서 올리고, 남에게 시켜서 올리고, 강렬한 염원으로 올리고, 전도된 대경으로 마음이 산란함이 없이 올리고, 번뇌에 사로잡힘이 없이 올리고, 삼보에 올리는 공양행위에 의거해서 자기에게 타인의 이양공경(利養恭敬)이 있으리라는 기대를 가짐이 없이 올리고, 적합한 공양물을 올리는 것이다.

여기서 적합하지 않은 공양물을 올리는 것이란 어떤 것인가? 하면, 예를 들면, 웅황(雄黃)을 바른 물품[239]과 버터용액으로 씻은 것[240]과 안식향(安息香)의 연기를 쏘인 것[241]과 아르까(Arka, 白艾花)의 꽃[242]을 올리는 것과 같은 것이다.

또한 이양공양(利養供養)이 쉽지 않거나 또는 자기가 닦아 이룬 것과 타인에게서 얻은 것이 없으면, 삼세제불의 공양을 수희(隨喜)하는 것을 올리거나, 세상에 주인이 있지 않은 꽃과 열매와 나무와 맑은 물과 보석 따위들을 올리는 것이다.

⑩ 정수공양(正修供養)[243]이니, 이것은 사무량(四無量)[244]과 사법인(四法印)[245]과 삼보와 반야바라밀의 수념(隨念)과 공성의 수습과 보리분법(菩提分法)에 대한 수행과 반야바라밀과 사섭법(四攝法)[246]의 수습을 통해서 얻은 선한 자량(資糧)들을 올리는 것이다.

다음의 공양하는 마음가짐이니, 위의 열 가지 공양에 의해서 삼보님께 공양을 하면 작은 공양일지라도 또한 무량한 복덕이 발생한다고 생각하는 것이다.

이것이 발생하는 원인[247]은 [보살지(菩薩地)에서 설한 바대로] 부처님께서는 위없는 공덕의 복전이시자, 더없는 이익을 베푸는 복전이시자, 모든 유정들의 지존이시자, 우담발라 꽃처럼 세간에 출현하기가 희유함이자, 삼계의 세간에는 단지 한 분의 부처님 밖에는 출현하지 않음으로서 어디에도 비교할 바가 없음이자, 세간과 출세간의 모든 공덕들의 근원이기 때문이다.

또한 일상에서 음식물을 먹을 때도 헌신(獻新)을 삼보님께 행하면 복덕의 자량을 쉽사리 구족하게 됨으로써, 무엇을 먹고 마시든지 그 때 반드시 헌신을 행하는 것이다.

셋째는 대비를 수념(隨念)하는 문을 통해서 다른 사람을 또한 귀의하도록 해야 한다.

넷째는 자기가 어떤 일을 행하거나 필요한 것이 있으면 삼보님께 귀의를 행한 뒤, 공양을 올리고, 기원을 하고 나서 행하도록 하라. 그 외에 그것과 어긋나는 세속의 본교(Bon)[248] 등에 의지해서 행하지 않는다.

다섯째는 귀의의 이익[249]을 요지한 뒤 밤낮으로 세 번씩 귀의를 하도록 하라. 여기에는 이익을 요지하는 것이 필수적이고, 이익을 요지하는 것도 아사리 아쌍가(Asaṅga, 無着)의 섭결택분(攝決擇分)에서 설한 법과 구결(口訣)에서 설하는 법 두 가지가 있다.

처음의 섭결택분(攝決擇分)에서 설하는 법도 두 부분으로 되어 있고, 각 부분은 넷으로 구성된다. 첫 번째의 부분은 광대한 복덕을 얻음과 기쁨과 큰 안락을 얻음과 수승한 선정을 얻음과 청정함 [수승한 반야]을 얻음[250]이다.

① 광대한 복덕을 얻는 이익이니, 이것을 불사고음다라니(不死鼓音陀羅尼)에서 다음과 같이 설하였다.

불세존은 불가사의하고
불법 또한 불가사의하며,
성스러운 승가도 불가사의하고

불가사의를 믿는 신자들의
이숙(異熟)[251] 또한 불가사의하다.

또한 아르야쑤라(Āryā śūra, 聖勇)의 바라밀다섭집(波羅蜜多攝集, Phar phyin bsdus pa)에서도 설하였다.

귀의의 복덕들이 형체가 있다하면
이 삼천대천도 그릇이 작다 하리니,
저 바다에 담긴 광대한 물을 어찌
작은 홉으로 계량할 수가 있으리오.

② 기쁨과 큰 안락을 얻는 이익이니, 아사리 법구(法救)의 댄빼촘(憶念敎言集要)[252]에서 다음과 같이 설하였다.

어떤 사람이 밤낮으로 항상[253]
부처님을 수념(隨念)하고,
어떤 사람이 부처님께 귀의하면
그것들이 그 사람의 소득[254]이다.

[어떤 사람들이 밤낮으로 항상
불법을 수념(隨念)하고,
어떤 사람이 불법에 귀의하면
그들은 사람의 얻음을 얻은 것이다.

어떤 사람이 밤낮으로 항상
승가를 수념(隨念)하고,
어떤 사람이 승가에 귀의하면
그것들이 그 사람의 소득이다.]

[부처님에게 귀의하고 수념하는] 이것은 법보와 승보에도 똑같이 적용됨을 설함과 같이, 이 같은 [불·법·승 삼보의] 의지처(依支處)에 귀의하고 있다는 것은, 자기가 '[4가지의] 사람의 소득'[255]을 얻게 된다는 생각에서 기쁨과 수승한 안락을 얻게 되는 것을 말한다.

③ 수승한 선정을 얻음과 ④청정함을 얻는 이익이니, 출리(出離)의 마음으로 삼보에 귀의함에 의지해서 증상계학(增上戒學)을 얻고, 그것에 의지해서 증상정학(增上定學)을 얻고, 그것에 의지해서 증상혜학(增上慧學)을 얻은 뒤 해탈을 얻는 이익이 있게 된다.

두 번째의 부분의 넷[256]이니, ①크게 수호를 받음[257]과 ②원치 않는 고통을 일으키는 과거에 쌓은 죄장들이 정화됨과 ③자기가 참된 사부(士夫)의 대열에 들어감과 ④부처님과 범행(梵行)을 동등하게 행하는 자들과 [불법을 좋아하는] 선신(善神)들이 기뻐하는 것[258]이다.

다음의 구결(口訣)에서 설하는 귀의의 이익에도 여덟 가지가 있으니, 그것은 다음과 같다.

① 내도(內道)인 불도(佛道)에 들어오는 이익이 있으니, 귀의하는 여기에는 이익이 있으니 부처님을 귀의처로 열어 보인 싸쓰따(導師)로, 불법을 귀의처의 실제로, 승가를 귀의처로 수증하는 반려자로 믿게 될 때 비로소 처음 불도에 입문하는 것이며, 만약 삼보를 신앙[259]하지 않으면 그 어떤 다른 선업들을 지을지라도 불도에 들어오지 못하기 때문이다.

② 모든 계율들의 의지처(依支處)가 되는 이익이 있으니, 삼보에 귀의함으로써 출리의 마음을 일으킨 뒤 별해탈계(別解脫戒)들이 생겨나기 때문이다.

③ 과거에 짓고 쌓은 업장(業障)들이 정화되는 이익[260]이 있으니, [아사리 적천(寂天)의 집학론(集學論)에서 설함과 같이] 돼지로 태어나게 되는 한 천자가 삼보에 귀의함으로써 돼지로 태어나지 않음[261]과 같은 것이다. 그 원인 역시 귀의에 의해서 악도의 원인이 되는 죄악들이 정화되기 때문이니, 계경(契經)[법집요송경(法集要頌經)]에서도 다음과 같이 설하고 있다.

어떤 사람이 부처님께 귀의하면
그들은 악도에 들어가지 않으니,
사람의 몸을 버린 뒤에
그들은 하늘의 몸을 얻는다.

이것은 또한 불·법·승 삼보에 동일하게 적용되는 것이다.

④ 광대한 복덕을 쌓는 이익이 있으니, 이것은 불사고음다라니(不死鼓音陀羅尼)에서 다음과 같이 설하였다.

불세존은 불가사의하고
불법 또한 불가사의하며,
성스러운 승가도 불가사의하고
불가사의를 믿는 신자들의
이숙(異熟) 또한 불가사의하다.

⑤ 악도에 태어나지 않는 이익이 있으니, 앞에서 인용한 경문의 내용과 같은 것이다.

어떤 사람이 부처님께 귀의하면
그들은 악도에 들어가지 않으니,
사람의 몸을 버린 뒤에는
그들은 하늘의 몸을 얻는다.

⑥ 인간과 비인간들의 장애가 침해하지 못하는 이익이 있으니, 또한 계경(契經)[법집요송경(法集要頌經)][262]에서 다음과 같이 설하고 있다.

두려움에 떠는 사람들이[263]

대부분이 산악과 수림과,
원림과 제사지내는 곳과
나무의 신들께 귀의한다.
그 귀의처는 핵심이 못 되고
그 귀의처는 최상이 못 되니,
그 귀의처에 비록 의지할지라도
모든 고통에서 벗어나지 못한다.[264)]

어느 때 어떤 이가 부처님과
불법과 승가에 귀의를 하고,
고통[苦]과 고통의 원인[集]과
고통을 남김없이 소멸[滅]하고,

성스러운 팔정도에 의해서
안락과 열반으로 나아가고,
사성제(四聖諦)의 진리들을
반야(般若)로써 보게 하는,

그 귀의처가 [귀의의] 핵심이자
그 귀의처가 [귀의의] 최상이니,
그 귀의처에 바르게 의지한 뒤
일체의 고통에서 해탈하게 된다.[265)]

⑦ 염원하는 일체를 뜻대로 성취하는 이익이 있으니, 어떤

법다운 일을 행하려고 하면, 그 때 먼저 삼보님께 공양을 올리고, 귀의를 한 뒤 성취하기를 기원하면 어려움이 없이 이루게 된다.

⑧ 최후에는 성불하는 이익이 있으니, 사자청문경(獅子請問經)에서, "믿음에 의해서 한가(閑暇)가 없음을 없애버린다"고 설함[266]과 같이, 삼보를 믿고 귀의함에 의지해서 가만(暇滿)의 사람 몸을 얻고, 소의(所依)인 그 사람 몸에서 수승한 도를 얻은 뒤에 최후에 성불하기 때문이다.

여섯째는 농담 삼아서도 또는 목숨을 구하기 위해서라도 결코 삼보를 버리지 말라. 우리들이 몸과 목숨 그리고 재물들을 버리고 떠나는 것은 의심할 바 없으니, [그것들을 위해서] 삼보를 버리게 되면 많은 생애에서 크게 고통을 받게 되니, 영원토록 삼보를 버리지 않도록 하고, 단순히 우스갯소리라도 삼보를 버리지 않도록 하라.

삼악도의 고통에 대해서 두려움이 일어날 때 고통을 원치 않고 안락을 바란다면, 모름지기 불선의 악업에서 고통이 발생하고, 선업에서 안락이 발생하는 이치에 대하여 승해신(勝解信)[267]을 통해서 그것이 발생하는 도리를 사유토록 하라. 이것을 아사리 쌴띠데와(寂天)의 입보리행론(入菩提行論)에서 다음과 같이 설하였다.

불선(不善)에서 고통이 발생하니
'여기에서 어떻게 벗어날 것인가?'를,
오로지 밤낮으로 항상 내가
이것을 전적으로 사유함이 마땅하다.

또한 같은 책에서,

능인께서 일체의 선품(善品)들의
근본이 승해(勝解)라고 설하시니,
그것의 근본도 언제나 [선악의]
이숙의 과보를 닦음이 마땅하다.[268)]

그렇다면 "이 승해신(勝解信)이 무엇을 의지해서 발생하는가?"라고 하면, 부처님의 말씀인 아가마(言敎)에 의지해서 일으키는 것이다. 불세존께서는 업의 인과들의 극히 미세한 부분들까지도 활연히 아시고, 또한 대자비를 지니심으로써 거짓을 설하심이 전혀 있지 않기 때문이다.

⑶ 불선의 악업의 정화

불선의 악업에서 고통이 일어나고 선업에서 안락이 발생하는 것을 본 뒤, 불선을 버리고 선업을 닦도록 한다. 그렇지만 방일(放逸) 등의 영향으로 인해서 불선을 행하게 되면, 그 때는 그것을 다스리는 네 가지 대치력(對治力)[269)]의 문을 통해서 참회하도록 하라. 사법경(四法經, Chos bshi bstan paḥi mdo)에서 다음과 같이 설하였기 때문이다.

> 미륵이여, 보살 마하살이 사법(四法)을 갖추게 되면[270)]
> 죄업을 짓고 쌓은 그 일체를 능히 진압하게 되니,
> 그 사법이 무엇인가? 하면, 염오대치력(厭惡對治力)과
> 현행대치력(現行對治力)과 방호대치력(防護對治力)과 소의대치력(所依對治力)이다.

처음의 염오대치력(厭惡對治力)[271)]이란, 불선업(不善業)에 의한 이숙과(異熟果)[272)]와 등류과(等流果)[273)]와 증상과(增上果)[274)]의 원치 않는 그것들을 발출하는 도리를 숙고한 뒤 후회하는 마음을 일으키는 것이다.

두 번째의 현행대치력(現行對治力)[275)]에는 다음과 같이 여섯 종류가 있다.

① 심오한 계경(契經, Sūtra)[276)]에 의지하는 것이니, [팔천송반야경(八千頌般若經) 등의] 반야경 등을 비롯한 심오한 계경들을 수지하고 독송[277)]하는 등이다. [이것은 소품 마하반야바라밀경(박 용길 옮김)에서, "여기에서 석제환인이 부처님께 말했다. 「세존이시여, 만약에 어떤 사람이 반야바라밀을 독송하는 소리만 들어도 그는 이미 모든 부처님에게 가까워진 것이고 적지 않은 공덕이 있을 터이니 이를

잘 모시고 독송하는 것을 이와 같이 배우며 이와 같이 가르치며 이와 같이 행한다면 더 말할 나위 있겠습니까? 왜일까요? 세존이시여, 모든 보살은 바로 이 반야바라밀에서 모든 것을 꿰뚫는 지혜를 얻기 때문입니다. 이는 마치 바다속에서 큰 보물을 찾아내는 것과 같으니 모든 부처님과 보살은 큰 보물이며 이들은 반드시 반야바라밀에서 생겨납니다.」 부처님이 이르셨다. 「참으로 옳은 말이다. 석제환인이여, 모든 부처님과 보살은 한결같이 반야바라밀에서 태어난다.」"고 함과 같다.]

② 공성의 수습에 의지하는 것이니, 공성 등은 죄업을 다스리는 대치법이기에 그것을 신해하고 수습함으로써 죄업의 근본인 [아집(我執)인] 인아(人我)의 집착[278]을 끊어버리기 때문이다. [이것은 람림첸모챈시닥(菩提道次第廣論四家合註)에서 공성을 신해(信解)함이란, "인법(人法)에는 자아가 있지 않으며, 자성이 광명인 법성에 문(聞)·사(思)·수(修)의 셋을 통해서 들어가고, '마음의 자성은 광명이며, 번뇌들은 객진(客塵)이다'고 설함과 같이 본초부터 자성이 청정함을 믿는 것이다. 죄업의 삼륜(三輪: 작자(作者)와 대상과 소작(所作)의 업의 셋)이 자성이 없음을 깨달음이 죄업정화의 최승이 되니"라고 하였다.]

③ [다라니주(陀羅尼呪) 등의] 염송(念誦)에 의지하는 것이니, 백자진언(百字眞言)[279] 등의 특별한 다라니주(陀羅尼呪)를 의궤

대로 염송하는 것이다. 묘비청문경(妙臂請問經)에서 다음과 같이 설하였기 때문이다.

봄날의 마른 숲에 불타는 화염이
쉽사리 우거진 삼림을 태우듯이
염송의 불을 계율의 바람이 지피니
대정진의 불길이 죄업을 태운다.

[그같이 눈 위에 햇살이 작열하면
위광을 못 견디고 녹아 흐르듯이,
계율의 햇살 같은 염송의 불길이
작열하면 죄업의 눈 또한 사라진다.

캄캄한 암흑 속에 등불을 켜면
어두움이 남김없이 사라지듯이,
천세에 쌓은 죄업의 어두움도
염송의 등불이 신속하게 없앤다.

그 또한 죄업이 정화된 상징을 볼 때까지 염송하도록 하라. 상징은 꿈속에서 상한 음식을 토하는 것과 요구르트와 우유 등을 먹음과 토하는 것과 해와 달을 보는 것과 허공을 나는 것과 불이 타오르는 것과 검은 물소와 흑인을 제압하는 것과 비구와 비구니의 대중을 보는 것과 우유가 흘러나오는 나무와 코끼리와 우왕(牛王)과 산과 사자좌와 궁전 위로 올라가는 것과 법을 듣는 것

을 꾸는 것이라고 준제다라니주(準提陀羅尼呪)[280]에서 설하였다.]

④ 존상(尊像)에 의지하는 것이니, 부처님을 신앙해서 불상과 불탑을 조성하는 것과 같은 것이다. [이것은 묘비청문경(妙臂請問經)에서, “깨끗하고 조용한 장소에다, 모래 또는 진흙으로 만든, 선서(善逝)의 사리탑을, 죄업을 정화하기 위해 항상 건립하라”고 하였으며, 또한 “진흙으로 10만 불탑을 건립하라. 또는 물가의 모래로 또한 건립하라. 그 사람은 다른 생에서 지은 그의 어떤 죄업이 소멸한 뒤, 그 사람은 밀주(密呪)의 위력에 의해서 금생의, 현법(現法)에서 밀주의 도과(道果)를 얻는다”고 설함과 같다.]

⑤ 공양에 의지하는 것이니, 부처님과 불탑에 갖가지 모양의 공양을 올림[281]과 같은 것이다. [이것은 지장십륜경(地藏十輪經)에서, “세간들에서 안락과 행복, 그 일체는 삼보의 공양에서 비롯하니, 그러므로 안락과 행복을 원하는 사람은, 삼보의 공양에 항상 정근하라”고 설함과 같다.]

⑥ 명호(名號)에 의지하는 것이니, 부처님과 대보살들의 명호를 낭송[282]하고, 기억해서 지님과 같은 것이다. [이것은 문수진실명경(文殊眞實名經)의 제20송과 21송에서, “대자대비의 마음을 지님으로써, 그대가 유정들의 이락을 위하여, 지혜의 몸 만주쓰리 묘길상(妙吉祥)의, 명호(名號)를 낭송함은 이익이 크도다. 장애를 맑히고 죄업을 멸하는 이것

을, 나 세존으로부터 듣고자 크게 애씀은, 실로 훌륭하도다! 길상한 집금강(執金剛)이여, 그대 금강수여, 진실로 훌륭하도다!"라고 설함과 같다.]

세 번째의 방호대치력(防護對治力)[283]이니, 이후부터는 불선의 악업을 결단코 짓지 않으려는 계심(戒心, sDom sems)을 지니는 것이니, 그와 같은 계심(戒心)이 없다면 죄업의 참회는 단지 언설에 불과하기 때문이다.

네 번째의 소의대치력(所依對治力)[284]이니, 삼보에 귀의함[285]과 보리심을 수습하는 등이다. [보리도차제광론에서, "여기서 흔히 승자(勝者)께서 초업자(初業者)[286]가 죄업을 정화하는 갖가지 문을 설하였을지라도 대치력을 온전히 갖춘 것은 네 가지 대치력[287]인 것이다.]

그렇다면 이 네 가지 대치력으로 죄업을 정화하는 도리가 어떠한 것인가? 하면, 참회하는 자의 힘의 크고 작음과 네 가지 대치력을 갖추고 갖추지 못함과 염원이 강렬하고 강렬하지 못함과 기간의 길고 짧음 등의 문을 통해서 크게 고통 받을 원인이 고통을 작게 받는 원인으로 바뀌거나, 악도에 태어날지라도 고통을 받지 않거나, [현생의] 그 몸에서 단지 머리가 아픈 정도로 정화되거나, 장시간에 걸쳐서 받아야 할 것을 짧은 시간 동안 받는 것 등이니, 일률적으로 정해진 것은 아니다.

네 가지 대치력을 갖춘 참회에 의해서 죄업이 정화[288]된다면, 계경(契經)[비나야경(毘奈耶經)]에서, "몸을 지닌 자들의 업은, 백겁(百劫)에도 또한 소진되지 않는다. [연(緣)이 모이고 때가 도래하면, 그 과보(果報)가 익는다.]"고 설한 것과 어긋나는 것이 아닌가? 라고 하면, 어긋나지 않으니, 그것은 네 가지 대치력과 연계되지 않은 확정된 업의 이숙(異熟)을 염두에 두고 설한 것이기 때문이다.

그렇다면 업의 이숙(異熟)은 "어떤 것에도 또한 귀속되지 않는다"라고 설한 것과 어긋나는 것이 아닌가? 하면, 어긋나지 않으니, 그것은 맹인 등의 이숙이 발현된 것들은 현재의 대치법에 의해서는 물리치기가 어려움을 염두에 두고 설한 것[289]이기 때문이다.

[보리도차제광론에서, "참회와 방호에 의해서 죄업이 남김없이 정화된 상태에 들어가게 할지라도, 처음부터 죄업에 물들지 않은 청정함과 참회해서 정화된 청정함의 둘의 차별은 실로 큰 것이니, 예를 들면, 보살지(菩薩地)에서, '근본타죄(根本墮罪)[290]가 발생한 것을 보살계를 수지해서 능히 환정(還淨)할 수 있을 지라도, 그 생에서는 초지(初地)를 얻지 못한다'고 설함과 같다. 또한 섭연경(攝研經)에서, '세존이시여, 만약 어떤 사람이 나쁜 친구의 영향으로 법을 유기하는 이와 같은 이것을 행하게 되면, 세존이시여, 그 때 거기에서 어떻게 벗어나나이까?' 하고 여쭙자, 세존께서 문수사리동자보살에게 이와 같이 말씀하셨다. '문수

보살이여, 만약 7년 동안 하루에 세 때에 걸쳐서 죄업에 대해서 죄업을 참회하면 그 뒤에 깨끗하게 되나, 그 이후 적어도 10겁(劫) 을 지나서야 인(忍)[가행도(加行道)의 인위(忍位)]을 얻게 된다'고 설함으로써, 죄업이 정화될지라도 또한 그렇게 아무리 빠를지라도 인위(忍位)을 얻는데 10겁(劫)이 필요하다고 설함과 같다고 하였다. 그러므로 남김없이 청정함의 뜻은 마음에 기껍지 않은 결과를 낳은 것을 남김없이 정화한 것이니, 도위(道位)의 깨달음이 발생하는 등이 심히 늦어지게 됨으로써 처음부터 죄업에 물들지 않는 것에 힘쓰도록 하라"고 하였다.]

그렇다면 업의 인과를 사유하는 그것을 얼마동안 닦는 것인가? 라고 하면, 현재는 금생의 일을 우선적으로 행하고, 후생의 일을 부수적으로 행하는 그것을 틀어막고, 후생의 일을 우선적으로 행하고, 금생의 일을 부수적으로 행하는 진실한 마음이 일어날 때까지 닦는 것이다.

4) 윤회하는 삶의 과환(過患)[291]을 사유함

그렇다면 악도의 원인인 불선을 버리고, 선취의 원인인 선업을 닦은 뒤 인천(人天)의 경지를 얻는 것으로 충분한 것이 아닌가? 라고 하면, 그것으로는 충분하지 않으니, 그것 역시 안전한 요새(要塞, bTsan sa)[292]를 잡은 것이 아니니, 윤회의 일체는 고통의 본질인 까닭에 윤회의 고통을 끊어버린 해탈을 성취할 필요가 있기 때문이다.

그러면 [육도의] 윤회의 일체가 고통의 본질이 되는 원인이 어째서인가? 하면, 앞에서 악도의 고통을 통해서 이미 그것을 설한 바이니, 이제 선취의 고통을 사유할 차례이다. 여기에는 인간의 고통을 사유함과 아수라(非天)의 고통을 사유함과 천신의 고통을 사유하는 세 가지가 있다.

(1) 인간의 고통[293]을 사유함

인간에게는 나고 늙고 병들어 죽는 고통과 원수와 만나고, 사랑하는 사람과 헤어지고, 기갈과 한열 따위의 고통이 있으니, 이것은 삼악도에 존재하는 고통과 동분의 괴로움이다. 아사리 세친(世親, dByig gñen)의 대중훈계(大衆訓戒, Tshogs kyi gtam)에서 다음과 같이 설하였다.

악도의 고통들이 남김없이
인간들에게도 있음을 보네.

그 또한 대인(大人)에게는 마음의 고통이, 범부들에겐 몸에서 생겨나는 고통[294]이 있으니, 이 둘이 날마다 괴롭히는 것이다. 아사리 아르야데바(聖天)의 사백론(四百論)에서 다음과 같이 설하였다.

대인에겐 마음의 고통이
약자에겐 몸에서 생긴 고통이,
이들 두 가지의 고통이

날마다 날마다 모여든다.[295]

(2) 아수라(非天)의 고통을 사유함

아수라(阿修羅: 非天)[296]들의 고통[297]에 대해서 아사리 나가르주나(龍樹)의 친우서(親友書)에서 다음과 같이 설하였다.

> 아수라(非天)들 또한 본성적으로 천신의
> 영화를 분노해서 심통(心痛)이 심대하고,
> 그들에게 지혜가 있어도 또한 유정의
> 장애로 인해서 진리를 봄이 있지 않다.

이처럼 아수라들은 자기의 딸에게도 인색할 뿐만 아니라 천신의 원만구족을 질투하는 탓에, 그들과 전쟁하는 일로 말미암아 몸의 사지와 지절이 잘리는 고통을 받는다. 그래서 아수라의 몸에는 진리를 보는 복분이 없는 것이다.

(3) 천신(天神)들의 고통을 사유함

여기에는 욕계(欲界)[298]의 천신(天神)[299]들의 고통과 상계(上界)인 [색계(色界)와 무색계(無色界)의] 고통을 사유하는 두 가지가 있다.

첫 번째는 욕계(欲界)의 천신들의 고통[300]을 사유함이니, 또한 친우서(親友書)에서 다음과 같이 설하였다.

천계(天界)에는 또한 큰 욕락(欲樂)이 있을지라도
그들의 사멸(死滅)의 고통은 그보다 더욱 크도다.
[그같이 사유한 뒤 고귀한 [깨달음이 있는] 이들은
소멸하는 천계의 욕락을 위해 애착하지 않는다.]

이처럼 욕계의 천신들에게 비록 욕락의 큰 즐거움이 있을지라도, 거기에서 사멸하는 5가지 죽음의 징조가 일어날 때 무량한 고통[301]을 받게 된다. 그 5가지 죽음의 징조는 이와 같으니, ①몸빛이 위광을 잃는 신실위광(身失威光)과 ②몸에 장식한 화만(華鬘)이 시드는 화만고위(華鬘枯萎)와 ③자기의 자리를 즐거워하지 않는 불요본좌(不樂本座)와 ④의복이 더러워지는 의복오염(衣服汚染)과 ⑤몸에서 이전에 없던 냄새가 나거나 또는 이전에 없던 땀이 흐르는 신출한구(身出汗垢)의 오쇠상(五衰相)이다. [또한 친우서(親友書)에서 다음과 같이 설하였다.]

[윤회의 세계는 그와 같으니 하늘과
인간과 지옥, 축생과 아귀 세계들에,
태어남은 현선(賢善)한 것이 아니니
태어남은 온갖 해악의 그릇임을 알라.]

두 번째는 상계(上界)인 [색계(色界)[302]와 무색계(無色界)[303]의] 고통을 사유함이니, 색계와 무색계에 태어난 천신들도 고통의 본질에서 벗어나지 못하니, 그들은 불선(不善)을 버림으로써 고통의 감수(感受)가 없을지라도, 또한 번뇌가 남아있고, 사멸하게 되고, 영원히 거주하는 힘을 얻지 못함으로써 고통의 [악취에 태어나야 하는] 취악취(取惡趣, gNas ṅan len)[304]를 지님과 더불어 허공에 쏜 화살이 힘이 다하면 다시 땅에 떨어지듯이, 상계에 태어나게 한 인업(引業)[305]이 다하면 다시 삼악도에 태어나서 고통을 받기 때문이다.

그와 같이 윤회하는 삼계 가운데 어느 곳에 태어나더라도 그곳은 고통의 처소이며, 어느 곳과 작반(作伴)하더라도 또한 고통의 반려가 되고, 무엇을 누릴지라도 또한 고통의 누림에서 벗어나지 못하는 것이다. 그러므로 윤회세계의 전체는 고통의 본질이니 윤회의 고통을 단멸한 해탈을 얻도록 하라.

그리고 윤회의 고통을 끊어버림에는 고통의 원인을 확실하게 인식할 필요가 있는 것이다. 그것이 무엇인가? 하면, 유루(有漏)의 업[306]과 번뇌가 고통의 원인인 것이다. 그 가운데서도 또한 번뇌가 고통의 주된 원인이니, 만약 번뇌가 없다면 비록 업이 있을지라도 또한 윤회세계에 태어남을 취하지 않게 된다. 그것이 있으면 그것의 힘에 의해서 새로운 업을 쌓은 뒤 윤회에 태어나기 때문이다.

그렇다면 그 번뇌를 무엇에 의해서 끊어버리는 것인가? 하면, [계·정·혜의] 삼학(三學)의 수행에 의지해서 그것을 끊어버리는 것이다.

나. 로종(修心)의 본행(本行)

로종(修心)의 본행(本行)인 보리심의 수습이니, 그렇다면 [계·정·혜의] 고귀한 삼학(三學)의 수행에 의지한 뒤, 자기 홀로 해탈을 얻는 것만으로 충분한 것인가? 하면, 그것을 얻으면 또한 윤회의 길상(吉祥, dPal)[307]처럼 다시 [윤회세계에] 돌아오지 않는 것이나, 그렇지만 [붓다의] 단증공덕(斷證功德)[308]의 일부에 지나지 않음으로써, [자리이타(自利利他)의] 두 가지 의리(義利)의 구경에 도달하기 위해서는, 최후에는 대승의 길에 반드시 들어와야 함으로써, 지혜를 지닌 이들은 처음부터서 대승의 길에 들어가야 하며, 대승에 들어가는 문 또한 대승의 마음을 일으키는 것임으로써, 제일 먼저 대승의 발심(發心)[309]을 행하도록 하라.

대승의 발심은 곧 대승에 들어가는 문이니, 비록 삼매와 반야 등의 다른 공덕들이 있지 않을지라도, 대승발심의 온전한 성상(性相)[310]을 마음의 흐름에서 일으키면 대승에 들어가게 되나, 설령 삼매와 반야 등의 갖가지 공덕들이 있을지라도 대승의 발심에서 물러나면 대승에서 물러서기 때문이다. 그러므로 대승의 발심으로 [방편의 선행을] 섭수함으로써 짐승에게 한 주먹의 먹이를 베풀지라도 또한 보살행이 되나, 그것으로 섭수함이 없다면 비록 삼매와 반야와 견수(見修)[311]와 풍·맥·정(風·脈·精)[312] 등을 수행할지라도 또한 보살행이 되지 못한다. 그러므로 대승을 행하고자 하는 이들은 제일 먼저 대보리의 마음을 일으키도록 하라. 여기에는 세속보리심(世俗菩提心)의 수습과 승의보리심(勝義菩提心)의 수습의 두 가지가 있다.

1. 세속보리심(世俗菩提心)[313]의 수습

여기에는 또한 보리심을 일으키는 원인과 보리심을 닦는 차제와 보리심이 발생한 척도와 발심의궤로서 보리심을 수호하는 도리의 넷이 있다.

1) 보리심을 일으키는 원인

보리심을 어떠한 원인에 의지해서 일으키는 것인가? 하면, [아사리 적천보살의] 집학론(集學論)[314]에서 사연(四緣)에 의지해서 일으킴과 사인(四因)에 의지해서 일으킴과 사력(四力)에 의지해서 일으키는 세 가지 도리를 다음과 같이 설하였다.

(1) 사연(四緣)에 의지해서 보리심을 일으킴

① 불보살님들의 수승한 위신력(威神力)을 자기가 직접 보고 들은 것에 의지해서, "나 또한 그와 같은 것을 얻는다면" 라고 생각한 뒤 대승의 보리심을 일으키는 것[315]이다.

[예를 들면, 유가사지론(瑜伽師地論)의 보살지(菩薩地)에서, "어

떤 선남자 또는 선여인이 여래나 또는 보살의 신변(神變)과 위신력(威神力)이 불가사의하고 희유함을 보거나 또는 믿는 자로부터 들음 또한 좋으니, 그가 보거나 또는 들은 뒤에 이와 같이 사유하되, '아, 놀라워라! 그에게 존재하거나 또는 들어있는 그와 같은 위신력과 그와 같은 신변을 보고 들은 바의 그 보리는 대위력(大威力)인 것이다'라고 생각한 뒤, 그 위신력을 보고 들은 그것에 의거해서 대보리를 신해하고 대보리 얻고자 보리심을 일으키는 이것이 발심의 첫 번째 연(緣)이다"라고 하였다.]

② 그와 같은 것이 없을지라도 또한 [위없는 보리의] 법장(法藏)들을 청문함으로 말미암아 붓다의 공덕을 들은 뒤 보리심을 일으키는 것[316]이다.

[예를 들면, 유가사지론(瑜伽師地論)의 보살지(菩薩地)에서, "그가 그와 같은 위신력을 보거나 또는 들은 바가 없을지라도 또한 위없는 정등각으로 기인해서, 보리의 장경(藏經)을 연설하면 정법을 청문하리라. 청문한 뒤에 또한 진실로 믿으리라. 진실로 믿은 뒤에 또한 정법을 청문한 것을 의거해서 여래의 지혜를 숭모하고, 여래의 지혜를 얻기 위해서 대보리를 신해하고, 대보리를 위해서 보리심을 일으키는 이것이 발심의 두 번째 연(緣)이다"라고 하였다.]

③ 그와 같은 것이 없을지라도 또한 대승의 교법이 쇠퇴하는 것을 견디지 못한 뒤, [대승의 정법을 호지하기 위해

서] 보리심을 일으키는 것[317]이다.

[예를 들면, 유가사지론(瑜伽師地論)의 보살지(菩薩地)에서, "그가 법을 들은 바가 없을지라도 또한 보살의 정법이 쇠퇴하는 것을 보게 되고, 보고 난 뒤에 또한 이와 같이 사유하되, '아, 슬프도다! 보살의 법이 잘 머무르는 것은 무량한 유정들이 고통을 소멸하는 것이니, 나는 이와 같이, 이들 유정들의 고통을 소멸하기 위해서 보살의 정법이 장구히 머물게 하는 목적으로 보리심을 일으키는 것에 추호의 의심도 없다'라고 생각한 뒤, 그가 정법을 호지함을 의거해서 여래의 지혜를 숭모하고, 여래의 지혜를 얻기 위해서 대보리를 신해하고, 대보리를 위해서 보리심을 일으키는 이것이 발심의 세 번째 연(緣)이다"라고 하였다.]

④ 그와 같은 것이 없을지라도 또한 성문과 연각의 보리를 위해서 발심하는 것 또한 희귀하다면, "대보리를 위해서 보리심을 일으키는 것은 더 한층 희귀하다"라고 사유한 뒤, 희유한 생각에 의해서 보리심을 일으키는 것[318]이다.

[예를 들면, 유가사지론(瑜伽師地論)의 보살지(菩薩地)에서, "그가 정법이 쇠퇴함이 가까워짐을 본 바가 없을지라도 또한 말겁(末劫)의 오탁(五濁)의 시절이 도래할 때, 악세의 유정들의 몸에는 이와 같이 10가지의 수번뇌(隨煩惱)가 치성하니, ①어리석음이 강성하고, ②무참(無慚)과 무괴(無愧)가 강성하고, ③질투와 인색함이 강성하고, ④고통이 강성하고, ⑤몸·말·뜻의 조중(粗重)이 강

성하고, ⑥번뇌가 강성하고, ⑦죄를 지음이 강성하고, ⑧방일(放逸)함이 강성하고, ⑨해태(懈怠)함이 강성하고, ⑩불신(不信)이 강성한 것들로 번뇌하는 것을 본다. 그것을 본 뒤에 또한 이와 같이 사유하되, '아, 슬프도다! 이 오탁의 시대가 출현함에 의해서 〈대보리가〉 없도다. 수번뇌가 강성한 이 시절에는 성문과 연각의 하열한 보리를 위해서 발심하는 것조차 쉽지가 않으니, 위없는 보리를 위해서 발심하는 것은 더 말할 필요가 없다. 일단 내가 보리심을 일으키고 그들 또한 이와 같이 나의 뒤를 따라 배우게 하고, 타인들 또한 보리심을 일으키게 하리라'고 생각한 뒤, 그가 말겁의 시절에는 보리심을 일으킴을 얻기 어려움에 의거해서 대보리를 신해하고, 대보리를 위해서 보리심을 일으키는 이것이 발심의 네 번째 연(緣)이다"라고 하였다.]

⑵ 사인(四因)에 의지해서 보리심을 일으킴[319]

① 대승의 종성(種姓)이 각성됨[320]에 의해서 대승의 보리심을 일으키는 것이다. [유가사지론(瑜伽師地論)의 보살지(菩薩地)에서, "종성이 원만함은 보살의 발심의 첫 번째 인(因)이다"라고 하였다.]

[이 뜻을 좀 더 설명하면, 람림첸모챈시닥(菩提道次第廣論四家合註)에서, "〈모든 유정들을 어머니로 인식하고 있는 상태에서 그 고통을 저버림은 붓다의 종성이 마땅히 행할 바가 아님이니〉 그와 같이 자기 자신이 윤회의 고해에 떨어짐과 같이 모든 중

생들 또한 버리고 취함을 분별하는 지혜의 눈이 감겨서 괴로움을 여읜 안락한 곳으로 가지 못한 채 비틀거리는 것을 보고서, 붓다의 종성을 지닌 이들이 타인을 가엽게 여김이 없음과 그들의 이락을 위해서 정근하지 않는 것은 도리가 아니니"라고 함과 같다.]

② 선지식의 온전한 섭수(攝受)에 의해서 대승의 보리심을 일으키는 것이다. [유가사지론(瑜伽師地論)의 보살지(菩薩地)에서, "불보살님과 선지식의 온전한 섭수는 보살의 발심의 두 번째 인(因)이다"라고 하였다.]

③ 유정을 소연하는 비심(悲心)에 의해서 대승의 보리심을 일으키는 것이다. [유가사지론(瑜伽師地論)의 보살지(菩薩地)에서, "유정들을 가엾게 여김은 보살의 발심의 세 번째 인(因)이다"라고 하였다.]

④ 이타의 난행을 싫증내지 않는 마음에 의지해서 대승의 보리심을 일으키는 것이다. [유가사지론(瑜伽師地論)의 보살지(菩薩地)에서, "윤회의 고통과 난행의 고통이 장시간 갖가지 사나운 모양으로 장애할지라도 또한 그것을 두려워하지 않음은 보살의 발심의 네 번째 인(因)이다"라고 하였다.]

⑶ 사력(四力)에 의지해서 보리심을 일으킴

① [자력(自力)이니,] 자기의 힘으로 성불하는 마음을 일으키는 자력(自力)으로 보리심을 일으키는 것이다. [유가사지론(瑜伽師地論)의 보살지(菩薩地)에서, “내력(內力)은 자력에 의해서 위없는 정등각을 원하는 어떤 그것을 보살의 보리를 위해서 발심하는 내력이라 한다”라고 하였다.]

② [타력(他力)이니,] 선지식의 힘에 의해서 성불을 원하는 마음을 일으키는 타력(他力)으로 보리심을 일으키는 것이다. [유가사지론(瑜伽師地論)의 보살지(菩薩地)에서, “타력(他力)은 타인의 힘에 의해서 위없는 정등각을 원함을 일으키는 어떤 그것을 보살의 보리를 위해서 발심하는 타력이라 한다”라고 하였다.]

③ [원인력(原因力)이니,] 전생에 가행(加行)을 닦은 힘에 의해서 보리심을 일으키는 [전생에 보리심을 수습한] 원인의 힘에 의해서 대승의 보리심을 일으키는 것이다. [유가사지론(瑜伽師地論)의 보살지(菩薩地)에서, “원인력(原因力)은 과거생에 대승의 선법(善法)을 수습함으로써 현주하는 불보살님을 단지 친견하거나 또는 그들을 찬탄하는 것을 단지 듣는 것만으로써 또한 신속하게 발심을 하게 되면, 정법을 듣거나 또는 위신력을 보는 것은 더 말할 필요가 없는 것이니, 그것을 보살의 보리를 위해서 발심하는 원인의

힘이라 한다"라고 하였다.]

④ [가행력(加行力)이니,] 금생에서 닦고 익힌 힘에 의해서 보리심을 일으키는 [금생의] 가행(加行)의 힘에 의해서 대승의 보리심을 일으키는 것이다. [유가사지론(瑜伽師地論)의 보살지(菩薩地)에서, "가행력(加行力)은 이생에서 참된 스승을 의지하고, 정법을 청문하고, 사유하는 등의 선법(善法)을 장시간 수습한 어떤 그것을 보살의 보리를 위해서 발심하는 가행의 힘이라 한다"라고 하였다.]

2) 보리심을 닦는 차제

이 보리심을 실제로 수습하는 차제에는 [아띠쌰 존자가 전승하는] 인과칠결(因果七訣, rGyu ḥbras man ṅag bdun ma)[321]로 마음을 닦는 문을 통해서 보리심을 일으키는 것과 [아사리 적천보살의] 자타상환(自他相換, bDag gshan brje ba)의 차제로 마음을 닦는 문을 통해서 보리심을 일으키는 법의 두 가지가 있다.

(1) 인과칠결(因果七訣)로 보리심을 닦는 법

인과의 칠결(七訣)은 ①모든 유정들을 어머니로 인식하고, ②은혜를 기억하고, ③은혜를 갚고, ④사랑하는 모습의 대자(大慈)와, ⑤대비(大悲)와, ⑥증상의요(增上意樂)와, ⑦발보리심이니, 이것에 의지해서 위없는 보리를 성취[322]한다.

여기에는 [인과칠결의] 차제에 확신을 일으킴과 실제로 차제대로 수습하는 둘[323]이 있다.

첫째, [인과칠결의] 차제에 확신을 일으킴이니, 여기에도 대비가 대승도의 근본임을 설함과 다른 여섯 가지는 그것의 원인과 결과가 되는 도리이다.

가) 대비가 대승도(大乘道)의 근본임을 보임

대승의 길에서 대비는 처음 [단계]에서도 중요하니, 모든 유정들을 윤회의 고통에서 건지려는 큰 짐을 지는 것은 대비에 의뢰하는 것이니, 그와 같은 짐을 지는 것도 그것이 없다면 대승에 들어오지 못하기 때문이다. 대비가 대승의 뿌리라는 주장은 합당하니, 대비의 힘에 의해서 "모든 유정들을 윤회에서 구제하리라!"는 다짐이 일어나니, 대비가 견실하지 못하면 그와 같은 서언이 일어나지 않기 때문이다. 그와 같이 무진의경(無盡意經)에서, "보살의 대비는 대승을 바르게 성취하는 [앞에서 인도하는] 선도(先導)이다"라고 하였으며, 또한 가야경(伽倻經)에서, "문수보살이여, 보살들의 행위의 시작은 대비이다"라고 설하였기 때문이다.

대비는 대승의 길에서 중간에서도 중요하니, 대비의 힘에 의해서 한 차례 [마음을 일으켜서] 중생의 구제를 서약할지라도 또한, 중간단계에서 대비를 거듭해서 닦지 않는다면, 유정은 무수하고 행위가 조악하고, 보살의 학처(學處) 또한 무수하고 행하기 어렵고 장시간 행해야 함으로써 마음이 위축되어 소승에 떨어지게 되나, 대비를 거듭해서 닦게 되면 자기의 고락을 돌아보지 않고, 이타의 난행을 두려워하지 않음으로써 [대보리의] 자량을 어려움 없이 원만하게 성취하기 때문[324]이다.

대비는 대승의 길에서 마지막 [단계]에서도 중요하니, 한번 붓다의 지위를 얻을 지라도 또한 대비를 여의게 되면 성문·연각과 같이 적멸의 변제에 떨어지게 되나, 대비의 힘에 의해서 윤회세계가 비어서 없어질 때까지 이타의 사업이 단절됨이 없이 발생하기 때문[325]이다.

그러므로 대비는 대승의 길의 근본이니, 바깥의 농사도 맨 처음 중요한 것은 종자이고, 중간에 중요한 것은 물이고, 마지막에 중요한 것이 곡식의 익음과 같이 대비 또한 대승의 길에 처음과 중간과 마지막 단계의 셋에 중요하기 때문이다. 그와 같이 또한 [아사리 짠드라끼르띠(月稱)의] 입중론(入中論)에서, "왜냐하면 비민(悲愍)은 붓다의 원만한 수확 이것의, 종자와 성장시키는 데 물과 같고 장시간, 수용처(受用處)를 성숙시킴과 같은 것으로 승인하니, 그러므로 나는 먼저 대비를 찬탄한다"라고 설[326]하였다.

나) [대비 이외의] 다른 것은 대비의 원인과 결과가 되는 도리

모든 유정들을 어머니로 인식한 뒤, [은혜를 기억하고, 은혜를 갚고] 사랑하는 자애에 이르기까지 넷이 대비를 일으키는 원인이 되고, 증상의요(增上意樂)와 발보리심의 둘이 결과가 되는 도리이다.

첫 번째, 네 가지 요소가 대비를 일으키는 원인이 됨

유정들의 고통을 거듭해서 사유함으로써 또한 대비(大悲)를 능히 일으킬지라도, 일으키기 쉽고 강력하고 견고하게 일으키는 데는 유정을 사랑하는 모습의 자애를 수습함이 필요하다. 현재 원수가 괴로워함을 보는 것을 견디지 못함이 없을 지라도 그 위에 즐거움을 일으킴과 원수와 친족이 아닌 제삼자가 괴로워하는 것을 보면 즐거워함이 없을지라도 대체로 방치하는 것은 사랑하는 마음이 없는 결과이다.

친우가 괴로워하는 것을 보면 못 견디는 마음을 일으키고, 그 또한 극도로 사랑하는 마음에 못 견디는 마음 또한 강렬하게 일으키는 까닭에, 그러므로 유정을 친족으로 수습함은 사랑하는 모습의 대자를 일으키기 위함인 것이다. 최고의 친족은 또한 어머니인 까닭에 모든 유정들을 어머니로 인식함으로 말미암아 그 은혜를 기억하고, 그로부터 은혜를 보답하고, 그로부터 사랑하는 자애와 그로부터 유정의 괴로움을 참지 못하는 대비(大悲)[327]가 일어나는 것이다.

두 번째, 증상의요(增上意樂)와 발보리심이 결과가 되는 도리

증상의요(增上意樂)[328]와 발보리심의 둘이 결과가 되는 도리이니, 어떤 스승들은 말하길, "대비와 발보리심의 중간에 증상의요의 수습은 불필요한 것이다. 유정들이 고통을 여의길 염원하는 대비를 수습함으로부터 발심이 일어나기 때문이다"라고 하지만, 그 둘 중간에 증상의요를 수습함이 필요[329]하니, 유정들이 고통을 여의길 염원하는 대비가 있을지라도 또한, "모든 유정들이 고통을 여의는 그것을 내가 행하리라!"고 하는 큰 짐을 자신이 짊어지고자 하는 증상의요가 없다면 발심 그것이 일어나지 않기 때문이다.

그렇다면 증상의요를 어떻게 수습하는가? 하면, 모든 유정들이 안락을 지니고, 고통을 여의게 하는 그것을 자기가 마땅히 행하는 것이다. 모든 유정들이 무시이래로 나의 어머니가 되어주었고, 그 또한 반복해서 어머니가 되어주었다. 언제나 어머니가 되어주었고 번갈아 가면서 나에게 이익을 주고 해악에서 나를 지켜준 은인이기 때문이다.

그렇다면, "내가 모든 유정들의 이익을 능히 행할 수 있는가?"라고 한다면, 지금 나의 이 몸으로는 단지 한 유정의 이익조차도 여실하게 행할 수 없는데 모든 유정들의 이익을 행한다는 것은 더 말할 필요가 없는 것이다. 그 뿐만 아니라, 자기의 이익 또한 여실하게 행하지 못하는데 타인의 이익은 더 말할 필요가 없는 것이다. 그 뿐만 아니라, 성문과 연각의 아라한들 또한 소수의 유정만을 해탈의 안락에 안치할 수 있을지라도 그 역시 단증공덕(斷證功德)이 일부에 지나지 않기 때문에 모든 유정들을 일체지자(一切智者)의 경지에 능히 들여놓지 못하는 것이다.

그렇다면, "누가 모든 유정들의 이익을 능히 행할 수 있는가?"라고 한다면, 정등각불의 경지를 얻은 뒤에야 모든 유정들의 이익을 능히 행할 수 있는 것이니, 그가 모든 [윤회의] 과실을 끊어버리고, 모든 [해탈의] 공덕을 지님으로써 단지 한 줄기 빛을 발산하고, 단지 하나의 신통을 현시하고, 단지 하나의 법을 설하는 것으로도 또한 무량한 유정들을 성숙해탈의 길로 능히 안치할 수 있기 때문이다. 그러므로 나는 모든 유정들의 이익을 위해서 정등각불의 경지를 얻으리라고 발심하는 것이다.

둘째, [인과칠결(因果七訣)을] 실제로 차제대로 수습하기

실제로 인과칠결(因果七訣)을 차례대로 닦는 여기에는 타인의 이익을 희구하는 마음의 수습과 대보리를 희구하는 마음의 수습과 수습의 결과인 발보리심을 인식하는 셋이 있다.

가) 타인의 이익을 희구하는 이타심(利他心)의 수습

여기에도 타인의 이익을 희구하는 마음이 일어나는 터전의 수습과 그 이타심을 일으키는 실제의 둘이 있다.

(가) 이타심이 일어나는 터전의 수습

여기에도 모든 유정들에 대하여 [친소의 차별이 없는] 평등한 마음을 수습함과 모든 유정들을 사랑하는 모양을 수습하는 둘이 있다.

첫 번째, 모든 유정들에 대하여 [친소의 차별이 없는] 평등한 마음을 수습함

모든 유정들이 안락을 지니고, 고통을 여의기를 원하는 자비가 일어나기 위해서는 먼저 탐애와 성냄에 의해서 유정을 차별하는 그 마음을 버리는 것이 필요하다. 만약 그것을 버리지 않는다면 자애와 비민이 편사에 떨어짐으로써, 편사가 없이 평등하게 모든 유정들을 소연하는 자비가 일어나지 않기 때문이다.

여기서 평등[평사(平捨)[330)]]의 본질은 [행사(行捨)와 수사(受捨)와 사무량(捨無量)의] 셋이 있는 가운데 여기서는 사무량(捨無量)이니, 그러므로 유정의 입장에서 일체가 평등함과 자기의 입장에서 일체가 평등함의 둘 가운데 후자를 닦는 것이다.

또한 수습하는 법은 이와 같으니, 모든 유정들에 대하여 친소가 없는 평등한 마음을 닦는 것이다. 유정의 입장에서는 모두가 안락을 원하고 고통을 원치 않음이 동일하고, 자기의 입장에서는 모든 유정들이 무시이래로 내 어머니가 되어주었고, 그 또한 반복해서 어머니가 되어주었다. 언제나 어머니가 되어주었고 번갈아 가면서 나에게 이익을 주고 해악에서 나를 지켜준 은인으로서는 같기 때문이다. 특별히 원수와 친족인 것을 원인으로 해서 편애하고 성내는 차별을 마땅히 버려야 하니, 원수와 친족 또한 일향으로 정해진 것이 아니기 때문이다.

또한 수습하는 차제는 이와 같으니, 처음에는 원수와 친족의 어느 쪽도 아닌 제삼자에 대해서 닦는다. 그것을 닦고 난 뒤에 자기의 어머니 등을 비롯한 친우들에 대해서 닦는다. 그 뒤에 원수에 대해서 닦는다. 그 뒤에 점차로 모든 유정들에 대해서 닦도록 한다.

두 번째, 모든 유정들을 사랑하는 모양을 수습하기

모든 유정들을 사랑하는 모양을 닦는 여기에는 어머니로 인식함과 은혜를 기억함과 은혜를 갚음을 닦는 셋이 있다.

① 모든 유정들을 어머니로 인식하기

이것은 모든 유정들이 무시이래로 내 어머니가 되어주었고, 그 또한 반복해서 어머니가 되어주었다. 대저 윤회에는 시초가 없음으로써 나의 나고 죽음에도 또한 시초가 없다. "그것이 없음으로써 이 몸을 받지 않음"이라 함과 "이 땅에 태어나지 않음이 없음"이라는 것을 부처님 또한 보지 못하기 때문이다. 이와 같이 경(經)에서도 또한, "과거 아득한 세월 이전부터 어떤 곳에 그대가, 나지 않고 가지 않고 죽지 않은 그 땅을 나는 보기가 어렵다. 아득한 세월 이전부터 어떤 유정이 그대의 아버지 또는 어머니 또는 형제 또는 자매 또는 아사리 또는 친교사 또는 스승의 위치 따위가 되지 않은 그것을 나는 보기가 어렵다"라고 설[331]하였다.

② 어머니의 은혜를 기억하기

이것은 처음 자기 친어머니를 소연해서 닦으면 은혜를 기억함이 일어나기 쉽다고 설함으로써, 처음 자기 친어머니를 자기의 전면의 허공에 그 모습을 명료하게 생기해서 소연한 뒤 다음과 같이 닦는다.

"나의 어머니는 무시이래로 내 어머니가 되어주셨고, 그 또한 반복해서 어머니가 되어주셨다. 언제나 어머니가 되어주셨고 번갈아 가면서 나에게 이익을 주고 해악에서 나를 지켜주셨다. 특별히 이생에서는 나를 자궁 안에서 오랫동안 품어주시니, 격하게 뛰거나 달리거나 무거운 짐을 지거나 아주 뜨겁고 차가운 음식을 먹게 되면 자궁에 있는 나에게 해롭지 않을까? 의심한 뒤, 삼가 하는 등의 각별한 사랑으로 지켜주셨다. 특히 모태에서 나올 때 노란 솜털이 냉기에 곧추선 벌레 같은 모양으로 존재할 때, 열손가락 끝으로 조심스럽게 받아낸 뒤 따뜻한 살에다 품어주고, 음식을 씹어서 입에 넣어주고, 콧물과 똥오줌을 손으로 닦아서 치워주고, 그 뒤 말귀를 알아듣는 것을 기뻐하고, 배고프고 목마를 땐 먹고 마실 것과 추울 땐 따뜻한 옷을 주시고, 가난할 땐 악담과 고락을 돌보지 않고 자신도 쓰지 못한 채 모아놓은 재물들을 아낌없이 베풀었다.

특별히 나에게 금생에서 가만(暇滿)의 몸을 주신 뒤 불법을 만나게 하고, 문(聞)·사(思)·수(修)의 세 문을 통해서 해탈과 일체지자의 도를 능히 수행하는 복분을 지니게 하시고, 내가 아프고 하는 등이 생길 때 자식이 아픈 것보다 자신이 아프기를, 자식이 죽는 것보다 자신이 죽기를, 자식이 괴로워하는 것보다 자신이 괴롭기를 택하고, 자식이 당하지 않는 등의 방법을 찾기 위해 노력하는 갖가지 문을 통해서 자식을 사랑함으로써, 은혜가 지중함을 생각해서 은혜를 기억함을 닦는다.

어머니의 은혜를 기억하는 진실한 마음이 일어날 때 아버지 등의 친족과 친우 등을 [이와 같은 방식으로] 닦는다.

그것을 닦고 난 뒤에 원수 등에 대해서 [이와 같은 방식으로] 닦고, 그것을 닦은 뒤에 제삼자를 닦고, 그 뒤에 점차로 모든 유정들을 대상으로 해서 닦는다."

③ 어머니의 은혜를 갚기[332)]

나고 죽고 전이(轉移)함으로써 단지 알아보지 못하는 것을 제외하고는 무시이래로 반복해서 어머니가 된 뒤에 나를 지켜주신 은혜로운 어머니로 이제 구호해줄 귀의처도 없는 그들을 버린 뒤에 자기 혼자 해탈한다면 이보다 더 큰 부끄러움[333]이 없으니, [아사리 짠드리고미(皎月)의] 제자서(弟子書, Slob ma la spriṅs pa)에서 다음과 같이 설하였다,

> 사랑하는 친족들이 윤회의 바다 속에 들어가니
> 생사의 소용돌이 속에 떨어짐과 같은 상태에서,
> 나고 죽고 전이해서 단지 알지 못할 뿐인 이들을 버린 뒤
> 만약 자기 혼자 해탈한다면 이보다 더 부끄러운 일이 없다.[334]

그러므로 은혜로운 어머니를 버리는 것이 하천한 부류에도 또한 옳지가 않다면 [대승의 길을 가는 보살의] 나의 도리와 어찌 부합하겠는가? 라고 사유한 뒤, 어머니의 은혜를 갚음이 마땅한 것이다.

그렇다면 어떻게 은혜를 갚는 것[335]인가? 하면, 무시이래로 어머니가 되었던 유정들이 윤회의 안락의 열매를 그만큼 누릴지라도 또한 그것이 속이지 않음이[336] 없으니, 해탈과 열반의 경지에 안치하도록 하리라! 그 또한 바다와 수미산은 큰 짐이 아니니, 은혜를 갚지 않는 짐이 더 무거우며, 은혜를 알고 보은하는 것을 지자들이 크게 찬탄한 바이니, 용왕고음송(龍王鼓音頌)에서 다음과 같이 설하였다.

바다와 수미산과 땅들은
나의 짐이 아니고,
보은하지 않는 그것이
나의 큰 짐인 것이다.

어떤 이가 마음이 미개하지 않아[337)]
은혜를 알고 보은을 알아,
은혜가 헛되지 않게 하는
그것을 지자는 크게 찬탄한다.

(나) 실제로 이타심을 일으키기

여기에는 자애(慈愛)를 희구하고, 대비를 희구하고, 증상의요(增上意樂)를 희구하는 마음을 닦는 셋이 있다.

첫 번째, 자애를 희구하는 마음을 닦기

이것은 "자애(慈愛)의 대상인 안락을 상실한 이 유정들이 안락을 지닌다면 [얼마나 좋을까?] 이들이 안락을 지니게 하소서! 이들이 안락을 지니게 하리라!"라고 생각하는 모양인 것이다.

자애를 닦는 공덕이니, 이것은 삼마지왕경(三摩地王經)에서 다음과 같이 설하였다.

천만 나유타 빈파라(頻婆羅)[338]의 정토에서
갖가지 있는 바 모든 무량한 공양물들로,
성자들께 날마다 항상 공양하는 [그 공덕조차도]
자애 [닦는 공덕의] 수량의 일분에도 미치지 못한다.

[자애를 닦는 이것이 "극히 광대한 재물들로 국토의 구경인 정토에 항상 언제나 공양을 올리는 것보다 복덕이 훨씬 더 큰 것임을 설함이다"라고 보리도차제광론에서 설하였다.]

또한 경(經)[문수사리장엄불토경(文殊師利莊嚴佛土經)]에서도, "동북간에 대자재왕불(大自在王佛)의 세간계의 유정들은 멸진정(滅盡定)에 들어간 안락을 지니고, 그 국토에서 십만구지(十萬俱胝)의 동안 청정한 범행(梵行)을 행하는 것보다, 이 국토에서 최저 손가락을 튕기는 짧은 시간 동안 자애삼매(慈愛三昧)를 닦으면 그보다 더 복덕이 크게 증장[339]한다"라고 설하였다.

또한 [아사리 용수보살의] 보만론(寶鬘論)에서도 자애를 닦는 사람을 하늘과 인간이 기뻐하고, 크게 수호하는 등의 이익을 설하였다. [이것은 축약된 것으로 같은 책의 제83, 84, 85송에서 다음과 같이 설하였다.

삼백 개 소관반찬(小罐飯饌)[340]을
날마다 세 때에 보시를 하여도,
잠시 잠간[341] 동안 자애를 [닦은]

복덕의 일부에도 미치지 못한다.

하늘과 사람이 자애로워지고
[아수라] 그들 또한 수호하고,
마음이 안락하고 안락이 많고
독물과 무기가 해치지 못한다.

애씀 없이 일을 성취하고
범천의 세계에 태어나고,
설령 해탈하지 못하여도
여덟 자애의 법[342]을 얻는다.

자애가 있으면 하늘과 사람이 자애롭고, 자연적으로 모여드니, 부처님 또한 마군들을 자애의 힘으로 굴복시킴으로써 최상의 수호가 되는 따위들이다.]

자애를 닦는 차제[343]이니, 처음 자기의 어머니에 대해서 자애를 닦고, 그것이 닦아진 뒤에는 아버지 등의 친족과 친우에 대해서 닦고, 그 뒤 제삼자에 대해서 닦고, 그 뒤 작은 원수와 중간과 큰 원수에 대해서 차례로 자애를 닦는다. 그 뒤 모든 유정들에 대해서 [한쪽 방향에서 시작해서] 차례로 전체로 넓혀서 자애를 닦는다.

자애를 닦는 도리이니, 사랑하는 은인인 어머니들이 안락이 상실된 도리를 사유한 뒤, "이 유정들이 안락을 지닌다면 [얼마나 좋을까?] 이들이 안락을 지니게 하소서! 이들이 안락을 지니게 하리라!"라고 생각하는 자애를 닦는다.

자애의 마음이 일어난 기준이니, 어머니에게 어린 외아들이 안락하길 바라는 마음이 저절로 일어남과 같이, 모든 유정들이 안락을 지니길 원하는 마음이 저절로 일어나는 것이다.

두 번째, 대비를 희구하는 마음을 닦기[344)]

여기서 대비의 대상은 고통에 핍박을 당하는 유정들이다. 대비의 모양은 이 유정들이 고통을 여읜다면 [얼마나 좋을까?] 이들이 고통을 여의게 하소서! 이들이 고통을 여의게 하리라!" 고 생각하는 것이다.

대비를 닦는 공덕은 앞서와 같고, 대비를 닦는 차제도 또한 앞서와 같다.

[이 뜻을 좀 더 설명하면, 보리도차제광론에서 이렇게 차제대로 닦는 중요성에 대하여, "그와 같이 평사(平捨: 平等)와 자애와 대비를 각각의 대상으로 구분한 뒤 차례로 닦는 이것은 아비달마경(阿毘達磨經)을 수순해서 아사리 까말라씰라(蓮花戒)가 서술한 것으로 이것은 극히 중요한 것이다. 만약 별개로 구분함이 없이 처음부터 그 전체를 소연한 뒤 닦아서 유사한 [평사·자애·대

비]가 발생함이 있을지라도 그 하나하나를 사유하게 되면 어느 것도 제대로 일어난 것이 없으니, 그 하나하나에 마음이 전변하는 증험을 앞에서 설명함과 같이 제시한 뒤 점차로 크게 증대시키고, 마지막에 전체를 소연해서 배양하면 전체와 각각의 어떤 것을 소연할지라도 진실하게 일어나기 때문이다"라고 설하였다.]

대비를 닦는 도리[345]이니, 유정들이 고통에 핍박을 당하는 도리를 사유한 뒤, "이 유정들이 고통을 여읜다면 [얼마나 좋을까?] 이들이 고통을 여의게 하소서! 이들이 고통을 여의게 하리라!"고 생각하는 대비를 닦는다.

[이 뜻을 좀 더 설명하면, 보리도차제광론에서 대비를 닦는 도리에 있어서 간과해서 안 되는 점에 대하여, "자기의 분상에서 [어머니가 되었던 모든 유정] 그들을 사유하면 출리의 마음이 일어나는 원인이 되고, 타인의 분상에서 사유하면 대비가 일어나는 원인이 된다. 그렇지만 먼저 자기의 분상에서 행해지지 않으면 [대비를 일으키는 의취의] 핵심에 도달하는 대비가 일어나지 않는다. 이것들은 단지 언급에 지나지 않으니, 보살지(菩薩地)에서 대비의 소연으로 110가지의 고통[346]을 널리 설한 것을 강한 의지력을 지닌 자들은 닦도록 하라. 그 또한 고제(苦諦)를 현증[347]하고, 구경에 달한 성문이 염리심(厭離心)으로 고통을 본 것에 비하여 보살이 대비를 수습함으로써 고통에 대하여 사유함이 더 많다고 설하였다"고 하였다.]

대비가 일어난 기준이니, 어머니가 어린 외아들이 아프면 고통을 여의길 원하는 마음이 저절로 일어남과 같이, 모든 유정들이 고통을 여의길 원하는 마음이 저절로 일어나는 것이다.

[이 뜻을 좀 더 설명하면, 보리도차제광론에서 대비가 일어난 기준에 대하여, "수습차제상편(修習次第上篇)에서, '어느 때 사랑하는 자식의 아픔처럼 모든 유정들의 고통을 뿌리 뽑길 원하는 연민의 마음이 저절로 솟아나서 자신과 한 몸이 되어 약동할 때, 비로소 대비(大悲)가 완성된 것이자, 대비라는 이름을 또한 얻게 되는 것이다'라고 하였다. 가장 사랑하는 어린 자식이 아프면 그 어머니에게 연민이 일어나는 그 만큼의 심량(心量)으로 모든 유정들에 대하여 연민이 저절로 일어나면 대비의 성상(性相)을 갖춘 것으로 설하였다. 이것은 대자(大慈)가 일어난 기준임을 또한 알도록 하라. 그와 같이 대비를 수습한 힘으로써 모든 유정들을 남김없이 다 건지려는 서원을 세우게 되면, 무상정등각을 희구하는 원심(願心)의 본성에 의해서 보리심이 애써 독려하지 않아도 자연히 발생하게 된다"고 설하였다.]

세 번째, 증상의요(增上意樂)를 희구하는 마음 닦기[348)]

이것은 안락을 상실하고, 고통에 핍박을 당하는 유정들을 소연하여, "이들이 안락을 지니게 하라! 이들이 고통을 여의게 하리라!"라고 생각하는 모양을 닦는 것이다.

[이 뜻을 좀 더 설명하면, 보리도차제광론에서 증상의요를 닦는 마음에 대하여, "그와 같이 자애와 대비를 수습한 끝에 '아! 어여쁘고 사랑스러운 이들 유정들이 이와 같이 안락을 상실하고, 고통에 핍박을 당한다면 어떻게 이들이 안락을 만나고 고통에서 벗어나게 해야 하는가?'라고 생각하고, 그들을 구제하는 책무를 짊어지고, 최소한 말로서라도 또한 마음을 닦는다. 이것은 은혜의 갚음을 닦는 단계에서 또한 약간 일어난 바이지만 또한 여기서 설한 것은, '안락과 만난다면 고통을 여읜다면 [얼마나 좋을까?]' 생각하는 자비만으로는 충분하지 않고, '내가 유정들의 이익과 안락을 이루리라!'라고 하는 생각을 불러오는 자애와 연민을 일으키는 것이 필요함을 가리키기 때문이다"라고 설하였다.]

나) 대보리를 희구하는 마음 닦기

내가 모든 유정들의 이익을 반드시 이루기 위해서는 붓다가 되는 것 외에는 성취가 불가능한 것임을 본 뒤, "내가 모든 유정들의 이익을 위해서 정등각불의 경지를 얻으리라!"고 하는 생각에서 보리심을 일으키는 것일지라도, 붓다의 몸·말·뜻·사업의 공덕을 사유해서 믿음을 일으킨 뒤 성불을 희구하는 마음을 일으키고, 구경의 자리(自利)를 얻음에는 반드시 붓다를 얻음이 필요한 것임을 본 뒤, 성불을 희구하는 마음을 일으키는 것이다.

[이 뜻을 좀 더 설명하면, 보리도차제광론에서, "보리를 희구하는 마음을 닦는 것이 앞에서 설한 차제에 의해서 다다른 바는 타인의 이익을 위함에도 보리가 없이는 안 되는 것임을 본 뒤, 그것을 얻으려는 희원을 일으킴이 또한 당연한 것 일지라도 그렇지만 그 정도로는 충분하지 않으니, 앞서의 귀의의 단계에서 설한 바와 같이 붓다의 몸·말·뜻과 사업의 공덕을 사유함을 통해서 먼저 믿음을 힘껏 일으킨다. 그 뒤 믿음이 희원의 의지처가 되게 하라고 설함으로써, 그 공덕들을 진심으로 얻으려는 희원을 일으킨다. 자리(自利)도 또한 일체지자를 얻음이 없이는 안 된다는 것에 확신을 이끌어내야 한다. 발심이 일어나는 원인이 많아도 또한 대비에 굴복되어 자기 스스로 일으킴이 크게 수승하다고 지인삼매경(智印三昧經)에서 설한 바를 수습차제상편(修習次第上篇)에서 설[349]하였다"고 하였다.]

다) 수습의 결과인 발보리심을 인식하기

"내가 모든 유정들의 이익을 행하리라!"고 생각하는 것만으로는 대승발심의 성상(性相)을 온전히 갖추지 못하니, 그것이 전적으로 타인의 이익을 소연하는 것일지라도 또한 얻어야 할 바인 보리를 소연하는 것이 아니기 때문이며, 또한 "내가 정등각불의 경지를 얻으리라!"고 생각하는 것만으로는 대승발심의 성상을 온전히 갖추지 못하니, 이것이 전적으로 보리를 소연하는 것일지라도 또한 전적으로 타인의 이익을 소연하는 것이 아니기 때문이다. 그러므로 "내가 모든 유정들의 이익을 위해서 붓다의 경지를 얻으리라!"고 생각하는 마음의 수승한 감성이 일어나는 그 때 대승발심의 성상을 완전히 갖추는 것이다. 이것은 현관장엄론(現觀莊嚴論)에서, "발심은 타인의 이익을 위해서, 정등각을 희구하는 것이다"라고 [보리와 이타의 둘을 희구함이 발심의 온전한 성상이라고] 설함과 같다.

이 대승의 발심도 구분하면, 입보리행론(入菩提行論)[보리심공덕품(菩提心功德品)]에서 "그 보리심도 요약하면"이라고 하는 등의 두 게송을 설함과 같이,

[그 보리심도 요약하면
두 가지가 있음을 알라.
보리를 희구하는 원심(願心)과
보리를 행하는 행심(行心)이다.

가기를 원하고 가는 바의[350]
차이를 그같이 앎과 같이,
그같이 지자(智者)는 이 둘의
차이를 차례로 알도록 하라.][351]

대승의 [보리심에는] 원심(願心)을 일으킴과 행심(行心)을 일으키는 두 가지[352]가 있다.

이 둘의 차이점 또한 대승의 발심임을 근거로 한 뒤 보시 등

의 행위를 배우는 것 또한 같고, 배우지 않을지라도 또한 같으나, [대승의 3가지 율의에 들어가는] 행율(行律)[353]을 수지하지 않음을 원심의 일으킴으로 말하고, 그것을 수지하는 것이 행심(行心)을 일으킴의 성상인 것이니, 수습차제상편(修習次第上篇)에서, "일체 유정의 이익을 위해서 붓다가 되게 하소서!"라고 처음으로 희구하는 그 마음이 원심(願心)이며, 그 뒤 보살의 율의(律儀)를 수지하고 보리의 자량 등을 닦는 것이 행심(行心)이다"라고 설하였다.

⑵ 자타상환(自他相換)의 차제로 마음을 닦는 문을 통해서 보리심을 일으키는 법

여기에는 자타상환[354]의 공덕과 상환하지 않음의 허물과 자타상환의 마음을 수습하면 그것을 능히 일으킬 수 있음과 실제로 자타상환을 닦는 차제의 셋이 있다.

첫째, 자타상환(自他相換)의 공덕과 상환하지 않음의 허물

자기를 애중히 여기는 것이 모든 쇠락(衰落)의 근원임과 타인을 애중히 여기는 것이 모든 길선원만(吉善圓滿)[355]의 근원인 것이니, 입보리행론(入菩提行論)[선정품(禪定品)]에서 다음과 같이 설하였다.

만약 누가 자기와 다른 이들을

신속히 구호하길 원하면 그는,
자기와 타인을 상환토록 하라.
비밀의 극치[356]를 실행토록 하라.

있는 바 세간의 안락들 그 모두는
타인의 안락을 원함에서 일어나고,
있는 바 세간의 고통들 그 모두는
자기의 안락을 원함에서 일어난다.

어찌 많은 말들이 필요 하리오.
범부는 자기의 이익만을 행하고,
능인은 타인의 이익만을 행하니
이 둘의 [결과의] 차이를 관하라.

그 자기를 타인의 고통들과
진정으로 상환하지 않는다면,
붓다 자체를 이루지 못하고
윤회에서도 또한 안락이 없다.

[보리도차제광론에서, "자아를 애착한 힘에 의해서 자기를 애중히 여기는 이것이 무시이래의 윤회로부터 지금에 이르기까지 원치 않는 [고통들] 갖가지를 일으킨 바이니, 자기의 원만구족을 얻기 원해서 또한 자기 이익만을 위주로 삼아 그릇된 방편을 행함으로써, 무수한 겁들이 지나갔어도 또한 자기와

타인의 이익 어떤 것도 전혀 이루지 못했다. 이루지 못했을 뿐만 아니라, 오로지 고통에 핍박만을 당하고 있다. 만약 자리를 위하는 그 생각을 타인을 위한 것으로 옮겨서 행하였다면 이미 오래전에 성불한 뒤 자타의 모든 이익을 원만하게 이루었음은 의심할 바가 없는 사실이나, 그와 같이 행하지 않음으로써 힘들고 무의미하게 시간이 지나갔다. 이제 그와 같음을 알고서 가장 큰 원수가 자기를 애중히 여기는 이것임을 기억하고 아는 정념(正念)과 정지(正知)에 의지해서 갖가지 노력을 통해서 아직 생기지 않은 것은 생하지 않게 하고, 이미 생긴 것은 지속되지 않게 하리라는 견고한 결의를 다진 뒤 수시로 없애도록 해야 한다"라고 설하였다.]

둘째, 자타상환(自他相換)의 마음을 수습하면 그것을 일으킴이 가능함

이것은 자기를 애중히 여기는 마음을 버린 뒤 타인을 애중히 여기는 것이니, 자기를 애중히 여기는 것이 모든 쇠락의 근원이자, 타인을 애중히 여기는 것이 모든 길선원만의 근원이기 때문이다.

어떤 이가 말하되, "그럴지라도 또한 그와 같은 마음을 일으키기[357]가 어려움으로써 수습하기가 불가능하다"고 한다면, [답하되, 이것은 정리가 아니니, 왜냐하면] 그것을 일으키기가 어려우면 또한 닦은 뒤에도 능히 일으키지 못하는 것이니, 마

음을 닦고 익힘을 따라가기 때문이다. 그와 같이 또한 입보리행론(入菩提行論)[선정품(禪定品)]에서 다음과 같이 설하였다.

어려움에서 물러서지 말아야 하니
이와 같이 닦고 익힌 힘으로써,
전에는 그 이름 들으면 두려웠으나
이제는 그가 없으면 기쁘지 않도다.

이와 같이, 전에는 자기의 원수의 이름을 들으면 두려움이 생겼으나, 뒤에 그와 화해해서 [친구가] 되면 그가 없으면 이제는 기쁘지 않는 것과 같다. 그러므로 자기를 애중히 여긴 뒤에 자기의 안락을 이루고 고통을 없앰과 같이, 타인을 애중히 여긴 뒤에 타인의 안락을 이루고 고통을 없애는 것이 마땅하니, 자기와 타인들 모두가 안락을 원하고 고통을 원치 않는 것이 같기 때문이다.

어떤 이가 말하되, "타인의 고통을 자기가 없애는 것은 필요하지 않으니, 그것이 자기를 해롭게 하지 않기 때문이다. 타인의 안락을 자기가 이룸은 필요하지 않으니, 그것은 자기에게 이익이 되지 않기 때문이다. 자기의 고통은 자기가 없애는 것이 필요하니, 그것이 자기를 해롭게 하기 때문이다. 자기의 안락은 자기가 이룸이 필요하니, 그것은 자기에게 이롭기 때문이다"라고 한다.

[답하되, 이것은 정리가 아니니] 그렇다면 후생에 자기의 안락을 위해서 이생에서 선업을 닦고, 후생에 고통을 없애기 위해서 이생에서 불선(不善)을 버림이 무의미하고, 후생의 자기의 안락과 고통이 이생에서 나에게 이로움과 해로움을 줌이 없기 때문이자, 이생에서 내가 존재하는 때나 후생의 내가 태어나지 않을 때와 후생의 내가 태어났을 때, 이생의 내가 사멸한 뒤에 없기 때문이자, 달리 또한 발의 고통을 손이 없애는 것이 옳지 않게 되고, 발의 고통이 손에 해로움을 주지 않기 때문이다.

어떤 이가 말하되, "그것은 같은 것이 아니니, 나는 전생과 후생이 하나의 이어짐(相續)인 것이나, 손과 발의 둘은 하나의 몸의 집합이기 때문이다"라고 한다면, [답하되, 이것은 정리가 아니니] 그 또한 이어짐과 집합이라 하는 것 또한 [자성이] 실유(實有)로서 성립함이 전혀 없으니, 이어짐은 전후의 찰나에 의뢰하고, 집합은 또한 집합체에 의뢰한 뒤 시설하기 때문이다.

그러면, "자기와 타인을 상환을 한다"고 말하는 자타를 바꾼다는 그 의미가 어떤 것인가? 하면, 천수(天授)와 같은 타인에게 이는 나라고 생각함과 그의 눈 등을 나의 것이라고 생각해서 집착하는 것이 아니니, 과거에 나를 애중히 여기고 타인을 소홀히 여기는 마음이 있던 그 둘을 서로 바꾼 뒤 타인을 애중히 여기고 자기를 소홀히 여기는 마음을 일으키는 것이다.

자기의 안락을 타인의 고통과 바꾸는 의미 또한 타인을 애중히 여긴 뒤 타인의 안락을 이루고 고통을 없애고, 자기를 소홀히 한 뒤 자기의 고통을 없애지 않고 안락을 이루지 않는다는 뜻이다.

셋째, 실제로 자타상환을 닦는 차제

여기에는 원문의 "불행의 일체는 [아집(我執)] 하나[358]에 있다"에서 부터 "자기를 애중히 여김을 버림"에 이르기까지의 하나와 "일체를 대은인(大恩人)으로 닦으라"에서 부터 "타인을 애중히 여기는 마음을 일으킴"에 이르기까지의 둘과 그것에 의지해서 실제로 자타의 상환을 닦는 법의 셋이 있다.

가) 모든 불행의 근원이 아집의 하나에서 비롯함을 알기

원문에서, "불행의 일체는 [아집(我執)] 하나에 있다"라고 설함으로써, 자기에게 일어나는 인간과 비인간들의 해악과 공포와 질병 따위의 어떠한 고통들이 발생할지라도 또한 타인에게서 불행을 찾지 말고, 오로지 [자기를 애중히 여기는] 자아의 애집(愛執)에 대해서 복수를 추적하라. 무시이래로 자기를 애중히 여김을 집착한 뒤 자기의 안락을 애착하고, 그것에 의지해서 자기의 안락만을 이루고 고통을 없애기 위해서 몸·말·뜻 삼문(三門)의 갖가지 불선업을 행하였을지라도 또한 원하는 것들을 얻지 못하고, 원치 않는 일들만을 이루었기 때문이다. 그와 같이 또한 입보리행론(入菩提行論)[선정품(禪定品)]에서 다음과 같이 설하였다.

세간들에 있는 바 모든 해악들과
있는 바 모든 공포와 고통들 그 일체가,
자아의 집착에서 일어난 것이니
아집의 그 악귀로 내가 무엇을 하리오.[359]

[나를 완전히 버리지 않으면
고통을 능히 제멸치 못하니,
그같이 불을 버리지 않으면
태움을 면하지 못함과 같다.]

무시이래로 자기를 애중히 여김이 고통의 원인이 되었을 뿐만 아니라, 현재 또한 모든 고통들도 자기를 애중히 여김이 일으킨 것이니, 자기를 애중히 여긴 뒤 자기의 안락을 이루기 위해서 첨(諂)·광(誑)·궤(詭)의 셋[360] 등의 불선을 쌓음에 의지해서 모든 분한과 다툼들이 일어나기 때문이다. 지금 다시 자기를 애중히 여김을 버리지 않는다면 그것이 갖가지 불선을 쌓은 뒤 끝없는 윤회 속에서 고통을 맛보게 되니, 그러므로 자기를 애중히 여김을 원수의 우두머리로 본 뒤 온힘을 다해서 자기를 애중히 여김을 버리도록 하라.

또한 자기를 애중히 여긴 뒤 자기의 안락을 이루기 위해서 무수한 겁들이 지나갔건만 그와 같은 고초들로 단지 그대의 고통만을 얻었을 뿐 성불하지 못하였다. 그러니 애초에 타인을 애중히 여긴 뒤 타인의 이익을 이루었으면 벌써 붓다의 지위를 얻었을 것이다. 과거에 자기를 애중히 여긴 뒤 자기의 안락을 이루고 고통을 없앤 것처럼,이제부터는 타인을 애중히 여긴 뒤 타인의 안락을 이루고 고통을 없애는 [대승의 보살행에]에 들어가도록 하라.

나) 모든 길선원만(吉善圓滿)의 근원인 일체를 은인으로 닦기

[원문에서, "일체를 대은인(大恩人)으로 닦으라"고[361] 하였듯이] 일체의 유정들을 큰 은인으로 닦는 법은 이와 같다.

처음 자기의 친어머니를 소연한 뒤, 이 어머니께서 무시이래로 어머니가 되어주셨고, 그 또한 반복해서 어머니가 되어주셨다. 언제나 어머니가 되어주셨고, 번갈아 가면서 이익을 주시고 해악에서 나를 지켜주셨던 은인이시다. 그러므로 나 또한 은혜를 갚기 위해서 이익을 드리고, 해악에서 지켜 주리라고 생각한다.

어떻게 이익을 드리는가? 하면, 안락과 선업으로 이익을 드리리라! 또한 안락이 직접적으로 이익을 주고, 선업이 [눈에 보이는 법인] 현생과 후생과 다생(多生)에서 받아 누리는 유쾌한 선과(善果)를 드림으로써 다생에 걸쳐 지속적으로 이익을 주는 것이다.

어떤 것이 해악하는가? 하면, 죄업과 고통이 해코지하는 것이니, 그 또한 고통이 직접적으로 해코지하고, 죄업이 불쾌한 악과(惡果)를 주고 다생에 걸쳐 지속적으로 해악을 주는 것이다.

이와 같이 닦은 뒤 자기의 아버지 등의 친족들을 닦고, 그 뒤에 제삼자들을 닦고, 그 뒤에 원수와 그 뒤에 점차로 모든 유정들을 소연해서 은혜가 지중함을 닦는다.

다) 실제로 자타상환(自他相換)을 닦는 법

자기를 애중히 여김을 버린 뒤 타인을 애중히 여기는 마음을 일으킨 뒤, [똥렌(gToṅ len)[362]이라 부르는] 주고 가져오기를 번갈아 수습한다.

먼저 가져오기인 렌빠(Len pa)이니, 어디로부터 가져오는가? 하면, [기세간(器世間)인] 물질계와 유정세계이다. 먼저 물질계이니, 무엇을 가져오는가? 하면, 그들의 허물을 가져오는 것이다. 어떻게 가져오는가? 하면, 먼저 물질계의 돌멩이와 가시와 돌조각과 벽돌파편과 협곡과 절벽과 겨울의 극심한 추위와 여름의 극렬한 열기와 가뭄 따위의 허물들이 예리한 칼로 벗겨내는 것처럼 물질계 위에서 하나도 남김없이 모두 자기의 심장으로 [들숨을 따라] 들어온 뒤, 시커먼 덩어리로 출현한 뒤 검댕을 뒤축으로 밟아 뭉개듯이 [심장에 들어있는 자기를 애중히 여기는] 자아의 애집(愛執)의 악귀를 파괴하는 것을 관상[363]한다.

그 다음 유정세계를 관상하니, 지옥의 한열의 고통들과 그들의 무시이래로 쌓아온 죄업들과 하나가 다른 하나를 잡아먹는 축생들의 고통과 아귀의 기갈의 고통들과 인간의 생로병사의 등의 고통들과 아수라들의 전쟁의 고통들과 욕계의 천인들의 죽음의 상징[364]과 가까운 죽음의 상징에 의한 고통[365]들과 상계(上界)의 천인들이 겪는 편행고(遍行苦)[366]와 번뇌의 장애와 그리고 성문·연각의 소지(所知)의 장애[367]와 십지보살의 취악취(取惡趣)[368]의 장애를 비롯한 일체를 가져오는 것을 관상한다. [앞서와 같이 들숨을 따라 심장으로 들어온 뒤 소멸하는 것을 닦는다.]

그러나 정등각 부처님과 자기의 근본상사에 대해서는 [주고 가져오기] 똥렌을 행하지 않는다. 부처님에게는 허물이 전혀 없음으로써 가져오기를 행할 곳이 없으며, 근본상사는 붓다로 닦음으로써 그와 같이 닦는 것과 허물을 가져오는 것은 서로 어긋나기 때문이다.

그렇지만 스승님 또한 이가 빠지고, 주름이 지고, 백발이 되고, 몸이 굽어지고, 아픈 따위의 결함이 있다고 생각한다면, 이것은 자기의 부정한 의식 위에 나타나는 현상일 뿐이며, 실의(實義)의 분상에서는 그와 같은 결함들이 어디에도 스승님에 있지 않음을 닦는다.

또한 때로는 열지옥(熱地獄)을 별도로 소연해서 닦도록 한다.

특별히 그 가운데서도 등활지옥(等活地獄) 따위를 별도로 소연해서 닦는다. 때로는 유정들의 죄악과 고통의 모두를 가져오는 등의 일체를 소연해서 닦는다. 때로는 탐욕하는 유정들의 탐욕을 가져옴을 닦는다. 때로는 성내는 유정들의 성냄[369]을 가져옴을 닦는다. 때로는 어리석은 유정들의 어리석음을, 분노[370]와 교만과 의심[371]과 질투[372]와 간린(慳吝)[373] 등을 가져옴을 닦으니, 가져오는 법은 앞에서 설한 바와 같다.

다음은 주기인 똥와(gToṅ ba)이니, 누구에게 주는가? 하면, [기세간(器世間)인] 물질계와 유정세계이다.

[처음은 물질계(物質界: 器世間)에 주기이니,] ①무엇을 주는가? 하면, 자기의 안락과 몸[374]과 받아 누리는 재물[수용물(受用物)]과 삼세(三世)의 선근의 일체를 주는 것이다. 또한 불보살님의 안락과 길선(吉善)의 일체를 주는 것이니, 그것은 유정들에게 회향된 것이기 때문이다.

그 또한 현재 자기의 몸과 받아 누리는 재물을 주는 것이니, 과거의 몸과 받아 누렸던 재물과 후생의 몸과 받아 누리게 되는 재물을 주는 것이 아니니, 왜냐하면 과거는 이미 지나갔고, 미래는 아직 오지 않았기 때문이다. 만약 그렇다면, "과거와 미래의 선근은 또한 가히 베풀지 못함이니, 왜냐하면 과거는 이미 지나갔고 미래는 아직 오지 않았기 때문이다"라고 한다면, 여기에는 잘못[375]이 없는 것이다. 왜냐하면, 비록 과거와 미래의 선근의 자성 그것이 과거와 미래와 현재의 [삼세에 걸쳐서 본래 생함이 없는] 무생(無生)일지라도, 심속(心續)의 분상에서 훌륭한 선과(善果)를 능히 줄 수 있으며, 능히 줄 수 있는 모양으로 있는 그것을 주기 때문이다. 자기의 몸과 받아 누리는 재물로서 훌륭한 선과를 주기도 하고, 주지 못하기도 하니, 그것은 무기(無記)[376]이기 때문이다.

②주는 법이니, 물질계(物質界: 器世間)에 [자기의 몸과 받아 누리는 재물과 삼세의 선근] 그것들을 줌[377]으로써 물질계의 모든 허물들을 여읜 뒤, 아름다운 유리(琉璃)의 대지 위에 황금의 무늬가 그려짐과 같은 청정한 정토로 변화됨을 관상한다.

다음은 유정세계에 [자기의 몸과 받아 누리는 재물과 삼세의 선근] 그것들을 주는 것이니, 제일 먼저 친어머니에게 주고, 그 뒤에 아버지 등을 비롯한 모든 유정들에게 차례로 준다.

때로는 열지옥의 유정들에게 주는 것 등을 닦고, 성문연각의 아라한과 십지보살에게 또한 줌으로써, 그들이 소지장을 끊어버린 안락을 구족한 뒤 성불하는 것을 관상해서 닦는다. 부처님과 자기의 근본상사에게 또한 줌으로써 그들의 심원(心願)을 만족시키니, 그 심원 또한 모든 유정들이 안락을 지니고, 고통을 모두 여의게 하는 그것인 까닭에 그와 같이 되는 것을 관상해서 닦는다.

원문에서, "[주고 가져오기의] 똥렌(gToṅ len)의 둘을 번갈아 닦으라"고 하였으며, 일부 다른 판본에서는, "본행(本行)인 [주고 가져오기의] 똥렌의 둘을 번갈아 닦으라. 가져오기의 차례를 자기부터 시작하라"[378]고 함으로써, 그와 같이 자기에게 질병 따위의 고통과 탐욕 따위의 번뇌가 마음의 흐름에서 일어날 때, 후생의 이후부터 발생하는 원인들을 예초부터 남김없이 현재의 심속(心續)에서 익어짐을 관상한 뒤 [내생에 고통과 번뇌가 일어나지 않는] 기쁨을 닦으라.

[기쁨] 그것이 생겨난 뒤 자기의 친어머니를 전면에 명료하게 떠올린 뒤 이와 같이, "이 어머니께서는 무시이래로 내 어머니가 되어주셨고, 그 또한 반복해서 어머니가 되어주셨다. 언제나 어머니가 되어주셨고, 번갈아 가면서 나에게 이익을 주시고, 해악에서 나를 지켜주신 은인이시다. 그뿐만 아니라, 자궁 속에서 오랫동안 품어주신 뒤 사랑으로 지켜주셨다. 출산할 때도 앞서와 같이 사랑으로 지켜주셨다. 정등각 붓다의 지위를 성취하는 방편이 되는 정법을 들음이 가능한 가만(暇滿)의 고귀한 사람 몸을 얻음 또한 어머니의 은혜인 것이며, 그뿐만 아니라, 미래에서도 또한 이 어머니께서 내 어머니가 되어주신 뒤 사랑으로 지켜주심으로써 은혜가 막중한 것이다. 그 은혜의 보답으로 나 또한 이익을 드리고, 해악에서 지켜드리겠다고 다짐한다.

무엇이 해치는가? 하면, 죄악과 고통이 해치는 것이다. 그 또한 고통이 직접적으로 해치고, 죄악은 간접적으로 해침으로써 이 어머니의 죄악과 고통의 일체를 없애 버리리라! 무엇이 이익이 되는가? 하면, 안락과 선근이 이익이 되는 것이다. 안락이 직접적으로 이익이 되고, 선업은 간접적으로 됨으로써 이 어머니께서 안락과 선근의 일체를 구족하도록 하게 하리라!" 고 하는 강렬한 보은의 마음을 일으킨 뒤, 어머니의 죄악과 고통의 일체가 예리한 칼날에 벗겨지듯이 심속(心續) 위에 하나도 남김없이 떨어져 나와 검은 덩어리 형태로 자기의 심장 속으로 들어온 뒤 어머니께서도 모든 고통에서 벗어나고, [자기를 애중히 여기는] 자아의 애집(愛執)을 파괴한 뒤 소멸한다.

그 뒤 자기의 안락과 선근의 일체가 자기의 심속에서 남김없이 어머니의 마음의 흐름 속으로 녹아든 뒤, 어머니께서 모든 안락을 구족한 뒤 성불하는 것[379]을 관상한다. 그 또한 처음에는 대여섯 차례 행하면서 닦는다. 이것이 익숙해지면 자기의 아버지 등을 비롯한 친족과 친우들을 전면에 명료하게 떠올린 뒤, 이들은 무시이래로 어머니가 되어주셨다는 등의 마음을 일으킨 뒤 앞서와 같이 닦는다.

원문에서, "닦음이 숙달된 뒤에는 호흡을 타라"[380] 고 설하였음으로써, 그와 같이 닦음이 숙달된 뒤에는 호흡을 탄 뒤 닦도록 하라. 그 또한 들숨이 코 안으로 들어올 때, 어머니의 죄악과 고통의 일체가 숨을 타고 자기의 심장으로 들어온 뒤 시커먼 덩어리로 출현하여, 어머니께서 모든 고통에서 벗어나고, [자기를 애중히 여기는] 자아의 애집(愛執)을 검댕을 뒤축으로 밟아 뭉개듯이 파괴한다. 숨이 안으로 들어오는 시간 정도 심장에 머물게 한다. 그 뒤 숨이 밖으로 나갈 때, 자기의 안락과 선근의 일체가 하나도 남김없이 [하얀 구름 덩어리 형태로] 어머니의 마음의 흐름에 녹아듦으로써 어머니께서 모든 안락을 구족한 뒤 성불하는 것을 관상한다. 앞서와 같이 최소한 행하면서 잘 닦도록 한다. 숙달되면 시시로 심장에 들숨을 오랫동안 머물게 하라. 그와 같이 행함으로써 삼매가 쉽게 발생하는 공덕이 있다. 이것은 호흡을 타고 닦는 것 외에는 앞서와 차이가 없다.

특별히 자기를 해치는 대상과 같은 것을 소연해서 닦는다면 먼저 자기의 전면에 그 대상을 명료하게 관상한 뒤, "이는 무시이래로 나의 어머니가 되어주는 등의 마음을 일으킨 뒤 앞서와 같이 그의 죄악과 고통과 악의와 조악한 행위의 일체[381]가 그의 심속(心續) 위에 하나도 남김없이 [떨어져 나와 검은 덩어리 형태로 자기의 심장 속으로 들어온 뒤 어머니께서도 모든 고통에서 벗어나고, [자기를 애중히 여기는] 자아의 애집(愛執)을 파괴한 뒤 소멸함을] 관상한다.

똥렌(주고 가져오기)의 수습을 마칠 때는 일체를 소연함이 없는 상태에 마음을 안치하라. 공성의 견해가 마음의 흐름에 생겨나 있으면 [제법의] 자성이 성립하지 않는 공성의 상태에 마음을 안치하도록 하라.

또한 자기의 몸과 받아 누리는 재물을 주는 것 또한 몸과 피와 살을 원치 않는 이들에게는 그 몸에 무엇을 원하든 그것을 들어주는 여의주(如意珠)로 변화됨[382]을 관상한 뒤 주도록 하라. 피와 살을 원하는 [신귀(神鬼)]에게는 피와 살을 주는 것[383] 또한 무방하다.

호흡을 타고 닦음으로써 분별을 끊어버린 뒤 삼매를 성취하는 유용함이 있다. 호흡을 탄 뒤 먼저 가져오고, 그 다음 주는 것을 수습하는 것에는 유용함이 있으니, 이것은 태어날 때 먼저 호흡이 안으로 들어오고, 그 다음 사멸할 때 호흡이 밖으로 나감으로써 탄생과 죽음에 대하여 마음이 친숙해지고, 유위법의 덧없음을 깨닫는 쓰임새가 있기 때문이다.

또한 "유정의 고통을 자기에게 가져오고, 자기의 안락을 유정에게 주는 관상을 수습할 필요성이 없는 것이니, 그와 같이 닦을지라도 유정의 고통이 자기의 심속 위에 발생하고, 자기의 안락을 모든 유정들의 심속 위에 주는 것이 불가능하기 때문이다"[384]라고 [의심을] 한다면, 그것은 그렇지 않으니, 원문에서, "괘념하지 말고 분별을 버려라. 과거칠불의 사례처럼 많으니, 붕우(朋友)의 딸의 고사(古事, mDzaḥ boḥi bu moḥi gtam rgyud) 등이 이 구결의 전거인 것이다"라고 설함으로써, 여기에는 잘못이 있지 않다. 비록 실질적으로 그와 같이 주고 가져오기를 행할 수 없을지라도, 거기에는 정등각 불세존의 지위를 얻게 하는 이익이 있기 때문이다.

예를 들면, 우리들의 스승이신 석가모니불을 비롯한 모든 부처님들께서 자타상환의 로종에 의거해서 붓다의 지위를 실현하심과 특별히 우리들의 스승이신 석가모니불께서 [과거 보살행을 닦으실 때] 붕우(朋友)의 딸로 태어나셨을 때, 자타상환의 생각을 마음에 일으키신 고사와 같은 것이다. [그러므로 그와 같이 사유할지라도 또한 타인에게 그와 같이 일어나지 않음으로써 무의미하다고 의려하는 것은 옳지 않은 것이다.]

원문에서, "삼경(三境)·삼독(三毒)·삼선근(三善根)은, 후득(後得)의 요약된 구결이니, 모든 행동거지 속에서 법구(法句)들로 로종을 행하라"385)고 설함으로써, [세속보리심을 수습하는] 싸마히따(Samāhitaḥ, 等引定)의 상태에서 자타상환의 수습을 마친 다음 후득(後得)의 상태에서, 자기가 좋아하는 대상을 반연해서 탐착이 일어나게 되면, 세상에서 사람들이 좋아하는 대상을 반연해서 일어나는 탐착이 허다하게 있는 바, "그들의 모든 탐착들이 나에게서 익어지게 하소서!"라고 하는 생각을 일으킨 뒤, 그들의 탐착들이 하나도 남김없이 자기의 심장 속으로 들어온 뒤 [그들 일체가 탐착에서 벗어나고,] 나의 자아의 애집(愛執)을 파괴한 뒤 소멸하고, 그들이 탐착이 없는 선근을 지님을 관상토록 한다. 이것은 나머지 [불호(不好)와 비호비불호(非好非不好)의 이경(二境)을 반연해서 성냄과 우치의 이독(二毒)을 일으키는] 다른 둘에도 적용된다. 또한 [앞에서 설한 바의] 상사유가(上師瑜伽)에서부터 이것에 이르기까지의 후득(後得)의 모든 행위 속에서 다음과 같은 법구(法句)들로 로종을 행하도록 한다.

가만의 몸 이것은 얻기가 심히 어려운데[386]
이제 사부의 뜻을 닦아 이룸을 얻었으니,
만약 이 몸으로 이익을 이루지 못한다면
후에 이 같음이 어찌 온전히 찾아오리오.

– [입보리행론의 보리심공덕품4송]

[이 같은 가만의 몸을 얻고서도
자신이 선업을 익히지 않는다면,
이보다 더한 기만이 달리 없고
이보다 더한 어리석음도 없도다.]

– [입보리행론의 불방일품23송]

[모든 유정들을 내 목숨처럼 아끼고
나보다 그들을 더욱 아끼게 하소서!]
내게서 그들의 죄악이 모두 익어지고
내 선근이 남김없이 그들에게서 익게 하소서!

– [보만론의 보살학처친근품84송]

나의 안락과 타인의 고통들을[387]
진정으로 바꾸지 않는다면,
붓다 자체를 이루지 못하고
윤회에서 또한 안락이 없다.

– [입보리행론의 선정품131송]

이와 같이 마음을 닦음으로써 타인의 비방 따위의 [마땅히 타파할 대상인] 소파분(所破分)이 있게 되면, 아래에서, "의향을 바꾸어서 본자리에 안치하라"고 설함과 같이, 마음을 다스림으로써 몸과 말의 행위를 본자리에 안치한다.

자타상환의 차제를 수습하는 여기에는 인과칠결(因果七訣)에서 설한 바의 ①모든 유정들을 어머니로 인식하고, ②은혜를 기억하고, ③은혜를 갚고, ④사랑하는 모습의 대자(大慈)와, ⑤대비(大悲)와, ⑥증상의요(增上意樂)에 이르기까지가 모두 갖춰지고 남는 것이다.

다시 말해, 모든 유정들을 소연해서, "이가 나의 어머니가 되어주셨으며"라고 사유함으로써, 첫 번째의 "모든 유정들을 어머니로 인식함"이 갖추어지고, "언제나 어머니가 되어주셨으며, 번갈아 가며 이익을 주시고, 해악으로부터 지켜주셨으며"라고 사유함으로써, 두 번째의 "은혜를 기억함"이 갖추어지고, "보답으로 어머니에게 이익을 드리고, 해악에서 지켜드리리라!"고 사유함으로써, 세 번째의 은혜를 갚음이 갖추어지고, "이 어머니에게 어떻게 이익을 주는가? 하면, 안락과 선업으로 이익을 줌이니, 이 어머니께서 모든 안락이 갖추어지이다!"라고 사유함으로써, 네 번째의 자애가 갖추어지고, "이 어머니를 어떤 것이 해악하는가? 하면, 죄업과 고통이 해코지하는 것이니, 이 어머니의 모든 죄악과 고통을 없애리라!"고 사유함으로써, 다섯 번째의 대비가 갖추어지고, "이 어머니께서 안락을 지니고,

고통을 여읜 그것을 내가 행하리라!"고 사유함으로써, 여섯 번째의 증상의요가 갖추어짐으로써 특별히 수승한 것이다.

원문에서, "붓다를 이루려고 하는 원심(願心)을, 여실하게 수습함이 구경에 이르게 하라"고 함으로써, 자타상환의 차제로 마음을 닦음으로써 모든 유정들이 안락을 지니고, 고통을 여의길 원함이 일어나는 그 때, 과연 자기 자신이 모든 유정들의 이익을 행한다는 것이 가능한지 아니면 불가능한지를 판단해 보면, 현재 자기의 이 몸으로는 단지 한 유정의 이익조차 행할 수 없는 것이니, 더구나 모든 유정들의 이익을 행할 수 없다는 것은 더 말할 필요가 없는 것이다. 그 뿐만 아니라, 자기의 이익조차 또한 제대로 행하는 것이 불가능하니, 타인의 이익은 더 말할 필요가 없는 것이다.

그 뿐만 아니라, 비록 성문과 연각의 아라한의 지위를 얻을지라도 단지 소수의 유정들만을 해탈의 안락 속에 안치할 수 있을 뿐이니, 그들이 얻은 단증공덕(斷證功德)도 [부처님에 비하면] 소분(小分)[388]에 지니지 않음으로써, 모든 유정들의 이익을 원만하게 행하지 못하는 것이다.

그렇다면 누가 그것을 완전히 행할 수 있는 것인가? 라고 한다면, 정등각 불세존의 지위를 얻은 뒤에 붓다만이 그것을 행할 수 있는 것이다. 예를 들면, 단지 한 줄기 빛살을 발출하고, 한 가지 신통을 연출하고, 한 마디 법을 설하는 것으로도 무량한 유정들을 성숙해탈의 길로 안치할 수 있기에 실제로 성불을 하기 전까지는 모든 유정들의 이익을 행할 수 없으며, 얻고 나서야 비로소 가능한 것이다. 그러므로 "나 자신이 모든 유정들의 이익을 위해서 정등각 불세존의 지위를 얻으리라!"라고 염원한 뒤, 고귀한 원보리심(願菩提心)을 일으키도록 하라.

그 뒤 보살행에 들어가는 학처(學處)들을 목숨을 버려가면서도 배울 수가 있게 되면 보살행에 들어가는 보살율의를 수지한 뒤 행보리심(行菩提心)을 일으키도록 하라.

[이 뜻을 좀 더 설명하면, 보리도차제광론에서, "(원심과 행심의 둘로) 구분함은, 화엄경을 수순하여 입보리행론에서, '가기를 원하고 가는 바의, 차이를 그같이 아는 것처럼, 그같이 지자(智者)는 이 둘의, 차이를 차례로 알도록 하라'고 설하였다. 여기에는 일치하지 않는 [주장]이 허다히 드러나 있을지라도 '유정의 이익을 위해서 붓다가 되게 하소서!'라고 생각하거나 또는 '붓다가 되어지이다!'라는 염원 위에 보시 등의 행위를 배워도 좋고 배우지 않아도 무방하니, 나아가 보살계를 수지하지 않는 그때까지가 원보리심(願菩提心)인 것이다. 보살계를 수지한 뒤의 그 마음이 행보리심(行菩提心)임을 알도록 하라. 수습차제상편에서, '여기서 일체 유정의 이익을 위해서 붓다가 되어지이다! 라고 처음으로 희구하는 그 마음이 원보리심이며, 그 뒤 보살의 율의(律儀)를 수지하고 보리의 자량들을 닦음에 들어가는 그것이 행보리심이다'라고 설하였기 때문이다"라고 하였다.]

3) 보리심이 발생한 척도

세속보리심(世俗菩提心)이 일어난 척도는 다음과 같으니, "모든 유정들의 이익을 위해서 정등각 불세존의 지위를 얻으리라!"고 염원하는 마음이 자기 스스로 일어나는 것이 발심의 척도인 것이다.

[이 뜻을 좀 더 설명하면, 아사리 까말라씰라(蓮花戒)의 수습차제중편에서, "세속보리심은 대비로써 일체 중생을 진실로 구제하길 서원한 뒤, '중생의 이락(利樂)을 위해서 붓다가 되어지이다!'라고 사유해서, 무상정등각을 희구하는 마음을 처음으로 일으킴이다"라고 설하였다.]

4) 발심의궤(發心儀軌)로 보리심을 수호하는 법

[보리도차제광론에서, "아띠쌰 존자께서, '그것을 일으키고 닦기를 원하는 자는, 자(慈) 등의 사범주(四梵住)[389]를 힘써 오랫동안 닦음으로써, 탐착과 질투를 제멸하고, 바른 의궤를 행해서 일으키라'고 설함과 같이, 마음을 닦은 뒤 발심에 확신이 서면 그것을 수지하는 의궤를 행한다"라고 하였다.]

여기에는 [발심의궤를 통해서] 보살의 발심을 얻지 못함을 얻게 하는 방편과 얻음이 쇠퇴하지 않게 수호하는 방편과 쇠퇴하면 되살리는 환정법(還淨法)의 셋이 있다.

⑴ 보살의 발심을 얻게 하는 방편

여기에는 또한, [발심의궤를 통해서] 발심을 행하는 대상과 발심을 얻는 기틀(所依)과 어떻게 받는가? 하는 발심의궤의 셋이 있으니 다음과 같다.

첫째, 발심을 행하는 대상이니, 아사리 승적논사(勝敵論師, Jetari)께서, "보살계를 구족한 선지식의 면전에서"라고 설함으로써, 보살계를 구족한 선지식의 면전에서 보살계를 받는 것이다.

둘째, 발심을 얻는 기틀(所依)이니, 행하고자 하는 의요(意樂)와 몸을 통해서 원보리심을 능히 일으킬 수 있는 천신 등도 또한 발심이 일어나는 기틀이 될지라도, 여기서는 도차제(道次第)로 로종을 행하는 문을 통해서 발보리심의 체험이 적게라도 일어난 사부(士夫)[390]가 받는 것이다.

셋째, 어떻게 받는가? 하는 발심의궤이니, 여기에는 가행의궤와 본행의궤와 결행의궤의 셋이 있다.

가) 가행의궤(加行儀軌)이니, 여기에는 수승한 귀의행과 자량의 쌓음과 의요(意樂)를 정화함의 셋이 있다.

첫 번째, 수승한 귀의행(歸依行)에는 장소를 장엄하고, 존상을 안치하고, 공물을 차림과 [스승님께] 기원하고 귀의함과 귀의의 학처(學處)를 설함의 셋이 있다.

① 처소를 장엄하고, 존상을 안치하고, 공물을 차림[391]이란 이와 같으니, [발심의궤를 행하는] 장소에 회를 칠하고 깨끗하게 단장하고, 소의 오정물(五淨物)을 바르고, 좋은 향수를 뿌리고, 꽃을 뿌린다. 붓다의 존상과 탱화를 안치하고, 반야바라밀섭송(般若波羅蜜攝頌)[392]과 같은 경전과 대보살의 존상을 보좌 또는 작은 좌대 따위 위에 안치한다. 선지식의 법좌 또한 마련하고 꽃과 소향(燒香) 등의 공물을 차리고, 또한 맨달(Maṇḍal, 供養法具)을 올린다.

② [스승님께] 기원하고 귀의함은 이와 같으니, 먼저 스승님을 붓다로 신해하여 오른쪽 무릎을 꿇고 합장한 뒤 기원하니, "그와 같이 과거의 여래·응공·정등각·불세존들과 높은 지위에 안주하는 대보살들께서 위없는 정등각을 위해서 발심함과 같이, 아무개라 부르는 저 또한 아사리에 의해서 위없는 정등각을 위하여 발심하도록 간청하나이다!"라고 세 번을 말한다.

다음에 귀의함이란, 이 순간부터 보리의 정수에 이를 때까지 모든 유정들을 구호하기 위해서, 부처님을 귀의처로 교시하신 쌰쓰따(天人師)로, 불법을 귀의처의 실제로, 승가를 귀의처를 수증하는 반려자로 신해한 뒤, 다음과 같이 세 번씩 말한다.

아사리시여, 헤아려 살펴주소서!
이름을 아무개라 부르는 저는
이 순간부터 보리의 정수에 이를 때까지,
두 발을 가진 자들의 지존이신 모든 부처님들께 귀의하나이다.

아사리시여, 헤아려 살펴주소서!
이름을 아무개라 부르는 저는
이 순간부터 보리의 정수에 이를 때까지,
모든 법들의 최상인 탐착을 여읜 적멸의 법들에 귀의하나이다.

아사리시여, 헤아려 살펴주소서!
이름을 아무개라 부르는 저는
이 순간부터 보리의 정수에 이를 때까지,
무리들 가운데 최승인 불퇴전의 거룩한 보살승가에 귀의하나이다.

③ 귀의의 학처(學處)[393]를 설함이란, 아사리께서 앞서의 [귀의의 학처(學處)]에서 설한 귀의의 학처들을 다시 설하는 것이다.

두 번째, 자량의 쌓음은, 근본상사의 전승법계의 스승님들과 제불보살님들께 보현행원에서 설한 칠지공양을 다음과 같이 행한다.

있는 바 모든 시방의 국토에 계시는
삼세의 붓다이자 인간의 사자들인,
그 모든 불세존님들께 저는 또한
정결한 몸 · 말 · 뜻 셋으로 예경하옵니다.

보현행원(普賢行願)의 위신력(威神力)으로
모든 여래들을 향해 마음으로 현전시킨,
불국토의 미진수와 같은 몸을 조아려서
모든 지나(勝者)들께 극진히 예경하옵니다.

한 티끌 위에 미진수의 부처님들께서
보살대중이 운집한 가운데 머무심과,
그같이 무변한 법계에 남김없이 모두
제불들이 가득히 계심을 경모하옵니다.

그들을 찬탄하는 다함없는 바다들과
묘음지(妙音支)의 바다의 모든 음성들로,
제불들의 무변한 공덕을 찬미하옵고
모든 선서(善逝)들을 저는 찬양하옵니다.

아름다운 꽃들과 미려한 꽃목걸이와
청량한 자바라의 소리와 도향(塗香)과,
보산과 등불과 싱그러운 소향(燒香)을
그들 지나(勝者)들께 저는 공양하옵니다.

진귀한 의복들과 향수와 묘향(妙香)과
수미산처럼 쌓은 가루향의 향낭들과,
온갖 공물들로 꾸민 최승의 장엄으로
그들 지나(勝者)들께 저는 공양하옵니다.

광대하고 위없는 공양 그것들을
모든 지나(勝者)들을 또 경모하여,
보현행을 신앙하는 큰 힘으로써
모든 지나(勝者)들께 공양하옵니다.

탐 · 진 · 치 삼독의 힘에 이끌려서
몸과 말과 그같이 뜻으로 또한,
제가 지은 바 죄업의 그 일체를
저는 또한 낱낱이 참회하옵니다.

시방세계의 모든 제불보살님들과
연각과 유학과 무학의 아라한들과,
모든 유정들이 지은 복덕의 일체를
저는 또한 함께 수희(隨喜)하옵니다.

그들 시방세계의 [중생의] 등불들로
보리를 차례로 현증 · 성불하여 무착을 얻으신,
그들 구호주 모두에게 저는 또한
위없는 법륜을 굴려주시길 청하옵니다.

[열반의 시현을 정하신 그 부처님들께
모든 유정들의 이익과 안락을 위해서,
미진수의 겁 동안 세상에 머무시옵길
저는 또한 두 손을 모아 기원하옵니다.]

예경과 공양과 참회와 수희(隨喜)와
권청과 세상에 머무시길 기원하여,
제가 쌓은바 다소의 모든 선업들을
저는 또한 무상보리에 회향하옵니다.
저는 또한 두 손을 모아 기원하옵니다.

세 번째, 의요(意樂)를 정화함은 모든 유정들이 안락을 지니기를 바라는 대자(大慈)와 고통을 여의기를 바라는 대비(大悲)를 명료하게 관상하는 것이다.

나) 본행의궤(本行儀軌)이니, 이것은 다음과 같다.

[보리도차제광론에서, "아사리의 면전에 오른쪽 무릎을 꿇거나 또는 쪼그리고 앉아서 합장을 한 뒤 발심을 행하도록 하

라. 또한 보리도등론(菩提道燈論)에서, '고통과 고통의 원인으로부터, 중생을 구제하려는 염원으로, 불퇴전(不退轉)을 서약하는, 보리심을 일으키도록 한다'라고 하였으며, 의궤(儀軌)에서도 역시, '보리의 정수에 이를 때까지'라고 설함으로써, 단지 '타인의 이익을 위해서 붓다가 되리라!'고 하는 생각에서 발심하는 것이 아니라, 그 마음을 일으킴을 소연해서 '보리를 얻기 전까지는 결코 버리지 않으리라!'는 생각에서 서약한 것임으로써, 그 마음[의요(意樂)]을 의궤에 의지해서 일으키도록 한다. 이와 같은 것을 원심(願心)의 학처에서 능히 배우지 못하면 행하지 않도록 하라.]

시방에 계시는 제불보살님들이시여! 저를 헤아려 살펴주소서!
아사리시여, 저를 헤아려 살펴주소서!
이름을 아무개라 부르는 저는 이생과 타생에서
보시의 자성과 계율의 자성과 수행의 자성의 선근을,
자신이 행하고, 남에게 행하게 하고, 행했던 것을
수희(隨喜)한 선근(善根) 그것에 의해서,
그같이 과거의 여래·응공·정등각·불세존들과
높은 지위에 안주하는 대보살님들께서
위없는 정등각을 위해서 발심함과 같이,
아무개라 부르는 저 또한 이 순간부터
나아가 보리의 정수에 이를 때까지,
위없는 정등각을 위하여 발심하나이다.
구제받지 못한 유정들을 구제하겠나이다.
해탈하지 못한 유정들을 해탈시키겠나이다.

위로받지 못한 유정들을 위로하겠나이다.

대열반에 들지 못한 유정들을 대열반에 들게 하겠나이다.

라고 세 번 말한다. 이것은 아사리로부터 직접 발심을 얻는 경우를 말한 것이다.

만약 선지식이 실제로 없는 경우에는 시방의 모든 불보살님들을 관상의 대상으로 삼아서, 공양을 올린 뒤, "아사리시여, 저를 헤아려 살펴주소서!"를 제외하고 기원을 행하고, 귀의와 발심을 행하도록 한다.

다) 결행의궤(結行儀軌)이니, 이것은 다음과 같다.

아사리께서 아래에 나오는 원보리심의 학처들을 강설하는 것이다. 그 또한 "모든 유정들의 이익을 위해서 붓다의 지위를 얻으리라!"고 하는 염원의 이 마음을 의궤를 통해서 얻지 못하면, 원심(願心)의 학처를 배우고 배우지 못함이 같아지는 것이니, 그와 같은 마음을 "이 순간부터 보리의 정수에 이를 때까지 쇠퇴함이 없게 하리라!"고 하는 염원에서 발심의궤에 의지해서 얻은 뒤 원심의 학처를 마땅히 배워야 하는 것이다.

⑵ 발심의 얻음이 쇠퇴하지 않게 수호하는 방편

여기에는 금생에서 발심이 쇠퇴하지 않게 하는 원인을 배움과 후세에 발심을 여의지 않는 원인을 배우는 둘이 있다.

첫째, 금생에서 발심이 쇠퇴하지 않게 하는 원인을 배움

여기에는 발심의 흥취를 북돋우기 위해서 발심의 공덕을 억념함과 발심을 실제로 증장시키기 위해서 [하루에] 여섯 차례에 걸쳐서 호지함과 발심의 목적을 위해서 유정들을 버리지 않음과 복덕과 지혜의 두 자량을 쌓는 넷이 있다.

가) 발심의 흥취를 북돋우기 위해서 발심의 공덕을 억념함

대보리를 위해서 일으킨 발심에는 허다한 공덕들이 있으니, [입보리행론의 보리심공덕품(菩提心功德品)]에서 다음과 같이 설하였다.

[마음에] 보리심이 일어나면 그 순간
윤회의 감옥에 결박된 가련한 자들을,
선서(善逝)들의 아들이라 찬양을 하고
세간천신과 사람이 함께 예경을 한다.[394)]

이와 같이 보리심을 일으키자마자 그 순간 하늘을 비롯한 세간의 예배와 공양의 대상이 되고, 성문연각들을 [대승의] 종성의 힘으로 진압하게 되고, 적은 복덕을 지을지라도 과보가 광대하게 발생하고, 악도에 들어가는 원인을 새롭게 쌓지 않고 과거에 쌓은 악업들이 소멸하고, 선취에 태어나는 원인을 새롭게 쌓고 과거에 쌓은 선업들이 더욱더 자라난다.

만약 보리심을 일으킨 그 복덕에 형체가 있다고 한다면 허공계 또한 용납하지 못하고, 시방세계를 칠보로 가득히 채운 뒤 부처님께 바치는 것보다 또한 복덕이 다대하고, 최후에는 무상보리를 얻어 성불하는 공덕이 있음이다. 그러므로 근수청문경(勤授請問經)[395]에서 다음과 같이 설하였다.

보리심의 복덕이란 어떠한가?
만약 그것에 형체가 있다면,
허공계를 다 채우고도 또한
그것이 오히려 남음이 있다.

[갠지스 강의 모래알처럼 수많은
부처님의 정토들에 어떤 사람이,
온갖 보석들을 가득히 채우고
세간 구호주께 올리는 것보다,

어떤 이가 두 손을 합장하고
대보리를 마음으로 경배하면,
이 공양이 더욱 더 수승해서
그것에는 변제조차 있지 않다.]

나) 발심을 실제로 증장시키기 위해서 [하루에] 여섯 차례에 걸쳐서 호지함

여기에는 발심을 버리지 않는 방편을 배움과 발심을 증장하는 방편을 배우는 둘이 있다.

첫 번째, 발심을 버리지 않는 방편을 배움이니, 이것은 불보살님과 선지식의 면전에서 원심을 얻고 나서, 그 뒤에 유정은 무량하고, 행동은 조악하고, 또한 [복혜의 자량을 쌓기 위한] 행위가 한량이 없고, 난행(難行)을 장시간 닦아야 함을 보고서, 마음이 위축되어 내가 모든 유정들의 이익을 행함이 어찌 가능한가? 생각한 뒤, 발심을 버리는 일이 없도록 하라. 만약 그렇게 하면 비구에게 근본타죄(根本墮罪)[396]가 발생한 것보다 더 무거운 [보살의] 타죄(墮罪)[397]가 발생하여 악도에 들어가기 때문이다.

그와 같이 또한 [섭결택분(攝決擇分)에서], "[만약 천만 겁 동안 십선도(十善道)를, 행하였을 지라도 연각의 아라한을 원함[398]을 일으키면, 그 때 계율에 허물이 생겨 계율이 쇠퇴하니, 그 같은] 마음을 일으키는 그것은 바라이죄(波羅夷罪: 他勝罪)[399]보다 더욱 무겁다"라고 하였으며, 또한 [입보리행론(入菩提行論)의 불방일품(不放逸品)에서도] 다음과 같이 설하였다.

하찮고 사소한 물건일지라도
마음으로 베풀길 생각한 뒤,
베풀지를 않는 어떠한 사람
그는 또한 아귀가 된다 했으니,[400]

– [불방일품(不放逸品)5송]

만약 위없는 안락의 자리에 유정들을
충심으로 귀빈으로 초청한 뒤,
주지 않고 모든 중생을 속이면
선취에 어찌 태어날 수 있겠는가? [401)]

– [불방일품(不放逸品)6송]

[보리심을 버리는 그것은 보살에게
타죄(墮罪) 가운데 중죄가 되니,
이와 같이 그것이 만약 일어나면
유정을 이롭게 함이 줄기 때문이다.] [402)]

– [불방일품(不放逸品)8송]]

그러므로 자신에게 보리심이 일어남이 있는 것을 크게 희유한 것으로 생각한 뒤 발심을 버리지 않도록 한다. 그러므로 또한 위의 같은 책의 보리심전지품(菩提心全持品)에서도 다음과 같이 설하였다.

눈먼 소경이 쓰레기 더미서
그같이 보주를 얻음과 같이,
그처럼 어쩌다 지금 우연히
보리심이 나에게 일어났도다.

– [보리심전지품(菩提心全持品)28송]

[이 뜻을 좀 더 설명하면, 보리도차제광론에서, "이와 같이

내가 (보리심의 보주를) 얻음은 극히 희유한 일이다! 라고 생각해서, 일체의 때와 장소에서 버리지 않도록 해야 하니, 그 또한 이것을 개별적으로 소연해서 한 순간도 또한 버리지 않는 다짐을 허다하게 행해야 한다"라고 설하였다.]

두 번째, 발심을 자라나게 하는 방편을 배움이니, 단지 그와 같이 버리지 않는 것만으로는 충분하지 않으니, 발심을 증장시키기 위해서 밤낮으로 세 차례씩 의궤를 통해서 수지한다.

얻는 도리는 앞에서 설한 의궤를 널리 행할 수 있으면 그렇게 행하고, 그렇게 못하면 또한 시방에 머무시는 제불보살님들을 소연의 대상으로 삼은 뒤, 공양을 올리고 수지한다.

간단하게 얻는 방법은 다음과 같이 짧은 의궤를 통해서 수지한다.

거룩한 부처님과 달마와 중중존(衆中尊)께
대보리를 이룰 때까지 저는 귀의하나이다.
제가 보시 등을 행한 바 이것들에 의해서
중생의 이익을 위해서 붓다가 되게 하소서.

다) 발심의 목적을 위해서 유정들을 버리지 않음

이것은 내게 원치 않는 일을 행함에 의거해서, "끝내 이 사람의 의리(義利)를 행하지 않겠다"라는 생각이 마음에서 일어나지 않는 것이다.

[이 뜻을 좀 더 설명하면, 보리도차제광론에서, "보리도등론(菩提道燈論)과 발심의궤(發心儀軌)의 학처의 단계에서는 (이것이) 나오지 않으나, 보리도등론석(菩提道燈論釋)에서, '그와 같이 유정을 섭수토록 하고 버리지 않음은, 보리심의 대상과 그것의 공덕과 그것을 일으키는 의궤와 공통적 증장과 잊지 않도록 하기 위해서 호지(護持)하라'는 단계에서 거론하였는바, 근본 의취와 또한 어긋나지 않게 드러나기에 그 또한 배우도록 하라. 마음으로 버리는 기준이 합당하지 않음을 행하는 따위의 조건에 의거해서, '끝내 이 사람의 의리(義利)를 행하지 않겠다'라는 생각을 일으킴[403]이다"라고 설하였다.]

라) 복덕과 지혜의 두 자량을 쌓음

이것은 [제불보살님과 선지식을 비롯한 다양한 귀의처에] 공양을 올리는 따위들이다.

[이 뜻을 좀 더 설명하면, 보리도차제광론에서, "원보리심을 발심의궤를 통해서 수지한 뒤 날마다 보리심을 증장시키는 원

인으로 삼보님께 공양하는 따위로 자량을 쌓는 일에 힘쓴다. 하지만 이것은 선현들의 말씀을 제외하고는 정확한 경론의 근거를 보지 못하나, 그럴지라도 이익이 큰 것이다"라고 설하였다.]

둘째, 후세에 발심을 여의지 않는 원인을 배움

여기에는 보리심을 쇠퇴시키는 네 가지 흑법(黑法)을 버림과 쇠퇴시킴을 막는 네 가지 백법(白法)을 배우는 것이다.

가) 보리심을 쇠퇴시키는 네 가지 흑법(黑法)[404]을 버림

여기에는 ①친교사(親教師)와 아사리(軌範師)와 스승과 응공처(應供處)와 같이 알고 있는 상태에서 [그들을] 거짓으로 기만함과 ②타인에게 악작(惡作: 後悔)의 대상이 아닌 것에 후회를 일으키게 함과 ③대승에 안주하는 유정에게 성냄에서 전적으로 야기한 칭찬이 아닌 말을 행함과 ④임의의 유정에게 부정한 저울질 따위로 [속이는] 첨광(諂誑)을 부리는 넷이 있다.

[이 뜻을 좀 더 설명하면, 보리도차제약론에서 다음과 같이 설하였다.

"①친교사(親教師)와 아사리(軌範師)와 스승과 응공처(應供處)를 기만함이니, 대상인 친교사와 아사리는 알기가 쉽고, 스승은 이익을 주기를 바라는 분이고, 응공처(應供處)는 앞의 둘 사이에 들지는 않으나 공덕을 지닌 분이다. 그 분들께 어떻게 함이 흑법(黑法)이 되는가? 하면, 임의의 그들에게 자기가 알고 있는 상태

에서 속이는 방편을 쓰면 흑법이 된다. 그렇지만 속임이 아닌 교활함은 아래에서 설하니 거짓으로 기만함이 필요하니, 집학론(集學論)에서, '흑법을 버림이 백법이다'라고 설하였으며, 이것의 대치법이 백법(白法)의 첫 번째이기 때문이다.

②타인에게 악작(惡作: 後悔)[405]이 없음에도 후회를 일으키게 함[406]이니, 대상은 선행을 하는 것에 후회할 바가 있지 않은 다른 유정이다. 그에게 어떻게 함인가? 하면, 후회하는 마음으로 후회할 일이 아닌 것에 후회를 일으키게 하는 것이다. (유정과 일의) 그 둘을 능히 속이고 속이지 않음과 후회를 일으키고 일으키지 않는 것은 같은 것이다.

③대승에 안주하는 유정에게 헐뜯는 말(험담)[407]따위들을 함이니, 대상은 보리심을 일으키고 현재 그것을 지니는 유정이다. 그에게 어떻게 함인가 하면, 성냄에서 전적으로 야기함이니, 흠뜯는 말(훼언)[408]을 함이다. 어떤 대상에게 말함이니, (보살이자 법을 추구하는 이들이 대승을 신해하고 또는 수습하길 원하는 것을 저지하기 위해서 그들에게 말한 것으로) 말하는 뜻을 앎이다. 이것은 일어나기가 또한 쉽고, 죄과가 매우 크니, 이미 앞에서 간추려 설한 바이다.

달리 또한 보살을 경멸하는 마음을 일으키면 또한 그 만큼의 겁(劫) 동안 그 보살은 지옥에서 모름지기 머물게 됨과 보살에게 훼손을 행함을 제외하고는 다른 어떤 업에 의해서 보살이 악도에 떨어짐이 불가하다고 최극적정결정신변경(最極寂靜決定神變經)에서 설하였다. 섭결택분(攝決擇分)에서도 또한, '수기를 받지 못한 어떤 보살이 수기를 얻은 보살에게 분노해서 다툰다면 분노의 마음이 일어난 만큼 그 만큼의 겁(劫) 동안 처음부터 도를 밟아야 한다'라고 설하였다. 그러므로 분노를 모든 때와 장소에서 멈추고, 만약 발생하면 또한 그 즉시 참회하고 방호에 반드시 힘써야 한다고 같은 논에서 설하였다.

④임의의 유정에게 부정한 저울질 따위로 첨광(諂誑)[409]을 부림이니, 이것은 첨(諂)과 광(誑)을 행하는 것으로서 청정한 의요(意樂)가 아니다. 대상은 임의의 다른 어떤 유정이다. 그들에게 어떻게 함인가 하면, 첨광을 행함이다. 여기서 첨광은 저울을 속이는 따위이자, (표리가 일치하지 않음도 정직함이 아니기에 첨광에 속하니) 선지식 걜와예중(rGyal ba ye ḥbyuṅ, 勝智生)이 본래는 락마(Rag ma, 地名)에 보내려 하였으나, (고의로) 뙤룽(sTod luṅs, 地名)에 보내자, 후에 그가 (난색을 표하자) 편안한 대로 락마(Rag ma)로 가도록 허락함과 같은 것이라고 설하였다. 광(誑)은 공덕이 없음에도 있는 것처럼 드러내는 것이고, 첨(諂)은 자기의 허물을 방편으로 드러나지 않게 하는 것이라고 집학론(集學論)에서 설하였다."]

나) 보리심을 쇠퇴시킴을 막는 네 가지 백법(白法)[410]을 배움

여기에는 ①임의의 어떤 유정에게도 농담을 위해서도 또한 거짓말을 하지 않음과 ②유정에게 첨광(諂誑)이 없는 정직한 마음을 가짐과 ③보살을 부처님으로 신해하고 그를 찬탄해서 시방에 알림과 ④자기가 성숙시키는 유정을 위없는 보리에 안치하는 넷이 있다.

[이 뜻을 좀 더 설명하면, 보리도차제약론에서 다음과 같이 설하였다.

"① 임의의 어떤 유정에게도 농담을 위해서도 또한 거짓말을 하지 않음이니, 첫 번째 백법(白法)의 대상은 모든 유정들이다. 행하는 바는 목숨이거나 또는 심지어 농담을 위해서도 또한 알고 있는 상태에서 거짓말 하는 것을 버림이니, 그와 같이 하면 자기의 친교사와 아사리 등의 수승한 귀의처를 거짓으로 기만함이 일어나지 않는다.

② 유정에게 첨광(諂誑)이 없는 정직한 마음을 가짐이니, 두 번째 백법(白法)의 대상은 모든 유정들이다. 행하는 바는 그들에게 첨광이 없이 정직한 마음으로 행하고, 청정한 의요에 머무는 것이다. 이것은 네 가지 흑법을 대치하는 법이다.

③ 보살을 부처님으로 신해하고 그들을 찬양해서 시방에 알림이니, 세 번째 백법(白法)의 대상은 모든 보살들이다. 행하는 바는 부처님과 같다는 생각을 일으키고, 그들이 사실과 부합한다고 사방에 찬양하는 것이다. 선지식 쌰라와(Śa ra ba)께서, '우리가 선행과 같은 것을 조금씩 행하며 지낼지라도 증장의 표시가 없이 소진의 상징만 허다한 그것은, 보살과 도반에게 성냄과 경멸을 행하고, 상처를 준 것에 귀착된다. 그러므로 도반과 보살에게 상처를 안 주는 둘을 감당할 수 있다면, 집학론(集學論)에서 「사람에 의지해서 손상이 일어난다」고 말한 일체가 일어

나지 않는다'라고 설하였으니, 이것은 보살이 어디에 있는지를 알지 못함으로써 가섭청문경(迦葉請問經)의 말씀처럼, 모든 유정들이 부처님이라는 생각을 일으킨 뒤 청정상(淸淨相)을 닦는 것을 근거로 한 것이다. 공덕을 찬양하는 것 또한 시절이 왔을 때 듣는 자에게 말하는 것이니, 비록 사방에 다니면서 말하지 않아도 허물이 되지 않는다. 이것은 세 번째 흑법을 대치하는 법이다.

④ 자기가 성숙시키는 유정을 위없는 보리에 안치함이니, 이것의 대상은 자기가 성숙시키는 유정이다. 그에게 하는 행하는 바는 소승(小乘)을 희구하지 않고 원만보리를 수지하게 함이다. 그 또한 자기의 입장에서 그 교화대상에게 연계하는 것이며, 그 교화대상에게 그 마음이 일어나지 않아도 잘못이 되는 것은 아니나, 능히 닦지를 못하지 때문이다. 이것은 두 번째 흑법을 버리는 법이니, 타인을 모든 안락의 구경에 진심으로 안치하길 원하면 타인에게 마음이 편치 않은 오직 후회를 일으킬 목적으로 마음이 편치 않음을 일으키는 행위를 전적으로 행하지 않기 때문이다. 사자청문경(獅子請問經)에서 또한, '모든 생에서 보리심을 (버리지 않고), 꿈속에서도 또한 이 마음을, 버리지 않는다면 잠자지 않을 때는, 말할 필요가 없음을 어떻게 이루나이까?'하고 여쭙자, 말씀하시길, '마을 또는 도시들에서도 또한, 어디에 머물든 머무는 장소에서, 보리심에 여실히 들어가라. 그러므로 보리심을 버리지 않는다'라고 설하였다.

또한 문수사리장엄불토경(文殊師利莊嚴佛土經)에서도, '교만과 질투와 인색함을 버리고 타인의 부유함을 보고 마음으로 기뻐함의 넷을 갖추면 원심(願心)을 버리지 않는다'라고 설하였다. 또한 보적경(寶積經)에서도, '모든 행동거지 속에서 보리심을 닦고, 어떤 선행을 하기 전에 보리심을 사유하면, 타생에서도 또한 보석같은 보리심을 여의지 않으니, 그같이 그와 같이 허다하게 사람이 관찰하면'라고 하는 등으로 분명하게 설하였다."]

⑶ 발심의 쇠퇴를 되살리는 환정법(還淨法)

이 발심의 쇠퇴를 되살리는 환정법에 대하여, 어떤 이는 말하길, "발심을 쇠퇴시키는 흑법과 유정을 마음으로 버림과 '유정의 이익을 내가 행함은 불가능하다'고 생각하는 마음들이, 일단(一段)의 시간[411]을 넘지 않으면 이것은 단지 발심이 쇠퇴하는 원인일 뿐이며, 버리는 것이 아님으로써 다시 또한 의궤를 통해서 받음이 필요 없다. 만약 일단의 시간을 넘었다면 발심을 버린 것이니, 다시 또한 의궤를 통해서 받음이 필요하다"고 말한다.

그러나 자종(自宗)에서는, "내가 유정의 이익을 행함이 불가능하다"고 생각하는 마음이 일어나자마자 발심을 버린 것임으로써 다시 또한 의궤를 통해서 받는 것이 필요하다. 발심을 쇠퇴하게 하는 네 가지 흑법은 금생에서 발심을 버리는 원인이 아니며, 후생에서 발심을 실현하지 못하는 원인인 까닭에 지금부터 버려야 하는 것이다.

[이 뜻을 좀 더 설명하면, 보리도차제광론에서, "여기서 '내가 붓다를 닦아 이루는 것은 불가능하다'고 생각한 뒤, 발심을 버린다면 그 즉시 버리는 것이 되니, 일단의 시간에 의뢰하는 것이 기본적으로 필요치 않음으로써 전적으로 옳지 않다. 네 가지 흑법은 금생에서 발심을 버리는 원인이 아니며, 타생에서 발심을 실현하지 못하는 원인인 까닭에 금생에서 버려야 하는 것이다. 보리도등론(菩提道燈論)에서, '[원보리심(願菩提心)을 일으킨 뒤에는, 온갖 노력으로 온전히 성장시키고,] 이것을 타생에서도 기억하기 위해서, 그같이 설한 학처를 또한 호지하라.(제18송)'고 설하였으니, '그같이'란 가섭청문경(迦葉請問經)에서 그와 같이 설함이다. 그 경전의 뜻 또한 그것이니, '가섭이여, 보살이 네 가지 법을 지니면 모든 생에서 태어나자마자 보리심이 실현되니, 보리의 정수에 머물 때까지 중간에 잊어버리지 않는다'고 네 가지 백법(白法)을 설하는 단계에서 분명하게 설하였음으로, 네 가지 흑법의 단계에서 금생과 후생의 분명함이 없을지라도 후생을 근거로 하였음을 알 수가 있다. 그렇지만 금생에서도 흑법을 의지하면 발심의 힘이 줄어들게 되는 것이다. (중략) 유정을 마음으로 버림은, '유정 전체를 소연해서 이만큼의 유정들의 이익을 내가 행하는 것은 불가능하다'고 생각한 뒤, 마음으로 버린다면 원심을 버림이 분명하고, 개별적으로 유정을 소연해서, '이 사람의 의리(義利)를 끝내 행하지 않겠다'는 생각이 마음에서 일어나면, 한 곳이 허물어지면 전체가 무너지는 것처럼 존재하는 모든 유정들을 위해서 일으킨 발심이 무너지는 것이다. 그와 같지 않다면, 두 번째 유정과 세 번째, 네 번째 등의 다수의 유정

을 버리고, 나머지 유정들의 이익을 위해서 발심함으로써 또한 보리심을 온전하게 일으킴이 필요한 것이다"고 설하였다.]

2. 승의보리심(勝義菩提心)의 수습

승의보리심(勝義菩提心)[412]의 수습이니, 원문에서, "견고함을 얻은 뒤 비밀을 열어 보여라"고 하였으니, 이것은 세속보리심(世俗菩提心)에 견고함을 얻은 뒤, [사물이 실재함을 믿는] 실유론자(實有論者)[413]에게는 비밀로 하는 공성[414]을 설해 보인 뒤 그것을 수습하게 하라.

어떻게 닦는가? 하면, 자세한 것은 중관교도(中觀教導)[415]를 별도로 분리해서 가르침과 같이 알도록 하라.

여기서는 원문에서 다음과 같이 설하였다.

> 제법이 꿈과 같음을 사유하라.
> 무생(無生)의 각성(覺性, Rig pa)의 본성(本性, gŚis)을 심찰하라.
> 대치(對治, gÑen pa ñid)[416]도 본자리에서 해탈한다.
> 이 도(道)의 본질을 아뢰야(阿賴耶)의 상태에 안치하라.

이와 같이, 외부의 산과 집과 남자와 여자 등등이 실재하는 것처럼 나타날지라도 그들이 실로 존재하는 것이 아니니, 비유하면, 꿈속에서 보는 산과 집과 사람 등등과 같은 것이다.

[이 뜻을 좀 더 설명하면, 로종촉쌔마(修心大衆講論)에서, "여기서 처음 소집(所執)의 외경이 자성(自性)[417]이 없음을 닦는 법을, '제법이 꿈과 같음을 사유하라'고 하는 것으로 설해 보였다. 이와 같이 현상계의 자성인 안과 밖의 물질계와 유정세계의 일체가 단지, 자기 마음의 착란의 현현임을 제외하고는 마음과 별개의 사물은 털끝 만큼도 또한, 본래부터 성립하지 않는다. 밝은 지혜로 관찰해서 사물이 실유하지 않음을 사유하고, 그 뒤 능집(能執)의 마음도 자성이 없음을 닦는 법을 '무생(無生)의 각성(覺性, Rig pa)의 본성(本性, gŚis)을 심찰하라'고 설함으로써, 이 마음 또한 과거는 이미 멸하였고, 미래는 생기지 않았고, 현재도 역시 삼분(三分: 과거·현재·미래의 세 부분)을 지니고, 현주(現住)하는 여기에도 머무는 것과 색깔과 모양과 체적 따위들의 본질이 전혀 성립하지 않고, 무생(無生)임을 사유한다.

그 뒤 일체법이 자성이 없음을 닦는 법을, '대치(對治, gÑen pa ñid)도 또한 본자리에서 해탈한다'고 설하였으니, 외경과 내심의 일체가 공성임을 심찰하는 대치(對治)를 행하는 이 마음 역시 성립하지 않고, 외경과 내심의 둘에 귀속되지 않는 소지(所知: 事物)가 또한 없으니, 그 둘은 자성이 없는 것으로 이미 분석해 마쳤기 때문이다. '그와 같이 전적으로 성립하지 않는 것을 전적으로 붙잡지 않는 상태에 편안히 머물고, 각성이 명료하고 분별이 없는 이것이 침몰(沈沒)과 도거(掉擧)[418]의 힘에 떨어지지 않게 명징하게 안치하라'고 설하였다"고 하였다.]

설사 바깥의 대상은 실로 존재하지 않는다 할지라도, "[그것을] 인식하는 마음은 실로 존재한다"고 생각한다면, 그 각성(覺性)의 본성을 깊이 관찰해 보면, 그 또한 실재하는 것[419]이 아니다. 승의(勝義)의 분상에서는 [유경(有境)인 각성(覺性)도 자성(自性)이] 무생(無生)이기 때문이며, 자기와 타자(他者)와 자타(自他)의 둘과 [원인이 없는] 무인(無因)에서 발생하지 않기[420] 때문이다.

또한 소집(所執)의 외경과 능집(能執)의 마음이 실유하지 않을지라도 또한, "그것을 비실유로 깨닫는 대치[하는 마음]은 실유(實有)로 성립한다"[421]고 생각한다면, 그 역시 실로 존재하지 않는다. [소집(所執)의] 외경과 [능집(能執)의] 마음이 실재하지 않음이 성립하고, 외경과 마음의 어느 것에도 귀속되지 않는 대치[하는 마음]이 별도로 없기 때문이다. 그러므로 그와 같은 대치[하는 마음]을 실유로 집착하는 의식 또한 본자리에서 해탈한다.

그렇다면 도(道)의 본질을 어디에 안치하는가? 하면, "도(道)의 본질을 아뢰야(阿賴耶)[422]에"라고 하였으니, 공성의 상태에 안치[423]하는 것이다. 공성을 아뢰야의 단어로 표현하는 데에는 또한 원인이 있다. 윤회와 열반의 일체의 터전이기 때문이니, 공성을 깨닫지 못하면 윤회세계에 태어나고, 깨달으면 윤회에서 해탈하기 때문[424]이다.

어떤 이는 말하길, "[여섯 가지 식(識)의 집합인] 육취(六聚)[425]로부터 본질이 별개인 [여덟 번째의 식(識)인] 아뢰야식(阿賴耶識)[426]의 상태에 도(道)의 본질을 안치하라. [제칠식(諸七識)[염오의

(染汚意)][427]을 포함하는 나머지] 일곱 가지의 식(識)들은 [마음에서 생겨난] 심소(心所)의 분별임으로써 버리라"고 한 것은 옳지 않다. 아뢰야식을 도(道)의 본질로 일으키는 것 또한 옳지 않다. 도(道)의 파지상(把持相, ḥDzin stańs)[428]을 아뢰야식의 상태에 안치하는 것도 역시 옳지 않기 때문이다.

왜냐하면, ①아뢰야식을 주장할지라도 그것이 무기(無記)[429]임을 승인해야 하고, 도(道)의 본질은 선(善)한 것이기 때문이다.

②아뢰야식을 도(道)의 본질로 일으킴 또한 정리가 아니니, 공성을 깨닫는 도(道)의 파지상(把持相)에는 세속[현상]이 출현하지 않기 때문이다. 원문에서, "좌간(座間)[430]에는 환상(幻相)의 사람으로 닦으라"고 함으로써, 공성에 머무는 싸마히따(根本定)[431]에서 나온 좌간(座間)에서 외경과 내심의 일체의 법들이 실재하는 것으로 나타날 때, "이들이 실재하는 것으로 나타날지라도 또한 실재가 아닌 환상과 같고, 꿈과 같은 것이다"고 생각하고 닦는다.

[이 뜻을 좀 더 설명하면, 로종촉썌마(修心大衆講論)에서, "후행(後行)이니, '좌간(座間)에 환상(幻相)의 사람으로 닦으라'고 설하였으니, 오온(五蘊)과 육근(六根)과 사위의(四威儀: 行住坐臥)의 일체는 인연이 집합한 현상으로 환상(幻相)과 같은 것임을 안 뒤, 실유(實有)로 집착함과 탐착과 성냄 따위들을 따르지 않고, 그것을 깨닫지 못하는 중생에게 대비를 일으키고, 싸마히따(根本定)의 증험을 버림이 없이 쌍운(雙運: 合一)의 상태에 머물도록 하라. '그와

같이 수행의 일체가 또한 실집(實執)의 애착에 물듦이 없이, 허공과 같은 본래부터 공적(空寂)한 대공(大空)을 노래하고, 죽음이 없는 대락(大樂)의 상태에 들어가라'고 설하였다"라고 하였다.

또한 슝까뾔응애칙된쌜델(藏傳佛教五明詞義詮釋),p.210에 기재된 선지식 닥까르와(Brag dkar ba)의 유법론주보취(喻法論註寶聚, dPe chos rin chen spuṅs pa),p.295에서, "그같이 현현한 이 모든 법들은 꿈과 같으니, 예를 들면, 사람이 잠에 들면 몽중에서 원수와 싸우거나 친척과 만나는 따위들을 꿈꾸고, 그것이 잠이 깰 때까지는 낮의 광경과 차별이 없을지라도, 잠에서 깨어남과 동시에 그 일체가 사실이 아니니 단지 습기의 착란에 지나지 않는다. 이 비유처럼 우리들이 무시이래로 무명의 잠속에 떨어져, 갖가지 전도된 착란의 현상을 사실인 것으로 미집(迷執)함으로써 유정들이 윤회에서 번뇌하는 것이다. 그러므로 스승의 교계로 마음을 개변함으로써, 꿈을 깨는 것과 같은 초지(初地)의 진실 그것을 보게 되면, 이전의 전도된 착란의 일체가 스스로 해탈하게 되니, 비록 사물이 그같이 현현해도 또한 사실로 여기는 실집(實執)을 여의는 것이 현상에 대해서 자재함을 얻은 것이라고 말하였다.

(그같이 현현한 이 모든 법들은 환상(幻相)과 같으니, 같은 책,p.296에서) 과거에 한 환술사가 사람을 기만한 고사와 한 나쁜 왕에게 못된 대신 하나가 있었으니, 한 환술사가 그 나라를 물로 변화시킨 뒤 소멸시킨 고사 둘과 연계해서, 그 비유처럼 우리들 또한 그같이 현현한 사물의 일체가 (승의(勝義)에서 자성이) 본래 없음에도 있

는 것처럼 나타나는 환상(幻相)과 같은 사물에 속임을 당해서 윤회에 유전하는 것이라고 말하였다. 그같이 그것을 착한 환술사가 변화로 만들어냄과 같이, '세간의 모든 법들도 그것과 같으나, 어리석은 범부들이 그것을 깨닫지 못한다'고 하였다. 그러므로 우리들 이생범부(異生凡夫)에게 현현한 이것이 자기의 마음흐름에 나타나고 애착하는 둘은, 마치 환술의 주문에 홀려서 (환상을 보고 애착을 일으키는) 관객과 같으니, 그것을 곧 전도세속(顚倒世俗)[432]이라 부른다. 초지(初地)에서 십지(十地) 이하의 보살에게는 그같이 현현한 사물들이 단지 꿈과 환상으로 현현해서 또한 실집(實執)을 여읨으로써, 애착이 없는 것이 마치 환술사와 같으니, 그것을 곧 정세속(正世俗)[433]이라 부른다. 정등각불의 경지에서는 현현해도 또한 나타나지 않고, 애착함이 또한 없는 것은 마치 환술의 주문에 홀리지 않은 사람과 같으니, 그것을 곧 승의(勝義)라 부른다고 말했다.

(그같이 현현한 이 모든 법들이 안예(眼翳)[434] 따위들과 같으니, 같은 책,p.296에서) 옛날 인도에 한 늙은 여인이 아들이 외출한 사이에 눈병의 일종인 안예(眼翳)에 걸렸다. 며느리가 밥을 드렸는데 밥에 머리카락이 섞긴 것으로 보였다. 아들이 돌아오자 늙은 어머니가 말하길, '네가 없는 사이에 며느리가 나에게 머리카락이 섞인 밥을 준 탓에 병이 났다'고 말하자, 아들이 부인에게 화를 내자, 부인이 말하길, '내가 머리카락을 섞는 것은 아니고, 어머니의 눈이 착란을 일으킨 것이니, 지금 당신이 밥을 드리라'고 하였다. 아들이 밥을 드리자 어머니가 말하길, '여기도 역시 머리카락이 있다'고 하자, 아들이 어머니가 눈병이 난줄 알고 밥을 보

자기로 덮어 놓으라고 한 뒤 의사를 불렀다. 의사가 치료하고 나자 눈병이 나았다. 그러자 다시 그 밥을 드리고서 보시게 하자 단 한 개의 머리카락도 있지 않자, 다른 속병도 또한 치료할 필요가 없이 나았다고 했다. 그 비유처럼 지금 우리들에게 자기와 남과 물질계와 유정계로 현현한 이 모든 것들이 또한, (승의(勝義)에서 자성이) 본래 없음에도 있는 것처럼 나타난 것이다. 여기서 스승의 교계로 마음을 개변해서 어느 때 (무명의) 착란이 해소되면, 이 현상 또한 나타나지 않는다고 말했다. 여기서 '따위들'이란 말에는 안예(眼翳) 이외의 아지랑이와 영상과 광영(光影: 二重影像)과 건달바성(乾達婆城: 蜃氣樓)과 그와 같이 변화 등과 같음이니, 그같이 현현한 이것들은 자기 마음의 착란의 현상이니, 환상(幻相)과 같은 여덟 가지 비유처럼 깨닫도록 하라고 말했다" 고 하였다.]

다. 역연(逆緣)을 보리심의 지분으로 바꾸기

여기에는 세속보리심을 일으킨 발심의 문을 통해서 역연을 보리심의 지분으로 바꿈과 승의보리심을 일으킨 발심의 문을 통해서 역연을 보리심의 지분으로 바꾸는 둘이 있다.

첫째, 세속보리심의 문을 통해서 역연을 보리심의 지분으로 바꾸기

이것은 앞에서 인용한 원문에서, "불행의 일체는 [아집(我執)] 하나에 있다. 일체를 대은인(大恩人)으로 닦으라"고 설한 바로 그것이다. 자기에게 밖에서 오는 인간과 비인(非人)과 부다(部多: 凶鬼)의 해악과 안에서 일어나는 질병과 번뇌 따위들의 해악이 발생할 때 이와 같이 또한 사유토록 하라.

"타인에게 보복을 원함이 없이 [자기를 애중히 여기는] 자아의 애집(愛執) 이것이, 무시이래로 나로 하여금 온갖 고통들을 겪게 하였으며, 지금도 또한 이것이 고통과 원치 않는 불행들을 나에게 수없이 일으키고 있다. 만약 다시 또한 이것을 버리지 않는다면 끝없는 윤회 속에서 고통들을 맛보게 되니, 이것을 온 힘을 다해서 버려야 한다."

또한 앞서의 해악 그것들이 발생할 때 이와 같이 또한 사유토록 하라.

"모든 유정들이 무시이래로 나의 어머니가 되어 주셨으니, 그 또한 반복해서 어머니가 되어주셨다. 언제나 어머니가 되어 주셨고, 번갈아 가면서 나에게 이익을 주시고, 해악에서 나를 지켜주신 은인이시다.

특별히 나에게 해악을 주는 이들도 무시이래로 나의 어머니가 되어 주셨으며, 반복해서 어머니가 되어주셨다. 언제나 어머니가 되어주셨고 번갈아 가면서 나에게 이익을 주심으로써 은혜가 막중하다.

또한 이들이 무시이래로 나를 지켜주기 위해서 몸·말·뜻 삼문(三門)을 통해서 갖가지 죄업과 불선의 업들을 행한 뒤 지금까지도 고통을 겪고 있다.

지금 뿐만 아니라, 생사가 전변해서 서로를 알지 못하고 착란의 힘에 의해서, 내 악업이 [해악하는 이들의 마음을] 부추김으로 말미암아 지금 나를 해악하는 것임으로써, 또한 [그 악업의 이숙(異熟)에 의해서 후생에 악도에 떨어지는] 고통의 원인에 머무르니, 참으로 슬픈 일이로다!

'그들이 모든 안락을 지니게 하리라! 모든 고통에서 벗어나게 하리라! 그들의 이익을 위해서 내가 붓다의 지위를 얻으리라! 또한 그들이 나에게 자비의 보리심을 닦게 하는 도우미가 되어 줌으로써 실로 은혜가 막중한 것이다'라고 사유한다."

이와 같이 해악을 행함에 대해서 미워함이 없는 가운데 기쁨[435]을 닦도록 한다.

둘째, 승의보리심의 문을 통해서 역연을 보리심의 지분으로 바꾸기

자기에게 유정과 부다(部多)와 같은 안과 밖의 질병과 번뇌의 해악이 발생할 때, 이것들은 [나의 마음의] 착란의 탓에 나타난 것으로 조금도 실재하지 않는 것이다. [속제(俗諦)의 분상에서 그와 같이 나타남은, 꿈속에서 물에 휩쓸려가고, 불에 타는 것과 같이 실재하지 않음에도 실재로 받아들임은 과보인 것이다. 번뇌와 고통들은 승의(勝義)에서는 성립하지 않으니, 이들이] 처음 어디에서 발생하였으며, 중간에 어디에서 머무르고, 마지막에는 어디에서 멸하는가를 분석하라.

"처음 어디로부터도 발생하지 않음이 무생(無生)의 법신(法身)이며,
처음에 발생함도 없고 마지막에 멸함도 없음이 불멸(不滅)의 보신(報身)이며,
발생과 멸함이 없고 중간에 머무름이 없음이 무주(無住)의

화신(化身)이며,

생멸과 머무름의 셋을 떠남이 자성신(自性身)이다"라고 사유하고 닦으라.

[이것은 사신(四身)[436]을 드러내 보여주는 가르침이라고 하였다.]

이와 같이 작해(作害) 따위들이 실재가 아님을 닦는 것이 최상의 수호인 것이니, 딴뜨라(密續)에서, "공성을 요해(了解)함이 최상의 수호이니, 여기에는 다른 수호의 예식들이 필요하지 않다"고 설하였으며, 또한 "공성을 수습하면 염라왕이 또한 침해하지 못한다"고 설하였다.

비록 공성의 견해가 없을지라도 단지 일체가 없음을 닦는 것으로도 역시 작해(作害)하는 신귀 따위들이 보지를 못한다. 그와 같이 원전에서도, "착란의 현상을 사신(四身)으로 전용함으로써, 공성이 위없는 수호[437]이다"라고 설하였다.

[이 뜻을 좀 더 설명하면, 텍첸로종기티쭝쌔뒤빠(大乘修心訣敎導攝略)에서, "달리 또한 이 작해(作害)는 보리심을 닦는 도우미가 되어 줌으로써 실로 은혜가 큰 것이다. 내가 (번뇌의) 대치법(對治法)을 여읨으로써 번뇌가 일어남을 알아차리지 못한 것을 이것이 억념하게 함으로써, '스승님과 부처님의 화신인 것이다'라고 사유한다. 문둥병 따위들이 발생할 때 이것이 생기지 않으면 오만에 떨어져 불법을 생각하지 못함을 이것이 억념하게 함으

로써, '부처님의 사업인 것이다'라고 사유한다. 요약하면, 스승님께 의지해서 보리심을 일으킨 상태에서 작해와 고통에 의거해서 또한 보리심을 일으키게 함으로써, '(스승님의) 우두머리인 것이다'라고 사유한다.

또한 특별한 가행(加行)인 복을 닦고 죄를 참회하는 두 가지 문을 통해서 역연을 도(道)로 전용하는 법은, '네 가지 가행(加行)을 갖춤은 최승의 방편이다'라고 설하였으니, 자량을 쌓는 가행과 죄업을 정화하는 가행과 사귀(邪鬼)에게 공양하는 가행과 호법신(護法神)에게 공양하는 가행의 넷이다.

① 자량을 쌓는 가행이니, 자기에게 고통이 발생해서 그것을 떠나려는 욕망이 일어날 때, 고통을 바라지 않고 안락을 바란다면 안락의 원인인 선한 자량을 쌓으라는 신호라고 사유한 뒤, 삼보님께 공양하고, 승가를 친근하고 받들어 섬기고, 호법신과 부다(部多: 凶鬼)에게 또르마(gTor ma, 食子)를 올리는 등의 신·구·의 삼문(三門)을 통해서 자량을 쌓는 일에 힘쓰고, 귀의와 발심과 스승님께 공양을 올린 뒤, '제가 병이 나는 것이 좋으면 병이 나게 가지하옵소서! 낫는 것이 좋으면 병이 낫도록 가지하옵소서! 죽는 것이 좋다면 죽도록 가지하옵소서!'라고 희망의 의려를 끊어버린 기원을 행하라.

② 죄업을 정화하는 가행이니, 고통을 바라지 않는다면 고

통의 원인인 죄업을 버리라는 신호인 것이니, 사력(四力)[438]의 문을 통해서 죄업을 참회하도록 하라.

③ 사귀(邪鬼)에게 공양하는 가행이니, 사귀에게 또르마를 올린 뒤, '그대가 나의 보리심을 닦는 도우미가 되어줌으로써 은혜가 막중하니, 다시 또한 모든 유정들의 고통이 나에게서 익어지게 하소서!'라고 기원하라. 이 정도로 능히 제압하지 못하면 자비를 닦고, 다시 또르마를 올린 뒤, '그대는 나에게 법을 수행하는 장애를 일으키지 말라'고 명령한다.

④ 호법신(護法神)에게 공양하는 가행이니, 호법신들에게 또르마를 올린 뒤 법을 수행하는 역연들이 소멸하고, 순연을 성취하는 사업을 부탁하라. 돌발적 재난을 도(道)로 전용함은, '문득 어떤 일을 만날지라도 수행에 결부하라'라고 설하였으니, 질병과 사귀와 원수 등의 고통이 발생할 때, '세상에는 이와 같이 고통을 받는 유정들이 허다히 있는 바이니 그들이 가엾도다!'라고 사유한 뒤, 그들의 고통을 나에게 거둬들인다"고 설하였다.]

라. 일생에 닦는 수행요결

[여기에는 생시에 닦는 수행요결과 임종 시에 닦는 수행요결의 둘이 있다.]

첫째, 생시에 닦는 수행요결

원문에서, "오력(五力)을 닦도록 하라"고 설하였으니, 모든 실천수행은 백업(白業)의 종자력(種子力)과 초인력(招引力)과 능파력(能破力)과 수습력(修習力)과 서원력(誓願力)의 다섯 가지에 거두어서 닦는다.

① 백업(白業)의 종자력(種子力, Sa bon gyi stobs)[439]이니, 이것은 몸·말·뜻 셋으로 짓는 어떠한 선업이 되었든지 모두를 아직 일어나지 않은 두 가지 보리심이 일어나게 하고, 이미 일어난 보리심이 쇠퇴하지 않고 더욱 더욱 자라나게 하는 방편으로 사용하는 것이다.

② 초인력(招引力, ḥPhen paḥi stobs)이니, 이것은 "지금부터서 대보리를 얻기 전까지 모든 유정들이 안락을 지니게 하고, 모든 유정들이 고통을 여의게 하고, 모든 유정들의 이익을 위해서 내가 붓다의 지위를 얻으리라!"고 사유하고, 또한 "자기를 애중히 여기는 이것이 고통과 원치 않는 불행

의 일체를 일으킴으로써 나는 이것을 버리리라!"고 단호한 결의를 불러오는 것이다.

③ 능파력(能破力, Sun ḥbyin paḥi stobs)이니, 이것은 "자기를 애중히 여기는 이것이 나로 하여금 무시이래로 무량한 고통을 겪게 하였으니, 지금 또한 이것을 버리지 않는다면 다시 무량한 고통을 겪게 되리라. 뿐만 아니라, 현세에서도 또한 현정선(賢正善)의 셋[440]과 다문(多聞)과 수행차제에 정통함 따위의 일체가 또한 번뇌와 동행(同行)[441]한 뒤, 자기보다 높은 이를 질투하고, 낮은 이를 멸시하고, 동등한 이에게 경쟁심을 일으키는 전부가 또한 자기를 애중히 여긴 과보인 것이다. 불법을 그만큼 닦고 행하였을지라도 또한 해탈에 가까이 이르지 못함 또한 이것의 과보인 것이다. 다른 사람에 비해서 자기 머리가 한층 높고, 몸도 한층 길고, 다른 사람을 이기려고 하는 것 또한 이것의 과보인 것이다. 어디를 가든 또한 길이 트이지 않고, 누구와 어울리면 원망하고 다툼이 일어나는 것 또한 이것의 과보인 것이니, 이것을 반드시 버리리라!"고 사유하는 것이다.

④ 수습력(修習力, Goms paḥi stobs)이니, 이것은 앞에서 설한 바와 같이, 가행(加行)과 본행(本行)과 결행(結行)의 문을 통해서 두 가지 보리심을 수습하는 것이다.

⑤ 서원력(誓願力, sMon lam gyi stobs)[442]이니, 이것은 삼보님께 공양을 올리고, 호법신(護法神)들께 또르마(gTor ma, 食子)를 올린 뒤, 다음과 같이 기원을 행한다.

"금생과 임종의 때에도, 바르도(中有)와 후생에서도, 또한 후세의 모든 생애에서도 두 가지 보리심이 쇠퇴하지 않고 현전(現前)하게 하소서!
어떠한 역연(逆緣)과 장애들이 일어날지라도 또한 두 가지 보리심이 닦는 도우미가 되게 하소서! 이 로종(修心)의 법을 열어 보이시는 대승의 선지식과 또한 만나게 하소서!"

그리고 어떠한 선업을 행하든 그 끝에 위와 같이 또한 서원을 발하도록 한다.

둘째, 임종 시에 닦는 수행요결[443]

로종(修心)을 닦은 수행자들은 임종을 맞이할 때 포와(ḥPho ba, 意識轉移)의 구결을 무엇으로 행하는가? 하면, 원문에서, "대승의 포와(意識轉移)의 구결도 오력(五力)이니, 위의(威儀)를 소중히 여기라"고 설하였으니, 백업(白業)의 종자력(種子力)과 서원력(誓願力)과 능파력(能破力)과 초인력(招引力)과 수습력(修習力)의 다섯 가지가 바로 그것의 구결인 것이다.

① 백업(白業)의 종자력(種子力, Sa bon gyi stobs)[444]이니, 이것은 죽음이 가까워졌을 때 물품 따위들을 선업을 짓는 힘이 큰 쪽으로 보시하도록 하라. 과거에 쌓은 타죄(墮罪)들을 참회하고, 삼보님께 귀의를 행하고, 보리심을 발할 때 약속한 서언과 계율들을 회복시키고, 수복참죄(修福懺罪)를 부지런히 행한다.

② 서원력(誓願力, sMon lam gyi stobs)이니, 이것은 앞에서 설함과 같다.

③ 능파력(能破力, Sun ḥbyin paḥi stobs)이니, 이것은 자기를 애중히 여기는 이것이 무시이래로 고통을 일으켰고, 지금 또한 고통과 원치 않는 불행들의 일체를 일으키고, 지금 또한 이것을 버리지 않는다면 다시, 또한 후생에서 고통을 겪게 되니, "지금 몸과 마음에 탐착하지 않고 이것을 버리리라!"고 사유하는 것이다.

④ 초인력(招引力, ḥPhen paḥi stobs)[445]이니, 이것은 "지금부터 두 가지 보리심을 닦은 뒤 바르도(中有)의 몸에 정광명의 법신을 실현한 뒤, 색신(色身)을 현시해서 이타행(利他行)을 애씀이 없이 자연성취 하리라!"고 단호한 결의를 불러오는 것이다.

⑤ 수습력(修習力, Goms paḥi stobs) 이니, 이것은 죽음에 다다랐

을 때, [임종의 위의(威儀)를 소중히 여겨야 하니] 오른쪽 옆구리를 바닥에 대고, 오른손을 뺨에 댄 채 약손가락으로 오른쪽 콧구멍을 막은 뒤, 왼쪽 콧구멍으로 숨이 흐르도록[446] 한다. 몸 따위의 일체에 애착함이 없이 집나간 아들이 아버지의 집으로 돌아가듯이, 죽음을 두려워함이 없이 호흡을 타고 똥렌(주고 가져오기)을 번갈아 닦는다. 그 뒤 "물질계와 유정계에 귀속되는 모든 법들은 [자성이 공(空)해서] 실로 존재하지 않으며, 특히 나고 죽음 또한 참으로 존재하지 않는다"고 사유하고 닦는다. 그 뒤 "제법이 전혀 실재하지 않음에도 유정들이 실재하는 것으로 집착함으로써 고통을 겪으니 참으로 가련하도다!"라고 사유한 뒤, 대자대비를 전적으로 일으킨 뒤 똥렌(주고 가져오기)을 번갈아 닦는다.

[이 뜻을 좀 더 설명하면, 제·쌰르동(rJe śar gdoṅ) 린뽀체의 대승수심결감로정수주보왕하권(大乘修心訣甘露精髓註寶王下卷)에서, "수습력(修習力)은 앞에서 설함과 같이 아집(我執)을 눌러 부수고 두 가지 보리심의 보석을 강렬하게 일으킨다. 임종 때의 위의(威儀)는 오른쪽 옆구리를 바닥에 대고, 오른손을 뺨에 대고 약손가락 또는 무명지(無名指)로 오른쪽 콧구멍을 막은 뒤, 왼쪽 콧구멍으로 숨이 흐르도록 한다. 왼손은 뻗어서 넓적다리 위에 올려놓는다. 오른쪽 다리 위에 왼쪽 다리를 포갠다. 머리는 북쪽으로 두고 얼굴은 서쪽을 향한다. '과거 정등각 불세존께서 사라쌍수(沙羅雙樹) 아래서 열반의 모습을 보이실 때 또한 이와 같이

행하였다'고 사유하고, 부처님의 행적을 억념토록 하라. 이와 같은 자세로 머묾으로써 마라(魔羅)와 비나야까(引邪惡) 그 누구도 해치지 못하고, 번뇌 또한 침해하지 못한다. 부처님의 행적을 수념(隨念)하는 힘에 의해서 악도에 떨어지지 않고, 보리심의 보석이 강렬하게 일어나는 등의 공덕을 설한 것들을 억념한 뒤, 자비의 소연상(所緣相)을 명료하게 관상(觀想)하고, 호흡이 나가고 들어옴과 연동해서 똥렌(주고 가져오기)을 행하고, 윤회와 열반, 나고 죽음 따위의 이 현상들 일체는 실로 존재함이 티끌만큼도 있지 않음을 확지(確知)하고, 정견 위에 마음을 전적으로 안치토록 하라. 그와 같이 두 가지 보리심을 자라게 하고 닦는 겨를에 숨을 거두도록 하라.

임종 때의 위의의 핵심은 이 사자와(獅子臥)인 것이니, 단지 이 위의의 문을 통해서 임종할 수 있다면 이 위의 자체만으로도 큰 공덕이 발생하니, 부처님의 행적을 수념(隨念)하는 힘에 의해서 악도에 떨어지지 않고, 보리심의 보석이 강렬하게 일어나는 등의 공덕이 있다고 설하였다. 우리들이 일상에 늘 꼿꼿하게 앉고, 그렇게 임종하는 것을 중시할지라도 사자와(獅子臥)의 자세로 임종하는 이것의 공덕이 지대함을 알도록 하라.

또한 임종할 때 툭담(Thugs dam, 三昧)에 들어감[447]이 있고 없음을 말할 때의 툭담(三昧)이 발생하고 발생하지 않음은 꼿꼿하게 머무름이 있고 없는 따위의 몸의 자세에 달린 것이 아니라, 전적으로 마음이 일어나는 분상(分上)에 안치하는 것이 필요하다. 우리들이 밤에 잠에 들 때 또한 사자와(獅子臥)의 자세로 잠들면 마라(魔羅)[448]와 비나야까(引邪惡)[449] 그 누구도 해치지 못하고, 번뇌 또한 침해하지 못한다고 설하였다.

특별히 임종할 때 그와 같이 억념한 뒤 자비의 소연상(所緣相)을 명료하게 관상하고, 호흡이 나가고 들어옴과 연동해서 똥렌(주고 가져오기)을 행하고, '윤회와 열반, 나고 죽음 따위의 정상적인 인식 위에 성립하는 모든 제법들은 단지 현현함을 제외하고서는 실유(實有)로 성립함이 티끌만큼도 또한 있지 않다'고 사유하고, 그 확지(確知) 위에 들어가 머무르면, 그것이 정견(正見) 위에 안주하는 싸마히따(等引)인 것이다. 여기서 '티끌만큼도 있지 않다'고 하는 것은 아예 없는 것이라고 단정하는 것은 애초부터 잘못 이해한 것이니, 그렇게 되면 단견(斷見)에 떨어지기 때문에 실유로 성립하는 법이 티끌만큼도 있지 않음을 확지하고, [무자성(無自性)의] 정견 위에 전적으로 머물도록 하라. 이와 같이 능히 행할 수 있으면 크게 칭찬받을 찬탄처(讚嘆處)가 되는 것이니, 석가 능인왕(能仁王)께서 과거 지옥의 수레를 끄는 역사(力士)로 태어나셨을 때, '자기 친구의 고통을 연민함을 참지 못해서 내가 대신 짊어지리라!'라고 생각하는 마음을 단지 일으킨 것만으로 악도에서 벗어났을 뿐만 아니라 삼십삼천(三十三天)에 태어났으며, 그 뿐만 아니라, 대승의 출발점을 붙잡음과 같다. 또한 부처님께서 자외부모(mDzaḥ boḥi bu mo, 朋友의 딸)의 남편이 되었던 전기에 나옴과 같이, 자타상환(自他相換)의 보리심을 억념하고, 스승님을 억념하는 것만으로도 악도의 처소에서 해탈하는 등의 무변한 공덕이 있음을 설함과 같다.

대보살 선지식 뽀또와(Po to ba, 1027-1105)께서 열반에 드실 때, 합장을 한 뒤, '구호하는 자가 없는 유정들의 구호처(救護處)[450]가 되어지이다! 의호(依怙)가 없는 유정들의 의호주(依怙主)[451]가 되어지이다! 귀의처가 없는 유정들의 귀의처(歸依處)[452]가 되어지이다! 피난처가 없는 유정들의 섬(島)[453]이 되어지이다! 믿고 기댈 곳이 없는 유정들의 의탁처(依託處)[454]가 되어지이다! 의지할 곳이 없는 유정들의 의지처(依支處)[455]가 되어지이다!' 라고 말씀하신 뒤, 열반에 들어감과 또한 대보살 선지식 채카와(ḥChad kha ba)께서 입멸하실 때, 시자를 부른 뒤 '맨달(供養法具)을 진설하라. 검은 그을음 같은 욕구가 생겼다'고 말하자, 시자가 원치 않는 일이라도 생겼습니까? 하고 묻자, 말씀하시길, '늘 언제나 유정들을 고통에서 구제하길 원하고 유정의 이익을 위해서 지옥에 들어감을 기꺼워한 나인데, 지금 극락세계의 광경이 나타났다'고 말한 뒤, 자타상환의 고귀한 보리심을 닦는 상태에서 열반하였으니, 그 대유정들을 따라서 배우도록 하라.

이 단계에서 과거의 선현들은 모녀와 파발꾼의 설화를 이야기하였다. 과거 두 모녀가 물에 빠져 휩쓸려가자 어머니는 딸이 안 죽었으면 좋겠다고 생각하고, 딸은 어머니가 안 죽었으면 좋겠다고 생각하였다. 둘 다 죽어서 범천의 하늘인 색계(色界)에 태어남과 자싸꼬카(Bya sa ko kha)라 부르는 지역에서 소가죽으로 만든 작은 배 안에 여섯 명의 승려와 파발꾼 한 사람이 탔다. 배를 띄우고 강을 4분의 1 정도 지났을 때 뱃사공이 말하길, '배가 무거우니 수영을 할 줄 알면 한 사람 정도는 배에서 내려야 합니다. 아니면 제가 내릴 것이니 당신들 가운데 한 사람이 노를 잡으라'고 하자, 그들 모두가 그 둘을 알지 못함으로써 크게 위태롭게 되자, 그 파발꾼이 말하길, '모두 죽는 것보다는 나 혼자 죽는 것이 낫다'고 한 뒤, 물에 뛰어들자 그 순간 하늘에 무지개가 뜨고 꽃비가 내렸다. 비록 수영을 할 줄 몰라도 어떻게 해서 물가에 닿아서 죽지 않았다. 이타행의 깨끗한 마음씨에 대한 보답으로 또한 그와 같은 일이 생겼다면, 임종 시에 많이 닦으면 최상의 죽음인 것은 더 말할 필요가 없는 것이다.

이와 같은 사실들을 고려해서 선지식 채카와(ḥChad kha ba)께서 말하길, '임종의 구결에 과장된 것이 많으니, 보리심의 보석을 닦는 상태에서 임종하는 이것보다 더 놀라운 것은 없다'고 설하였다"라고 하였다.]

마. 마음이 닦아진 척도

마음이 닦아진 척도에 대하여 원문에서, "모든 법들은 일의(一意)에 거두어진다"[456]고 설하였다. 다시 말해, 경전에 설해진 모든 법들은 자아의 집착을 조복하기 위함에 거두어진다고 설함으로써, '마음이 닦아지고 닦아지지 않음'과 '법이 [아집을 대치하는] 법이 되고 되지 않음'과 '법이 자아의 집착을 다스림이 되고 되지 않음'의 셋에 달려있음으로써, 만약 법이 자아의 집착을 조복함에 들어가게 되면 마음이 닦아진 것이다.

[이 뜻을 좀 더 설명하면, 로종쑹되매카꽁(修心談論補遺)에서, "대소승의 모든 법들의 의취(意趣)가 아집(我執)을 조복하는 하나에 거두어지고, 특히 로종의 일념전주(一念專注)의 대상이 자기를 애중히 여김을 조복하고, 타인을 애중히 여기는 것임으로써, 보통 선행을 하고, 특별히 마음을 닦는 로종이 아집을 다스리는 법에 귀착되지 않는다면, 로종이 마음에 일어나지 않은 것이다. 그러므로 로종이 마음에 일어나고 일어나지 않는 것은 로종이 아집을 다스리는 법에 귀착되고 되지 않음에 달린 것이다. 이것은 수행자를 저울에 다는 저울대와 같다"고 설하였다.]

[다른 원문에서, "두 가지 확증(確證) 가운데 핵심을 잡으라"[457]고 설하였다.] 그렇다면, 자아의 집착을 조복한 그 확증이 어떤 것인가? 하면, 타인이 자기를 뛰어난 수행자로 인정하

는 것 또한 확증이 될지라도 그것은 핵심이 되지 못하니, 타인이 자기의 마음을 알지 못하기 때문에, 그 사람의 생각과 들어맞는 적절한 한두 건의 행동을 보여주는 것만으로도 기뻐함이 있기 때문이다. 그러므로 자기의 내면을 관찰할 때 자아의 집착이 점점 줄어드는 표상이 있다면 그것이 핵심적 확증인 것이다.

원문에서, "오로지 마음이 안락함을 항상 의지하라"[458]고 설함이니, 마음을 닦은 힘으로 고통과 원치 않는 어떤 것들이 일어날지라도, 또한 두 가지 보리심을 닦는 도우미로 전용하는 것으로 만족하다는 생각으로 오로지 마음이 안락함을 언제나 의지할 수 있는 그 때가 마음이 닦아진 것이다.

원문에서, "심란할지라도 [역연을 로종의 도(道)로 바꿈을] 행할 수 있으면 마음이 닦아진 것이다"고 설하였으니, 기수가 비록 경주마가 갑자기 놀라서 날뛸지라도 말에서 떨어지지 않음과 같이, 갑자기 정당하지 못한 곳으로부터 자기를 경시하고 뒤에서 비방하고, 비웃고 훼손하는 온갖 것들이 일어날지라도 또한, 두 가지 보리심을 닦는 도우미로 능히 전용할 수 있을 때가 마음이 닦아진 것이다.

[이 뜻을 좀 더 설명하면, 로종쑹되매카꽁(修心法語補遺)에서, "산란할지라도 [역연을 로종의 도(道)로 바꿈을] 행할 수 있으면 마음이 닦아진 것이다. 역연의 사건과 부딪칠 때 애를 써서 로종(修心)을 행해서 역연의 힘에 단지 말려들지 않는 것을 일컬음

이 아니다. 갑자기 어디에서 일어났는지조차 알 수 없이 역경이 발생했을 때, 일부러 애쓰지 않아도 저절로 그것을 다스리는 로종(修心)이 적나라하게 도래하는 하나를 일컫는 것이다. 제대로 수습하면 이것이 오고 또한 오는 것이니, 무시이래로 자기를 애중히 여김과 번뇌에 물든 힘에 의해서 어떠한 역연이 갑자기 생길지라도 또한 성냄 따위의 번뇌가 저절로 일어나지 않음과 같다"라고 하였다.]

원문에서, "닦아진 척도는 돌아섬이다"고 설함이니, 그 로종(修心)의 도(道)에 마음이 닦아진 척도는, 그 로종(修心)의 도(道)의 역연의 방면으로 인식함이 현전에서 반대로 돌아서는 것이다. 예를 들면, 가만(暇滿)의 몸을 얻기 어려움에 대하여 마음이 닦아진 척도는, "가만(暇滿)의 몸에서 [해탈의] 정수를 얻는 것을 원치 않던 마음이 반대로 돌아서는 것이다"라고 함에서부터, 또한 공성의 수습에 마음이 닦아진 척도는, "실유(實有)의 집착이 현전에서 반대로 돌아서는 것이다"라고 하였다.

그렇다면, 이 로종(修心)의 도(道)에서 마음이 닦아진 착란이 아닌 바른 표상은 어떤 것인가? 하면, 다른 판본에서, "마음이 닦아진 다섯 가지 큰 표상이 있다"고 설하였음으로써, 이 로종(修心)의 도(道)에서 마음이 닦아진 다섯 가지 큰 표상이 있게 되니, 그것은 다음과 같다.

① 로종(修心)의 힘에 의해서 고통과 원치 않는 어떠한 것들이

일어날지라도 두 가지 보리심의 수습에서 물러나지 않는 대보살이 된다.

② 미세하고 미세한 업과(業果)에 확신을 얻은 뒤, 사소한 타죄(墮罪)에도 또한 물들지 않게 방호하는 대율사(大律師)가 된다.

③ 어떠한 고통과 원치 않는 일들이 발생할지라도 기꺼이 자임(自任)하는 대인욕자(大忍辱者)가 된다.

④ 언제나 몸·말·뜻 셋의 착한 행위를 떠나지 않는 대수행자가 된다.

⑤ 경전의 핵심적 의취(意趣)들이 마음에 상응(相應)하는 대유가사(大瑜伽師)가 된다.

그렇다면, 그 표상들을 성취하는 방편이 무엇인가? 하면, 원문에서, "네 가지 가행(加行)을 갖추면 최승의 방편이니, 공덕이 다른 법에 비해 특별히 뛰어나다"[459]고 설하였으니, 다음과 같다.

[첫 번째 가행(加行)은] 그와 같은 그 표상들의 발생에는 고통과 원치 않는 어떤 것들이 일어날지라도 또한 정법에 마음을 쏟은 뒤, 어제보다 오늘, 오늘 아침보다 오후에 가행의 마음을 크게 발휘해서 정법의 수습에 마땅히 힘쓰는 것이다.

[두 번째 가행(加行)은] 그 때 또한 증상의요(增上意樂)로 두 가지 보리심을 닦고, 가행(加行)으로 수복참죄(修福懺罪)에 힘쓰는 것이다.

[세 번째 가행(加行)은] 그 때 순연(順緣)이 갖추어지는 등에 의지해서 안락이 발생하고, 그 안락을 원하는 마음이 일어날 때, 자신이 안락을 원함과 같이 모든 유정들 또한 안락을 원함으로써, 자기의 안락을 모든 유정들에게 희사(喜捨)한 뒤, 모든 유정들이 안락을 지니는 모양을 관상한다. 안락을 원하는 것은, 안락의 원인인 선업을 닦으라는 표시임으로 자량을 쌓는데 힘쓴다.

[네 번째 가행(加行)은] 또한 안락을 원하는 것은, 고통을 원치 않는 표시이자, 고통의 원인인 불선(不善)을 버리라는 표시임으로써, 불선을 다스리는 사대치력(四對治力)의 문을 통해서 참회하도록 한다. 자기의 몸과 마음에 고통과 원치 않는 불행들이 일어날 때, 자신이 고통을 원치 않는 것처럼 모든 유정들 또한 고통을 원치 않음으로써, 모든 유정들의 고통을 자기에게 가져온 뒤, 모든 유정들이 고통을 여의는 모양을 관상한다.

고통을 원치 않는 것은, 고통의 원인인 불선(不善)을 버리라는 표시임으로 불선을 다스리는 사대치력(四對治力)의 문을 통해서 참회하도록 한다. 고통을 원하지 않는 것은, 안락을 원하는 것임으로써 안락의 원인인 선업을 수행하라는 표시로 자량을 쌓는데 힘쓴다.

이와 같이 마음을 닦는 것은 다른 법에 비해서 특별히 뛰어난 것이니, 고통과 원치 않는 어떤 불행들이 일어날지라도 두 가지 보리심을 닦는 도우미로 전용(轉用)해 주기 때문이다.

[이 뜻을 좀 더 설명하면, 제·쌰르동(rJe śar gdoṅ) 린뽀체의 대승수심결감로정수주보왕하권(大乘修心訣甘露精髓註寶王下卷)에서, "여기서 '마음이 닦아진 척도'라고 설함은, 로종(修心)의 체험이 한둘 정도가 생긴 표상이니, 그 정도에 만족한 뒤 로종의 근수를 버린다면 크게 잘못된 것이다. 도(道)의 근본인 선지식을 친근함에서부터 (공성의) 정견과 수습에 이르기까지의 이것은 성불하기 전까지 유기하지 않고 실천하는 수행을 한 길로 향상시킴이 필요한 것이다.

특별히 보리심의 보석과 중관(中觀)의 정견 둘은 대승의 주심목(柱心木)인 까닭에, 체험이 한둘 정도가 생긴 것으로는 충분하지 않고, 성불하기 전까지 향상의 길로 나아감이 필요하다. 미륵자존께서 현관장엄론(現觀莊嚴論)에서 이십이종발심(二十二種發心)[460]을 설하심과 같이, 맨 처음 보리심을 일으키고, 로종(修心)에 정진함에 의지해서, 억지로 일으킴이 필요 없이 저절로 일어나는 무공용(無功用)의 체험이 일어나고, 모든 대승도의 터전이자 의지처(依支處)와 같은 보리심을 일으키는 것이니, 곧 대승의 하품자량도(下品資糧道)[461]의 마음의 흐름(心續)을 일으키는 것이다.

그 뒤 예를 들면, 꽃나무가 어린 싹을 틔운 뒤 점차로 자라나서 가지와 잎사귀와 꽃이 열림과 같이, 스물두 가지의 발심(發心)이 점차로 향상하여 농운유발심(濃雲喩發心)에 이르기까지 향상시킨 뒤, 모든 도(道)와 지(地)를 차례로 밟아나감이 필요하고, 성불한 뒤에도 자기보다 타인을 애중히 여기는 대비의 힘에 의해서 허공계가 다할 때까지 유정의 이익을 행함과 그와 같이 제법의 존재도리를 깨닫는 견해 또한 맨 처음 갖가지 노력을 통해서 얻는 것이 필요하다.

여기서 '제법의 존재도리'라고 하는 것은, 그렇다는 도리이니, 나무를 나무라고 하고, 돌을 돌이라고 함과 또는 자성이 성립함이 없는 도리가 있는 그것을 마땅히 아는 것으로써, 자성이 성립함이 없이 단지 인(因)과 연(緣)에 의지해서 발생하는 것일 뿐임을 마땅히 아는 것이다.

공성을 깨달은 정견을 얻은 뒤에도 또한 체험이 한둘 생긴 것으로는 충분하지 않고, 무공용(無功用)의 체험이 일어남이 필요하고, 그 정도로는 또한 충분하지 않고, 세속보리심으로 전적으로 야기한 바의 쨰곰(dPyad sgom, 觀修)[462]을 거듭거듭 행하는 것이 필요하다. 그리고 보리심에 의해서 전적으로 일으키지 않으면 어떠한 허물이 생기는 것인가? 하면, 보리심에 의해서 전적으로 일으킴이 없이 단순히 공성을 닦는 것은 소승(小乘)에 떨어지기 때문이다. 소승의 성자들에게도 또한 제법의 존재도리를 깨달은 정견에 무공용(無功用)의 체험이 일어남이 있을지라도 또한, 보리심이 결여된 탓에 하열한 아라한 정도만을 겨우 얻게 되는 것이다.

그러므로 단순히 공성을 깨달은 정견을 얻는 것만으로는 충분하지 않고, 보리심에 의해서 전적으로 일으킨 바의 째곰(觀修)을 장시간 행함이, 존재도리를 소연해서 닦는 학통(lHag mthoṅ, 勝觀)이니, 몸과 마음을 경안락(輕安樂)[463] 으로 섭수함으로써 존재도리와 시내(Shi gnas, 寂止)의 합일을 체감하는 수승한 체험이 발생함과 그것을 단지 이루는 것만으로는 또한 충분하지 않고, 존재도리를 실제로 증득하는 승의발심(勝義發心)이 마음에 일어남이 필요하다. 승의발심이 마음에 일어남과 대승의 성도(聖道)를 얻음과 보살의 초지(初地)를 성취함이 동시이니, 공성을 실제로 증득하는 정견을 위주로 말하였을지라도 공성을 실제로 증득하는 정견이 마음에 일어남과 초지(初地)를 성취하는 둘은 동시인 것이다.

그 또한 십지(十地)의 행상(行相)을 건립하는 도리는 승의발심의 문을 통해서 생긴 것이며, '승의발심(勝義發心)'이라 함은, 세속보리심과 하나로 꼬아진 것이니, 예를 들면, 실 두 개를 꼬아서 하나로 만듦과 같은 것이기에, 그 승의발심의 힘이 크고 작은 차이로 인해서 초지(初地)에서부터 십지(十地)에 이르는 차별이 생긴 것이다. 그러면 승의발심의 힘이 크고 작은 그것을 어떻게 시설함인가? 하면, 각자의 득분(得分)인 그 소단분(所斷分)[464]를 파괴함에 있어서 힘이 크고 작음의 문을 통해서 생겨난 까닭에,

하나의 본질에 모양이 갖가지인 것이다.

승의발심이 마음에 일어난 뒤에도 또한 그것으로 충분하지 않고, 그것을 향상시켜서 낮은 지위에서 높은 지위로 올라가고, 최후에는 금강유정(金剛喩定)이니, 수도위(修道位)의 금강유정인 미세한 소지장(所知障)의 직접적 대치인 무간도(無間道)[465]에 의해서 (심경(心境)을 둘로 보는) 이현(二現)의 착란의 습기와 소지장의 일체를 파괴하니, 일체종지(一切種智)를 얻음이 필요함과 그것을 얻은 뒤에도 또한 허공계가 다할 때까지 모든 유정들이 성불하기 전까지 법계에서 움직임이 없이 머무는 것이 필요하다. '법계에서 움직임이 없는 상태에서, 화신의 자성(自性)인 갖가지로'라고 함과 같이, 법계에서 움직임이 없이 머무는 것도 단지 싸마히따(等引)에 안주하는 정도로는 충분하지 않고, 화신의 자성인 (변화의 몸으로) 갖가지의 사업을 행하는 것이다.

그와 같은 도(道)를 차례로 밟아나가는 도리들에 대한 바른 이해가 형성되면, 지존하신 아띠쌰 존자와 쫑카빠 대사의 구결(口訣)인 도(道)의 몸체를 구족한 이 우빠데쌰(教誡)에 확신을 얻게 된다"라고 하였다.]

바. 로종(修心)의 서언

로종의 서언(誓言)에 대하여 원문에서, "세 가지 보편적 요의(要義)를 항상 학습하라"고 설함이니, 여기에는 로종(修心)이 교법 전체와 어긋나지 않음과 경망(輕妄)함에 떨어지지 않음과 편협함에 떨어지지 않음의 셋[466]이 있다.

① 로종(修心)이 교법 전체와 어긋나지 않음이니, 이것은 로종(修心)의 닦음이 있다면 그것으로 충분한 것이기에, "예배와 탑돌이와 [경문과 만뜨라의] 염송(念誦)과 또르마(食子)의 공양 따위들을 행할 필요가 없다"고 경시하지 않고, 귀의(歸依)에서부터 밀주(密呪)에 이르기까지 [자기가 배우기를 승인한] 갖가지 학처(學處)들을 교법 전체와 어긋남이 없도록 배우는 것이다.

② 로종(修心)이 경망(輕妄, Tho co)함에 떨어지지 않음이니, 이것은 자아의 애집을 버린 것을 남이 알아주기를 바람과 난행(難行)을 행할지라도 손상을 전혀 입지 않는다는 확신을 얻은 것을 남이 알아주기를 바란 뒤, 흉한 땅을 파헤치고, 불길한 바위를 깨트리고, 흉한 물을 휘젓고, 흉한 나무를 자르는 따위들을 행함과 [문둥병자와] 흉살을 맞은 사람과 서언을 어긴 자들과 함께 어울리는 따위를 행하지 않는 것을 배우는 것이다.

③ 로종(修心)이 편협함에 떨어지지 않음이니, 이것은 신귀(神鬼)의 해침은 참을 수 있을지라도 또한, 인간의 해침은 참지 못함과 인간의 해침은 참을 수 있을지라도 또한, 신귀의 해침은 참지 못함과 높은 자에게는 공손하여도 낮은 자에게는 우쭐거림과 어떤 이에게는 자애로울지라도 또한, 어떤 이에게는 분노하는 따위의 편협함에 떨어지지 않는 것을 배우는 것이다.

원문에서, "쇠퇴함이 없는 셋을 닦으라"[467]고 설함이니, 쇠퇴함이 없는 셋은, ①대승도의 근본이 선지식인 까닭에, 스승님을 우러러 받듦이 쇠퇴함이 없이 실제로 부처님이라는 생각을 닦는 것이다. ②이 로종(修心)은 대승도의 정수인 까닭에 그것을 수행하는 것에 흥취가 쇠퇴하지 않도록 닦는 것이다. ③자신이 지키기로 한 서언(誓言)과 계율의 수호에 방일하지 않고 쇠퇴하지 않도록 닦는 것이다.

원문에서, "세 가지 어려움을 배우라"[468]고 설함이니, 세 가지 어려움은, ①번뇌가 일어날 때 그것을 다스리는 대치법이 때맞춰 오기 어렵다. ②대치법이 때맞춰 왔어도 그것을 물리치기가 어렵다. ③ 한차례 번뇌를 물리쳐도 다시 일어나지 않게 하는 것이 어렵다. 그렇지만 수습력(修習力)에 의해서 그것이 어렵지 않도록 학습하라.

원문에서, "세 가지 핵심적 요인을 잡으라"[469]고 설함이니,

이것은 붓다를 닦아 이루는 요소의 명확한 차별이 무변하게 있을지라도 또한 정리하면, 내적 조건인 ①가만(暇滿)의 몸을 얻기 어려움을 사유함에서부터 공성의 수습에 이르기까지를 스승님께서 설해주심과 같이 그것을 자기의 마음 흐름에 일으킬 수 있음과 외적 조건인 ②[바른 스승님 또는] 자격을 갖춘 선지식께서 섭수하여 줌과 ③의식주 따위의 [순연(順緣)]을 갖춤의 셋이 붓다를 닦아 이루는 핵심적 요인이 됨으로써, 그 셋을 자기가 갖추고 갖추지 못함을 살펴본다. 만약 갖추었으면 불법의 수행에 진력하고, 갖추지 못하였으면 나와 같이 붓다를 닦아 이루는 요인들을 갖추지 못한 무변한 유정들의 죄업과 고통의 일체를 자기에게 거두어 모은 뒤, 그들 일체가 모든 고통을 여읜 뒤에 불법을 수행하는 조건들을 갖춘 모양을 관상하는 것이다.

원문에서, "세 가지 분리되지 않음을 지니라"고 설함이니, 이것은 ①스승님을 받들어 모시고, 예배하고 탑돌이를 행하는 등의 몸으로 짓는 선행과 분리되지 않음이다. ②날마다 경문을 구송(口誦)하고, 진언 등을 염송하고 낭송하고, 붓다의 찬탄문을 외우는 등의 입으로 짓는 선행과 분리되지 않음이다. ③보리심을 닦는 등의 마음으로 짓는 선행과 분리되지 않음을 지니는 것이다.

원문에서, "지체(肢體)가 온전하지 못함을 말하지 말라"고 설함이니, 이것은 세상의 관점에서 불구이거나 귀머거리이거나, 법의 측면에서 서언이 깨어졌거나 계율을 파함과 같은 따위를 말하지 않는 것이다. 그와 같이 하면, 타인의 마음을 불편하게 만들고, 그로 말미암아 로종(修心)의 수행에 장애를 불어오기 때문이다.

원문에서, "타인에 관해서 일체 생각하지 말라"고 설함이니, 이것은 보통 '나는 누구와도 어울리는 것이 불가하고 혼자 지낸다'라고 함과 같은 것을 말함이 아니니, 자기의 입장에서 로종(修心)에 들어갔음에도 다시 타인의 잘못을 분별함에 떨어짐으로써 로종과 어긋나기 때문이다. 그러므로 타인의 잘못을 분별하고, 잘못을 말하지 않는 것이니, 그렇지 않으면 타인의 잘못을 오직 분별하길 바라고, 말하길 원하는 마음이 일어남으로써, 로종에 안주하는 방법이 없어지기 때문이다.

그러므로 보통 모든 유정들과 특별히 불문(佛門)에 들어온 이들과 대승의 문에 들어온 이들에 대하여 그들의 허물을 분별하고, 허물을 말하지 않는 것이니, 만약 그렇지 않으면 자기의 선근을 끊고 악도에 태어나게 됨으로써 불행한 이숙(異熟)을 안겨주기 때문이다. 어쩔 수 없이 타인의 잘못을 보는 경우, '나의 감정이 불순한 것이지 그 사람에게 그와 같은 허물이 어찌 있겠는가?'라고 마음에 작의(作意)하라.

원문에서, "처음과 마지막 둘에 둘을 행하라"라고 설함이니, 이것은 ①이른 아침 날이 밝아올 때, '오늘은 자기를 애중히 여김에 물들지 않고, 타인을 애중히 여기고, 두 가지 보리심을 여의지 않으리라!'고 생각한 것을 정념(正念)과 정지(正知)의 둘로 잊지 않고 챙기도록 한다. ②저녁에 잠에 들 때, '오늘 법이 아닌 죄업에 물들었는지? 않았는지?'를 생각하고 살피도록 한다. 만일 물들었으면, '소중한 가만(暇滿)을 허비함은 나처럼 자기가 자기에게 해악을 끼침이다'라고 생각한 뒤, 후회하고 참회토록 하라. 만약 물들지 않았다면, '오늘 소중한 가만(暇滿)을 유용하게 썼고, 인간의 삶을 불법에 들어놓는 일을 이루었다'고 생각한 뒤, 기쁨을 닦는다. 그 뿐만 아니라, '이후의 모든 생애마다 두 가지 보리심을 닦고, 여의지 않게 하소서!'라고 기원하도록 한다.

원문에서, "둘 중에 어떤 것이 일어나도 감내하라"[470]라고 설함이니, 이것은 자기에게 갑자기 권속과 재물과 명성 따위가 크게 찾아오면, '그 때 자만하지 말고, 이들 일체는 덧없고 견실하지 못하고 환상과 같다'라고 사유한 뒤, 법을 성취하는 도우미로 전용하는 법을 알도록 하라. 또한 아예 바닥에 떨어져서 자기보다 아래서 가는 거라곤 물밖에 없는 것과 같은 처지가 발생할지라도, '내가 이 지경이 되었다'라는 생각에 좌절하지 않고, '타인의 고통을 자기에게 가져오고, 선취와 악도의 차이를 관찰하고, 금생의 부귀와 가난은 큰 차이가 있는 것이 아니다. 불법을 닦는 것으로 충분하고, 가만(暇滿)을 얻음을 의미 있게 하리라'고 생각한 뒤, 법을 닦는 도우미로 전용하는 법을 알도록 하라.

원문에서, "둘이 갖춰지면 일체를 가져오라"[471]고 설함이니, 이것은 자기에게 번뇌의 탐착과 성냄과 질투와 교만 따위의 어떤 번뇌가 일어날지라도 또한, 모든 유정들의 번뇌를 자기에게 가져온 뒤, 유정들이 번뇌를 여의는 모양을 관상하고, 자기에게 고통과 원치 않는 불행들이 일어나면, 모든 유정들의 고통과 원치 않는 불행들의 일체를 가져온 뒤, 그들 모두가 고통을 여의는 모양을 관상하는 것이다.

원문에서, "둘을 목숨과 바꾸어도 수호하라"고 설함이니, 이것은 서언(誓言)을 수호하지 않는 이에게는 금생과 후생의 모든 안락과 행복이 생기지 않음으로써, 불법 전체에서 설하는 [삼귀의(三歸依)와 같은] 서언과 특별히 이 로종(修心)의 가르침에서 설하는 서언을 목숨과 바꾸어도 수호한다.

불법 전체에서 설하는 [지켜야할 학처(學處)의] 서언에는 자기가 지키기로 승인한 서언과 스승님의 면전에서 지키기로 약속한 [발보리심의] 서언이 있으며, 이 둘 가운데서, 처음의 자기가 지키기로 승인한 [지체(肢體)가 온전하지 못함을 말하지 않음과 같은] 서언과 계율은 목숨과 바꾸어도 수호해야 하는 것이다. 두 번째의 스승님 앞에서 지키기로 약속한 서언이 쇠퇴하면 어떤 스승일지라도 괜찮으니, 이후로는 스승에 의지하는 실지(悉地)의 성취가 있지 않음으로써, 스승님 앞에서 약속한 서언은 목숨을 바꾸어도 지켜야 하는 것이다. 여기서 설해진 이 로종의 서언은 타인에게 이익을 주기 위해서 타죄(墮罪)를 말하고 기억하게 하는 것을 제외하고는, 지체(肢體)가 온전하지 못함을 말하는 따위들을 목숨과 바꾸어도 수호하는 것이다.

원문에서, "편향의 일체를 버리라"고 설함이니, 이것은 일반적으로 이생범부(異生凡夫)[472]의 심성의 유형과 공덕이 편향적인 것일지라도 또한, 로종(修心)을 행할 때는 육바라밀(六波羅密)과 문(聞)·사(思)·수(修)의 셋과 십법행(十法行)[473] 등에 대하여 한 쪽에 쏠림이 없이 로종을 행하는 것이다. 또한 어떤 것들에 대해서는 실제로 로종을 행하고, 어떤 것들에 대해서는 단지 신해(信解)의 대상으로 삼아서 로종을 행한다. 또한 대상으로는 성자와 이생범부에 치우침이 없이 모두에 대해서 평등하게 로종을 행한다.

원문에서, "특정인에 대해서는 항상 닦으라"고 설함이니, 이것은 일반적으로 모든 유정들에 대하여 로종(修心)을 행하는 것일지라도, 별도로 다섯 특정인에 대해서는 항상 로종(修心)을 행한다. 다섯 특정인이란, ①나와 크게 친숙한 이들과 ②자기의 경쟁자가 된 이들과 ③상대를 해치지 않았음에도 나를 위해하는 이들과 ④[서로 싫어할 인연이 전혀 있지 않음에도 과거생의 업력으로 인해서] 나를 해악하지 않을지라도 보면 미워지는 이들이니, 이 넷은 로종의 수행을 실패하게 만드는 위험이 큰 까닭에 별도로 특별히 닦도록 한다. ⑤친교사(親教師)와 아사리(軌範師)와 부모님 등이니, 은혜가 지중한 이들에게는 사소한 해악도 짓지 않도록 하라. 비록 작을지라도 이숙(異熟)의 과보가 무겁기 때문에 별도로 특별히 닦도록 한다.

원문에서, "실천하기 쉬운 것을 닦으라"고 설함이니, 어떤 이는, "지금 타인의 죄악을 자기에게 가져오고, 자기의 안락과 선업을 타인에게 주는 것이 불가능하다"고 말하지만, 몸과 말의 난행에 의지함이 필요 없이 단지 청정한 의요(意樂)로 닦는 것만으로도 충분하기에, 자타상환(自他相換)을 행하지 못하는 허물이 있는 것이 아니다.

원문에서, "조악한 그것을 먼저 정화하라"[474]고 설함이니, 이것은 자기에게 어떤 번뇌가 강렬하고, 어떤 것이 자기의 선행을 해치는지를 관찰할 때, 조악한 번뇌 어떤 그것을 먼저 정화하는 것이다.

원문에서, "준엄함의 버림과 취함을 항상 행하라"고 설함이니, 이것은 인간과 비인간 등들을 준엄하게 대하지 않음이다. 그와 같이 행하면 현재와 미래의 일체에 해악을 끼치기 때문이다. 그렇다면, 누구에게 준엄해야 하는가? 하면, 모든 고통의 근본인 [자기를 애중히 여기는] 자아의 애집을 준엄하게 대하는 것이니, 모든 선행들이 그것을 대치하는 법이 되도록 한다.

원문에서, "독이 든 음식을 의지하지 말라"[475]고 설함이니, 이것은 예를 들면, 좋은 음식은 몸과 목숨을 길러주지만, 독이 섞이면 몸과 목숨을 위태롭게 함과 같이, 모든 선업들이 증상생(增上生)과 결정승(決定勝)의 목숨을 길러줄지라도, 자기를 애중히 여기는 독과 섞이면 증상생과 결정승의 목숨을 위태롭게 함으로써, 모든 선업들이 자기를 애중히 여기는 독과 섞임을 끊어버려야 한다.

원문에서, "너그러움(寬恕)을 의지하라"[476]고 설함이니, 이것은 타인이 자기에게 원치 않는 일을 자행함에 대해서 원망하거나 분한을 품지 말라. 그것은 보살은 물론 성문조차도 행하지 않는 것이다. [적방이 해악을 일으킴에 대해서 분한을 품은 뒤 그것에서 평생 헤어나지 못하는 그와 같은 짓을 하지 말라. 그와 같은 것은 탐착 따위의 모든 번뇌에 대해서 행하라.]

원문에서, "복수의 때를 기다리지 말라"[477]고 설함이니, 이것은 자기에게 해악을 끼칠 때 그 자리에서 복수하지 않을지라도 또한, '뒷날 반드시 해치리라'고 생각한 뒤, 때가 올 때까지 복수하길 기다리지 말라.

원문에서, "간교한 계책을 쓰지 말라"[478]고 설함이니, 이것은 다른 사람에게 있는 좋은 물건을 간교한 계책으로 자기가 취하는 행위를 하지 말라. [선지식 쎄·찔부와(Se spyil bu ba)의 수심칠사주(修心七事註, Blo sbyoṅ don bdun ma ḥgel pa)에서, "원하는 것이 공공장소에 있는 것을 자기에게 처음 주기를 희망함으로써, 현명하지 못한 행동과 갖가지 방법들로 자기에게 돌리는 행위 일체를 버리는 것이다"고 하였다.]

원문에서, "조(mDzo: 犏牛)의 짐을 소에게 싣지를 말라"[479]고 설함이니, 이것은 자기와 다른 사람에게 공통적으로 주어진 짐과 같은 것을 간교한 술수로 타인에게 전가하지 않음과 자기의 과실을 간교한 술수로 다른 사람에게 떠넘기지 않는 것이다. [이 뜻은 또한, 자기에게 주어진 짐 또는 죄과(罪過)를 간교한 술수를 써서 타인에게 전가한 뒤, 그 사람을 죄인으로 만드는 그와 같은 행동을 하지 말라는 것이다.]

원문에서, "내 행복의 요소로 남의 불행을 찾지 말라"[480]고 설함이니, 이것은 "원수가 죽으면 내가 크게 발복(發福)한다"고 생각하거나, 또는 "친한 도반이 죽으면 그의 경전과 발우 따위들이 내게 온다"고 생각하거나, 또는 "시주(施主)가 병사(病死)하면 내게 큰 재(齋)가 들어온다"고 생각함과 같은, 자기의 행복의 요소로 타인의 불행을 찾지 않는 것이다.

원문에서, "양재(禳災, gTo)를 전도되게 행하지 말라"[481]고 설함이니, 이것은 세상에서 소중히 여기는 환자를 위해서 씨다(Śis sgra, 祝福)와 뤼또르(Glud gtor, 代身食子)[482]를 바치는 것은, 그 환자가 죽지 않게 신귀에게 빌어서 재앙을 물리치는 양재(禳災)인 것과 같이, 로종(修心) 또한 질병의 소멸을 위해서 닦는다면, 그것은 양재를 전도되게 행하는 것이니 하지 말라. [이것은 로종의 목적이 아니기 때문이다.]

원문에서, "그릇되게 이해하지 말라"고 설함이니, 이것은 그릇되게 이해하는 여섯 가지를 버린 뒤 바르게 이해하는 여섯 가지를 행하도록 하라. 그 여섯 가지 그릇된 이해는 다음과 같다.

① 붓다의 의향(意向)과 일치하는 정법을 추구하는 희원(希願)

을 발출하지 않고, 금생의 길선원만(吉善圓滿)을 추구하는 욕망을 일으키는 것은 그릇된 희원이다.

② 정법을 닦고 이루는 난행(難行)은 견디지 못하고, 적을 제압하고 친족을 지키는 난행을 감내하는 것은 그릇된 인내[483]이다.

③ [문(聞)·사(思)·수(修)의 셋을 통해서 법미(法味)를 맛보지 못하고, 세간의 즐거움을 맛보는 것은 그릇된 체험이다.][484]

④ 죄를 진 사람이 고통의 원인에서 벗어나지 못하는 것에 대비를 일으키지 않고, [법을 위해서 고행을 닦는 것에][485] 대비를 일으키는 것은 그릇된 대비(大悲)이다. [죄업을 지은 자에게 대비를 닦지 않고, 구법을 위해서 고행을 닦는 자에게 대비를 닦는 것은 그릇된 대비(大悲)이다.]

⑤ 모든 유정들을 구제하길 자신이 서원한 뒤, 자기가 성숙시킨 사람을 정법의 추구에 진력하지 못하게 하고, 금생의 길선원만(吉善圓滿)만을 추구하게 하는 것은 그릇된 추구심(追求心, gÑer sems)[486]이다.

⑥ 자기와 타인의 선근을 따라서 기뻐하지 않고, 원수의 고통을 수희하는 것은 그릇된 수희(隨喜)이다.

원문에서, "급소[약점]을 건들지 말라"[487]고 설함이니, 이것은 많은 사람들이 모인 곳에서 다른 사람의 허물을 들추어내는 것으로 언제 어디서나 행하지 않는 것이다.

원문에서, "신(神)을 마(魔)가 되게 하지 말라"고 설함이니, 이것은 세속에서 자기가 모시는 신(神)을 잘 섬기면 이익을 주고 해악에서 지켜주나, 만약 그렇지 않으면 해악을 일으키는 것은 신(神)이 마(魔)가 된 것과 같다. 그와 같이, 로종(修心)을 닦은 힘에 의해서 도리어 교만과 자기를 애중히 여기는 자아의 애집(愛執)이 커진다면, 이것은 신(神)이 마(魔)가 된 것이니 그렇게 되지 않도록 해야 하는 것이다.

원문에서, "잠시라도 행하지 말라"[488]고 설함이니, 이것은 사소한 어떤 좋고 나쁜 것에 대해서 좋고 싫음의 갖가지 표정의 변화무쌍한 얼굴은 친구를 해침으로써 행하지 말라.

또는 정법을 닦고 행함이 일관됨이 없이 어느 때는 열심히 행하고, 어느 때는 하지 않는 그것으로는 수행력(修行力)이 생기지 않음으로써 행하지 말라.

원문에서, "번갈아 행하지 말라"[489]고 설함이니, 이것은 견해와 행위를 홑으로 행함이 없이 제법의 자성이 티끌만큼도 성립하지 않을지라도 또한, 모든 업의 행위가 합당한 견행(見行)을 함께 닦는 쌍운(雙運)의 도를 실행하는 것이다.

원문에서, "정분(正分)과 지분의 둘을 닦으라"고 설함이니, 이것은 세속보리심을 수습함과 같은 것에는 가만(暇滿)의 얻기 어려움을 사유하는 등을 가행(加行)의 지분으로 닦고, 자타상환(自他相換, gToṅ len)의 수습을 정분(正分)으로, 일체법의 무자성(無自性)을 닦음과 회향과 발원으로 인(印)을 치는 등을 후행(後行)의 지분으로 닦는 것이다. 승의보리심을 수습함과 같은 것에 세속보리심을 닦는 그 이상을 가행(加行)의 지분으로 닦고, 공성의 수습을 정분(正分)으로, 보시 등을 후행(後行)의 지분으로 닦는 것이다.

원문에서, "대상을 차별 없이 닦고, 두루 깊이 닦아지게 하고, 일체를 애중히 여기라"[490]고 설함이니, 이것은 대상인 유정과 비인간의 일체를 차별함이 없이 닦고, 그 또한 두 가지 보리심으로 섭수함을 닦는다. 그 또한 미자주(尾子酒)[491]에 거친 보릿가루를 뿌린 것처럼 둥둥 뜨지 않게 두루 깊이 닦아지게 하고, 일체를 애중히 여기는 것이다.

사. 로종(修心)의 교훈

로종의 교훈에 대하여 원문에서, "모든 요가(瑜伽)를 하나로 행하라"[492]고 설함이니, 이것은 밀주(密呪)를 닦는 수행자에게 세욕유가(洗浴瑜伽)와 약식유가(藥食瑜伽)[493]와 수면유가(睡眠瑜伽)[494] 따위의 갖가지가 있을지라도 또한, 여기서는 이러한 모든 유가들을 보리심을 닦는 한 가지에 의해서 행하는 것이다.

원문에서, "하나로 모든 제복(制伏, Log gnon)을 행하라"[495]고 설함이니, 이것은 자기에게 어떠한 고통과 원치 않는 불행들이 일어날지라도 또한, 보리심의 수행 하나로 모든 제압을 행하는 것이다.

원문에서, "쉽게 분노하지 말라"[496]고 설함이니, 이것은 자기에게 어떤 해악이 일어나면, '이 사람이 이 짓을 했다'라고 마음속에 생각의 무늬[497]를 그리는 분노를 일으키지 않는 것이다.

원문에서, "모진 말로 못질하지 말라"[498]고 설함이니, 이것은 자기에게 어떤 해악이 생길지라도 또한 상대의 마음을 해치는 나쁜 말을 하지 않는 것이다. 텍첸로종기짜칙챈닥마(大乘修心訣旁註)에서, "다른 사람의 심장에 못질을 하는 모진 말을 올리지 말라"고 하였다.]

원문에서, "감사의 말을 바라지 말라"[499]고 설함이니, 이것은 남에게 도움을 준 보답을 직접 바라지는 않을지라도 또한, 다른 사람이 '감사합니다!'라고 칭송하면 흡족해 하고, 그렇지 않으면, "사람에게 좋은 일을 해주거나 나쁜 일을 해주거나 별 차이가 없어. 은혜의 보답으로 '감사하다!'는 말도 할 줄 모른다"고 생각하는 감사의 말을 기대하지 않는 것이다.

원문에서, "과시(誇示)하지 말라"[500]고 설함이니, 이것은 남에게 도움을 주어도 과시함을 닦지 않는 것이다. 유정이 그것을 얻는 것이, 내게는 그것이 당연하기 때문이니, 유정들이 무시이래로 어머니가 되어주셨고, 반복해서 어머니가 되어주셨다. 언제나 어머니가 되어주셨고 번갈아 가면서 나에게 이익을 주셨기 때문이다. 그 뿐만 아니라, 모든 유정들을 붓다의 지위에 안치해야 또한 나의 서언이 궁극에 도달한 것이기에 과시함이 있지 않다. 왜냐하면, 자기가 보리심을 일으킬 때 불보살님을 증인으로 세운 뒤 중생의 구제를 서원하였기 때문이다.

원문에서, "문득 어떤 일을 만날지라도 수행과 결부하라"고 설함이니, 이것은 즐거울 때나 괴로울 때나, 마을과 사원 등지에서 머물 때나, 행(行)·주(住)·좌(坐)·와(臥)의 네 위의(威儀) 가운데 항상 로종(修心)을 수행하는 것이다.

원문에서, "외적 조건들에 의지하지 말라"[501]고 설함이니, 이것은 보통 법의 문에 들어온 다른 이들은 질병 따위의 역연

(逆緣)이 없고, 음식과 의복 따위의 순연(順緣)의 갖춤에 의지할지라도 또한, 이 로종(修心)의 길에서는 질병 따위의 역연이 발생하고 순연이 갖추어지지 않음에 의지해서 로종을 수행하는 것이다.

원문에서, "모든 이유들을 파괴하라"[502] 고 설함이니, 이것은 다른 사람에게 탐착과 분노하는 이유로 실제로 원수가 되니, 남을 해치고자 하는 마음을 파괴한 뒤, 친소가 없는 평등한 마음을 닦는 것이다.

원문에서, "통찰과 분석의 둘로써 단련하라"[503] 고 설함이니, 이것은 분별과 분석의 둘에 의해서 자기의 마음흐름 속에 어떤 번뇌가 강력한지? 아니면, 어떤 번뇌가 선행을 해치는지? 따위를 철저하게 조사한 뒤 제일 강력한 번뇌를 물리치는 대치법을 닦는 것이다.

원문에서, "결연하게 수행하라"[504] 고 설함이니, 이것은 자기에게 번뇌가 일어날 때, '이 다스림 법에 의해서 극복할 수 있다'는 생각으로 추호의 의심도 없이 로종(修心)에 전념하는 것이다.

원문에서, "이번엔 핵심을 수행하라"[505] 고 설함이니, 이것은 우리들이 과거 윤회 속에서 몸을 받은 일체를 전부 다 무의미하게 허비하였다. 이번 기회에 얻은 이 몸으로 핵심적 요의(要義,

Don gyi gtso bo)를 수행하는 것이니, 그 또한 금생과 후생의 둘 가운데서 후생이 핵심이고, 그 또한 법의 강설(講說)과 수증(修證)의 둘 가운데서 수증이 핵심이며, 수증(修證)의 법에도 또한 여러 가지가 있는 가운데서 두 가지 보리심을 닦는 것이 핵심인 까닭에 그것을 닦는 것이다.

원문에서, "의미가 큰 그것을 취하라"[506]고 설함이니, 이것은 그러면 "불전(佛殿)을 건립하고, 존상(尊像)을 주조하는 것은 의미가 큰 것이 아닌가?"라고 한다면, 의미가 큼이 일정하지 않다. 그것에 의거해서 다른 사람을 해치거나, 자기의 선행이 쇠퇴하고, 나쁜 친구와 어울리고, 유정의 몸과 생명을 해치게 되는 경우가 있기 때문이다.

그러면 "무엇이 의미가 큰 것인가?"라고 한다면, 현재 지키기로 서약한 서언(誓言)과 계율을 청정하게 지킴과 문(聞)·사(思)·수(修)의 셋을 통해서 마음의 흐름을 닦는 것이 의미가 큼으로써, 타인의 이익을 위해서 그것을 행한다.

원문에서, "결과를 기대하는 일체를 버리라"[507]고 설함이니, 이것은 로종(修心)을 수행하는 그 사람이 실익의 분상에서 현생과 구경의 모든 선과(善果)가 발생할지라도, 유가수행자의 마음의 소연(所緣)은 버림의 법이다. 로종의 수행에 의거해서 자기의 원수와 신귀의 모든 해악을 제멸하고, 하늘과 인간들이 자애로워지고, 이양과 공경의 일체를 얻고, 미래에 하늘과 인간의 지위를 얻고, 오로지 자기의 이익을 위해서 해탈과 일체지(一切智)를 얻으려는 희망의 일체를 버린 뒤, 모든 유정들의 이익을 위해서 똥렌(gToṅ len: 주고 가져오기)을 닦는 것이다.

원문에서, "미래를 위해 갑옷을 입어라"[508]고 설함이니, 이것은 그러면 결과를 기대하는 일체를 버린다면, "로종의 도(道)에도 또한 정진하지 않는 것인가?"라고 한다면, 자리(自利)를 위해서 행하지 않을지라도 또한, "무시이래로 모든 유정들이 내 어머니가 되어주셨고, 반복해서 어머니가 되어주셨다. 언제나 어머니가 되어주셨고, 번갈아 가면서 갖가지 이익을 주셨고, 해악에서 나를 지켜주신 은혜로운 유정들을 위해서 대비를 전적으로 불러일으킨 뒤, 그들의 이익을 위해서 붓다의 지위를 얻어야 하고, 그것을 얻기 위해서는 또한 두 가지 보리심을 닦는 것이 필요함으로써 두 가지 보리심을 수행하리라!"고 생각한 뒤, 하루에 육좌(六座)에 걸쳐서 [인욕·정진의] 갑옷을 입는 것이다.

[15세기에 기록한 간기(刊記)에 의하면] 이 "대승의 마음 닦는 법"인 텍빠첸뾔로종기담빠(Theg pa chen poḥi blo sbyoṅ gi gdams pa)는 모든 부처님들의 지비(智悲)의 본질이신 두 번째 관자재보살인 일체지자(一切智者)·겐뒨둡빠·뺄쌍뽀(dGe ḥdun grub pa dpal bzaṅ po, 僧成·吉祥賢, 1391-1474)께서 탁세의 유정들을 호념(護念)하여 남섬부주의 정수리의 장엄과 같은 대승원(大僧院) 따씨룬뽀(bKra śis lhun po, 吉祥妙高)의 촉탐째래남빠르걜왜링(Phyos thams cad las rnam par rgyal baḥi gliṅ, 十方勝利院)에서 저술하였다.

이것 또한 붓다의 교법이 유행하고 융성하며, 장구하게 머물고, 모든 유정들에게 안락과 행복의 부요(富饒)가 왕성하여지이다! 빠리쁘릇차(Paripṛccha, 청원하다)! 게오(dGeḥo, 吉善)! 따씨(bKraśis, 吉祥)!

주

1) 수행가지파(修行加持派)는 문수보살님으로부터 직접 적천보살에게 전승되는 대승의 수행법통의 하나이다. 이것은 법왕자 보살인 적천보살의 보살집학론(菩薩集學論)과 입보리행론(入菩提行論)의 핵심인 자타평등상환(自他平等相換)의 보리심의 수행법으로 아사리 쎄르링빠(金洲法稱)로부터 아띠쌰 존자에게 전승되는 대승학파의 이름이다.

2) 미륵자존(彌勒慈尊)께서 대승의 로종(修心)의 가르침을 또한 설하시니, 경장엄론(經莊嚴論 / 大乘莊嚴經論)의 둡빠레우(sGrub paḥi leḥu, 正修品第六)에서, "타인과 자기를 평등하게 사유하거나, 자기보다 타인을 애중히 여김으로써 고통을 얻은 뒤, 그같이 자기보다 타인의 이익을 최선으로 앎이니, 자기의 이익이란 무엇이고 타인의 이익이란 무엇인가? [이리(二利)가 어찌 차별이 있겠는가?] (중략) 그같이 대비의 자성은 타인의 이익을 위해서, 자기에게 참지 못할 고통이 크게 괴로움을 주고, 그처럼 세간의 괴로운 업이 타인과 원수에게 [괴로움을 주니], 크게 연민(憐愍)함이 없이는 행하지 못한다"라고 함과 같은 것이다.

3) 경의분변(經義分辨, gShuṅ ḥbyed)은 경전의 요의(了義)와 미요의(未了義)를 분변해서 밝힘을 뜻하니, 문수사리근본의궤경(文殊師利根本儀軌經)에서, "아쌍가(無着)라 부르는 비구는 그 싸쓰뜨라(Śāstra, 論)의 의미에 정통하고, 계경(契經)의 요의(了義)와 미요의(未了義)를 다양하게 분변한다. 세간을 알고 쌰쓰따(Śāstā, 스승)의 주인이며, 경론을 변석하는 타고난 논사가 되고, 그의 명지(明智, Rig pa)의 닦아 이룸을 쌀라(Sāla, 娑羅樹)의 포냐모(Pho ña mo, 女使臣)라 부른다. 그 주술의 힘에 의해서, 선혜(善慧)를 지니고 태어난다. 불교를 오랫동안 머물게 하기 위해서, 계경의 진실의(眞實義)를 거두어 모은다.

150년 동안 세상에 머무르고, 그의 몸의 무너진 뒤, 천상으로 간다. 윤회세계에서 윤회하고, 오랫동안 안락을 누린 뒤, 최후에 대성인 되고, 청정한 보리를 얻는다"고 함과 같다. 또한 무착과 세친보살 형제의 탄생의 비화에 대해서 따라나타(Tāranātha)의 인도불교사에서 밝히되, "아사리 아쌍가(無着)가 출가한 뒤 그 해에 태어나니, 그 둘은 같은 어머니의 형제이다. 예리한 지혜를 얻는 예식을 행함으로써 널리 듣고 배우고, 삼매를 얻게 한 것[부뙨최중(布頓佛教史)에 의하면, 그 때 바라문 여인 쁘라까쌰씰라(Prakāśaśīlā, 大明戒)의 마음속에, '교법의 뿌리를 외도가 3차례에 걸쳐서 파괴시켰음에도 이것을 중흥할 사람이 달리 보이지 않는다. 나 역시 여인의 몸을 받아서 불가능하니, 아이를 낳아서 불법을 융성하게 하리라'고 한 생각한 뒤, 왕족과 교합하여 무착(無着)을 낳고, 바라문과 교합하여 세친(世親)을 낳자, 그 때마다 아기의 혀에다 우황(牛黃)으로 [본불생(本不生)의] 아(阿) 자를 그리는 등의 예지(銳智)를 얻게 하는 의식을 행하였다고 하였다.]까지는 형 무착의 전기와 같다. 그가 나란다 승원으로 출가한 뒤 성문의 삼장 일체를 통달하고자 열심히 학습하였다. 뿐만 아니라 아비달마의 방면도 통달하기 위해서, 성문 18부파의 교의도 모두 알기 위해서, 모든 학문의 갈래들도 깨닫기 위해서, [그 당시 소승이 성행하였던] 북인도 까스미르(Kashmir) 지방으로 갔다. 그곳에서 아사리 쌍가바드라(Saṃghabhadra, 衆賢)를 근본으로 의지해서 비바샤(Vibhāṣā, 毘婆沙論)와 18부파의 각각의 논전들과 각부파의 경전과 서로 다른 비나야(律經)들과 그리고 외도의 6가지 견해의 논전들 일체와 모든 논리체계를 배워서 통달하였다. 그 뒤 그 지방에서 여러 해를 보내면서 정리(正理)와 비리(非理)의 차별을 변석하고, 성문의 삼장들을 전교하였다"라고 기술하였다.

4) 천부경론(千部經論)의 법주 또는 천부논사(千部論師)로 높여 부르는 세친보살은 처음 소승을 배워 5백부(百部)의 소승논전을 지어 대승을 비방하였으나, 후에 친형인 무착보살님의 권유로 대승에 귀의하여 다시 5백부의 대승논전을 지어 대승을 현양하였다. 그는

또한 무착보살과 함께 대승로종의 전승자이기도 하니, 로종촉쌔마(修心法談)에서, "아사리 세친보살의 촉끼땀(Tshogs kyi gtam, 大衆訓示)에서, '자기의 몸과 목숨과, [일체를] 모든 유정들에게 주도록 하라. 모든 유정들에게 자애와, 대비의 마음이 충만하게 하라. 모든 죄업의 이숙(異熟)들이, 자기의 심속(心續)에서 익어지길 간절히 기원하고, 모든 복덕들을 수희(隨喜)하고, 부처님과 성인으로 사유하라'고 함과 또한, '모든 생명들의 죄업들, 일체가 자기에게서 익어지도록, 그와 같이 죄업을 가져오고, 중생의 빈궁의 죄업을 가져오라'고 설함과 또한, '모든 타인들을 자기의 것으로 삼고, 자기의 몸을 타인의 것으로 삼으라'고 하였다. 또한 아사리 무착보살도, '보살지(菩薩地)에서 설한 바와 같다. 승락금강속(勝樂金剛續)의 일상의 참회에서 또한, 「모든 유정들의 고통이 자기에게서 익어지고, 자기의 선근으로 그들 모두가 안락하여지이다! 모든 생애마다 삼문(三門)이 보석과, 보병과 여의수(如意樹) 따위와 같아지이다!」라는 등을 허다하게 설한 바이다"라고 함과 같이, 그들 또한 미륵자존으로부터 내려오는 로종의 전승자이자 수행자이기도 하다.

5) 심오한 아비달마(對法藏)는 구사론(俱舍論)과 대비파사론(大毘婆沙論)과 같이 경전의 심오한 내용을 해설하고 천명한 논전들을 말한다. 또한 쓰티라마띠(Sthiramati, 安慧)의 전기를 따라나타(Tāranātha)의 인도불교사에서, "아사리 세친(世親)이 바가비따라(Bhagavitāra)라 부르는 곳에서 곡식과 기름들을 저장하는 구리그릇 속에 들어가서, 49품(品)의 십만송(十萬頌)으로 알려진 경전[보적경(寶積經)]을 독송할 때, 아주 영리한 비둘기 한 마리가 기둥 위에 앉아서 공경하는 모양으로 그것을 들었다. 그 비둘기가 죽은 뒤 남인도의 단다까라냐(Daṇḍakaranya)라 부르는 상인의 아들로 태어났다. 그가 태어나자마자, '나의 아사리가 지금 어디에 계시나요?'하고 묻자, 아버지가, '너의 아사리가 누구냐?'고 하자, 답하길, '나의 아사리는 세친보살이며, 마가다에 계신다'고 하였다. 그곳에서 온 상인에게 물어보자 현재 살아계신다고 하였다. 일곱 살이 되던 해 [나란다 승원에 주석하는] 아사리 세친에게 데려갔

다. 그곳에서 학문을 배웠으며 지혜가 있음으로 해서 이해하는데 어려움이 없었다. 어느 때 콩 한 주먹 얻은 것을 먹으려 하였으나, 그 때 아르야 따라의 전각 곁에 있었기에 먼저 아르야 따라(聖度母)께 올리지 않고 먹는 것은 옳지 않다고 생각한 뒤, 약간의 콩을 아르야 따라의 손에 올리자 굴러 떨어졌다. 아르야 따라께서 드시지 않으면 나도 먹지 않겠다고 생각한 뒤, 콩이 없어질 때까지 올렸지만 계속 굴러 떨어지자, 어린 마음에 그만 울어버렸다. 그러자 아르야 따라께서 실제로 현신하여, '너는 울지 말라. 내가 너에게 가피를 내린다'고 말하자, 그 순간 무변한 지혜를 얻었다. 그래서 그 존상 또한 '마샤따라(Māṣa Tārā): 콩 따라'라고 알려졌다. 후일 상좌(上座)가 되어 삼장을 수지하고, 특별히 대소승의 아비달마 논장에 정통하고, 날마다 보적경(寶積經)을 독송하였다. 또한 모든 일들을 아르야 따라께서 예언대로 처리하였으며, 49품의 보적경과 용수보살의 근본중론의 주석서를 또한 지었다. 아사리 세친보살이 입적한 직후 외도 위스따빨라(Viṣṭapāla) 등이 걸어온 숱한 논쟁들을 물리침으로써 어자재(語自在)로 알려졌다. 아사리 세친이 저술한 주석서 대부분을 거듭 주석하고, 논전에 대해서도 또한 많은 주석을 하였다"라고 기술하였다.

6) 성자지위(聖者地位)는 범부의 지위에서 멀리 초월하여 모든 해탈의 공덕의 근원이 되는 경지를 말하니, 곧 견도(見道)와 수도(修道)와 무학도(無學道)에 속하는 모든 지위들을 말한다.

7) 신해지(信解地)는 믿음의 지위이니, 신(信)·근(勤)·념(念)·정(定)·혜(慧)의 다섯을 전적으로 닦는 경지로 가행도(加行道)에 해당한다.

8) 꾸쌀리충와(Kusali chuṅ ba, 小乞士)는 아띠쌰 존자의 로종의 3대 스승님 가운데 한 분인 마이뜨레야요기(Maitreyayogi, 慈愛瑜伽師)의 별명이다.

9) 본명은 돔뙨빠·걜왜중내(ḥBrom ston pa rGyal baḥi ḥbyuṅ gnas, 勝者

源, 1004-1064)이다. 그는 티베트의 까담빠(bKaḥ gdams pa, 教誡派)의 창시자로 라뎅(Rva sgreṅ) 사원을 건립하고 까담의 교법을 널리 선양하였으며, 저서로는 까담파최부최(bKaḥ gdams pha chos bu chos, 噶當祖師問道語錄) 등이 있다. 또한 역경사로서 팔천송반야경(八千頌般若經) 등을 아띠쌰 존자와 함께 두 번에 걸쳐서 개역하였다.

10) 본명은 뽀또와·린첸쌜(Po to ba Rin chen gsal, 寶明, 1027-1105)이며, 돔뙨빠(ḥBrom ston pa)의 삼대제자의 하나이다. 까담의 육서(六書)를 위주로 제자들을 교도하고 융성하게 함으로써 경전파(經典派, gShuṅ pa)로 알려졌다. 육서(六書)는 본생경(本生經)과 집법구경(集法句經)의 기신(起信)의 두 경전과 보살지(菩薩地)와 대승장엄경론(大乘莊嚴經論)의 수선(修禪)의 두 경전과 입보살행론(入菩薩行論)과 집보살학론(集菩薩學論)의 행도(行道)의 두 경전들이다. 그의 저술로는 티베트의 모든 도차제(道次第)와 로종(修心)의 연원과도 같은 청색수책(青色手冊, Beḥu bum sṅon po)이 있다.

11) 교증(教證)은 티베트어 룽똑(Luṅ rtogs)의 번역으로 부처님께서 설하신 교법의 전체를 말하니, 곧 교(教)는 12분교(分教)의 모든 계경들을, 증(證)은 계·정·혜의 삼학(三學)을 뜻한다.

12) 본명은 쌰라와·왼땐닥(Śa ra ba Yon tan grags, 功德稱, 1070-1141)은 선지식 뽀또와(Po to ba)의 제자로 경전에 박통해서 까담의 육서(六書)는 물론이거니와 내외의 교파들의 학설에 정통하였다. 일화로는 역경사 빠찹·니마닥(Pa tshab Ñi ma grgs, 1055-?)이 자신이 번역한 월칭논사(月稱論師)의 입중론(入中論)을 쌰라와(Śa ra ba)에게 올리고 검토를 부탁하자, "여기에는 이와 같이 오는 것 같다"고 함으로써, 역경사 빠찹(Pa tshab)이 크게 기뻐한 뒤 크게 찬양하였다고 알려졌다. 저술로는 두 종류의 도차제교도서(道次第教導書)와 선지식 뽀또와(Po to ba)의 전기가 있다.

13) 본명은 채카와·예시도제(ḥChad kha ba Ye śes rdo rje, 智慧金剛,

1101-1175)는 선지식 쌰라와(Śa ra ba)의 제자로 당시까지 일정한 체계를 갖추지 않은 상태에서 단편적으로 전승되던 로종의 가르침들을, ①전행(前行), ②본행(本行), ③역연(逆緣)을 보리심의 지분으로 바꾸기, ④일생에 닦는 수행요결, ⑤마음이 닦아진 척도, ⑥로종(修心)의 서언, ⑦로종(修心)의 교훈의 일곱 항목으로 구성하는 수심칠사(修心七事, Blo sbyoṅ don bdun ma)를 저술해서 후대의 모든 로종의 교도서(教導書)들의 전거가 되게 하였다.

14) 본명은 쎄찔부와·최끼걜챈(Se spyil bu ba Chos kyi rgyal mtshan, 法幢, 1121-1189)은 선지식 채카와(ḥChad kha ba)의 제자이며, 스승의 로종(修心)의 강설법문을 비망록 형식으로 기록한 대승수심칠사주해(大乘修心七事註解, Blo sbyoṅ don bdun maḥi ḥgrel pa)을 저술하였다.

15) 본명은 딱쌈짼·하도왜괸뽀(sTag śam can lHa ḥgro baḥi mgon po, 天衆生救護)이다.

16) 본명은 하닥카와·예시로되(lHa brag kha ba Ye śes blo gros, 智慧)이다.

17) 본명은 하쑤르캉빠·왕축예시(lHa zur khaṅ pa dBaṅ phyug ye śes, 自在智)이다.

18) 가지전승(加持傳承)은 문수보살님으로부터 적천보살(寂天菩薩)로 전승되는 대승법맥의 하나이자, 쎄르링빠(金洲法稱)의 로종의 가르침 가운데 핵심인 자타상환(自他相換)의 법맥은 여기서 기인한다. 비록 이 기원문에는 언급되지 않으나, 용진·예시걜챈(智幢)의 "텍빠첸뾔로종기티익로쌍공걘(大乘修心訣教導書善慧義趣莊嚴論)"에서, "또는 문수보살께서 아사리 쌴띠데와(Śantideva, 寂天)[시와하(Shi ba lha)]에게 전하고, 그 뒤 차례로 전승되어 아사리 쎄르링빠(金洲法稱)에게, 그가 조오제(Jo bo rje, 大恩人) 아띠쌰 존자에게 전하

였다"라고 해서 적천보살의 가지전승을 밝히고 있다.

19) 단증공덕(斷證功德)은 번뇌장과 소지장은 물론 습기까지 완전히 끊어버린 다음 제법의 차별상을 모두 아는 진소유지(盡所有智)와 제법의 실상을 여실하게 아는 여소유지(如所有智)를 완전하게 얻은 부처님의 깨달음의 공덕을 말한다.

20) 텍첸로종기티쭝쌔뒤빠(大乘修心訣教導攝略)에 실려 있는 이 기원문의 저자가 선지식 하쏘남휜둡(lHa bsod nams lhun grub, 天福天成)을 스승님으로 표기한 것을 미루어 볼 때, 텍첸로종기티쭝쌔뒤빠(大乘修心訣教導攝略)의 저자는 까담최중쌜왜된메(噶當派大師箴言集: 1494년 저작)을 저술한 래첸·꾼가갤챈(Las chen Kun dgaḥ rgyal mtshan, 慶喜勝幢)가 아닐까 생각한다.

21) 아띠쌰(Atīśa) 존자의 텍첸로종기짜칙(大乘修心訣原文)은 귀경(歸敬)의 찬송을 빼고 대략 14게송으로 이루어진 단문이나, 그 뜻이 난해하여 이전구결의 가르침에 의거하지 않고서는 제대로 이해하기 어려운 까닭에 고래로 세찔부와·최끼갤챈(法幢)의 수심칠사주해(修心七事註解)을 비롯한 허다한 해설서들이 등장하였으며, 본서인 1대 달라이 라마의 텍첸로종기담빠(Theg chen blo sbyoṅ gi gdams pa)도 그러한 교도서(教導書)들 가운데 하나이다.

22) 아띠쌰 존자의 스승님이 모두 150명에 달한다고 알려진 가운데, "밀주(密呪)와 바라밀다승(波羅蜜多乘)의 교계를 청문한 스승이 72명이 있으며, 특별히 보리심의 교계를 설시한 스승은 셋이니, 구루 다르마락시따(Dharmarakṣita, 法護)와 마이뜨레야요기(Maitreyayogi, 慈愛瑜伽師)와 쎄르링빠(gSer gliṅ pa, 金洲法稱)이다. 그들 가운데서 또한 라마 쎄르링빠(金洲法稱)로부터 보리심이 완전하게 생겨났으며, 보살행(菩薩行)의 상사(上士)의 도차제(道次第)를 온전히 청문함으로써, 비교할 수 없는 근본스승으로 받들었다. 그러므로 이 전승법계에서는 누구로부터 보리심을 얻게 되면

그를 근본스승으로 삼으며, 그 근본스승 또한 반드시 보리심을 지니는 것이다"라고 까담최중쌜왜된메(修心七義精要, p.65)에서 설하였다.

23) 하생오관(下生五觀)은 호명보살께서 도솔천에서 인간세계로 내려와서 성불하실 때, 사전에 다섯 가지 관찰을 행하신 것을 말하니, ①장소는 까삘라와쑤뚜(黃白城)를, ②종성은 왕족인 찰제리(刹帝利)를, ③종족은 감자족(甘蔗族)인 석가종족을, ④어머니는 마야부인을, ⑤시기는 오탁악세(五濁惡世)의 다섯이다.

24) 까담렉밤(bKaḥ gdams glegs bam, 噶當書)는 까담파최(bKaḥ gdams pha chos, 祖師問道錄)와 부최(Bu chos, 弟子問道錄)의 둘을 함께 부르는 용어이다. 이 파최(Pha chos, 父法)와 부최(Bu chos, 子法)는 아띠쌰 존자가 제자들에게 전수한 수행구결을 담고 있는 논서들로 파최(父法)는 돔뙨빠·걜왜중내(ḥBrom ston pa rGyal baḥi ḥbyuṅ gnas, 勝者源)가 청문한 가르침을 말하고, 부최(Bu chos, 子法)는 역경승(譯經僧) 응옥·렉빼쎼랍(rṄog Legs paḥi śes rab, 妙善慧)과 쿠뙨·쬔뒤융둥(Khu ston brTson ḥagrus gyuṅ druṅ, 1011-1075)의 둘이 청문한 법을 말한다.

25) 중관이취(中觀理聚)는 아사리 나가르주나(龍樹)의 저술들인 중론(中論)과 회쟁론(廻諍論), 칠십공성론(七十空性論)과 육십정리론(六十正理論), 세연마론(細研磨論)과 보만론(寶鬘論)을 일컬으며, 이들 6가지 논전들을 또한 중관이취육론(中觀理聚六論)이라 부른다.

26) 사명(邪命)은 출가자가 삿된 방법으로 생활자구 등을 추구하는 것을 말하며, 여기에는 다섯 가지가 있으니, ①세속의 사람들을 속이고, 기이한 형상을 나타내서 이양(利養)을 취하는 사현이상(詐現異相), ②자기의 공덕을 스스로 찬양해서 이양(利養)을 취하는 자설공능(自說功能), ③점성술을 배워서 인간의 길흉을 설해서 이양(利養)을 취하는 점상길흉(占相吉凶), ④허풍을 떨고 위세를 가장

하여 이양(利養)을 취하는 고성현위(高聲現威), ⑤저곳에서 이양(利養)을 얻으면 이곳에서 칭찬하고, 이곳에서 이양을 얻고는 저곳에서 칭찬해서 사람의 마음을 움직여서 이양을 취하는 설소득이이동인심(說所得利以動人心)의 다섯이다.

27) 정수공양(正修供養)는 주석243)을 참고 바람.

28) 이 이야기는 "조오라낸졸마니끼셈종식쩨담빠(Jo bo la rnal ḥbyor ma gñis kyis sems sbyoṅ shig ces gdams pa)"란 제목으로 텍빠첸뽀로종갸짜(Theg pa chen po blo sbyoṅ brgya rtsa, 大乘修心訣百選)[뵈끼쭉락심쬐캉(Bod kyi gtsug lag shib dpyod khaṅ) 간행]에 실려 있다.

29) 여기서 말하는 교훈들이란 로종똑빠부르좀(Blo sbyoṅ rtog pa ḥbur ḥjoms, 滅分別現起修心訣)이라 부르는 타콥둘왜최(mTha ḥkhob ḥdul baḥi chos, 邊地調伏法)와 로종쎔빼림빠(Blo sbyoṅ sems dpaḥi rim pa, 修心菩薩次第) 등을 말한다.

30) 현정선(賢淨善)은 '캐쭌쌍(mKhas btsun bzaṅ)'의 옮김이니, 세간과 출세간의 학문에 막힘없이 통달함이 현(賢)이며, 몸·말·뜻 셋의 죄행을 금지하는 율의가 청정함이 정(淨)이며, 이타의 증상의요(增上意樂)가 깨끗함이 선(善)이다.

31) 권질(卷帙)은 경함(經函)의 뜻으로 뽀띠(Po ti)의 옮김이자, 범어 뿌쓰띠까(Pustika)의 와전이다. 대략 큰 권질 하나는 500백 페이지에 달하고, 중간 권질 하나는 400백 페이지 정도에 달한다.

32) 랑리탕빠·도제쎙게(Glaṅ ri thaṅ pa rDo rje seṅ ge, 金剛獅子)의 로종칙걔마(Blo sbyoṅ tshigs brgyad ma, 修心八頌)는 여덟 게송으로 이루어진 까닭에 그렇게 부른다.

33) 제5송의 원문은 "나에게 타인의 질투에 의한, 부당한 욕설과 비

난 등의, 손해는 내가 받으며, 승리는 타인에게 베풀게 하소서!" 이다.

34) 까담최중쩰왜된메(噶當派大師箴言集)에 의하면, 아띠쌰 존자는 입적을 앞두고 자기의 후계자로 돔뙨·걜와중내(勝者源)를 지목한 뒤, 자신의 전승법통에 대하여 제자들에게 하신 말씀은 이와 같으니, "조오 아띠쌰께서 녜탕(sÑe thaṅ) 사원에서 이타사업을 위해서 열반에 들 무렵 돔뙨 린뽀체를 후계자로 정한다고 말씀하시며, 미륵보살과 아상가(無着), 바수반두(Vasubandu, 世親),촉데(mChog sde, 勝軍), 비니따쎄나(Vinītasena, 戒軍), 닥빠뺄(Grags paḥi dpal, 吉祥稱), 하리바드라(Haribhadra, 獅子賢, 770-810), 꾸쌀리(Kusali) 형제, 쎄르링빠(金洲法稱)로 전해오는 광행전승(廣行傳承)도 내가 가지고 있다. 문수보살과 유무(有無)의 변견을 파괴하는 나가르주나(龍樹)와 짠드라끼르띠(Candrakīrti, 月稱), 위드야꼬낄라(Vidyākokila, 明杜鵑), 붓다빨리따(Buddhapālita. 佛護)로 전해오는 심관전승(深觀傳承)도 내가 가지고 있다.대비여래이신 지금강불(持金剛佛)과 일체지자이신 띨로빠(Tillopa), 나로빠(Nāropa)와 돔비빠(Ḍombhipa), 라마제(Bla ma rjes)로 전해오는 가지전승(加持傳承)도 내가 가지고 있다"라고 자신의 법통을 밝힌 말씀을 통해서 알 수 있다.

35) 이 3가지 전승의 특징에 대하여 로종촉쌔마(Blo sbyoṅ tshogs bśad ma, 修心法談)에서, "처음 다르마락시따(Dharmarakṣita, 法護)에게 청해서 받았으니, 그의 [몸인] 소의(所依: 戒體)는 사미의 몸을 고수하였고, 비심(悲心)이 커서 자기 몸의 살을 떼어서 보시하였다. 교리적 우빠데쌰(教誡)는 아사리 따양(rTa dbyaṅs, 馬鳴)의 경장엄론석(經莊嚴論釋)을 따르고, 경전은 삼곤주만경(三棍珠鬘經, dByig pa gsum gyi phreṅ ba)에 의거하나, 이 둘은 티베트에 번역되지 않았다고 말한다. 입문하는 법은 사제(四諦)의 문을 통해서 들어가고, 견해는 성문의 설일체유부(說一切有部)와 일치하고, 닦는 법은 처음부터 자타상환법(自他相換法)을 통해서 닦는다고 하였다. 최초

의 전승자는 누구인지 말하지 않았다.
두 번째의 전승은 구루 마이뜨레야요기(Maitreyayogi, 慈愛瑜伽師)에게 청해서 받았으며, 그는 오로지 자애를 닦음으로써 그와 같이 알려졌으니, 그가 꾸쌀리충와(Kusali, 小乞士)이다. 몽둥이로 개를 때리면 [슬퍼하는 탓에] 그 매 맞은 흔적이 자기 몸에 나타났다는 전설의 주인공이다. 경전은 허공장경(虛空藏經)에 의거하고, 교리적 우빠데쌰는 적천(寂天)의 보살집학론(菩薩集學論)을 따른다. 입문하는 법은 다른 계경(契經)을 통해서 들어가고, 견해는 성문의 경부(經部)와 일치하고, 닦는 법은 앞서와 같다.
세 번째의 전승은 미륵보살로부터 전승이며, 구루 쎄르링빠(gSer gliṅ pa, 金洲法稱)에게 청해 받았으며, 경전은 무구칭경(無垢稱經)[유마경]에 의거하고, 교리적 우빠데쌰는 보살지(菩薩地)를 따른다. 견해는 외도와 또한 공통적이다. 입문하는 법은 바라밀다를 통해서 들어간다. 닦는 법은 처음부터 자타상환법(自他相換法)을 통해서 닦는다"고 하였다.

36) 보살라마 채카와의 본명은 채카와·예시도제(ḥChad kha ba Ye śes rdo rje, 智慧金剛, 1101-1175)이니, 그는 티베트 까담빠의 저명한 선지식으로 삶의 무상함을 닦기 위해서 화장터에 오랫동안 머물며 수행함으로써 채카와(尸林瑜伽師)라는 이름을 얻었다. 여기서 채까(ḥChad kha)는 화장터를 말하며, 또한 시림(尸林)을 뜻하는 두르퇴(Dur khrod)의 다른 이름이기도 하며, 저술로는 로종된뒨마(Blo sbyoṅ don bdun ma)라 부르는 수심칠사(修心七事)가 있다.

37) 용진·예시곌챈(Yoṅs ḥdzin Ye śes rgyal mtshan, 智幢)의 도차제상사전승전기(道次第上師傳承傳記, Lam rim bla ma brgyud paḥi rnam thar)에 의하면, "그 뒤 게댄(dGe ldan, 具善)[간댄승원]에 가서 장쩨(Byaṅ rtse, 北峰) 승원의 법주(法主) 남카빨댄(Nam mkhaḥ dpal ldan, 虛空吉祥)으로부터 불세존대륜가지속(佛世尊大輪加持續)의 관정(灌頂: 제자의 심신을 성숙시키는 일)·전승(傳承: 수행의궤의 전승의 교언)·구결(口訣: 구결의 뜻을 강설하는 교도) 등과 무량수불십구존(無量壽佛十九尊)의

관정도 청문하고, 그가 저술한 그 행법의 성취의궤를 또한 글자로 기록하는 필경사(筆耕士)도 하였다. 그 밖에 밀주의 가르침도 허다하게 청문하고, [현밀(顯密)의] 공통의 가르침인 보리도차제의 교도(教導)와 쫑카빠 대사로부터 전승되는 로종낸귀(Blo sbyoṅ sñan rgyud, 修心耳傳口訣) 등의 심오하고 광대한 많은 법들을 청문하였다"라고 함과 같다.

38) 금강석(金剛石)은 곧 보리심의 비유이니, 보리심은 비록 수습함이 있지 않을지라도 세간에서 큰 선과를 낳는다고 미륵해탈경(彌勒解脫經)에서 설하시되, "선남자여! 예를 들면 이와 같으니, 금강석은 설령 깨어질지라도 일체의 뛰어난 금장신구들을 압도해서, 금강석이라는 명성을 잃지 않으며, 또한 일체의 빈궁을 건진다. 선남자여! 그와 같이, 일체지를 희구하는 금강과도 같은 발심은 비록 수습함이 있지 않을지라도, 또한 성문과 연각의 금장신구와 같은 공덕들을 제압해서, 보살의 위명을 또한 잃지 않고, 삼유(三有)의 빈궁을 또한 건진다"라고 하였음으로 모든 바라밀다를 항시 전적으로 수학하지 못할지라도 또한 선과가 무변한 것이므로, 방편으로 섭수하는 보리심을 마땅히 일으켜야 한다.

39) 텍첸로종기티뒤빠(大乘修心教導攝略)에서, "태양이 어두움을 없애니, 한줄기 빛살이 먼저 비춘 뒤 일륜(日輪)이 원만하게 떠오름과 같이, 이것 또한 자아를 애집(愛執)하는 등의 번뇌의 어두움을 멸한다. 이것의 의미 하나라도 마음속에 일어나게 되면 [본문의 전체 의미가] 완전하게 마음에 일어나기 때문이다"라고 하였다.

40) 위의 같은 책에서, "이것의 글과 의미의 둘을 결합함으로써 또한 아집의 우치무명과 그것이 일으키는 자아의 애집(愛執) 등의 번뇌의 질병을 치료하고, 하나하나들 또한 질병을 치료하기 때문이다"라고 하였다.

41) 약왕수(藥王樹, sMan gyi ljon śiṅ)는 맨남말뤼쬔빼씽(sMan rnams ma

lus ljon paḥi śiṅ)의 줄임말이니, "약의 비유는 나무와 같으니, 뿌리와 가지와 잎사귀와 꽃들에 의지해서 열매가 생김과 같이, 뿌리는 보리심이다. 가지는 깨닫게 하는 방편의 지분들이다. 잎사귀는 여기서 낱낱 수레(乘)의 법들을 또한 막지 않음이다. 꽃은 깨달음의 체험이다. 열매는 구경에 도달함이다"라고 슝까뾔응아칙된쌜델(藏傳佛教五明詞義詮釋)에서 설하였다.

42) 번뇌와 소지장(所知障)은 열반과 해탈을 저해하는 두 가지의 장애를 말하니, 불교학대사전(佛教學大辭典)에서, "번뇌장(煩惱障)은 혹장(惑障)이라고도 하고 깨달음에 이르는 길, 곧 성도(聖道)를 방해해서 열반을 얻지 못하게 하는 번뇌를 말함. ①구사론(俱舍論) 권17, 권25에서는, 자주 일어나는 [수행(數行)의 것으로] 무루(無漏)의 혜(慧)가 생기는 것을 방해하여, 혜해탈(慧解脫)을 얻지 못하게 하는 번뇌를 번뇌장이라고 하고, 번뇌장을 여의어 혜해탈을 얻어도 멸진정(滅盡定)을 얻는 것을 방해하여 구해탈(俱解脫)을 얻지 못하게 하는 장애를 해탈장(解脫障: 定障)이라고 한다. 전자는 염오무지(染汚無知)를, 후자는 불염오무지(不染汚無知)를 체(體)로 한다고 볼 수 있다. 대비파사론(大毘婆沙論) 권141에서는, 번뇌장은 염오무지를, 소지장은 불염오무지라고 하는 것처럼 각각 사정단(四正斷)의 전이(前二)·후이(後二)로 끊어진다고 한다. ②성유식론(成唯識論) 권9에서는, 중생의 신심(身心)을 교란시켜 열반에 이르는 것을 방해하는 모든 번뇌를 번뇌장, 업(業)을 일으키어 삼계(三界: 迷의 세계)에 나게 하는 작용이 없지만, 알아야 할 대상을 덮어서 정지(正智)가 생기는 것을 방해하는 모든 번뇌를 소지장(所知障: 智障)이라고 한다. 이 이장(二障)은 어떤 것이나 살가야견(薩迦耶見: 壞聚見)을 비롯해서 128의 근본번뇌 및 20의 수번뇌(隨煩惱)를 체(體)로 한다. 그 가운데서 「실체의 사람, 실체의 중생이 있다」고 하며 나를 집착하는 [아집(我執)]의 면(面)을 번뇌장이라고 하며, 「사물에는 실체가 있다」고 하며 법(法)을 집착하는 [법집(法執)]의 면(面)을 소지장이라고 한 것으로서, 동일한 번뇌의 이면(二面)이다. 그러므로 번뇌장은 아집(我執)을 근본으로 하고, 소지장은 법집(法

執)을 근본이라 한다고 한다. 그 작용의 특징에서 말하면 번뇌장은 열반을, 소지장은 보리를 장애한다. 곧 번뇌장은 열반을 장애하는 정장(正障)이며, 소지장은 이 정장(正障)에 힘을 주어 장애시키는 겸장(兼障)이기 때문에 소지장만으로는 열반을 장애하는 능력이 없다. 또 번뇌장을 조연(助緣)으로 하여 분단생사(分段生死)를 받고, 소지장은 조연으로 하여 변역생사(變易生死: 보살이 세상에 나서 번뇌를 끊고 성불하기까지 받는 생사)를 받는다고 한다. 그렇기 때문에 이승(二乘: 聲聞緣覺)은 번뇌장만을 끊은 자리(位)를 이상(理想)의 과위(果位)로 하지만, 보살은 이장(二障)을 다 같이 끊어서 불과(佛果)를 얻는 것을 이상으로 한다. 그것은 보살에 있어서는, 소지장은 삼계의 과보를 이끄는 일은 없지만 곧잘 무루업(無漏業)을 도와서 변역생사를 받게 하기 때문이다"고 하였다.

43) 대승의 선지식(善知識)을 감별하는 법에 대하여 2대 달라이 라마의 『상사유가·상사공양·교도(敎導)』에서 설명하길, "대승의 선지식이 지녀야 하는 10가지 법을 소유하고, 속전(續典)에서 설한 바의 금강아사리의 덕상(德相)을 지닌 자를 모름지기 찾아야 한다. 그 또한 '투쟁의 시절 탓으로 스승에게 공덕과 과실이 서로 섞여 있으니'라고 설함과 같이, 모든 덕상을 소유한 스승을 찾기가 어려울지라도, 대부분의 덕상을 갖추는 등의 주요한 공덕을 지닌 스승 한 분을 친근함이 필요하다. 홍화와 사향과 마늘 등을 담은 각각의 그릇에는 각자의 향기가 나는 것처럼 과실을 지닌 사람을 만나면 과실에 물들기 쉽고, 공덕을 지닌 자의 공덕을 그처럼 닮기가 어려울지라도 일부라도 입기 때문이다"라고 함과 같다. 여기서 대승의 선지식이 갖추어야 할 10가지 법이란, "①증상계학(增上戒學)의 튼튼한 고삐로써 마음의 야생마를 조복하고, ②정념(正念)과 정지(正知)의 증상정학(增上定學)에 의해서 마음이 안으로 적정(寂靜)하게 머무르고, ③마음의 감능(堪能)에 의해서 사마타(止)에 의거하여 제법의 진실의(眞實義)를 잘 관찰하는 증상혜학(增上慧學)에 의해서 번뇌가 크게 적멸(寂滅)하고, ④제자에 비해서 낮거나 동등하지 않고 학문의 공덕이 뛰어나고, ⑤이타(利他)

를 즐거워하는 견고한 정진의 힘을 소유하고, ⑥삼장(三藏)을 널리 배우고 들은 학덕이 깊고 넓으며, ⑦문(聞)·사(思)·수(修)의 힘에 의해서 제법의 진성(眞性)인 공성을 깨우치고, ⑧교화대상의 지력(智力)과 일치하는 도차제(道次第)의 강설에 정통하고, ⑨이양과 공경 등을 기대함이 없이 자비로 법을 연설하는 청정한 동기의 비심(悲心)을 소유하고, ⑩반복해서 강설함을 피곤해 하거나 성내는 등을 잘 감내해서 싫증을 내지 않는 것이다"라고 꽁뚤·왼땐갸초(Koṅ sprul Yon tan rgya mtsho)의 쎄자꾼캅(Śes bya kun khyab, 知識總彙)에서 설명하였다.

44) 제·쌰르동의 장춥람기림빼티익샌팬닝뽀(Byaṅ chub lam gyi rim paḥi ḥkhrid yig gshan phan sñiṅ po, 菩提道次第教導利他精論)에서, "스승님의 허물을 보게 되는 등이 생길지라도 그것에 대하여 자기의 부정한 감정인 것이라고 생각하라. 또한 성취자 찔루빠(Tsi lu pa)의 비밀집회속주(祕密集會續註)에서, '제불들이 금강아사리의 몸에 들어와 머물면서 유정의 이익을 행한다'고 설하였으며, 또한 도제구르(金剛帳幕續)에서, '금강살타라 부르는 그가 아사리의 형상을 취하고, 유정의 요익행(饒益行)을 소연함으로써, 범속한 범부의 모습으로 머문다'고 설하였다"고 함과 같다.

45) 자기의 스승님을 붓다의 화현이라 생각하는 것이 상사유가의 핵심이니, 이 뜻을 2대 달라이 라마의 『상사유가·상사공양·교도(敎導)』에서 설명하길, "상사유가의 본행을 닦는 도리에 있어서 또한 그 스승님을 실제의 붓다 자체로 보는 꾸밈없는 숭앙하는 마음이 생겨나면, 현재 자기에게 현현하는 정도대로 수습함이 가능할지라도"라고 함과 같이, 스승님에 대한 범속한 생각을 버리고 참된 붓다의 실질로 여기는 마음가짐이 필요하다.

46) 중첩식(重疊式, Khrom ḥtshogs kyi tshul)은 불자들이 자량전(資糧田)을 관상하여 닦는 방법 가운데 하나이니, 주존(主尊)의 머리 위에 전승법계의 스승들을 하나의 머리 위에 하나를 차례로 안치하

고, 그 위에 부처님을 안치해서 닦는 방식을 말한다.

47) 환상식(環狀式, mTho brtsegs kyi tshul)은 불자들이 자량전(資糧田)을 관상하여 닦는 방법 가운데 하나이니, 주존(主尊)의 주위를 법계의 스승님들과 불보살님과 신중들을 위아래로 둥글게 겹겹이 에워싸는 형태로 안치해서 닦는 방식을 말한다.

48) 자기의 스승님을 모든 붓다들이 회집한 본질로 닦는 의미에 대하여, 2대 달라이 라마의 『상사유가·상사공양·교도(教導)』에서, "그 또한 대선지식 뽀또와(Potoba, 1031-1105)의 어록인 베우붐응왼뽀(Beḥu bum sṅon po, 監色手冊)에서, '모든 수행구결을 거두어 모으는 시초는 참된 선지식을 멀리하지 않는 것이다'고 설함과 같이, 모든 성취의 근본은 일체의 이익과 안락의 근원인 참된 스승님에게 전체가 달려있음으로 말미암아 스승님을 모든 부처님들이 회집한 본질로 관조(觀照)한 뒤 기원하는 것이다"고 하였듯이, 근본스승님께서 모든 성취의 법주가 되기 때문이다.

49) 잡색연화(雜色蓮花)는 네 가지 색으로 된 팔판연화(八瓣蓮花)의 이름이니, 동서남북의 연꽃잎은 홍색이고, 동남과 서북의 두 꽃잎은 황색이고, 서남방의 꽃잎은 녹색이고, 동북의 꽃잎은 흑색을 한 연꽃이다.

50) 상호(相好)는 여래께서 소유하시는 32묘종상(妙種相)과 80수형호(隨形好)를 함께 지칭하는 단어로 대인(大人)의 상호라 한다. 대인(大人)의 상호(相好)를 성취하는 원인에 대하여 도둡첸(rDo grub chen) 린뽀체의 잠뺄뙤델(文殊讚釋)에서, "여래의 선근은 어째서 다함을 알지 못하고 무량한 것인가? 하면, 단지 비유로서 설명하면 이와 같으니, '각각의 범부와 성문과 연각의 일체의 공덕의 10배에 의해서 선서(善逝)의 몸 털 하나를 성취하고, 몸 털 하나를 이루는 원인의 집합의 100배에 의해서 수형호(隨形好) 하나를 이루고, 80수형호의 그와 같은 원인의 집합의 1천배에 의해서

30묘종상의 어떤 하나를 이루고, 30묘종상을 성취하는 복덕의 1만 배에 의해서 미간의 백호(白毫)를 이루고, 그것의 원인이 되는 그와 같은 선근 10만 배에 의해서 정수리의 육계인 무견정상(無見頂相)을 이루고, 무견정상을 성취하는 그와 같은 선근의 십만 구지(十萬俱胝)에 의해서 법라성(法螺聲)을 성취한다'고 하였다"라고 설하였다.

51) 60가지 미묘한 음성은 여래께서 소유하시는 갖가지의 어공덕(語功德)들이니, 여기에는 몇 가지 설이 있다. 여래비밀불가사의경(如來祕密不可思議經)과 삼마지왕경(三摩地王經)에서는 60가지 음성을, 보적경(寶積經)의 어비밀품(語祕密品)에는 64가지 음성을 설하고 있다. 또한 붓다의 60가지 미묘한 음성을 줄여서 불음오지(佛音五支)로 말하니, ①음성이 심원함이 우레와 같은 심여뢰음(深如雷音), ②음성이 아름답고 미묘하여 귀를 즐겁게 하는 미묘열이성(美妙悅耳聲), ③마음에 와 닿고 기쁘게 만드는 가의적열성(可意適悅聲), ④말씀이 명쾌하고 뜻을 이해하게 만드는 명쾌가해성(明快可解聲), ⑤말씀이 귀에 들어와서 거부감이 없는 입이중은(入耳中听)이 그것이다.

52) 진소유(盡所有)와 여소유(如所有)의 지혜는 사물의 진소유성(盡所有性)과 여소유성(如所有性)을 여실하게 보고 아는 지혜를 말한다. 여기서 여소유(如所有, Ji lta ba)란 사물의 본성 또는 진실을 뜻하는 공성을 말하고, 이것을 아는 여소유관(如所有觀)은 중관정견(中觀正見)을, 진소유(盡所有, Ji sñed pa)란 세간에 존재하는 일체사물을 뜻하고, 진소유관(盡所有觀)은 연기로 발생한 사물의 조정상(粗靜相)을 관찰하는 중관정견(中觀正見)을 말한다.

53) 이 문장은 2대 달라이 라마의 『상사유가·상사공양·교도(教導)』에서 인용하여 삽입한 것이다.

54) 여의지보(如意至寶)는 티베트어 쌈펠왕기갤뽀(bSam ḥphel dbaṅ gi

rgyal po)의 줄임말로 곧 여의주(如意珠)를 말한다 장한대사전(藏漢大辭典下卷)에 의하면, "대붕(大鵬)이 바다 속에 들어가 뱀을 잡아먹다가, 마지막에 늙고 힘이 다해서 바다에 떨어진 뒤 굶어죽으면, 그의 심장이 바다 속에서 1천년의 오랜 세월을 지나면 변해서 얻기 어려운 진보(珍寶)가 되는데, 그것을 여의지보라 부른다" 라고 하였듯이, 문수진실명경(文殊眞實名經)의 제87송에서, "일체의 번뇌에서 해탈(解脫)하신 뒤에, 허공의 길에 견실(堅實)하게 머무르시며, 대여의주(大如意珠)를 손에 지니시니, 편주(遍主)는 공덕보(功德寶)들의 주인이시라네"라고 하였으며, 이 대여의주로 중생의 소망을 성취시켜 주는 모양을 설명하길, "그와 같은 이정(二淨)의 지혜법신의 성취는 마치 대여의주(大如意珠)를 지니심과 같아서, 모든 유정들의 갖가지 소원들을 들어주시니, '유정들이 소망하는 것이 생하고, 기원을 하지 않으면 생기지 않고, 기원하면 생하고, 때에 맞게 생하고, 뜻과 같이 생하고, 다함을 알지 못하게 생하고, 분별함이 없이 생하고, 뒤에 보답을 기대함이 없이 생한다'는 대여의주(大如意珠)의 팔법(八法)으로 소망을 채워주시며"라고 비말라미뜨라(無垢友)의 해설을 인용하여 『문수진실명경역해』(중암선혜, 운주사)에서 설명하였다.

55) 공양인(供養印)은 다음과 같이 짓는다. 먼저 양손바닥을 위로 향한다. 다음은 손가락을 서로를 교차시킨 뒤 왼손의 엄지로 오른손 약지를, 오른손 엄지로 왼손 약지의 끝을 각각 누른다. 그 다음은 왼손의 검지로 오른손 중지를, 오른손 검지로 왼손의 중지의 끝을 감는다. 마지막으로 좌우의 두 무명지는 등을 맞대어 기둥처럼 세운다.

56) 이와 같이 황금의 대지 위에 "수미산과 사대주(四大洲)와 해와 달"을 안치한 만다라를 또한 7공만다라(七供曼茶羅)라 부르며, 약식으로 관상할 때 사용한다.

57) 『실천티벳불교입문』(한티불교협회 간행)에 나오는 내공만다라(內供

曼茶羅)을 소개하면, "자기로 하여금 집착·화냄·무지 등의 번뇌를 일으키게 하는 대상들을 다스려 없애는 수습의 단계에서, 이러한 대상들을 '내적(內的)인 만다라의 공양물'로 삼아서 전부 스승님과 본존에게 바친 뒤에, 다시는 이러한 번뇌가 생겨나지 못하도록 본존을 향하여 다음과 같이 기원한다.
'탐·진·치 삼독을 일으키는 대상들인, 원수와 친구와 제삼자의 몸과 재물을, 아낌없이 바치오니 자비로 받으시고, 삼독이 자멸토록 온전히 가지하옵소서. 이담 구루 라뜨나 만달라깜 니르야따 야미' 이렇게 내공만다라를 끝내고 최후의 진언을 염송했을 때, 쌀알을 오른쪽 손가락으로 집어서 힘껏 허공 속으로 던지고, '스승님과 본존을 향해서 올린다'고 관상한다"고 하였다.

58) 람림첸모챈시닥(Lam rim chen mo mchan bshi sbrags, 菩提道次第廣論四家合註)에서, "또한 화엄경(華嚴經)에서, '「[선재동자가] 이 분은 나의 선지식 법을 설하고, [대저 해탈의] 일체법의 공덕을 열어 보인다. [특별히] 보살의 몸가짐을 온전히 열어 보인다」고 일념으로 생각한 뒤 여기에 왔다. 「[또한 선지식] 이 분들은 [앞에서 설한 보살의 몸가짐들로 이전에 없던 것을 새롭게 마음속에] 일으키게 함으로써 나의 어머니와 같고, 공덕의 젖을 거두어들이게 함으로써 [이전에 있던 것을 더욱 증장시키는] 유모와 같고, 보리의 지분[두 자량]을 온전히 닦게 [함으로써 아버지와] 같고, [그와 같이] 선지식 이 분들이 [나의] 해악을 막아 [줌으로써 친구와 같고], 노사의 [병고에서] 벗어나게 함으로써 양의와 같으니, [묘법의] 감로의 비를 내려줌으로써 제석천왕과 같고, 보름달과 같이 백법(白法)이 충만하게 하고, [열반의 성채로 가게 하는] 적정(寂靜)의 방면[의 길을 분명하게] 열어 보임으로써 태양이 빛남과 같고, [또한 선지식 이 분들은] 적과 친구[인, 친족]에 대하여 [탐착과 분노로 말미암아 마음이 산란해지는 것으로부터 지켜줌으로써] 산과 같고, [지켜주는 도리는 예를 들면, 바람에 나무가 속절없이 흔들리는 그것이 큰 산의 절벽 아래 굴과 같은 피난처가 있으면 흔들리지 않는 것처럼 선지식의 은혜에 의

해서 탐착과 분노로부터 지켜줌이다.] [작은 바람 등이 흔들지 못하는] 바다와 같이 [역연에 의해서 조금도 또한] 어지럽지 않은 마음을 지니고, [괴로움의 물결이 어지러운 윤회의 강물 속에 떨어지지 않도록] 온전히 구호하고, [피안으로 건네줌으로써] 뱃사공과 같다」는 [앞에서 설한] 그것과 같이 [생각하는] 마음으로 [의도한 대로] 선재동자가 [자기의 선지식의 면전] 여기에 왔다라고 생각하고서 이곳에 왔다. 또한 「보살인 [대승의 선지식인 이 분들은] 나의 [보살행을 배우길 원하는] 마음을 일으키게 하고, [그 뿐만 아니라] 부처님의 아들인 [선지식인 이 분들의 마음속에 선과(善果)인 위없는] 보리를 일으키게 하는 [것임으로써] 이 분들이 나의 선지식임을 부처님들께서 찬탄한 것이다」고 하는, 그와 같이 [생각하는] 착한 마음으로 [의도한 대로] 선재동자가 [자기의 선지식의 면전] 여기에 왔다라고 생각하고서 이곳에 왔다[고 함과 또한 교화대상의] 「세간을 [유정을 재난에서] 구호하기 때문에 용사와 같고, [예를 들면, 힘없는 자들이 힘 있는 자를 군주로 간청함과 같다. 또한 예를 들면, 바다에서 보물을 캘 때 방법에 능통한 상주(商主)가 필요하듯이, 삼신(三身)의 보물을 캐는] 상주(商主)이며 [구호자 없는 이들의] 구호자이자 [귀의처가 없는 자들의] 귀의처가 되고, [거듭거듭 선지식] 이 분들은 나에게 안락[의 자구(資具)를]을 베풀어주는 눈과 [같음]이다」고 하는 [원인] 그와 같이 [생각하는] 마음으로 [의도한 대로] 선지식을 받들어 모신다'고 하는 것처럼, 게송의 운율로서 기억해야 하니, [그와 같은 마음으로 오로지 여기에 왔다고 함과 같음을 통해서] 선재동자를 자기로 바꾸어서 구송(口誦)해야 한다"라고 함과 같은 것이다.

59) 가지(加持)의 의미에 대하여 『이취경 강해』(혜능 역)에서, "아디스타나의 역어로, 본래는 신비적인 주력(呪力)을 의미했으나 밀교에서는 불보살 등이 불가사의한 작용의 힘을 더하여 살아 있는 모든 것을 보호하는 것을 말한다. 홍법대사는 『즉신 성불의(卽身成佛義)』(『弘大全』제1집,p.516.)에서「가지란, 여래의 대비와 중생의

신심을 나타낸다. 불일(佛日)의 그림자가 중생의 심수(心水)에 나타나는 것을 가(加)라고 하고, 행자의 심수에 능히 불일을 감득하는 것을 지(持)라고 이름한다. 행자가 만약 능히 이 이취를 억념하면 삼밀(三密)과 상응하기 때문에 현신(現身)에 속질이 본유의 삼신(三身)을 현현하여 증득할 수가 있다」고 정의하고 있다. 이 말에 대한 깊은 고찰은 渡辺照宏박사의 「Adhiṣṭhāna(加持)의 문헌학적 시론」(『渡邊照宏佛教學論集』所收, 昭和57年刊,筑摩書房)을 참조. 《三麽耶智》삼마야에는 평등· 서원· 경각(驚覺)·제구(除垢)의 네 가지 뜻이 있다고 한다. 『이취석』권상(대정19,607a)에서는 「삼마야지란, 맹세이고 만다라이다」고 하고 있다. 즉 만다라의 세계를 깨달은 지혜를 말한다"고 하였다.

60) 선지식인 스승님의 은혜를 기억하고 그의 가피를 구하는 마음가짐을 보리도차제광론에서 설하길, "십법경(十法經)에서, '장구한 세월 윤회 속에 떠도는 나를 찾아주시고, 장구한 세월 어리석음에 덮여 잠든 나를 깨워주시고, 윤회의 고해 속에 빠진 나를 구해주시고, 나쁜 길에 들어간 나에게 선한 길을 열어주시고, 윤회의 감옥 속에 갇힌 나를 풀어주시고, 장구한 세월 질병으로 초췌해진 나에게 의사가 되어 주시고, 탐욕 등의 불길이 나를 불사름을 비구름이 되어 꺼줌과 같다는 생각을 일으킨다'고 하였으며, 또한 화엄경(華嚴經)에서도, '선재동자가 「선지식들이 나를 모든 악도에서 구호한다. 제법의 평등성을 깨닫게 한다. [선취와 해탈의] 안락의 길과 비안락의 길을 열어 보인다. 보현행(普賢行)으로써 교수한다. 일체지(一切智)의 성채로 가는 길을 열어 보인다. 일체지의 처소로 데려간다. 법계의 바다에 들어가게 한다. 삼세의 소지계(所知界)의 바다를 열어 보인다. 성중(聖衆)이 회집한 만다라를 열어 보인다. 선지식은 나의 모든 백법(白法)들을 증장시킨다」고 수념한 뒤 흐느껴 울게 한다'고 설함과 같이 기억하는 것이다"라고 하였다.

61) 대승의 법기(法器)가 되는 4가지 덕목을 보리도차제광론에서 설

하길, "사백론(四百論)에서, '올곧게 머무르고 지혜를 지니고 뜻을 추구함은, 청문(聽聞)하는 자의 그릇이니, 설하는 자의 덕목도 다른 모양으로 바뀌지 않고, 청문하는 자 또한 달리 바뀌지 않는다'라고 설한다"고 하였다.

62) 원만시(圓滿時)는 짜뚜르유가(Caturyuga)이니, 겁초의 인간의 수명 8만세의 시대에서 말세의 인간수명 10세에 이르기까지의 기간을 4가지 복분에 의해서 구분할 때, 인간의 복분이 가장 수승한 시절의 이름이다. 응왼죄남쌔(俱舍論精解)의 논설을 간추리면, "과거의 겁초에 출현했던 인간들은 색계의 천인들처럼 화생으로 태어나고, 씹어 먹는 단식을 하지 않으므로 몸에 광명이 나고, 신통을 갖추고, 무량한 수명을 누렸다"고 하였듯이, 이 시대의 인간들은 선법(法)·재부(財)·즐거움(慾)·안락(樂)의 4가지를 다 누렸으며, 차례로 삼분시(三分時)·이분시(二分時)·투쟁시(鬪爭時)에는 하나씩이 줄어드는 시대를 말한다.

63) 변지(邊地)에 태어나는 원인에 대하여 댄빠녜르샥빼땐쬐끼델빠(正法念處經義明釋論)에서, "또한 등활지옥과 등활의 16근변지옥에서 업이 소진하여 그곳에서 벗어날지라도 아귀와 축생으로 태어나고, 설령 사람으로 태어날지라도 단명하고 갖가지 질병에 괴롭힘을 당하고, 불법을 닦을 수 있는 가만(暇滿)이 없는 변방사람의 몸을 받는다"고 하였다.

64) 타원만(他圓滿)은 자기의 복분에 속하지 않고 타인에게 속하기 때문에 그렇게 말한다.

65) 텍첸로종기티뒤빠(大乘修心教導攝略)에 의하면, "일체지자를 얻음에는 대승의 견도(見道)를 얻음이 필수적이니, 그것을 얻음에는 다른 [동승신주와 서우화주와 북구로주의] 삼주(三洲)의 남자와 여인과 [전생에서] 처음에 사람 몸으로 불도를 수행한 적이 있는 욕계의 일부 천인의 몸에서 견도가 새롭게 발생할 뿐, 다른 유정

의 몸에는 견도가 발생하지 않기 때문이다"고 하였다.

66) 위의 같은 책에서, "첫째이니, 선취의 경지를 단지 얻음에도 또한 계율 한 가지 종류 정도를 지킴이 필수적이니, 특히 불법을 수증하는 청정한 사람 몸을 얻는 것도 청정한 계율을 지킴이 필수적이나, 청정한 계율을 지킴이 크게 희소하기 때문이다. 둘째이니, 본성에 의거할지라도 가만을 얻기가 어려우니, 동류가 아닌 다른 부류의 유정들에 의거해서도 단지 사람 몸을 얻는 것조차 드물 뿐더러, 특히 청정한 법을 수증하는 의지처가 되는 사람 몸을 얻는 다는 것은 정말로 희유한 것이다. 그러므로 얻기 어렵고 얻으면 의미가 심대한 가만의 이 몸에서 [해탈의] 정수를 얻음이 필수적이라고 하는 등을 앞서와 같이 사유하라"고 하였다.

67) 로종쑹되매카꽁(Blo sbyoṅ gsuṅ bgros maḥi kha skoṅ, 修心談論補遺)에서, "셋째, 숫자의 문을 통해서 얻기 어려움이니, '가만을 얻은 그 정도는 어렵지 않으니, 많은 사람들이 있지 않은가?'라고 생각할지 모르겠지만, 그것은 정신을 차리고서 분석하지 않음으로써 그렇게 말하는 것이다. 일반적으로 유정계를 관찰해 보면 가만의 몸을 얻음은 두 말할 필요도 없고, 단지 맹인의 몸을 얻는 것조차 또한 어려운 것이다. 보살장(菩薩藏)에서, '일체지자의 지혜로 살펴보면, 다른 사람들이 보지 못하는 유정의 숫자가 세간의 극미진(極微塵)보다 또한 많이 있다'라고 설하고 있음과 단지 바르도(中有)의 유정 하나를 예로 삼을지라도, 몸을 얻은 유정에 비해서 얻지 못한 유정이 많음이 분명하니, '늦은 봄날 같은 더운 시절에 한 사람의 죽은 시체를 3일간 방치하면, 그 시신에서 헤아릴 수 없이 많은 벌레들이 생겨나니, 그와 같이 시체가 있는 만큼 또한 그 만큼의 벌레가 있음을 본 뒤, 벌레로 태어나는 바르도의 유정 또한 그 만큼이며, 다른 유정으로 태어나는 바르도의 유정은 그것을 초과하지 않는다. 그처럼 바르도에 매우 오랫동안 머문다'라고 설함 또한 분명한 사실이다. 몸을 얻은 유정 또한 인간 아닌 다른 유정들이 많으니, 사람의 몸은 많지 않다.

비나야사(毘奈耶事)에서, '선취에서 악도에 떨어진 유정은 대지의 티끌만큼 되고, 선취에서 선취로 가는 유정은 손톱 위의 티끌만큼 되고, 악도에서 선취로 가는 유정은 손톱 위의 티끌만큼 되고, 달리 축생은 술을 걸러낸 지게미만큼 되고, 아귀는 휘몰아치는 진눈개비만큼 되고, 지옥의 유정은 대지의 티끌만큼 있다'고 설하였다"고 함과 같다.

68) 유위(有爲)는 곧 유위법(有爲法)이니, 사람의 수명도 사대원소의 화합으로 생겨난 육신에 의뢰하는 것이기에 반드시 인연이 다하면 멸하는 법인 것이다.

69) 수승화신(殊勝化身)은 석가모니불과 같이 뛰어난 화신을 말하니, 일반 중생들의 눈앞에 십이상성도(十二相成道)의 모양을 현시하면서 중생을 교화하는 최승의 변화신을 수승화신이라 부른다.

70) 법집요송경(法集要頌經)은 티베트 데게 대장경의 땐규르 아비달마부(阿毘達磨部) [東北. No. 4099]에 체두죄빼촘(Ched du brjod paḥi tshoms, 우다나품優陀那品)의 이름으로 실려 있으며, 저자는 법구(法救) 아라한으로 달마다라(達磨多羅)라 음역하는 다르마뜨라따(Dharmatrātaḥ)이다. 그는 소승의 설일체유부의 유명한 논사로 아사리 세우(世友)·묘음(妙音)·각천(覺天)과 더불어 4대 논사로 불린다. 또한 한역대장경에는 법구경의 이본(異本)에는 3가지가 있으며, 불교학대사전(홍법원)에 의하면, "①법구비유경(法句譬喩經)4권인 바 한역 법구경의 게송 가운데서 3분의 2를 그대로 옮겨와서 그것이 설하여지게 된 사정과 인연(因緣)을 말하여 주는 비유를 적은 것이다. 이 경은 39품(品)으로 그 배열과 순서는 한역 법구경의 장(章)의 배열이나 순서와 일치한다. 각 품(品)마다 한 가지 이상 다섯 가지의 비유를 들고 있는데 그 수는 모두 68가지에 이른다. 서기 290~306년 법거(法炬)와 법립(法立)에 의해 한역되었으므로 법구경보다는 한역연대가 약간 늦다. ②출요경(出曜經)30권이다. 이 경은 법구비유경(法句譬喩經)보다도 근 백년 뒤

인 서기 398~399년에 축불념(竺佛念)에 의해 한역되었는데, 그 내용은 법구경의 시구(詩句)를 부분적으로 인용하면서 다른 시구(詩句)들을 많이 섞어 넣고 그 싯구들에 담긴 교훈을 석존 당시의 역사적 상황과 관련시켜서 실례를 들어가며 산문(散文)으로 해설을 가한 것이기 때문에 법구경을 이해하는데 큰 도움이 된다. ③ 법집요송경(法集要頌經)4권으로 경명(經名) 그대로 순전히 게경(偈經)이다. 출요경(出曜經)과 장수(章數), 게수(偈數)가 비슷한데 그것을 전부 시의 형식에 담았다. 출요경에 나오는 게는 4자1구, 5자1구가 섞여 있는 데에 비해서 이 경의 게는 전부 5자1구로 되어 있는 것이 특징이라 할 수 있다. 32품으로 구성되어 있으며 두 경보다 훨씬 뒤인 서기 950, 1000년경에 천식재(天息災)에 의해 한역되었다"고 하였다.

71) 찰나(刹那, kṣaṅam)는 일반적으로 가장 짧은 시간을 뜻한다, 학파에 따라서 차이가 있으나 대체로 탄지경(一彈指頃)의 65분의 1에 해당하는 극히 짧은 순간을 말한다.

72) 남섬부주(南贍部洲)는 현재 우리들이 살고 있는 땅으로 범어 잠부위빠(Jambudvīpa)의 음역이며, 이 명칭이 생기게 된 유래에 대하여 위의 죄델타르람(俱舍論要解)에서, "사대주(四大洲)가 있는 가운데 수미산의 남쪽에 자리하고, 잠부나무의 열매가 바다 속에 떨어질 때 '잠부'라고 소리를 내므로 잠부링(贍部洲)이며, 땅 둘레를 바다로 감싼 큰 땅인 까닭에 호잠부링(南贍部洲)이다. 수미산과 접한 면과 좌우 양쪽의 세 면적이 각각 2천 유순(由旬)이며, 수레의 모양과 같은 나머지 한 면은 3.5유순이다"라고 하였으며,

73) 북구로주(北俱盧洲)는 수미산 북쪽에 있는 대주(大洲)로 사대주 인간들 가운데 가장 복덕이 많은 땅으로 웃따라꾸루(Uttarakuruḥ)의 음역으로 의역하여 악음주(惡音洲)라 한다. 이유는 이 북쪽의 대주의 사람들은 천년을 살면서 즐거움과 안락을 누릴지라도 임종 때에는 '죽음의 시간이 왔다'는 불쾌한 소리가 들림으로써

그렇게 부른다고 하였다. 이곳의 사람들의 성격은 성냄이 적고 근성도 갖가지이며, 신체는 삼십이주(三十二肘, 16미터 정도)이고, 수명은 1,000세에 이르는 등 사대주 가운데 복락이 가장 뛰어난 곳이다.

74) 겁초(劫初)은 지금 우리들이 살고 있는 현재의 겁(劫)이 주겁(住劫)이며, 이 주겁을 달리 현겁 또는 광명겁(光明劫)이라 부르니, 그 이유를 비화경(悲華經)에서 "이 겁에서 1천명의 부처님이 차례로 출현함으로써 현겁 또는 광명겁이라 한다"고 설한 데서 기인한다. 또한 이 주겁에서 부처님들이 출현하는 시기는 겁초의 인간들의 수명이 무량수에서 8만세로 감소한 뒤, 4만세에 구류손불(拘留孫佛)로 음역하는 끄라꾸찬다(Krakuchanda, 滅累佛) 부처님이, 3만세에 구나함모니불(俱那含牟尼佛)로 음역하는 까나까무니(Kanakamuni, 金寂佛) 부처님이, 2만세에 가섭불(迦葉佛)로 음역하는 까쌰빠(Kāśyapa, 燃燈佛) 부처님이, 인간의 수명 100세에 석가모니불이 출현한 뒤, 다시 수명이 증가하여 8만 세가 될 때 마이뜨레야(彌勒佛) 부처님이 출현한다. 이와 같이 중겁이 18번 돈 끝에 현겁천불(賢劫千佛)의 마지막 부처님인 선관불(善觀佛)이 출현함과 동시에 말한겁이 시작한다고 논에서 설하고 있다.

75) 말겁(末劫)은 말한겁(末限劫)과 같은 의미이니, 유정계가 파괴되어 괴겁(壞劫)이 시작되는 시기 또는 괴겁과 공겁을 뜻하기도 하나 일반적으로 인간수명 10세에 도달한 극악한 시대를 말한다. 응왼죄남쌔(俱舍論精解)에 의하면, "[암흑시(暗黑時: 鬪爭時)] 그 뒤 업도인 불선의 갖가지 업들을 크게 지음으로써 인간들의 수명이 짧아지고, 최후에는 10세 이상의 수명도 누리지 못하게 된다. 인간의 수명이 10세이면 중겁이 막바지에 다다른 것이며, 최후에는 도병겁(刀兵劫)·질병겁(疾病劫)·기근겁(饑饉劫)의 삼겁(三劫)에 의해서 끝나게 된다. [이 삼겁의 기간에는] 인간들을 칼로 죽이는 7일간, 질병으로 죽이는 7개월 7일간, 기근으로 죽이는 7년 7개월 7일이 차례대로 발생한다"고 하였다.

76) 사풍(邪風)과 담즙(膽汁)과 연액(涎液)의 셋은 인도와 티베트의학에서 인체의 질병을 일으키는 세 가지 주된 요인으로 설한다.

77) 나타(Nāthaḥ)는 티베트어로 괸뽀(mGon po)라 하니, 완전하게 구호함으로써 의호주(依怙主) 또는 의호(依怙)라 부른다. 예를 들면, 미륵보살님을 자존(慈尊)이라 함과 같다.

78) 쌰라남(Śaraṇaṃ)은 티베트어로 꺕(sKyabs)이라 하니, 귀의와 구호의 뜻으로 해침으로부터 구호하는 자를 뜻함으로써 귀의라고 한다. 구사론자주(俱舍論自注)에서, "쌰라남(Śaraṇaṃ)의 뜻이 무엇인가? 하면, 그에게 의지함으로써 모든 괴로움으로부터 온전히 반드시 벗어나기 때문이다"라고 함과 같다.

79) 빠라야남(Parāyaṇaṃ)은 티베트어로 뿡녠(dPuṅ gñen)이니, 의호(依怙)의 뜻으로 곧 믿고 의지할 귀의처를 말한다. 쎄르기담뷔밍칙챈델노르뒤도쐘(雪域名著名詞精典注釋)에서, "뿡녠은 보통 귀의처의 뜻으로 이해하니, 현관장엄론에서, '[귀의]처(處)와 의호(依怙)와 섬(島)과'라고 한 것에 대하여, 쎄르텡(金鬘疏)에서, '윤회와 열반을 평등하게 깨달음은 셋이니'라고 함과 같이, 앞에서 이끌어줌으로써 의호(依怙)이다"라고 하였다.

80) 염리(厭離)의 마음은, "육신과 재물들을 사용하고 살아간 그 끝에 생로병사 등의 갖가지 고통들이 발생하고 증장되는 것을 요지해서 염오하는 마음을 일으킨 뒤, 그것을 버리고 그것에 들어가지 않고 벗어나기를 바라는 마음이다"라고 장한대사전(藏漢大辭典)에서 설명하였다.

81) 자만(自慢)과 교오(驕傲)에 대하여 아비달마구사론4권(권오민 역)에서, "[각주86)에서 자만에 대해] 만(慢)이란 자신의 입장에서 타인의 덕을 차별하는 것으로, 여기에는 다시 일곱 가지가 있다. 즉 가문·재산·지위·용모·힘·지식·기예·지계(持戒) 등에 있어 자신

보다 열등한 이에 대해 자신이 더 뛰어나다 하고, 동등한 이에 대해 동등하다고 하는 만(慢), 자신과 동등한 이에 대해 자신이 더 뛰어나다고 하고, 자기보다 더 뛰어난 이에 대해 자기와 동등하다고 하는 과만(過慢), 자신보다 더 뛰어난 이에 대해 자기가 더 뛰어나다고 하는 만과만(慢過慢), 오취온(五取蘊)을 나, 혹은 나의 것이라고 집착하는 아만(我慢), 예류과의 뛰어난 덕을 증득하지 못했으면서 증득했다고 여기는 증상만(增上慢), 가문 등이 자기보다 월등히 뛰어난 이에 대해 자기가 조금 열등하다고 하는 비만(卑慢), 덕이 없으면서 자기에게 덕이 있다고 하는 사만(邪慢)이 그것이다. [각주87)에서 오만에 대해] 즉 자신의 용감함이나 건강, 재산, 지위, 도덕규범[계(戒)], 지혜, 친족 등의 존재[법(法)]에 대해 먼저 염착을 일으킴으로써 마음에 오만 방일함이 생겨 온갖 선본(善本)을 되돌아보는 바가 없기 때문에, '교'라고 일컫는 것이다. 온갖 선본에 대해 되돌아보는 바가 없다고 함은, 마음이 오만해짐에 따라 온갖 선업을 즐거이 수습하지 않는 것을 말한다.(『현종론』 권제6, 한글대장경200, p.152)"라고 하였다.

82) 여기서 '홀연(忽然)'의 의미는, 캔뽀·꾼뺄(mKhan po kun dpal)의 쬐죽짜델(入菩提行論釋)에서, "그것들의 의미를 간추리면, '그 같이 나도 가을날의 별과 나그네처럼 홀연(忽然)이니, 이전에 어디로부턴가 와서는 지금 어디로 가는지 알지 못하고, 신속하게 사라져 없어지는 것이다'라고 하는 것을, 제가 깨닫지 못하고 또는 알지 못함으로써"라고 하였다.

83) 말마(末魔)의 느낌은 곧 사대가 흩어질 때 일어나는 극심한 고통으로 해지절(解支節) 또는 단말마(斷末魔)라 한다. 댄빠녜르샥빼땐쬐끼델빠(正法念處經義明釋論)에 의하면, "해지절(解支節) 또는 단말마(斷末魔)[몸의 사대(四大)가 흩어지는 극심한 고통]의 고통이니, 무간지옥에 태어나는 그 유정은 살아있을 때 갖가지 불선의 흉조들이 출현하고, 임종할 때 이와 같은 흉조가 일어나니, 업의 현상이 전도되어 낮에 달을 보고, 밤에 해를 봄과 자기 그림자를

보지 못하고 갑자기 나쁜 소리를 듣고 코가 기울어지고, 머리털과 수염이 헝클어지고, 4백4병이 동시에 발생해서 극렬한 고통을 일으키고, 몸을 삶아버리고 핍박한다. 80가지 벌레의 무리들에게 80종류의 바람이 들어가 어지럽힘으로써 몸과 뼈와 신경과 살가죽과 힘줄과 근육과 지방에 파고들어가서 전신을 벌레들이 구멍을 내고, 불이 몸을 태우고, 암흑 속에 들어감과 온갖 짐승들이 자기의 머리 위에 찾아오고, 염라왕의 옥졸들이 자기를 불태우는 광경이 발생함으로써 정신이 극도로 혼미해진 뒤 슬피 운다. 몸의 감관이 이전과 다르게 변함으로써 두려워한 뒤 똥오줌을 싸고 갈기는 등의 죽음의 표상들이 발생한다. 그의 몸이 지옥의 불에 의해서 죽고 동시에 바르도(中有)에서 또한 괴로움을 당한다. 경에서, "모든 중생들이 임종에 이르렀을 때 이와 같은 따위의 벌레들과 이와 같은 따위의 바람들이 상응하지 못함으로써 바람이 그 벌레들을 죽인다. 이와 같이 아비지옥의 사람은 전도된 악업으로 위아래로 전도된 바람이 분다. 그 악업으로 말미암아 세찬 바람을 일으키고, 그 몸에 두루 불어댄다. 이와 같은 따위의 80종류의 바람이 80가지의 벌레들을 죽인다. 상응해서 죽이고, 전도돼서 죽임과 같다. 또한 바람이 있으니 이름이 필파라침(必波羅針)이다. 능히 온몸을 건조시키니 마치 기계로 사탕수수를 압착함과 같이, 모든 피가 마르고, 모든 혈맥이 막히고, 모든 힘줄이 끊어지고, 모든 골수가 넘치니, 큰 괴로움을 받는다. 악업을 지은 사람과 아비지옥에 갈 사람은 임종을 할 때 그 벌레들이 죽으려 하면 [첫 번째] 빛을 본다. 아비지옥의 사람이 지옥의 모습을 보니, 검은 장막에 덮인 집의 행랑채에서 불이 일어나고, 차례로 집 전체로 번지고, 검은 장막의 집 안이 모두 타오름을 본다. 그 사람이 이와 같이 온 집이 불타는 것을 본 뒤 놀라고 두려워하여 전율하고, 얼굴을 찌푸리고 신음소리를 내고, 양손을 휘둘러대고, 눈알을 굴리고, 침을 흘리고, 이를 가는 소리를 내고, 두 입술을 부딪친다. 그 사람이 다시 두 번째 빛인 흑암의 덩어리를 보고, 더욱 놀라고 두려워한다. 숱하게 많은 사자와 호랑이와 표범과 곰과 마웅(馬熊)과 뱀과 구렁이 등을 보고서 극도로 두려움을 일으키고, 높은 산에서 험한 기슭으로 떨어지려하자 똥을 싸서 자리를 더럽히고, 그 산에서 떨어지는 것을 두려워하여 허공을 향해 손을 뻗는다. 친척들이 그것을 보고 모두 말하길, '이 사람이 손으로 허공을 만진다'고 한다. 이와 같이 병자가 그 산의 수풀과 벼랑과 굴과 숱하게 많은 버드나무가 불타오르는 것을 보고, 그 위에 떨어질듯 하여 마음이 놀라고 두려움을 일으켜서 소리를 지르고 비명을 지르고, 다시 똥을 싼다. 눈알을 굴려대고, 두려움에 얼굴을 찡그리고, 눈에서 눈물을 흘리고, 온몸의 털이 곤두서니 마치 가시와 바늘과 같고, 불알이 오그라들고, 입에서는 침이 흘러나온다"고 하였다.

84) 방일(放逸)은 아비달마구사론4권(권오민 역)에서, "일(逸)이란 이를테면 방일(放逸)로서, 온갖 선을 닦지 않는 것을 말한다. 이는 바로 온갖 선을 닦는 것[즉 불방일(不放逸)]에 의해 대치(對治)되는 법이다"라고 하였다.

85) 중음의 공포이니, 댄빠녜르샥빠땐쬐끼델빠(正法念處經義明釋論)에서, "바르도(中有)의 고통이니, 그 뒤 그 유정이 이승에서 바르도의 세계로 떠남과 동시에 지옥의 옥졸들이 나타나서 불타는 쇠밧줄로 허리를 묶고 두 팔을 뒤로 묶은 뒤 꾸짖으면서 지옥으로 데려갈 때, (중략) [지옥의 고통을 설명하는] 많은 게송들로 극도로 두렵게 만든 뒤 무간의 유정지옥으로 떨어지게 한다"고 하였다.

86) 승군왕소문경(勝軍王所問經)에서, "다른 세상으로 떠나니, 침상 위의 끝은 누움이고, 목숨이 홀로 잠시 남고, 염라사자는 두렵고 무섭고, 불행 늪 속에 떨어진다. 숨의 들고남이 끊어지고, 입과 코가 벌어지고, 이빨을 드러내고, 부모와 형제자매와 아들딸이 에워싸고, '재산을 나눠가져라'고 말하고, '아- 아버지, 아- 어머니, 오- 아들아'하고 불러보지만, 불법 밖에는 달리 의호주(依怙主)라 부르는 나타(Nāthaḥ)[괸뽀(mGon po)]도 없고, 달리 구호자라 부르는 쌰라남(Śaraṇaṃ)[깝(sKyabs)]도 없고, 달리 피난처라 부

르는 라야남(Layanaṃ)[내(gNas)]도 없고, 달리 구원자라 부르는 빠라야남(Parāyaṇaṃ)[뿡녠(dPuṅ gñen)]도 있지 않다. 대왕이시여, 그 때 그 시간에는 불법이 섬(島)이라 부른 드위빠(Dviīpa)[링(Gliṅ 處)]와 나타(Nāthaḥ)[괸뽀(mGon po)]와 천인사(天人師)라 부르는 싸쓰따(Śāstā)[뙨빠(sTon pa)]가 된다"고 설함과 같다.

87) 캔뽀·꾼뺄의 쬐죽짜델(入菩提行論釋)에서, "그와 같이 임종의 단계에선 불법의 선업을 제외하고는 달리 기댈 곳이 하나도 있지 않는데, 그 때 악업을 지은 나는 어찌 해야 하나요? 행할 방법이 전혀 있지 않음으로써, 고통으로 말미암아 극도로 괴로워하고 초췌하게 된다"는 뜻이라고 하였다.

88) 캔뽀·꾼뺄의 쬐죽짜델(入菩提行論釋)에서, "부처님 당신께서 유학(有學)의 단계에서 허다한 무수겁(無數劫) 동안 복덕과 지혜자량의 둘을 쌓으신 뒤, 최후에 보리수 아래에서 일체종지를 얻으실 때, '심오한 적멸의 희론을 여의고 광명과 무위(無爲)의 감로와 같은 법 하나를 내가 얻었다'라고 말씀하심과 같이, 심오하고 광대한 일체법을 깨치거나 또는 아신 어떤 법을 닦음으로써, 윤회의 공포를 남김없이 소멸하거나 또는 적멸케 하는 아가마(言敎)와 증득하신 법을 도의 이취(理趣)로 오늘부터 귀의함과 통달함과 보살대중은 성자인 까닭에, 불퇴의 승가에게도 또한 그와 같이 오늘부터 반려자의 모양으로 간사함을 버리고 의심이 없이 귀의하옵니다"라는 의미라고 하였다.

89) 댄빠녜르샥빼땐쬐끼델빠(正法念處經義明釋論)에서, "경에서, '비구들이여, 제일 먼저 용맹심으로 마군을 파괴하여 생사의 바다를 건너고, 계율의 맑은 물로 욕심의 불을 끄고, 자비의 물로 성냄의 불을 끄고, 심오한 인연의 법등(法燈)으로 우치의 어두움을 멸하라'고 하였다"고 하였다.

90) 캔뽀·꾼뺄의 쬐죽짜델(入菩提行論釋)에서, "저는 임종의 두려움과

죽은 뒤 일어나는 중음의 공포와 후생의 윤회와 악도의 공포에 의해서 크게 두려워한 뒤, '제불의 장자인 대성자 보현보살(普賢菩薩)님이시여! 하고, 애원함이니, 당신에게 제 자신의 몸과 재물의 일체를 바치옵니다'라고 호소함으로써, (중략) 그와 같이 제불의 유일한 아버지이신 만주고사(妙音)에게 또한 타인이 권청함이 없이 제 자신 스스로 저의 이 몸을 바침이다"라는 의미라고 하였다.

91) 범어의 만주고샤(Mañjughoṣa)는 묘음(妙音)의 뜻으로 만주쓰리고샤(Mañjuśrīghoṣa, 妙音吉祥)라고도 부르는 동자의 모습을 한 문수보살의 다른 이름이다. 보통 그의 몸빛은 제불의 지혜를 집적함을 표시하며, 신형(身形)은 십지보살을 하고 있으며, 언사(言辭)는 조악한 과실을 영원히 여의고, 음성은 미묘한 공덕을 성취해서 묘음(妙音)이라 하며, 일체의 때와 장소에서 영원토록 16세의 소년의 몸을 보존해서, 허공계가 다하도록 중생의 이락을 수행함으로써 동자 또는 동진(童眞)이라 한다.
또한 구루 빠드마쌈바와(蓮花生)는, "문수(Mañju, 柔和)에는 3가지 뜻이 있으니, 광대한 속제(俗諦)의 문수와 심오한 승의(勝義)의 문수와 정수(精髓)의 무생(無生)의 문수 셋이다. 광대한 속제의 문수에도 3가지 뜻이 있으니, 광대한 방편의 문수와 광대한 만다라의 문수와 광대한 몸의 문수 셋이다. 심오한 승의의 문수에도 또한 3가지 뜻이 있으니, 심오한 자성의 법신과 심오한 본질의 보신과 심오한 대비의 화신 셋이다. 정수의 무생의 문수에도 또한 3가지 뜻이 있으니, 무생의 문수와 본래청정의 문수와 무사절려(無事絶慮)의 문수 셋이다. 문수는 자통이 없으므로 문수(柔和)이며, 사리(Śrī, 吉祥)는 둘이니, 자증(自證)인 자기의 길상과 대비(大悲)인 타인의 길상이니, 자증인 자기의 길상은 아뢰야(일체의 터전)가 진실로 무생(無生)의 본래청정임을 깨달음이다. 대비인 타인의 길상은 그와 같이 깨닫지 못하는 이들에게 무생의 본래청정의 뜻을 열어 보임이다. 동자(童子: 동진童眞)는 [본성이 해맑고 빛나는] 8세의 동자의 모습으로 머무름이며, '됨이다(Gyur pa, 되다)'란, 진실무생(眞實無生)의 본래청정을 이름이다. 또는 '성문수사리동자 보살님께'라고 함은, 문수는 셋이니, 자성(自性)인 인위(因位)의 문수와 수도위(修道位)의 문수와 구경의 과위(果位)의 문수이다. 동진은 본성이 정결하고 밝은 동자이다. 됨은 법성모(法性母)의 법계가 됨이다. 께(La)는 소의(所依)의 라(La)와 분리(分離)의 라(La)이다. 예배함은 셋이니, 공통의 예배와 비공통의 예배와 특별한 위없는 예배의 셋으로, 공통의 예배는 이해하기 쉽다. 비공통의 예배는 예배를 소연(所緣)하는 것이니, 분한(忿恨)의 마음을 여읜 의미에 예배를 행함이며, 특별한 위없는 예배(Phyag)는 [번뇌장과 소지장(所知障)과] 모든 습기가 본래 청정함에 예배를, 무생(無生)에다 행함(ḥTshal ba)이니, 무사(無事)이며 사유의 경계를 떠남이다" 라고 문수진실명경보일월치성등석(文殊眞實名經寶日月熾盛燈釋)에서 설하였다.『문수진실명경 역해』(중암 역해, 운주사)에서 인용.

92) 캔뽀·꾼뺄의 쬐죽짜델(入菩提行論釋)에서, "성관자재보살님은 보정불(寶精佛, Saṅs rgyas rin chen sñiṅ po)의 면전에서 발심한 뒤부터 무변한 유정들을 위한 대비이니, 큰 연민의 마음을 지님으로 자기를 위한 사심(私心)이 털끝만큼도 없으신 채 오로지 타인의 이익을 행하심으로써, 내적 공덕인 대비와 외적 행위에 착란이 없음이니, 오류가 없이 행함으로써 모든 때와 장소에서 일체의 유정들을 눈을 감음이 없이 살펴보심으로써, 의미와 일치하게 명호 또한 불폐목(不閉目) 또는 관자재(觀自在)이시니, 그러한 의호주(依怙主)을 또한 믿는 까닭에 불퇴전의 믿음으로써, 강렬한 번민에 심신이 처절하지 않을지라도 애절하게 간교함이 없이 심장 깊숙한 곳에서 우러나는 진심으로, 크게는 윤회의 고통과 악도의 두려움과 지금의 필요사인 임사의 공포와 중음의 두려움을 무서워한 뒤, 몸과 마음이 고통에 짓눌리고 극도로 피폐해진 탓에 발출하는 목소리 또한 애절한 절규로써 호소함이니, '대비성주(大悲聖主)시여!'라고 부른 뒤, '죄 많은 저'라고 함이니, 보통 몸과 말과 특별히 뜻과 그 보다 더 한층 이와 같이, '분별과 무명은 큰 마라이니, 윤회의 바다에 떨어지게 한다'고 설함과 같이, 모

든 악업들은 분별로부터 발생하고, 모든 분별들은 나와 나의 것으로 행하는 자기와 남이니, 자타를 구별하고 집착하는 아집(我執)에서 일어나고, 아집은 무명인 까닭에 모든 때와 장소에서 법을 강설하고 청문하고 독송하고 수행하는 등의 일체에, 마음을 한 순간도 기우리지 못하고 탐욕과 성냄 등의 악한 분별을 추종해서 그릇된 착란이 사방으로 치달리니, 곧 악업을 짓고 쌓음으로써 끝없는 윤회 속에서 삼악도 등으로 들어가는 죄가 많이 있다고 자인한 뒤, 이 죄 많은 나를 구원하는 귀의처가 되어 주시길 청함이다"라고 하였다.

93) 위의 같은 책에서,, "불세존의 성스러운 허공장보살님은 초학보살(初學菩薩)로 타죄(墮罪)가 발생한 자들의 지팡이와 같다고 설함으로써 성스러운 허공장보살이시며, 번뇌를 어지럽게 행하는 초학의 출가자 등으로 빈궁과 쇠락에 떨어진 이들을 특별히 연민하고 보호하는 지장보살(地藏菩薩)님과 들(Dag)인 미륵보살님과 제개장(除蓋障)보살님 등의 시방의 국토에 계시는 대비와 서원 등이 광대한 의호자(依怙者)들로 십지자재(十地自在)의 모든 보살님들께 '귀의하고 구원해 주옵소서!'라고 일심으로 그 명호를 부르시되, 애절하게 부름이다"라고 하였다.

94) 위의 같은 책에서, "강(Gaṅ)이라 하는 단어는 보통 전체와 개별을 가리키는 지시대명사이니, 만약 길상하신 비밀주(祕密主) 그를 보게 되면 단지 보는 것만으로 염라왕의 지옥사자로서 잡아가는 일에 달통한 자들과 지옥의 새와 개 따위들로서 마치 부모를 살해하는 백정의 시뻘건 손처럼 분노하는 마음을 지니고 해치는 것들도 크게 두려워한 뒤, 사방으로 내빼거나 또는 달아나게 만드는 금강수보살님을 숭앙하는 마음으로 귀의함이다"라고 하였다.

95) 지옥(地獄)은 범어 나락까(Naraka, 捺落迦)와 티베트어 쎔짼낼와(Sems can dmyal ba)의 번역이며, 지옥에는 팔열지옥(八熱地獄)과 팔한지옥(八寒地獄) 등을 비롯한 18지옥이 있다. 팔열지옥은 강렬

한 불길로써 고통을 받고, 팔한지옥은 극심한 추위로써 고통을 받는 대지옥들로 정법염처경(正法念處經)에서, "백천억(百千億) 나유타(那由他)의 가지 수의 공포의 흉사가 있으니, 이와 같다고 가히 비류(比類)할 바가 있지 않다"고 하였듯이, 이들 지옥의 실상에 대하여 구사론(俱舍論)과 정법염처경(正法念處經)과 기세경(起世經)과 대루탄경(大樓炭經)과 관불삼매해경(觀佛三昧海經)과 지장본원경(地藏本願經) 등에 널리 설해져 있다. 아비달마구사론11권(권오민 역)에서, "이 주(洲) 밑으로 2만 유선나를 지나면, 무간(無間)이 있어 그 깊이와 너비는 동일하며, 다시 그 위에는 일곱 날락가가 있는데, 이 여덟 지옥에는 모두 열여섯 '증(增)'이 있다. 즉 뜨거운 잿불과 송장의 똥오줌과, 날카로운 칼날과 뜨거운 강물의 '증'이 있어, 각기 각 날락가의 사방에 존재하며, 이 밖에도 차가운 여덟 지옥이 있다"고 하였듯이, 여기서 말하는 증(增)은 팔열지옥에 붙어있는 16근변지옥(近邊地獄) 또는 소지옥(小地獄)을 지칭한다.

96) 등활지옥(等活地獄)은 범어 쌈지와나락까(Saṃjīvaḥ naraka)와 티베트어 양쐬(Yaṅ sos)의 옮김이니, 다시 살아나기를 반복하는 까닭에 갱활지옥(更活地獄)이라고도 부르며, 줄여서 그냥 활지옥(活地獄)이라고도 한다. 여기 태어나는 원인에 대하여 도귀린뽀체죄5권(mDo rgyud rin po cheḥi mdzod, 顯密文庫)에서, "성냄의 힘에 의해서 사람 등의 생명을 죽임으로써 등활지옥에 태어나니, 서로를 쳐다보면 분노를 일으키고, 갖가지 무기들을 휘둘러 몸을 조각냄으로써 죽을지라도 또한 살아나니, 수명의 한도는 지옥의 햇수로 5백년이다"고 하였으며, 이 지옥에는 시니지옥(屎泥地獄)을 비롯한 16개의 근변지옥(近邊地獄)이 딸려있다.

97) 흑승지옥(黑繩地獄)은 범어 깔라쑤뜨라나락까(Kālasūtraḥ naraka)와 티베트어 틱낙(Thig nag)의 옮김이니, 이 지옥에 태어나는 원인에 대하여 도귀린뽀체죄5권(顯密文庫)에서, "성냄의 힘에 의해서 생명을 죽이고, 불여취(不與取: 훔치는 행위)를 행함으로써 흑승지옥에 태어나니, 몸에 먹줄을 튕긴 뒤 머리에서 발끝에 이르기까지

톱으로 켜면 또한 다시 붙고 다시 자르는 고통을 반복해서 받으니, 수명의 한도는 지옥의 햇수로 1천년이다"고 하였으며, 이 지옥에는 검엽림지옥(劍葉林地獄)을 비롯한 16개의 근변지옥(近邊地獄)이 딸려있다.

98) 중합지옥(衆合地獄)은 범어 쌈가따나락까(Saṃghātaḥ naraka)와 티베트어 뒤좀(bsDus ḥjoms)의 옮김이니, 괴로움을 주기 위한 여러 가지 도구들이 한꺼번에 들이닥쳐 몸을 핍박하고 무리지어[合當] 서로를 해치기 때문에 중합이라 한다. 이 지옥에 태어나는 원인에 대하여 도귀린뽀체죄5권(顯密文庫)에서, "성냄의 힘에 의해서 생명을 죽이고, 불여취(不與取: 훔치는 행위)와 사음(邪淫) 등을 행함으로써 중합지옥에 태어나니, 죽은 사람의 머리와 같은 철산(鐵山)이 무너져 내리는 그 아래에 깔려서 압착을 당해서 몸이 조각조각 잘라지는 등의 극심한 고통이 발생하니, 지옥의 햇수로 2천년 동안 고통을 받는다"고 하였으며, 이 지옥에는 해지절지옥(解支節地獄)을 비롯한 16개의 근변지옥(近邊地獄)이 딸려있다.

99) 호규지옥(號叫地獄)[규환지옥(叫喚地獄)]은 범어 라우라와나락까(Rauravaḥ naraka)와 티베트어 응우뵈(Ṅu ḥbod)의 옮김이니, 갖가지 고통들을 참지 못하고 원망과 절규하는 호곡소리가 터져 나오는 까닭에 호규지옥이라 부른다. 이 지옥에 태어나는 원인에 대하여 도귀린뽀체죄5권(顯密文庫)에서, "성냄에 의해서 몸의 3업(業)[살생과 불여취(不與取: 훔치는 행위)와 사음(邪淫)]과 음주 등에 의해서 호규지옥에 태어나니, 불길이 타오르는 철옥(鐵獄)에 집어넣고 몸을 태움으로써 울부짖는 소리를 애절하게 질러대면서, 지옥의 햇수로 4천년 동안 고통을 끊임이 없이 받는다"고 하였으며, 이 지옥에는 대애성지옥(大哀聲地獄)을 비롯한 16개의 근변지옥(近邊地獄)이 딸려있다.

100) 대호규지옥(大號叫地獄)[대규환지옥(大叫喚地獄)]은 범어 마하라우라와나락까(Mahārauravaḥ naraka)와 티베트어 응우뵈첸뽀(Ṅu

ḥbod chen po)의 옮김이니, "대규(Mahāraurava)는 지극한 괴로움에 핍박 되어 크고 혹독한 소리를 내지르고 비탄의 절규로서 원한을 말하기 때문에 '대규'이다"고 아비달마구사론11권(권오민 역)의 주석24(『현종론』앞의 책, p.426)에서 설명하였다. 이 지옥에 태어나는 원인에 대하여 도귀린뽀체죄5권(顯密文庫)에서, "성냄에 의해서 몸과 말의 7가지 업(業)을 지음으로써 대호규지옥에 태어나니, 2층의 철방(鐵房)에서 쇠를 녹이는 맹렬한 불길로 몸을 태우는 등의 고통을 지옥의 햇수로 8천년 동안 받음으로써 가히 견디지 못한다"고 하였으며, 이 지옥에는 무비유해지옥(無比喩害地獄)을 비롯한 16개의 근변지옥(近邊地獄)이 딸려있다.

101) 초열지옥(焦熱地獄)[염열지옥(炎熱地獄)]은 범어 따빠나나락까(Tāpanaḥ naraka)와 티베트어 차와(Tsha ba)의 옮김이니, 맹렬한 불길이 몸을 둘러싸서 그 뜨거움을 견디기가 어려운 까닭에 초열지옥이라 부른다. 이 지옥에 태어나는 원인에 대하여 도귀린뽀체죄5권(顯密文庫)에서, "성냄에 의해서 10가지 불선업(不善業) 등을 지음으로써 초열지옥에 태어나니, 쇠로 된 땅과 쇠솥에서 몸을 삶는 등의 고통을 지옥의 햇수로 1만 6천년 동안 가히 견디지 못하는 고통을 받는다"고 하였으며, 이 지옥에는 철확지옥(鐵鑊地獄)을 비롯한 16개의 근변지옥(近邊地獄)이 딸려있다.

102) 대초열지옥(大焦熱地獄)[극열지옥(極熱地獄)]은 범어 쁘라따빠나나락까(Pratāpanaḥ naraka)와 티베트어 랍뚜차와(Rab tu tsha ba)의 옮김이니, "극열(Pratāpana)은 안과 밖이, 그리고 자신과 타인의 몸의 온갖 사지 마디가 모두 맹렬한 불길을 낳고 서로가 서로를 태워 해치는 곳으로 뜨거움 중의 지극한 곳이기 때문에 '극열'이다"고 아비달마구사론11권(권오민 역)의 주석24(『현종론』앞의 책, p.426)에서 설명하였다. 이 지옥에 태어나는 원인에 대하여 도귀린뽀체죄5권(顯密文庫)에서, "성냄에 의해서 10가지 불선업을 짓고, 별해탈계(別解脫戒)와 보살계(菩薩戒)를 상실함으로써 대초열지옥에 태어나니, 쇳물이 펄펄 끓는 구리 솥에서 몸

을 삶고, 쇠로 된 삼지창(三枝槍)으로 몸을 꿰고, 불타는 철판으로 몸을 감는 등의 지옥의 햇수로 반겁(半劫) 동안 가히 견디지 못하는 고통을 받는다"고 하였으며, 이 지옥에는 화계지옥(火髻地獄)을 비롯한 16개의 근변지옥(近邊地獄)이 딸려있다.

103) 무간지옥(無間地獄)은 음역하여 아비지옥(阿鼻地獄)이라 하니, 범어 아위찌나락까(Avīciḥ naraka)와 티베트어 나르메빠(mNar med pa)의 옮김이니, 잠시의 틈도 없이 극심한 고통을 받는 까닭에 무간지옥 또는 오무간(五無間)이라 부른다. 무간의 뜻은 다섯이니, 취과무간(趣果無間, 업의 과보를 받는데 다른 생을 받을 틈이 없음)과 수고무간(受苦無間, 고통을 받는데 잠시도 끊어짐이 없음)과 시무간(時無間, 고통을 받는 시간이 잠시도 끊어짐이 없음)과 명무간(命無間, 수명이 항상 이어져서 끊어짐이 없음)과 형무간(形無間, 고통을 받는 유정의 몸의 형체가 지옥의 넓이와 같아서 간극이 없음)의 다섯이 그것이다. 이 무간지옥에 태어나는 원인에 대하여 도귀린뽀체죄5권(顯密文庫)에서, "성냄에 의해서 오무간(五無間)과 밀주(密呪)의 서언을 어김으로써 무간지옥에 태어나니, 모든 내장들에서 맹렬한 불길이 일어나고, 몸과 불이 하나로 분리됨이 없이 태우는 고통을 1겁 동안 간단없이 받는다"고 하였으며, 또한 근오무간(近五無間)의 죄업을 지으면 무간지옥에 딸린 오시지옥(烏尸地獄)을 비롯한 16개의 근변지옥에 태어난다고 하였다.

104) 1중겁(中劫)은 인간의 수명이 무량수(無量壽)에서 줄어들어 8만세가 되고, 다시 줄어들어 10세가 될 때까지의 일단의 시간을 1중겁이라 한다. 한 세계가 건립되어 완전히 멸망하여 없어지는 기간을 성(成)·주(住)·괴(壞)·공(空)의 사겁(四劫)으로 나눌 때, 현재 우리들이 살고 있는 겁은 주겁(住劫)에 해당하고, 이 주겁을 예로 들어 중겁을 설명하면, 현재 우리들이 살고 있는 머무는 겁인 주겁은 1대겁으로 구성되고, 1대겁은 처음의 초한겁(初限劫: 劫初長時)과 중간의 18중겁(中劫)과 마지막의 말한겁(末限劫: 最後中劫)을 합한 20중겁(中劫)으로 구성된다. 이 주겁의 대한 9대

까르마빠(1556-1603)의 응왼죄남쌔(俱舍論精解)의 논설을 요약하면, "머무는 겁인 주겁(住劫)은 20중겁으로 이루어지며, 한 중겁(中劫)의 기간은 인간의 수명이 무량수에서 줄어들어 8만세에 이르고, 다시 줄어들어 10세에 이르기까지의 [일단의 기간이] 1중겁이며, 이것을 초한겁이라 한다. 여기서 다시 수명이 늘어나서 사람의 나이 8만세에 이르고, 다시 10세까지 줄어드는 기간이 중간에 오르고 내리는 승강겁(乘降劫)이며, 이 승강겁이 초한겁과 말한겁(末限劫)과는 별도로 18개가 있다. 다시, 그 일체의 끝에 [10세에서] 증가해서 [8만세에] 이르는 마지막 기간이 말한겁으로 알려진 1중겁이다. 그러므로 주겁은 20중겁으로 이루어진다"라고 하였다.

또한 초한겁과 말한겁 둘은 중간의 승강겁과는 달리 단지 감소와 증가만이 있어서 그 기간이 같지 않다는 논설에 대해 1대 달라이 라마 겐뒨둡빠(1391-1475)는, "처음의 초한겁과 마지막의 말한겁 둘은 홑이 되고, 중간의 겁들은 오르고 내리는 것이니 기간의 길고 짧음이 있는 것이 아닌가? 하는데, 잘못이 없다. 왜냐하면, 처음과 마지막 두 겁은 천천히 가고, 중간의 겁은 빨리 가기 때문이다"이라고 그의 죄델타르람(俱舍論要解)에서 변석하였다.

105) 이숙(異熟)의 업이란 업의 익음을 뜻하니, 선악의 업인(業因)에 상응하되 결과가 원인의 성질과 같지 않은 다른 모양으로 나타남으로써 이숙 또는 이숙의 업이라 한다.

106) 화탄지옥(火炭地獄)은 범어 꾹꿀람나락까(Kukūlaṃ naraka)와 티베트어 메마무르(Me ma mur)의 옮김이다. 팔열지옥 사방에 있는 소지옥(小地獄) 또는 근변유증지옥(近邊遊增地獄) 가운데 하나이다. 아비달마구사론11권(권오민 역)에서, "첫 번째는 뜨거운 잿불의 증[煻煨增: 구역에서는 熱灰園]이니, 이를테면 이러한 '증(增)'에서는 뜨거운 재가 무릎까지 차 있어 유정이 그곳을 노닐면서 잠시라도 그의 발을 내려놓게 되면 피부는 물론이고 살

과 피도 모두 불에 타 문드러지게 된다. 그러나 만약 발을 들게 되면 다시 생겨나고 회복되어 본래의 상태와 같게 된다"고 하였다.

107) 시분지옥(屍糞地獄)은 범어 꾸나빰나락까(Kuṇapaṃ naraka)와 티베트어 로먁(Ro myag)의 옮김이다. 팔열지옥 사방에 있는 소지옥 또는 근변유증지옥 가운데 하나이다. 아비달마구사론11권(권오민 역)에서, "두 번째는 송장의 똥오줌의 증[屍糞增: 구역에서는 死屍園]이니, 이를테면 이러한 '증'에서는 송장의 똥오줌이 진창으로 가득한데, 여기에는 입은 날카롭기가 침과 같고, 몸은 희며 머리는 검은 낭구타(娘矩吒)라고 하는 벌레가 수없이 우글거려 유정이 그곳을 노닐게 되면, 그들은 모두 살갗을 뚫고 뼛속으로 파고 들어간 이 벌레들에게 골수를 먹히게 된다"고 하였다.

108) 부추뇐(ḥBu mchu rnon, 주둥이가 금강석과 같이 단단한 벌레)는 범어 냥꾸따(Nyaṅkuta)이며, 음사하여 낭구타(娘矩吒)라 하고, 한역으로 충취쾌리(蟲嘴快利)라 한다.

109) 도인지옥(刀刃地獄)은 범어 끄슈라다라나락까(Kṣuradhārāḥ naraka)와 티베트어 뿌디쏘(sPu griḥi so)의 옮김이다. 팔열지옥 사방에 있는 소지옥 또는 근변유증지옥 가운데 하나이다. 아비달마구사론11권(권오민 역)에서, "세 번째는 칼날의 증[鋒刃增: 구역에서는 刀路園]이니, 이를테면 이러한 '증'에서는 다시 세 가지 종류('칼날의 길[刀刃路]'과 '칼잎의 숲[劍葉林]'과 '쇠 가시의 숲[鐵刺林]')가 있다. (중략) 이처럼 '칼날의 길[刀刃路]' 등의 세 가지는 비록 그 종류는 각기 다를지라도 쇠의 무기[鐵仗]가 동일하기 때문에 하나의 '증'에 포섭시킨 것이다"고 하였다.

110) 검엽림지옥(劍葉林地獄)은 범어 아씨빳뜨라와남나락까(Asipattravanaṃ naraka)와 티베트어 로마랠디따뷔낙(Lo ma ral

gri lta buḥi nags)의 옮김이다. 팔열지옥 사방에 있는 소지옥 또는 근변유증지옥 가운데 하나이다. 아비달마구사론11권(권오민 역)에서, "둘째는 '칼잎의 숲[劍葉林]'이니, 이를테면 이 숲의 나뭇잎은 순전히 날카로운 칼날로 되어 있어 유정이 그 아래서 노닐다가 바람이 불어 그 잎이 떨어지게 되면 팔 다리와 몸[肢體]은 그것에 잘리고 찔리며, 끝내 뼈와 살점이 말라 떨어진다. 그러면 까마귀와 박(駮: 범을 먹는 말과 비슷한 짐승)과 개가 그것을 씹어 뜯어먹는 것이다"고 하였다.

111) 철자림지옥(鐵刺林地獄)은 범어 아야쌀마리와남나락까(Ayaḥśalmalīvanaṃ naraka)와 티베트어 짝기쌜마리이낙(lCags kyi śal ma liḥi nags)의 옮김이다. 아비달마구사론11권(권오민 역)에서, "셋째는 '쇠 가시의 숲[鐵刺林]'이니, 이를테면 이 숲의 나무에는 길이가 열여섯 마디 정도나 되는 날카로운 쇠 가시가 박혀 있어 유정들이 괴로움에 핍박당해 이 나무를 오르내릴 때면 그 같은 가시의 날카로운 칼날이 아래위에서 그를 찌르고 꿰뚫는다. 여기에는 또한 '부리가 쇠로 된 새[鐵嘴鳥]'가 있어 유정의 눈알이나 심장과 간을 다투어 쪼아 먹는다"고 하였다.

112) 철환지옥(鐵丸地獄)은 범어 아요구따나락까(Ayoguṭaḥ naraka)와 티베트어 짝끼툴룸(lCags kyi thu lum)의 옮김이다. 이 지옥은 결코 건너갈 수 없는 강하와 같은 까닭에 무도하(無渡河)라고 하며, 팔열지옥 사방에 있는 소지옥 또는 근변유증지옥 가운데 하나이다. 아비달마구사론11권(권오민 역)에서, "네 번째는 뜨거운 강물의 증[熱河增: 구역에서는 熱江園]이니, 이를테면 이러한 '증'은 넓을뿐더러 그 안에는 뜨겁고 짠물로 가득 차 있다. 만약 유정이 거기에 들어가거나, 혹은 떠 있거나, 혹은 가라앉았거나, 혹은 강물을 거슬러 올라가거나, 혹은 따라 내려가거나, 혹은 가로 질러가거나, 혹은 돌아가거나 간에 쪄지고 삶겨져 살과 뼈가 문드러진다. 마치 큰 가마솥 안에 잿물을 가득 채운 다음 깨나 쌀 등을 넣고 아래서 불을 맹렬하게 지피게 되면

깨 등은 그 안에서 아래위로 회전하면서 그 자체가 불어서 문드러져 터지는 것과 마찬가지로, 유정도 역시 그러하다. 설사 도망가려고 해도 양 강둑 위에는 여러 옥졸(獄卒: naraka-pāla)들이 손에 칼과 창을 들고 지키면서 돌게 하므로 나갈 수가 없다. 즉 이 같은 강이 성을 싸고 있는 해자[塹]와 같고, 앞의 세 가지는 성의 동산[園]과 유사한 것이다. [8대지옥] 4면 각각 네 곳의 '증'이 있기 때문에 모두 열여섯 곳이라고 말한 것으로, 이는 바로 증상(增上)의 형벌과 해코지[刑害]를 받는 곳이기 때문에 그 곳을 설하여 '증'이라 이름 하였다. 즉 본래의 지옥에서 이미 그에 적합한 해코지를 당하였으면서 다시 거듭하여 해코지를 당하기 때문이다"고 하였다.

113) 아비달마구사론11권(권오민 역)에서, "이 주(洲) 밑으로 2만 유선나를 지나면, 무간(無間)이 있어 그 깊이와 너비는 동일하며, 다시 그 위에는 일곱 날락가가 있는데, 이 여덟 지옥에는 모두 열여섯 '증(增)'이 있다. 즉 뜨거운 잿불과 송장의 똥오줌과, 날카로운 칼날과 뜨거운 강물의 '증'이 있어, 각기 각 날락가의 사방에 존재하며, 이 밖에도 차가운 여덟 지옥이 있다"고 하였으며, 또한 팔한지옥에 대하여 "여기에 머무는 유정은 혹독한 추위에 핍박되어 몸과 소리에 변화가 생겨남에 따라 이러한 명칭을 설정한 것으로, 이러한 여덟 가지 지옥은 남섬부주 아래, 앞에서 설한 바와 같은 대지옥과 나란히 붙어 있다"고 하였다.

114) 포지옥(皰地獄)은 알부타(頞部陀)로 음역하며, 범어 아르부다나락까(Arbudaḥ naraka)와 티베트어 춘부르짼(Chu bur can)의 옮김이다. 이 지옥은 혹독한 추위로 몸이 부르트고 수포(水泡)가 생기는 등의 고통이 극심한 까닭에 포지옥이라 한다. 도귀린뽀체죄 5권(顯密文庫)에서, "암흑의 공간에 사나운 진눈깨비와 눈바람이 휘몰아치는 설산 속에서 참지 못할 차가운 감촉으로 말미암아 몸에 수포가 발생하는 지옥이니, 이 포지옥의 수명은 참깨를 재는 단위인 티베트 100말(斗)이며, 말 속에 담긴 참깨를 100

년에 한 알씩 그릇 밖으로 집어내서 그것이 다할 때까지의 기간이다"고 하였다.

115) 포열지옥(皰裂地獄)은 니랄부타(尼剌部陀)로 음역하며, 범어 니나르부다나락까(Nirarbudaḥ naraka)와 티베트어 춘부르돌(Chu bur rdol)의 옮김이다. 이 지옥은 매서운 추위로 부르튼 몸에 수포(水泡)가 터지는 등의 고통이 극심한 까닭에 포열지옥이라 한다. 도귀린뽀체죄5권(顯密文庫)에서, "포지옥(皰地獄)의 차가움보다 7배가 되는 추위로 말미암아 몸에 생긴 수포가 터지는 지옥이니, 이 포열지옥의 수명은 참깨를 재는 단위인 티베트 200말(斗)이며, 말 속에 담긴 참깨를 100년에 한 알씩 그릇 밖으로 집어내서 그것이 다할 때까지의 기간이다"고 하였다.

116) 교아지옥(咬牙地獄)은 아타타(阿吒吒) 또는 알찰타(頞哳吒)로 음역하며, 범어 아따따나락까(Aṭaṭaḥ naraka)와 티베트어 쏘탐탐빠(So tham tham pa)의 옮김이다. 이 지옥은 극심한 추위가 닥칠 때 참느라고 치아를 물고 갈아대는 까닭에 교아지옥이라 한다. 도귀린뽀체죄5권(顯密文庫)에서, "포열지옥(皰裂地獄)의 차가움보다 7배가 되는 추위로 말미암아 추위를 참느라고 이빨을 부딪치고 갈아대는 지옥이니, 이 교아지옥의 수명은 참깨를 재는 단위인 티베트 400말(斗)이며, 말 속에 담긴 참깨를 100년에 한 알씩 그릇 밖으로 집어내서 그것이 다할 때까지의 기간이다"고 하였다.

117) 명호지옥(鳴呼地獄)은 확확파(嚯嚯婆)로 음역하며, 범어 하하와나락까(Hahavaḥ naraka)와 티베트어 끼휘쎄르(Kyi hud zer)의 옮김이다. 이 지옥은 극심한 추위가 몰아칠 때 비명소리를 질러대는 까닭에 명호지옥이라 한다. 도귀린뽀체죄5권(顯密文庫)에서, "교아지옥(咬牙地獄)의 차가움보다 7배가 되는 추위로 말미암아 너무 추워라! [끼휘쎄르(Kyi hud zer)] 하고 소리를 질러대는 지옥이니, 이 명호지옥의 수명은 참깨를 재는 단위인 티베트 800

말(斗)이며, 말 속에 담긴 참깨를 100년에 한 알씩 그릇 밖으로 집어내서 그것이 다할 때까지의 기간이다"고 하였다. 여기서는 규냉성지옥 다음에 명호지옥이 나오나 혼동을 피하기 위해서 순서를 바꾸었다.

118) 규냉성지옥(叫冷聲地獄)은 호호파(虎虎婆)로 음역하며, 범어 후후와나락까(Huhuvaḥ naraka)와 티베트어 아추쎄르(A chu zer)의 옮김이다. 이 지옥은 극심한 추위로 수난을 당할 때 참지 못하고 춥다고 끊임없이 비명을 질러대는 까닭에 규냉성지옥이라 한다. 도귀린뽀체죄5권(顯密文庫)에서, "명호지옥(鳴呼地獄)의 차가움보다 7배가 되는 추위로 말미암아 아, 너무 추워라! [아추쎄르(A chu zer)] 하고 소리를 질러대는 지옥이니, 이 규냉성지옥의 수명은 참깨를 재는 단위인 티베트 1,600말(斗)이며, 말 속에 담긴 참깨를 100년에 한 알씩 그릇 밖으로 집어내서 그것이 다할 때까지의 기간이다"고 하였다.

119) 청련지옥(青蓮地獄)은 우발라(優鉢羅)로 음역하며, 범어 우뜨빨라나락까(Utpalaḥ naraka)와 티베트어 우뜨빨라따르개빠(Utpala ltar gas pa)의 옮김이다. 이 지옥은 매서운 추위로 말미암아 몸이 퍼렇게 어혈이 지고 가죽과 살이 얼어 터져서 푸른 연꽃처럼 변함으로써 청련지옥이라 한다. 도귀린뽀체죄5권(顯密文庫)에서, "규냉성지옥(叫冷聲地獄)의 차가움보다 7배가 되는 추위로 말미암아 몸이 푸른 연꽃처럼 여섯 조각으로 갈라지는 지옥이니, 이 청련지옥의 수명은 참깨를 재는 단위인 티베트 3,200말(斗)이며, 말 속에 담긴 참깨를 100년에 한 알씩 그릇 밖으로 집어내서 그것이 다할 때까지의 기간이다"고 하였다.

120) 홍련지옥(紅蓮地獄)은 발특마(鉢特摩)로 음역하며, 범어 빠드마나락까(Padmaḥ naraka)와 티베트어 빼마따르개빠(Padma ltar gas pa)의 옮김이다. 이 지옥은 극심한 추위로 말미암아 몸뚱이가 얼어 터져 붉은 연꽃처럼 여덟 조각으로 파열되는 까닭에 홍련

지옥이라 한다. 도귀린뽀체죄5권(顯密文庫)에서, "청련지옥(青蓮地獄)의 차가움보다 7배가 되는 추위로 말미암아 몸이 붉은 연꽃처럼 여덟 조각으로 갈라지는 지옥이니, 이 홍련지옥의 수명은 참깨를 재는 단위인 티베트 6,400말(斗)이며, 말 속에 담긴 참깨를 100년에 한 알씩 그릇 밖으로 집어내서 그것이 다할 때까지의 기간이다"고 하였다.

121) 대홍련지옥(大紅蓮地獄)은 마하발특마(摩訶鉢特摩)로 음역하며, 범어 마하빠드마나락까(Mahāpadmaḥ naraka)와 티베트어 빼마따르개빠첸뽀(Padma ltar gas pa chen po)의 옮김이다. 이 지옥은 한층 극심한 추위로 말미암아 몸뚱이가 얼어 터져 붉은 연꽃처럼 열여섯 조각으로 파열되는 까닭에 대홍련지옥이라 한다. 도귀린뽀체죄5권(顯密文庫)에서, "홍련지옥(紅蓮地獄)의 차가움보다 7배가 되는 추위로 말미암아 몸이 붉은 연꽃처럼 열여섯 조각으로 갈라지는 지옥이니, 이 대홍련지옥의 수명은 참깨를 재는 단위인 티베트 12,800말(斗)이며, 말 속에 담긴 참깨를 100년에 한 알씩 그릇 밖으로 집어내서 그것이 다할 때까지의 기간이다"고 하였다.

122) 고독지옥(孤獨地獄)은 글자 그대로의 의미는 간헐적으로 고통을 받는 소분(小分, Ñi tshe ba)의 지옥이며, 한역에서는 잡지옥(雜地獄)으로도 번역하였으며, 범어 쁘라따까나락까(Pratyākanaraka)와 티베트어 니체왜쎔짼낼와(Ñi tshe baḥi sems can dmyal ba)의 옮김이다. 이 고독지옥은 십팔지옥[팔열(八熱)·팔한(八寒)·근변증(近邊增)·고독지옥(孤獨地獄)]의 하나로 다른 지옥과는 달리 고통을 끊임없이 받지 않고 길지 않은 적은 시간만 간헐적으로 받는다.

또한 아비달마구사론 제11권(권오민 역)에서, "앞에서 논의한 바와 같은 열여섯 가지 지옥(8熱과 8寒지옥)은 일체의 유정의 증상업에 의해 초래된 것이다. 그러나 그 밖의 고(孤)지옥은 각각의 유정의 개별적인 업[別業]에 의해 초래된 것이다. 즉 혹 어떤 경우에는 다수의 유정에 의해, 혹은 두 명의 유정에 의해, 혹은 한 명의 유정에 의해 초래되기도 한다. 또한 머무는 처소의 차별도 다양하여 일정하지 않으니, 혹 어떤 것은 강이나 하천, 산간, 광야 근처에 있기도 하고, 혹은 어떤 것은 지하나 공중에 있기도 하며, 혹은 그 밖의 다른 어떤 곳에 있기도 한다"고 하였으며, 또한 고독지옥에 태어나는 원인과 고통에 대하여 댄빠 녜르샥빼땐쬐끼델빠(正法念處經義明釋論)에서, "업(業)은 앞서의 팔한지옥과 같으나, 선업이 조금 섞인 채로 애탐을 가지고 남을 해코지함으로써 태어난다. 고통은 어떤 유정은 낮에는 조금 안락하고 밤에는 갖가지 해코지에 의해서 몸이 괴롭힘을 당한다. 그와 같이 어떤 유정은 낮에는 다른 이가 자기를 죽이고 크게 고통이 발생하나, 밤에는 하늘의 천녀와 함께 놀이하기도 하니, 그와 같은 무량한 고통들이 있다"고 하였다.

123) 축생(畜生)의 전체상을 요약해서 구루 빠드마쌈바와(蓮花生)의 까탕데응아(bKaḥ thaṅ sde lṅa, 五部遺教)에서, "축생의 본질은 어리석고 우매함이다, 뜻풀이는 바른 길에서 벗어나 악도에 떨어짐이다. 원인은 마음이 무명으로 말미암아 대부분 불선을 낳고, 선악이 섞인 어떤 선업을 행하고, 우치가 강렬함이다"고 하였다.

124) 바깥 바다(外海)는 아비달마구사론11권(권오민 역)에 의하면, "[중앙의 수미산을 중심으로 그 둘레를 8개의 산이 에워싸고 있으며, 가장 바깥의 9번째 산이 철위산이며, 8번째 산이 니민달라산이다.] [아홉] 산 사이에는 여덟 바다[八海]가 있으니, 앞의 일곱 바다를 내해(內海)라고 이름 하는데, 첫 번째 바다의 너비는 8만이고, 네 변은 각기 그 세 배이다. 다른 여섯 바다의 너비는 반반으로 좁아지며, 여덟 번째 바다를 외해(外海)라고 이름 하는데, [그 너비는] 3낙차(억) 2만에, 2천 유선나이다"고 하였으며, 또한 "나아가 여덟 바다를 이름하여 외해(外海)라고 하는데, 그곳에는 짠물로 가득 차 있다. 그 너비는 3억 2만 2천 유선나이

다"고 하였다.
또한 같은 책에서, "방생(傍生: 즉 짐승)이 머무르는 곳은 말하자면 물과 육지와 공중으로, 본처는 대해(大海)였지만 후에 다른 곳으로도 흘러들게 되었던 것이다"고 하였다.

125) 아비달마구사론11권(권오민 역)에 의하면, "방생의 수명은 다양하여 정해진 한도가 없다. 만약 수명이 가장 긴 것을 들자면 역시 1중겁(中劫)이니, 이를테면 난타(難陀) 등의 대용왕이 그러하다. 그래서 세존께서 말씀하기를, '대용왕에는 여덟 가지가 있는데, 모두 1겁 동안 머물며 능히 대지를 지킨다'고 하였던 것이다"고 하였다.

126) 여기서 '불선의 중간 악업의 문(門)'은 티베트 원문의 '딕빠미게왜 고딩우(sDig pa mi dge baḥi sgo ḥbriṅ du)'의 옮김이다. 그리고 여기서 '중간의 악업의 문'은 '작은 악업의 문'의 판본 상의 오류라고 본다. 삼악도 가운데 불선의 큰 악업으로 지옥에 태어나고, 중간의 악업으로 아귀에 태어나고, 작은 악업으로 축생에 태어나기 때문이다.

127) 아귀(餓鬼)의 전체상을 요약해서 구루 빠드마쌈바와(蓮花生)의 까탕데응아(bKaḥ thaṅ sde lṅa, 五部遺教)에서, "아귀의 본질은 굶주림과 빈궁의 고통이며, 뜻풀이는 음식 생각을 마음에 달고 있음이며, 종류는 무변할지라도 거두우면 서른여섯 종류이다. [아귀의 본거지에 사는] 유취거아귀(有聚居餓鬼)와 [하늘과 인간계에 사는] 산거아귀(散居餓鬼)의 둘이 있으며, 본거지는 [남섬부주 아래로] 5백 유순을 지나서 있으며, 그곳 [황백성(黃白城)]에는 아귀의 왕인 염라왕(閻羅王)이 산다. 그는 [선업이] 섞여있는 사나운 업에서 출현하고, [선악의] 업을 선포한다"고 하였다.

128) 아귀의 본거지에 대하여 곰데칙죄첸모(貢德大辭典)에서, "침죄(mChims mdzod)에서, '아귀의 본거지는 대해(大海)이며, 그들의

왕궁은 이 남섬부주의 아래로 5백 유순을 지나면 아귀의 도읍인 황백성(黃白城)이 있다. 그곳에 아귀의 주군인 염라법왕이 있으니, 인업(引業)의 불선을 행하고, 만업(滿業)의 선업을 행함으로써 천신의 길상과 같음을 향수하는 자가 있다. [산거아귀(散居餓鬼)는 하늘과 인간의 거처에 또한 있다. 벌판과 물가와 허공에 거주한다.] 염라왕의 권속으로 36종류의 아귀들이 있다고 정법염처경(正法念處經)에서 설하였다'고 하였다"라고 하였다.

129) 아귀의 종류를 거처에 의해서 구분하면, 아귀의 본거지에 사는 유취거아귀(有聚居餓鬼)와 인간계에 사는 산거아귀(散居餓鬼)의 두 종류가 있다

130) 외장아귀(外障餓鬼)는 음식을 얻지 못하거나 또는 얻을 지라도 불이 일어나서 먹을 수가 없는 아귀의 부류이다.

131) 내장아귀(內障餓鬼)는 입과 목구멍이 너무 작고 가늘고 배가 극도로 큰 까닭에 비록 음식을 얻어도 삼키지 못하는 아귀의 부류이다.

132) 내외이장아귀(內外二障餓鬼)는 외장과 내장의 둘을 겸비한 아귀의 부류로서 음식장애아귀(飮食障碍餓鬼)라고도 한다.

133) 여기서 '불선의 작은 악업의 문(門)'은 티베트 원문의 '딕빠미게왜고충우(sDig pa mi dge baḥi sgo chuṅ ṅu)'의 옮김이다. 그리고 여기서 '작은 악업의 문'은 '중간의 악업의 문'의 판본 상의 오류라고 본다. 삼악도 가운데 불선의 큰 악업으로 지옥에 태어나고, 중간의 악업으로 아귀에 태어나고, 작은 악업으로 축생에 태어나기 때문이다.

134) 마명보살(馬鳴菩薩)의 일백오십찬불송(一百五十讚佛頌)의 티베트어 이름은 "뙤빠갸응압쭈빠(bsTod pa brgya lṅa bcu pa)"이며, 범어

이름은 "쌰따빤짜쌰따까쓰또라(Śata-pañcāśataka-stora)"이다. 저자는 마명보살의 또 다른 이름인 마뜨르쩨따(Mātṛceṭa)이다.

135) 이 게송의 뜻을 람림첸모챈시닥(Lam rim chen mo mchan bshi sbrags, 菩提道次第廣論四家合註)에서 해설하되, "일백오십찬불송(一百五十讚佛頌)에서, '[앞서의 질문에 대한 답변으로, 귀의처인] 어떤 이에게 모든 허물들이 [습기와 더불어서], 결단코 본래 있지 않고, [그와 같은 귀의처인] 어떤 이에게 [장소와 시간의 자성인] 언제 어디서나, 모든 공덕들이 [부분적인 아닌 온갖 종류가] 존재하고 [있는 바이니], [그와 같은 것이 그에게 있다면 또한 예전부터 윤회의 고해에서 구원해줄 귀의처를 찾기를 원했던 그와 같은 사람들에게 취하고 버림을 판별할 줄 아는] 혜심(慧心)이 만약 있다면, [그와 같은 허물들이 모두 소진하고, 모든 공덕들을 지닌] 그에게 마땅히 귀의(歸依)하고, [그의 공덕을 이야기하는] 찬양과 [귀의처인] 그를 [재물과 몸과 말로 실행하는 문을 통해서] 공경하고, 그의 [교리(敎理)와 증오(證悟)의] 교법에 [문(聞)·사(思)·수(修)의 세 문을 통해서 차례로 입문하여] 머무름이 옳다'고, [이름과 뜻을 결부해서 명확히 하지 않은 채 모든 허물들이 소진함과 모든 공덕들을 갖춘 그를 마땅히 귀의할 곳이라고] 설함과 같이, 귀의처와 귀의처가 아닌 것이 어떤 것인지를 분간하는 지혜의 힘이 있다면, [잘 판별할 때] 속임 없는 귀의처가 불세존임을 [본 뒤 그에게] 귀의하는 것이 옳다"라고 하였다.

136) 부처님께 귀의함이 마땅한 이유에 대한 경전의 전거에 대하여 게쎼·툽땐뺄상(dGe bśes Thub bstan dpal bzaṅ)의 람림첸뫼싸째끼쑤르갠도뛰람딕(Lam rim chen moḥi sa bcad kyi zur rgyan mdo btus lam sgrig, 菩提道次第廣論科判別嚴集經編論)에서, "냥대(Myaṅ ḥdas, 大涅槃經), [Kha, 116 Da 5]에서, 만약 어떤 유정이 극히 무거운 염오번뇌(染污煩惱)들이 있을지라도 또한 나를 만난다면 내가 방편을 써서 그것들을 끊어버린다. 나는 방편에 크게 정

통해서 가지가지의 방편으로 완전히 끊어버린다. 앙굴마라(央掘魔羅: 指鬘王)는 극히 무거운 성냄을 지녔으나, 나를 봄으로써 성냄이 소멸하였다. 미생원왕(未生怨王)은 극히 무거운 어리석음을 지녔으나, 나를 봄으로써 어리석은 마음이 소멸하였다. 장자 빠이까(Payika)는 무수겁 동안 번뇌의 덩어리를 크게 쌓았으나, 나를 보는 그 순간에 그 번뇌들이 소진하고 적정함을 얻었다. 만약 천박하고 악한 사람들도 나를 친근하고 나의 시자가 되면 그 인(因)과 그 연(緣)에 의해서 하늘과 인간들이 모두 존경하고 공경하게 된다"고 하였다.

137) 32묘상(妙相)은 32대인상(大人相) 또는 32대장부상(大丈夫相) 등으로 부르며, 부처님의 몸에 갖추어져 있는 32가지의 뛰어난 신체적 특징으로 예를 들면, 정수리의 육계(肉髻)와 미간의 백호(白毫)와 길고 넓은 혀를 뜻하는 장광설(長廣舌)과 몸빛이 금색을 뜻하는 금색신(金色身)과 음마장(陰馬藏)과 같은 것들이다. 여래의 상호를 성취하는 원인에 대하여 앞의 주49)에서 설명하였으며, 참고로 불교학대사전(佛教學大辭典, 弘法院)에서는, "이상의 32상(相)은 부처님이 과거세에 수행을 할 때에 한 상을 이룸에 있어 백 가지 선한 생각(意志, 意業)을 일으켜서 백 가지 복덕을 지은 과보로써 한 상호를 얻는다고 한다. 그래서 이것을 백사장엄, 또는 백복장엄이라 한다. 복(福)이라 함은 유루(有漏)인 선행(善行)을 말하고, 장엄(莊嚴)이라 함은 백복(百福)을 가지고 한 상을 꾸몄다는 뜻으로 한 말이다"라고 설하였다. 또한 32상(相)은 설하는 경전마다 조금씩 내용에 차이가 있으니, 예를 들면, 양수과슬(兩手過膝, 붓다의 두 팔이 아름답고 길어서 몸을 구부리지 않고도 두 손바닥이 무릎에 닿음)과 같이 포함되기도 하고 포함되지 않는 것과 같다.

32상(相)은 다음과 같다. 1.붓다의 정수리에 솟아난 상투 모양의 살점인 정상육계(頂上肉髻), 2.붓다의 머리칼이 오른쪽으로 선회하고 공작의 목처럼 감청색인 두발우선(頭髮右旋), 3.이마가 넓고 시원한 액광평정(額廣平正), 4.미간에 난 털이 희고 부드럽고 오른쪽으로 감겨 있는 미간백호(眉間白毫), 5.눈의 흑백이 분명하고, 눈동자가 검푸름이 푸른 연꽃 같은 안색감청(眼色紺靑), 6.속눈썹이 소와 같이 길고 수려한 우안첩상(牛眼睫相), 7.윗니가 20개, 아랫니가 20개로 모두 40개의 치아가 갖춘 구족사십치아(具足四十齒牙), 8.치아가 높거나 낮음이 없이 고르고 구취가 없는 치제밀(齒齊密), 9.치아 사이가 틈이 없이 조밀하고 가지런한 치조밀(齒稠密), 10.치아가 희고 깨끗함이 마치 흰 소라와 같은 치백정(齒白淨), 11.입에서 달콤한 진액이 나와서 맛없는 음식을 먹어도 최고의 감미로 바뀌는 인중진액득상미(咽中津液得上味), 12.턱이 숫-사자의 턱처럼 크고 풍만한 함여사자(頷如獅子), 13.혀가 부드럽고 얇고 넓고 아주 길어 얼굴을 덮는 장광설(廣長舌), 14.음성이 멀고 가까움이 없이 평등하게 들리고 범천의 소리처럼 장중한 범음성(梵音聲), 15.어깨가 모남이 없이 둥글고 아름다운 양견원만(兩肩圓滿), 16.두 손등과 두 발등, 두 어깨와 목덜미의 일곱 곳이 둥글고 충만한 칠처륭만(七處隆滿), 17.겨드랑이가 원만한 양액원만(兩腋圓滿), 18.피부가 부드럽고 윤택하고 금빛인 피부금색(皮膚金色), 19.붓다의 두 팔이 아름답고 길어서 몸을 구부리지 않고도 두 손바닥이 무릎에 닿는 양수과슬(兩手過膝), 20.상체가 사자처럼 크고 넓은 상신여사자(上身如獅子), 21.몸의 위아래가 균형이 잘 잡힘이 냐그로다(Nyagrodha) 나무와 같은 신상원만여야구타수(身相圓滿如諾瞿陀樹), 22.하나의 모공마다 하나의 털이 자라나고 오른쪽을 도는 일공일모우선(一孔一毛右旋), 23.몸 털의 끝이 위로 향하는 신모상향(身毛上向), 24.남근(男根)이 말 또는 코끼리의 성기처럼 안으로 들어가 밖으로 드러나지 않는 음마장(陰馬藏), 25.발꿈치가 높고 넓고 풍성한 족부고륭(足趺高隆), 26.복사뼈의 관절이 드러나지 않는 과절불로(踝節不露), 27.손발바닥이 부드럽고 어린아이처럼 살이 섬세한 수족유연(手足柔軟), 28.손가락과 발가락 사이 얇은 물갈퀴가 있는 수족만망(手足縵網), 29.붓다의 손발가락들이 차례로 길고 섬세한 수지섬장(手指纖長), 30.손과 발바닥에 천 개의 있는 수레바퀴 무늬가 있는 수족천폭륜(手足千輻輪), 31.허벅지가 사슴 왕처럼 넉넉하고 섬세한 천여녹왕(腨如鹿王), 32. 발바닥 전체가 지면에 밀착되어 거북이처럼 안전하게 머무는 족하안립(足下安立)의 32가지이나 경론에 따라 약간의 차이가 있다.

138) 80종호(種好)은 부처님의 몸에 있는 80수형호(隨形好)를 말하니, 예를 들면, 걸음걸이가 마치 우왕(牛王)과 같은 행보여우왕(行步如牛王)과 같은 것들이다. 또한 7대 달라이 라마는 상(相)과 호(好)의 차이에 대하여, "이들 상호(相好)를 어째서 상(相)과 호(好)라고 하는가? 하면, 자기 몸의 어디에 그것이 있는 사람을 대인(大人)으로 표시하는 표상과 같기에 상(相: 妙相)이라 부르고, 붉은 구릿빛 손톱 그 안에 모든 행(行)에 탐착함을 떠난 그 공덕을 타인에게 알도록 하게 하는 외적인 사례와 같거나 또는 다른 사람에게 몸의 아름다움을 생기하거나 또는 드러냄으로써 호(好: 隨形好)라 부른다"고 설하였다.
이제 이 둘의 차이를 곰데칙죄첸모(貢德大辭典)에서, "'상(相, mTshan)과 호(好, dPe byad)의 둘의 차이가 있다. 묘상(妙相)들이 위주가 되고, 수형호(隨形好)들이 예속됨으로 주종의 차별이 있기 때문이다. 주종이 되는 모양 또한 있는 것이다.
지갑적동색(指甲赤銅色, 손발톱이 붉은 구리처럼 빛남)에서부터 [지갑윤택(指甲潤澤, 손발톱에 광택이 남)과 지갑고(指甲高, 손발톱의 가운데가 높음)과 지장섬원(指長纖圓, 손발가락이 길고 둥글고, 마디가 나타나지 않음)과 제지풍만(諸指豊滿, 손발가락이 풍만함)과] 제지세유(諸指細柔, 손발가락이 점차로 가늘어 짐)까지의 6가지 수형호는 수지섬장(手指纖長, 붓다의 손발가락들이 차례로 길고 섬세함)의 1가지 묘상에 예속되고,
두정원만(頭頂圓滿, 머리가 일산처럼 둥글음)과 발감청여흑봉(髮紺靑如黑蜂, 머리털이 검은 벌처럼 검푸름)에서부터 [두발조밀(頭髮稠密, 머리털이 성글지 않고 조밀함)과 두발세연(頭髮細軟, 머리털이 가늘고 부드러움)과 두발정연(頭髮整然, 머리털이 엉키지 않고 정연함)과 두발윤택(頭髮潤澤, 머리털이 윤택함)]과 두발향결(頭髮香潔, 머리털이 향기롭고 깨끗함)까지의 7가지 수형호는 정상육계(頂上肉髻, 정수리에 솟아난 상투

모양의 살점)와 일공일모우선(一孔一毛右旋, 하나의 모공마다 하나의 털이 자라나고 오른쪽을 돌음)과 신모상향(身毛上向, 몸 털의 끝이 위로 향함)의 3가지 묘상에 예속되고,
액광원만(額廣圓滿, 이마가 넓고 둥글음)과 액관평정(額寬平正, 이마가 반듯하고 평평함)과 비고수직(鼻高脩直, 코가 높고 반듯함)과 비정(鼻淨, 코가 깨끗하고 정결함)의 4가지 수형호는 미간백호(眉間白毫, 붓다의 미간에 난 털이 희고 부드럽고 오른쪽으로 감김)의 1가지 묘상에 예속되고,
광목(廣目, 눈이 크고 시원함)과 [목청정(目淸淨, 눈이 깨끗함)과 목흑백분청미여연화형상(目黑白分淸美如蓮花形相, 눈의 흑백이 분명하고 연꽃처럼 아름다움)과 양목명정(兩目明淨, 눈이 밝고 깨끗해서 흐릿함이 없이 또렷하게 봄) 또는 양목미소(兩目美笑, 눈이 아름답고 미소를 지님)]의 넷과 미여초월(眉如初月, 눈썹이 길고 아름다움)과 쌍미세연(雙眉細軟, 눈썹의 털이 가늘고 부드러움)과 미모평제(尾毛平齊, 눈썹의 털이 길고 짧음이 없이 가지런함)과 미모윤택(尾毛潤澤, 눈썹의 털이 윤택함)의 넷의 8가지 수형호는 안색감청(眼色紺靑, 눈의 흑백이 분명하고, 눈동자가 검푸름이 청련화와 같음)의 1가지 묘상에 예속되고,
안모조밀(眼毛稠密, 속눈썹이 조밀하고 아름다움)의 1가지 수형호는 우안첩상(牛眼睫相, 속눈썹이 소와 같이 길고 수려함)의 1가지 묘상에 예속되고,
이제평(耳齊平, 양쪽 귀가 길고 짧음이 없이 평등함)과 이후수장(耳厚脩長, 귀가 두텁고 크고 귓불이 늘어짐)의 2가지 수형호는 함여사자(頷如獅子, 턱이 숫-사자의 턱처럼 크고 풍만함)의 1가지 묘상에 예속되고,
면불장대(面不長大, 얼굴이 크게 길거나 크지 않음)와 면여만월(面如滿月, 얼굴이 만월처럼 원만하고 아름다움)의 둘과 설유연(舌柔軟,혀가 부드럽고 아름다움)과 설박광(舌薄廣, 혀가 두텁지 않고 얇고 부드러움)과 설선홍(舌鮮紅, 혀가 붉고 아름다움)의 셋의 5가지 수형호는 장광설(廣長舌, 붓다의 혀는 부드럽고 얇고 넓고 아주 길음)과 인중진액득상미(咽中津液得上味, 입안에서 달콤한 진액이 나와서 맛없는 음식을 먹어도 최고의 감미로 바뀜)의 2가지 묘상에 예속되고,

상성뢰음(象聲雷音, 목소리가 코끼리의 음성과 천둥소리처럼 장중하게 울림)과 음운화창(音韻和暢, 목소리가 봄날의 두견새처럼 청아함)의 2가지 수형호는 범음성(梵音聲, 음성이 멀고 가까움이 없이 평등하게 들리고 범천의 소리처럼 장중함)의 1가지 묘상에 예속되고,
아원(牙圓, 어금니가 둥글음)과 아쾌리(牙快利, 어금니가 날카로움)과 아백(牙白, 어금니가 흼)과 아평정(牙平正, 어금니가 고르고 가지런함)과 아점세(牙漸細, 치아가 차례로 작아짐)의 5가지 수형호는 치백정(齒白淨, 치아가 희고 깨끗함이 마치 흰 소라와 같음)과 치조밀(齒稠密, 치아 사이가 틈이 없이 조밀하고 가지런함)과 치제밀(齒齊密, 치아가 높거나 낮음이 없이 고르고 구취가 없음)과 구족사십치아(具足四十齒牙, 윗니가 20개, 아랫니가 20개로 모두 40개의 치아가 있음)의 4가지 묘상에 예속되고,
맥심불현(脈深不現, 혈맥이 깊어서 드러나지 않음)과 무맥결(無脈結, 혈맥이 엉키거나 뭉침이 없음)과 족과불현(足踝不現, 발의 복사뼈가 밖으로 드러나지 않음)과 신색눈연(身色嫩軟, 몸이 소년처럼 싱그럽고 부드러움)과 수연여면(手軟如綿, 손이 면화처럼 부드러움)과 수문광택(手文光澤, 손금에 광채가 남)과 수문심심(手文甚深, 손금이 깊음)과 수문장(手文長, 손금이 길음)의 8가지 수형호는 수족유연(手足柔軟, 손발바닥이 부드럽고 어린아이처럼 살이 섬세함)과 과절불로(踝節不露, 복사뼈의 관절이 드러나지 않음)의 2가지 묘상에 예속되고,
족무불평(足無不平, 발바닥이 높고 낮음이 없이 평평함)의 1가지 수형호는 천여녹왕(腨如鹿王, 허벅지가 사슴 왕처럼 넉넉하고 섬세함)과 족하안립(足下安立, 발바닥 전체가 지면에 밀착되어 거북이처럼 안전하게 머무름)의 2가지 묘상에 예속되고,
행보여사자왕(行步如獅子王, 행보가 사자처럼 위엄스러움)과 행보여상왕(行步如象王, 행보가 코끼리처럼 위엄스러움)과 행보여아왕(行步如鵝王, 행보가 거위처럼 자재함)과 행보여우왕(行步如牛王, 행보가 진중함이 소의 왕과 같음)과 회고우선(廻顧右旋, 몸을 돌려 돌아볼 때 오른쪽으로 돌아봄)과 행보단엄(行步端嚴, 걷는 자태가 엄숙하고 아름다움)과 행보단정(行步端正, 걸을 때 몸을 흔들지 않고 반듯하게 걸음)과 행보평안(行步平安, 발걸음이 일정하여 평안함)의 8가지 수형호는 수족만망(手足縵網, 손가락과 발가락 사이 얇은 물갈퀴가 있음)과 족부고륭(足趺高隆, 발꿈

치가 높고 넓고 풍성함)의 2가지 묘상에 예속되고,

신체단숙(身體端肅, 몸이 단정하고 엄숙함)과 신광윤정(身光潤淨, 몸이 청결하고 광택이 남)과 신체상칭(身體相稱, 몸의 지분들의 크고 작음 등이 적절하여 균형이 잡힘)과 신체청결(身體淸潔, 몸에 더러움이 없이 청결함)과 신체유연(身體柔軟, 몸이 유연함)과 신체청정(身體淸淨, 몸이 청정하고 결함이 없음)과 [신체풍만(身體豐滿, 몸이 풍만함)]의 일곱과 구족상(具足相, 갖가지 미묘한 모양들을 두루 감춤)과 신지광묘(身支廣妙, 몸의 지체가 크고 아름다움)과 신무퇴굴(身無退屈, 몸에 두려움이 없어 오그라들지 않음)의 셋과 지절균평(支節均平, 몸의 지절들이 잘 배치되고 아름다움)과 신지견실(身支堅實, 몸의 팔 다리 등의 지분이 매우 견실함)과 복원(腹圓, 배가 둥글고 아름다움)과 요간미호(腰間美好, 허리가 부드럽고 아름다움)과 복무요철(腹無凹凸, 배가 평평하여 오목하거나 볼록함이 없음)과 복원미(腹圓美, 배가 높고 낮음이 없이 원만하고 아름다움)의 여섯과 관무염족(觀無厭足, 아무리 보아도 싫증이 나지 않음)과 행위정결(行爲淨潔, 행위들이 깨끗하여 허물이 없음)과 신무지점(身無痣點, 몸에 반점과 사마귀, 버짐과 혹 등이 없음)의 셋의 19가지 수형호는 신광홍직(身廣弘直, 몸이 크고 기울어짐이 없이 단정함)과 칠처륭만(七處隆滿,붓다의 두 손등과 두 발등, 두 어깨와 목덜미의 일곱 곳이 둥글고 충만함)과 피부세활(皮膚細滑, 피부가 부드럽고 윤택하며)과 피부금색(皮膚金色, 피부의 살빛이 금색임)과 양견원만(兩肩圓滿, 어깨가 모남이 없이 둥글고 아름다움)과 양액원만(兩腋圓滿, 붓다의 겨드랑이가 원만함)과 상신여사자(上身如獅子, 상체가 사자처럼 크고 넓음)과 신상원만여야구타수(身相圓滿如諾瞿陀樹, 몸의 위아래가 균형이 잘 잡혀 있음이 Nyagrodha 나무와 같음)들의 8가지 묘상에 예속되고,

제심원호(臍深圓好, 배꼽이 깊고 둥글음)과 제우선(臍右旋, 배꼽이 오른쪽으로 돌음)의 2가지 수형호는 음마장(陰馬藏, 남근이 말과 또는 코끼리의 성기처럼 안으로 들어가 밖으로 드러나지 않음)의 1가지 묘상에 예속되고,

수지장만(手指長滿, 손가락이 길고 가늠)의 1가지 수형호는 수지섬장(手指纖長, 손발가락들이 차례로 길고 섬세함)의 1가지 묘상에 예속되고,

수족길상덕상묘호구족(手足吉祥德相妙好具足, 손과 발바닥에 길상한 무늬가 새겨져 있음)의 1가지 수형호는 수족천폭륜(手足千輻輪, 손과 발바닥에 천 개의 바퀴살이 있는 수레바퀴 무늬가 있음)과 수족만망(手足縵網, 손가락과 발가락 사이 얇은 물갈퀴가 있음)의 2가지 묘상에 예속되기 때문이다'라고 제쭌·최끼걜챈(rJe btsun Chos kyi rgyal mtshan, 法幢)은 그의 파르친깝걔빼찌된롤초(Phar phyin skabs brgyad paḥi spyi don rol mtsho)에서 설함과 같다"라고 하였다.

139) 이 뻴마르뙤빠(sPel mar bstod pa, 和答讚)는 본래 마명보살의 일백오십찬불송(一百五十讚佛頌)의 본문에 의거해서 아사리 디그나가(方象: 陳那)[촉기랑뽀(Phyogs kyi glaṅ po, 方象)]가 질문과 대변의 형식으로 찬양한 예찬문인 까닭에 두 분의 공저라고 할 수 있다. 람림첸모챈시닥(菩提道次第廣論四家合註)에서, "뻴마르뙤빠(sPel mar bstod pa, 和答讚)는 본원(本源)[원문]인 아사리 성용(聖勇)의 일백오십찬불송(一百五十讚佛頌)에 의거해서 파생법(派生法)을 아사리 디그나가(方象: 陳那)가 원문에다 자기의 찬문을 섞어서 찬양한 것이다. 그 또한 본원(本源)[원문]에 질문과 같은 문장이 있으면, 파생법으로 답변하는 모양으로 화답함과 또는 본원(本源)[원문]에 답변과 같은 문장이 있을지라도 파생법(派生法)으로 질문하는 모양으로 화답을 행하는 둘이 있은바, 여기서는 후자인 것이다"라고 설명하였다.

140) 이 찬양 게송들은 본서에서 뻴마르뙤빠(sPel mar bstod pa, 和答讚)에서 설한 것으로 되어 있으나, 사실은 마명보살의 응악외응악뙤빠(bsṄags ḥos bsṅags bstod pa, 佛世尊不能讚之讚)의 "리우쭉쑴빠뻬래뙤빠(Leḥu bcu gsum pa dpe las bstod pa, 第十三品譬喩讚)"에 나온다.

141) '눈의 감로(甘露)'라고 함은, 부처님의 아름다운 눈을 검푸른 밤하늘에 빛나는 달에 비유한 것으로 달을 '감로의 빛'이라고 부른 인도고사에서 유래한 것이니, 곰데칙죄첸모(貢德大辭典)에서,

"감로의 빛(bDud rtsiḥi ḥod can)은 달의 다른 이름이니, 달을 감로의 빛으로 부르는 이유는, 외도의 베다(吠陀, Rig byed)에서, '과거 대해를 휘저음으로 말미암아 매우 귀중한 감로가 들어있는 병이 출현하였다. 그것을 천신들이 나눠가지려고 할 때 감로의 증기가 시방으로 퍼지는 그것을 흩어지지 못하게 욕계자재녀(欲界自在女)가 거두어들인 뒤, 달에다 스며들게 하였다'고 하였다. 그러한 이유로 '수사학(修辭學)의 전적들에서 감로의 빛(甘露光)과 감로정(甘露精)와 감로집(甘露執) 등으로 부른다'고 선지식 데우마르·땐진퓐촉(Deḥu dmar bsTan ḥdzin phun tshog)의 디메쎌뎅(Dri med śel phreṅ, 無垢水晶鬘)에서 설하였다"고 함과 같다.

142) 일음(一音, gSuṅs dbyaṅ gcig)은 일음교(一音教)라고도 하니, 불교학대사전(佛教學大辭典, 弘法院)에서, "부처의 설법은 일종의 음성으로서 일체의 법을 설(說)하신다고 하는 의미. 유마경(維摩經) 불국품(佛國品)에 「불(佛)이 일음(一音)으로써 법(法)을 연설하심에, 중생(衆生)이 유(類)에 따라서 각기 이해함을 얻는다」고 했음에 근거하여 세운 말. 일음(一音)에 의한 설법이나, 중생의 힘에 응해서 영해(領解)하는 곳에 차이가 생긴다고 하는 점에서 또 일음이해(一音異解)라고도 한다. 인도에서는 대중부(大衆部) 등이 이 설(說)을 취했는데, 중국에서는 교판(教判)의 일종으로서, 불교를 다종(多種)으로 분류하는 견해(見解)에 반대해서 이 설(說)이 주창되었다. 징관(澄觀)의 화엄경소(華嚴經疏) 권1에 의하면, 이에 이설(二說)이 있었다고 한다. 곧 1은 후위(後魏)의 보리유지(菩提流支)의 설로, 이것은 불타의 일음(一音) 중에 대승과 소승이 아울러서 설(說)해졌다고 한다. 1은 요진(姚秦)의 구마라집(鳩摩羅什)의 설(說)로, 이것은 불타에 있어서는 일음(一音)의 설(說)이나, 중생의 소득(所得) 상의 차이를 내는 것이라고 보는 것이다"고 하였다.

143) 이 찬양게송들은 본서에서 뻴마르뙤빠(sPel mar bstod pa, 和答讚)에서 설한 것으로 되어 있으나, 실제는 찬응찬(讚應讚)이라

부르는 마명보살(馬鳴菩薩)의 응악외응악뙤빠(bsṄags ḥos bsṅags bstod pa, 佛薄伽梵讃所應讃·讃無能讃讃)의 "리우쭉쑴빠뻬래뙤빠(Leḥu bcu gsum pa dpe las bstod pa, 第十三品譬喩讃)"에 나온다. 데게 대장경 논장(論藏)의 예찬부(禮讃部)[동북목록 No.1138]에 수록되어 있다.

144) 여기서 석문(釋文)은 명의(名義)을 해석함을 뜻하는 응에칙(Ṅes tshig, 釋文)의 옮김이니, 곰데칙죄첸모(貢德大辭典)에서, "글 뜻은 자의(字義, sGra don)와 문의(文義, Tshig don)와 명의(名義, Miṅ don)와 명유(名由, Miṅ gi rgyu mtshan)을 훈석하는 말들의 이명(異名)이다. 남쌔릭빠(rNam bśad rigs pa, 註解正理)[땐규르 Śi pa 38 Ba 5]에서, '응에빼칙(Ṅes paḥi tshig)은 명(名)의 이유[원인]를 설명함이다'라고 설함과 같다"고 하였다.

145) 암마라과(菴摩羅果)는 범어 아말라깜(Āmalakaṃ)의 음사이며, 티베트어로는 뀨루라(sKyu ru ra)이니, 곧 여감자(余甘子)이다. 이 암마라과는 대극과(大戟科)에 속하는 약용식물로 크기는 대추만한 푸른 열매로 약미는 시고 달고 떫으며, 약성은 차갑고, 효능은 연담(涎膽)을 다스리고, 혈분열병(血分熱病)을 치료하고, 눈을 밝게 하는 약효가 있다.
또한 따라나타(Tāranātha)의 인도불교사에 나오는 아쑈까(Aśokaḥ, 無憂王) 대왕의 전기에는 암마라과(菴摩羅果)에 얽힌 이야기가 나오니 그것은 다음과 같다. "그 뒤 왕의 생의 후반기의 어느 때 아빠란따까(Aparāntaka)와 까쓰미르(Kasmir)와 토가르(Thogar) 지역의 승가에게 1천만의 황금을 공양하기로 약속한 뒤 까쓰미르와 토가르의 승가에게는 완전하게 공양하고 다른 물품들 또한 그와 동등하게 올렸으나, 아빠란따까의 승가에게는 다 채우지 못하고 4백만이 부족한 채로 황금과 물품들을 올렸을 때 왕이 중병에 걸렸다. 왕의 손자인 와싸와닷따(Vāsavadatta, 財神授)가 황금곳간을 관리하면서 왕의 명령을 듣지 않음으로써 [아빠란따까의 승가에 올리기로 한] 나머지 황금을 승가에 올리지 못하였다. 그 때 많은 아라한들이 왕의 병문안을 위해서 찾아오자 왕이 자신의 갈증을 없애려고 가지고 있던 한 움큼의 아말라까(Āmalaka, 余甘子)의 열매를 극진한 믿음으로 스님들께 공양하자, 그 아라한들이 이구동성으로 말하길, '대왕이여, 당신이 과거에 일체가 자재할 때 9억6천만의 황금을 공양한 것보다 지금 공양한 이 아말라까(余甘子)의 복덕이 훨씬 크다'고 칭송하였다."

146) 람림첸모챈시닥(菩提道次第廣論四家合註)에서, "['지지(知智)의 일찰나에 의해서 또한, 소지계의 전체에 두루 미치시며'라고 이제론(二諦論)에서 설함과 같이, 불세존] 오로지 당신의 지혜 [일찰나에 의해서] 만이, [여소유(如所有)와 진소유(盡所有)의] 모든 소지계(所知界)에 [일시에 통견(洞見)하는 문을 통해서] 두루 미침[으로써 당신에게 의거하면 대경(對境: 인식대상)과 유경(有境: 인식주체) 둘 가운데서 유경(有境)인 지혜가 클 뿐[이옵고], ['구름 틈새의 하늘에 해와 같이, 여기서 행위와 지혜의 한 쪽에 기우러진 자는'이라고 설함과 같이, 십지(十地)의 최후유제(最後有際) 이하의 유학도(有學道)에서는 여소유와 진소유의 법을 근본정(根本定)과 후득(後得)의 상태를 번갈아 가며 증오하는 것 밖에는 없음으로써, 불세존] 당신 외의 다른 [유학(有學)의] 모든 이들에게는, [지혜와 대경인 소지계 둘 가운데서] 소지계가 다만 클 뿐 이옵나이다"라고 하였다. *십지(十地)의 최후유제(最後有際)는 상속후제(相續後際) 또는 최후유제(最後有際)의 뜻이니, 육신과 심식이 붓다의 경지로 변화하기 직전의 마지막 단계인 최후유제로 다음의 제2찰나에 반드시 불과(佛果)를 증득하여 성불하게 된다.

147) 소지계(所知界)는 인식의 대경이 되는 유형과 무형의 모든 현상계를 의미하니, 장한대사전(藏漢大辭典上卷)에서, "인식이 가능한 외경(外境)을 뜻하니, 기둥과 항아리 등의 어떠한 사물들은 균등하게 유정의 마음에서부터 붓다의 마음에 이르기까지 가히 요

지할 수 있는 공통의 경계이다"라고 하였으며, 또한 곰데칙죄 첸모(貢德大辭典)에서, "소지(所知)의 바다는 소지성(所知性)을 바다의 모양으로 형상화 함이다. 글뜻은 '바다처럼 무변한 까닭에 소지의 바다'라고 부르니, 아사리 쨴래씩뚤슉(觀誓)의 반야등론광주(般若燈論廣注)에서, '소지(所知)의 바다라고 함은 소지가 바다임으로써 소지의 바다이니, 바다처럼 무변하기 때문이다'라고 설하였다"고 하였듯이, 또한 붓다를 일체지자(一切知者)라고 함은 무변한 소지(所知)의 일체종류를 남김없이 한 점의 오류도 없이 여실하게 모두 앎으로써 그렇게 부르는 것이다.

148) 이 구절의 의미에 대하여 람림첸모챈시닥(菩提道次第廣論四家合註)에서, "'모든 종류들의 근원'이라 함은, [인(因)의 이름이니, 이것에는 능생(能生)의 원인과 능지(能知)의 원인 둘이 있는 가운데서 여기서는 후자이니, 그들의 원인 또는 의미를 요달함과 더불어서] 일체를, 손바닥에 올려놓은 암마라과(菴摩羅果)처럼, 당신의 마음[의 현량(現量)]이 [여실하게 요지함을] 행하는 경계이오니"라고 하였다.

149) 이 구절은 "제법을 움직임과 움직이지 않음을 함께"라는 의미의 "최남요당미요째(Chos rnam gyo daṅ mi gyo bcas)"의 옮김이니, 곧 "제법을 움직이는 유정세간과 움직이지 않는 무정세간(無情世間)을 함께"이다.

150) '대비가 끊어짐이 없음'이란, "부처님의 삼업(三業)은 시간적인 측면에서 흐름이 끊어지지 않는다. ①부처님의 사업은 분별된 작의(作意)가 아니기 때문에 흐름이 끊어지지 않는다. ②부처님은 인위(因位)에서 삼아승지겁 동안 중생을 제도하는 행위의 자량을 쌓은 공덕을 성불할 때 이미 원만하게 했기 때문에 끝이 없어 흐름이 끊어지지 않는다. ③부처님은 허공계가 다하도록 중생을 이롭게 하는 최초의 서원을 세웠다. [그래서 대비의 흐름이 끊어지지 않는다.] ④부처님은 정각을 이룰 때 일체중생

에게 불성이 있고 본성이 청정하여 물듬이 없지만, 무명의 어리석음이 덮고 있어 증득하지 못한다는 것을 보신다. 부처님의 삼업은 중생의 어리석음의 덮개를 제거하는 것이기 때문에 흐름이 끊어지지 않는다.(약론석, p.373)"고 보리도차제약론(양승규 옮김, 도서출판 시륜)의 주석66)에서 설명하였다.

151) 쫑카빠 대사의 람림충와(菩提道次第略論)에서 반복해서 사유하는 공덕에 대하여, "선지식 뽀또와(Po to ba)께서, '거듭거듭 반복해서 사유하면, 믿음이 점차로 커지고, 마음의 흐름이 점차로 청청해져서 가피를 얻게 된다. 이것에 대해서 확실한 신해를 얻음으로써 진심으로 귀의하게 되고, 불세존이 설하신 학처(學處)를 배우게 되면 무엇을 하든지 전체가 부처님의 법을 행하는 하나가 된다. 그렇지만 우리들은 부처님의 지혜를 영검한 무녀의 아는 소리만큼도 존중하지 않는다. 가령 한 영검한 무녀가 말하길, '금년에 당신에게 재앙이 없다는 것을 내가 안다'고 하면, 크게 안심하고, 또 말하길, '금년에 당신에게 재앙의 징조가 있으니, 이것은 하지 말고, 이것은 하라'고 하면, 시킨 그대로 열심히 한다. 만약 이루지 못하면 이와 같이 말하니, '내가 이루지 못했다'고 생각해서, 불만스러워 한다. 그러나 부처님께서, '이것과 이것은 행하면 이것과 이것을 이루게 된다'고 말한 것에 대해서 [무녀의 말처럼] 믿으려 하겠는가? [무녀가 시킨 대로 하듯이 해서] 만약 이루지 못하면, 불만스럽다고 말할 수 있겠는가? [거의가 그 말을 따르는 대신] 법에서 그와 같이 말한 그것은 지금의 시절과 형편 상 '그와 같이 할 수가 없고, 이와 같이 해야 한다'고 말한 뒤에, '부처님의 말씀을 내버린 뒤 자기가 아는 길로 간다'고 설하였으니, 제대로 숙고함이 없으면 그냥 좋게만 들리는 [무녀의] 언설조차에도 착각하고, 마음을 안으로 돌이켜 깊이 고찰해 보면 [뽀또와의 말씀이] 지극히 온당해서 사실임을 알게 된다'고 하였다"고 설하였다.

152) 멸제(滅諦)는 범어로 니로다싸뜨얌(Nirodhasatyaṃ)이며, 티베트

어로는 곡빼덴빠(ḥGog paḥi bden pa)이다. 멸진(滅盡)을 얻음으로써 모든 번뇌들이 소멸하는 까닭에 멸제(滅諦)라 한다. 다시 말해, 자기의 원인인 정도에 의지해서 마땅히 끊어야 할 대상인 집(集:원인)과 업과 번뇌들이 영원히 일어나지 않게 하는 것이니, 곧 윤회의 인과가 연속하는 것이 끊어짐이 멸(滅)이다. 이것은 마치 질병이 없는 안락을 얻게 함과 같은 것으로 여실하게 붓다의 눈에 비침으로써 멸성제(滅聖諦)라 한다.

153) 도제(道諦)는 범어로 마르가싸뜨얌(Mārgasatyaṃ)이며, 티베트어로는 람기덴빠(Lam gyi bden pa)이다. 그 도에 의해서 멸진(滅盡)을 추구하거나 또는 표현하거나 또는 소연하거나 또는 얻게 됨으로써 도제(道諦)라 한다. 다시 말해, 자기의 증과(證果)인 적멸을 얻게 하는 길이니, 곧 집(集:원인)을 끊어 버리는 대치법으로 무루의 정도를 닦는 것은 마치 양약을 복용하는 것과 같은 것으로 여실하게 붓다의 눈에 비침으로써 도성제(道聖諦)라 한다.

154) 이 문단의 의미에 대하여 람림첸모챈시닥(菩提道次第廣論四家合註)에서 해설하되, "대저 이들 부처님들께서는 공덕이 무량하고 무변하시니, 이 공덕들은 [다른 원인에서 생긴 것이 아니라] 법에서 [오로지] 출생하고, [법 또한 어떤 것을 수행하는 그것에 의해서 얻게 되는] 법의 득분(得分)을 향유함이고, [무루(無漏)의] 법에 의한 화현(化現)이고, [율의(律儀)의] 법이 주인(主因)[증상연(增上緣)이 되어줌으로써 발생하게] 되고, [삼매의] 법에서 발생하고, [처음에는 아가마(言教)의] 법이 행경(行境)이 되고, [중간에는 현증(現證)의] 법에 의뢰하고, [마지막에는 현증(現證)의] 법에 의해서 성취하니, [교증(教證)의 두 가지 법에 의해서 수증(修證)한다.]'라고 설하였다."고 하였다.

155) 이 문단의 의미에 대하여 람림첸모챈시닥(菩提道次第廣論四家合註)에서 해설하되, "승가는 [말을 통해서 아가마(言教)의] 법을 설하고, [몸으로 실천하는] 법을 행하고, [마음으로] 법[의 뜻]을 사

유하고, [그러므로 몸·말·뜻 삼문(三門)으로 깨닫는] 법의 터전이고, [아가마(言敎)와 수증(修證)의] 법을 수지하고, 법에 [항상] 의지하고, 법에 공양하고, [열 가지 법행(法行)의 문을 통해서] 법의 사업을 행하고, 법의 행경(行境)이 되고, [재물을 버린 뒤 법을 소연함으로써] 법을 행함이 원만하고, [간사함이 없음으로써] 자성이 정직하고, [번뇌를 버림으로써] 자성이 청정하고, [대승자로서 유정을 고통에서 구호하길 원하는] 자비[가 광대함]의 법자(法者)이고, [보통 내도의 불자는 대자비에 의해서 유정을 고통에서 벗어나길 원하는] 자비를 지니고, 항상 [세속의 팔법(八法)과 시끄러움을 떠난] 적정(寂靜)을 행경(行境)으로 삼는 자이고, 항상 [문(聞)·사(思)·수(修)의 반야로서] 법[성]을 향해 나아가고, 항상 [죄악을 버리고 선업을 행하는] 백법(白法)을 행한다고 생각하는 것이다'라고 설하였다."고 하였다.

156) 섭결택분(攝決擇分)은 아사리 아쌍가(Asaṅga, 無着)의 저술인 유가사지론(瑜伽師地論)을 구성하는 오부지론(五部地論) 가운데 하나인 섭결택분(攝決擇分)[땐라밥빠두와(gTan la dbab pa bsdu ba, 攝決擇分)]을 말한다.

또한 둥까르칙죄첸모(東噶藏學大辭典)에 의하면, "오부지론(五部地論)은 아쌍가(無着)가 저술한 유식학파가 의거하는 소의논전(所依論典)의 핵심이니, ①본지분(本地分, Saḥi dṅos gshi)은 한 보특가라(人)가 성불하는데 필요한 모든 조건들을 십칠지(十七地)에 수렴해서 연설하였다. ②섭결택분(攝決擇分, gTan la dbab pa bsdu ba)은 본지분(本地分)의 해설과 같다고 말하니, 그 단계에서의 글과 뜻의 둘을 사변(四邊) 등으로 결택해서 연설하였으며, 그 안에서도 또한 염오번뇌와 해탈의 법들의 이명(異名)을 연설하였다. ③섭사분(攝事分, gShi bsdu ba)은 능전(能詮)의 그 경론들이 삼장(三藏)에 귀속되는 도리를 연설하였다. ④섭이문분(攝異門分, rNam graṅs bsdu ba)은 염오번뇌의 법과 해탈의 법들의 이명(異名)을 개별적으로 결택해서 연설하였다. ⑤섭석분(攝釋分, rNam par bśad paḥi sgo bsdu ba)은 그것들을 그와 같이 해설하는 도리를 연설하였다. 그들 다섯 가운데서 앞의 둘은 경전들에서 설하는 내용들인 소전(所詮)이며, 중간의 둘은 능전(能詮)의 경론들이며, 마지막은 그와 같이 해설하는 도리를 근거로 해서 오부지론을 설한 것이다"라고 하였다.

157) 여기서 수념(隨念)이란 뒤에도 잊지 않도록 기억하고 생각함의 뜻이다. 다시 말해, 삼보의 공덕을 억념하는 문을 통해서 존경심을 일으키고, 자신 또한 그 문을 통해서 그와 같이 되고자 염원하고 행하는 것이다.

158) 삼보(三寶, dKon mchog gsum)의 보(寶, dKon mchog)는 희유하고 최승이 됨을 뜻으로, 세 귀의처를 희유하고 최승의 보배라고 부르는 이유에 대해서 보성론(寶性論)에서, "①출현하기 희유하기 때문에, ②더러움이 없기 때문에, ③위력을 지니기 때문에, ④세간의 장엄이 되기 때문에, ⑤최승이기 때문에, ⑥불변하기 때문에 희유하고 최승이다"라고 설하였다. 또한 각각의 뜻을 둥까르칙죄첸모(東噶藏學大辭典)에서, "①출현하기 희유함은, 여의보주가 기세간(器世間)과 유정세간이 복분을 구족하는 몇몇의 시절에 출현하고 다른 때에는 출현하지 않음으로써 출현이 극히 희유한 것처럼, 삼보 또한 교화대상들의 복덕과 발원이 모여질 때 출현하고, 그 밖의 다른 때에는 출현하지 않음으로써 극히 희유한 것이다. ②더러움이 없음은, 여의보주에는 녹 등의 흠결의 더러움에 물들지 않듯이 삼보 또한 죄과의 더러움에 물들지 않음으로써 더러움이 없는 것이다. ③위력을 지님은, 여의보주가 나라의 빈궁을 없애는 위력을 지님과 같이, 삼보 또한 교화대상의 고통을 없애는 위력을 지님이다. ④세간의 장엄이 됨은, 여의보주가 세간의 장엄인 것과 같이 삼보 또한 해탈을 추구하는 이들의 장엄이 됨으로써 세간의 장엄인 것이다. ⑤최승이 됨은, 여의보주가 세간의 장엄구의 최고임과 같이 삼보 또한 다른 귀의처 가운데 최고가 됨으로써 최승인 것이다. ⑥불변함은, 여의보주는 찬양과 비방 등에 의해서 전혀 변하지

않음과 같이, 삼보 또한 전변하는 자성이 아님으로써 불변함인 것이다"라고 하였다.

159) 여기에 인용한 불수념(佛隨念)과 법수념(法隨念)과 승수념(僧隨念)은 조외최중갸짜(阿底峽百法錄, Jo boḥi chos ḥbyuṅ brgya rtsa)[북경: 민족출판사, 2002. 7]에 실린 것으로 역자는 인도의 친교사(親教師) 쁘라즈냐와르마(Prajñāvarma, 般若鎧)와 티베트의 대역경사 반데·예시데(Bande Ye śes sde, 長老智軍)이다. 또한 티베트 데게 대장경 경장(經藏)의 경부(經部) [東北.No.279, No.280, No.281]에도 각각 실려 있다.

160) 불수념(佛隨念)의 뜻을 요약하면, 여래의 십호를 통해서 붓다의 공덕을 깨닫고 그것을 억념하여 잊지 않음이 불수념이다.

161) 여래의 십호(十號)의 각각의 간략한 의미는 다음과 같다. ①불세존(佛世尊)은 곧 불(佛)과 세존(世尊)의 합명이다. 불(佛)은 붓다(Buddhaḥ)의 음역으로 각(覺), 각자(覺者)의 뜻이다. 어원적으로는 붓디위까싸나드붓다빠드마왓(Buddhivikāśanādbuddhaḥpadmavat)이니, 지혜가 열려서 원만함이 연꽃이 열리고 활짝 피어남과 같음으로써 붓다라 한다. 또한 세존은 바가완(Bhagavān)의 옮김으로 출유괴(出有壞)의 뜻이다. 출(出)은 생사와 열반의 양변에서 벗어남을 뜻하고, 유(有)는 6가지 수승한 공덕(功德)을 갖춤을, 괴(壞)는 사마(四魔)를 파괴함을 뜻한다. ②여래(如來)는 따타가따(Tathāgataḥ)의 의역이니, 따타(Tathā)는 진여 또는 본성을 뜻하고, 가따(Gataḥ)는 갔다 또는 왔다, 알다 또는 설했다는 뜻이다. 여(如)는 윤회와 적멸의 두 가장자리에 머물지 않는 진여(眞如)를, 거(去)는 진여의 길에 의지하여 대각(大覺)의 경지에 들어감을 뜻하나, 여거(如去) 대신 여래라 한다. ③응공(應供: 殺敵)은 아르한(Arhan)의 옮김이니, 하늘과 사람 등의 공양을 받음이 마땅함으로 응공(應供)이라 하며, 또한 번뇌의 사마(四魔)을 파괴함으로써 살적(殺賊)이라 한다. ④정등각(正等覺)은 범어로 쌈약쌈

붓다(Samyaksaṃbuddhaḥ)이니, 일체법의 본성을 잘못됨이 없이 바르게 통달하고 증득한 뜻이다. ⑤명행족(明行足)은 위드야짜라나쌈빤나(Vidyā caraṇa saṃpannaḥ)의 옮김이니, 위드야(Vidyā)는 지혜를 뜻하는 명(明)을, 짜라나(Caraṇa)는 다리와 발을 뜻하는 족(足)을, 쌈빤나(Saṃpannaḥ)는 갖춤을 뜻하는 유(有)와 원만하게 갖춤을 뜻한다. 삼학(三學)에 연결하면 증상혜학(增上慧學)은 위드야(明)에, 증상정학(增上定學)과 증상계학(增上戒學)은 짜라나(足)에 해당한다. 또한 팔정도(八正道)에 배대하면, 정견은 위드야(明)에, 나머지 칠도(七道)는 짜라나(足)에 해당한다. 이것은 위드야(明)가 눈과 같음을 표시한 뒤 짜라나(足)로 가거나 성취함으로써 명행족(明行足)이니, 곧 삼학에 의지하여 정등각을 성취한 까닭에 명행족이라 한다. ⑥선서(善逝)는 쑤가따(Sugataḥ)의 옮김이니, 안락도(安樂道)에 의지해서 위없는 안락과(安樂果)인 불지(佛地)에 들어가고, 들어감도 잘 들어감과 전도됨이 없이 들어감과 남김없이 들어감으로써 선서라고 한다. ⑦세간해(世間解)의 뜻은 여래께서 낮에 세 번, 밤에 세 번씩 교화할 유정들의 세간을 살피시고, 복분이 있고 없음을 깨달아 앎으로써 세간해(世間解)라 한다. ⑧조어장부(調御丈夫)는 대자(大慈)와 대비(大悲)와 대지(大智)의 셋으로 중생을 교화하여 악도에서 벗어나게 하고, 정도로 인도하여 수승한 공덕을 얻게 하는 지존한 사람인 까닭에 뿌르샤다마싸라티(Puruṣadamyasārathiḥ)라 한다. ⑨무상사(無上師)는 아눗따라(Anuttaraḥ)이니, 더 이상 위가 없는 최상의 높음을 뜻한다. 붓다께서는 삼계육도의 모든 유정들 가운데 위가 없이 가장 뛰어난 사람이기 때문이다. ⑩천인사(天人師)는 샤스따(Śāstā)의 옮김이니, 일반적으로 하늘과 사람을 비롯한 모든 유정들을 가르치는 교사인 까닭에 도사(導師)라 한다.

162) '복덕들이 [원인과 결과가 상응하는] 등류(等流)이시고, 선근(善根)들이 다함이 없나이다'라고 함은, 아사리 세친보살(世親菩薩)의 불수념광주(佛隨念廣註)에서, "이 둘로 어떤 원인에 의해서 항상 유정의 이익을 행하는가를 설함이니, 이 두 가지 원인이 아

닌 다른 것으로는 영원히 유정의 이익을 행하지 못한다. 이생범부(異生凡夫)들은 복덕들의 이숙(異熟)이 발생하고 난 뒤에 완전히 다하기 때문이다. 성문과 연각들의 선근들은 무여열반(無餘涅槃)의 법계에서 다하기 때문이다. 여래의 복덕들은 이숙(異熟)한 뒤에 전혀 다함이 없기 때문이다. 왜 그런가 하면, 여래의 복덕들의 원인이 등류(等流)이기 때문이다. 이와 같이 세존께서는 보살행에 머물면서 모든 유정들을 오직 살피고 이숙(異熟)을 바라보지 않고, 보시 등의 복덕 일체의 원인과 [상응하는] 등류(等流)의 결과를 [얻기] 위해서, '보시 또한 수승하게 되고 보시가 다함이 없어 지이다!'라고 보시를 회향한 것이며, 원만구족한 수용을 위해서 회향하지 않음이다. 그와 같이 '계율 등도 수승하게 되고 계율 등이 다함이 없어 지이다!'라고 계율을 회향한 것이며, 선취의 원만구족한 몸 등을 위해서 회향하지 않음이다. 그와 같이 보시 등의 복덕을 온전히 회향한 것들이 등류인(等流因)이 됨으로써 여래의 복덕은 다함이 없는 것이니, 그것으로 영원히 유정의 요익행(饒益行)을 행하는 것이다. 여래의 선근(善根)의 일체가 온(蘊)이 남음이 없는 무여열반의 법계에서도 또한 다함이 없음으로써, 그러므로 선근들이 다함이 없음이다"고 하였다.

163) '인욕들로 장엄하시고'라고 함은, 불신(佛身)을 얻는 근본 원인이 원만함을 보인 것이니, "'인욕들로 장엄하시고'라고 하는 이 구절로서 근본 원인이 원만히 구족함을 보인 것이다. 인욕은 아름다움의 원인이니, '이와 같이 인욕에 의해서 아름답게 된다'라고 하였다"고 아사리 세친보살의 불수념광주에서 설하였다.

164) '복덕의 곳간의 근원이시고'라고 함은, 불신의 각각의 상호들의 차별원인이 원만함을 보인 것이니, 곧 몸의 지분들을 하나씩 얻는데 필요한 복덕들을 밝힘이다. 예를 들면, 모든 유정들의 복취(福聚)의 10배에 의해서 부처님 몸의 털 하나를 이루는 것

과 같다.

165) '미려한 상호(相好)들로 장엄하시고, 묘상(妙相)들의 꽃이 만발하시고'라는 두 구절로써 색신(色身)의 자체가 원만함을 보인 것이다.

166) '행하시는 경계가 적절하시고'라고 하는 이것은, "[행주좌와(行住坐臥)와 어묵동정(語默動靜) 등의] 모양이 원만함을 보인 것이니, 직접적 행지(行止)가 아름다우신 까닭에 모든 위의들에서 아름답다"고 위의 같은 책에서 설하였는바, 예를 들면, 80종호(種好) 가운데 '행보가 아름다우시고, 곧게 앞으로 나아가시고'라고 함과 같이, 중생의 경계와 일치하게 행하심으로 적절하신 것이다.

167) '우러러보면 거슬림이 없나이다'라고 하는 이것은, "소작(所作)의 원만함을 보인 것이니, 여래의 몸의 수려함은 자기 자체로서 또한 크게 환희를 일으키게 하고, 잠시 간에 의해서도 또한 크게 환희케 함으로써 유정들과 거슬림이 없는 것이니, 단지 보는 것만으로도 '이 분은 대인이다'라고 깨닫게 되고 크게 환희하게 되는 이것이 '우러러 뵈면 거슬림이 없다'는 것이다"라고 위의 같은 책에서 설하였다.

168) '신앙하는 이들은 희열하지 않음이 없고, 반야를 제압하지 못하고, 위력들을 짓누르지 못하나이다'고 함은, 이들 세 구절로써 세존께서 유정에 의거해서 유정의 이익을 행하는 그것을 보인 것이다. 이것은 차례로 신앙하는 마음으로 부처님을 찾아와 뵙게 되면 저절로 희열이 일어남과 만약 자기의 학식과 위력 등을 믿고 부처님을 누르기 위해서 찾아오면, 부처님의 광대한 지혜와 위신력을 감당하지 못하고 패퇴함을 각각 뜻한다.

169) '모든 유정들의 스승이시고, 보살들의 아버지이시고, [성문의]

성자(聖者)들의 왕이시고, 열반의 성채로 나아가는 자들의 영도자이나이다'고 함은, 이들 네 구절로서 모든 유정들의 사업을 행하시는 것을 보인 것이다.

170) '지혜가 무량하고, 변재(辯才)가 불가사의하고, 언설이 청정하고, 음성이 아름답고, 몸을 보면 만족함을 모르고, 몸이 견줄 바가 없나이다'고 함은, "이들 여섯 구절로서 세존께서 어떠한 방편으로 유정의 이익을 행하는가 하는 방편을 보인 것이다"고 하였듯이, 차례로 첫 구절은 마음의 문을 통해서, 다음의 세 구절은 언어의 문을 통해서, 마지막의 두 구절은 몸의 문을 통해서 교화함을 나타내 보였다. 여기서 무변한 유정들의 종류와 욕망과 근성과 수면(隨眠)을 있는 그대로 여실하게 앎으로써 '지혜가 무량하고'이다. 교화대상에게 법을 설하는 변재가 다함이 없고, 경이로움으로써 '변재(辯才)가 불가사의하고'라고 한다. 언설에 거짓과 목이 막힘과 들으면 짜증남과 너무 말이 빠른 등의 허물이 없는 것이 '언설이 청정하고'이다. 목소리가 청아해서 불음오지(佛音五支)와 60가지의 미묘성(微妙聲)을 지님이 '음성이 아름답고'이다. 부처님의 몸의 수려하고 단엄함은 아무리 볼지라도 만족함을 모르고, 싫증이 나지 않음이 '몸을 보면 만족함을 모르고'이다. 부처님의 몸의 수려하고 단엄함은 천신의 몸으로도 견주지 못함으로써 '몸이 견줄 바가 없다'라고 함이다.

171) '제욕(諸欲)에 물들지 않으시고, 제색(諸色)에 물들지 않으시고, 무색(無色)들과 섞이지 않나이다'라고 함은, 부처님께서 교화하시는 장소인 삼계를 설해 보인 것이다. "욕계(欲界)에서 이타를 행하실 때 욕계에 속하는 번뇌와 사행(邪行)의 해악들에 물들지 않으시고, 색계(色界)에서 이타를 행하실 때 선정과 선열(禪悅)의 묘미의 애착들에 전혀 물들지 않으시고, 무색계(無色界)에는 몸말의 행위가 없음으로 그곳에 머물며 법을 설함이 있지 않음으로써, 무색의 몸말의 행위들과 섞이지 않음이다"라고 응울추·

다르마바드라(法賢)의 삼보수념경주(三寶隨念經註)에서 설하였다.

172) '5온(蘊)에서 크게 해탈하시고, 18계(界)가 있지 않으시고, 12처(處)를 방호하나이다'라고 함은, 이들 세 구절로서 세존은 [오온(五蘊)과 18계(界)와 12처(處)의] 어떠한 실사에도 탐착함이 없이 유정의 이익을 행하심을 보인 것이니, "여기서 온(蘊)들은 또한 태어나는 특성인 까닭에 그들로부터 크게 벗어남으로써 세존께서는 '온(蘊)들에서 크게 해탈하시고'라고 함이다. 계(界)들은 근(根)들이 식(識)의 문을 통해서 외경들을 가지는 본질인 까닭에, 그것에 의지하는 염오번뇌들을 여읨으로써 세존께서는 '계(界)들이 있지 않으시고'라고 함이다. 처(處)들은 보는 따위들을 발생시키는 문이 되기 까닭에, 그것에 의지하는 염오번뇌를 방호함으로써 세존께서는 '처(處)들을 방호하나이다'라고 함이다"고 아사리 세친보살의 불수념광주에서 설하였다.

173) '모든 고통에서 벗어나시고'라고 함은, 유정의 이익을 행하시는 세존께서는 유정에게 속하는 모든 제법에 집착하는 바가 없으시고, 삼계의 모든 유루법이 고통의 법일지라도 세존께서는 이미 모든 유루의 고통들에서 해탈하심으로써 '모든 고통에서 벗어나시고'라고 함이다.

174) '모든 결(結)들을 끊으시고, 번열(煩熱)에서 해탈하시고, 애욕(愛慾)에서 벗어나시고, 폭류(暴流)를 건너가셨나이다'고 하는 네 구절로서 세존의 단덕(斷德)을 원만히 갖추시고 유정의 이익을 행하심을 보인 것이니, "번뇌들을 요약하면 대경과 만나서 생기는 것과 만남의 각각에 의해 두 모양이니, [탐결(貪結)·진결(嗔結)·계금결(戒禁結)·계금취결(戒禁取結)의] 결(結)의 모양들과 [번뇌의] 번열(煩熱)의 모양들이다. 그들의 문 또한 두 가지 모양이니, 갈애(渴愛)의 문들과 [무명폭류(無明暴流)·견폭류(見瀑流)·유폭류(有暴流)·욕폭류(欲暴流)] 폭류의 문들이다. 대경과 만나서 생기는 것들은 실제로 추구하는 모양의 것들을 끊어버린 까닭에, 세존께

서는 '모든 결(結)들을 끊으시고, 번열(煩熱)에서 해탈하시고, 애욕(愛慾)에서 벗어나시고, 폭류(暴流)를 건너감이다'고 한다"고 아사리 세친보살의 불수념광주에서 설하였다.

175) '지혜가 원만구족하시고, 과거와 미래와 현재에 출현하신 불세존들의 지혜에 안주하시고, 열반에 머물지 않으시고, 진실의 변제(邊際)에 머무시나이다'고 하는 네 구절로서 세존의 증덕(證德) 또는 지혜를 원만히 구족하고 유정의 이익을 행하는 것을 보인 것이니, "세존의 지혜가 원만함이란 어떤 것인가? 하면, 유정의 이익을 행하는 그것을 보인 것이다. 지혜는 세 가지이니, 일체종지(一切種智)와 무차별지(無差別智)와 무주지(無住智)이다. 여기서 일체종지(一切種智)는 지혜가 모든 소지(所知)의 대상들과 온갖 것에 두루 미침으로써 '지혜가 원만구족하시고'라고 한다. 무차별지(無差別智)는 삼시(三時)에 귀속되는 제불께서는 수명의 정도와 몸의 형상과 정토의 차별에 의한 차이들이 또한 있을지라도, 법신을 평등하게 얻으신 까닭에, '과거와 미래와 현재에 출현하신 불세존들의 지혜에 안주하시고'라고 한다. 무주지(無住智)는 윤회와 열반들에 머물지 않음으로써 열반에 머물지 않는 것이니, 진실의 변제(邊際)에 안주하는 그것이, 여기서 성문 등의 열반에 머물지 않는 것이다. 진실의 변제는 청정한 진여(眞如)이니, 그것은 법신이다. 거기에 머무는 것을 '진실의 변제(邊際)에 머무시나이다'라고 한다"고 아사리 세친보살의 불수념광주에서 설하였다.

176) '모든 유정들을 살피시는 [삼신(三身)의] 경지에 머무시니'라고 하는 것의 요약된 뜻은 이와 같이, "모든 유정들을 살피시는 경지는 여래의 삼신(三身)이니, 이와 같이 여래께서 진성(眞性)에 머물면서 모든 유정들의 마음을 살피신 뒤, 뜻하는 바대로 삼승(三乘)의 문을 통해서 법을 연설하심으로써 삼신이 오로지 진성에 머문다고 하는 정언(定言)인 것이다. 이와 같이 계경에서, '보신여래는 십지(十地)에 안주하는 성관자재보살과 그 외의 다른

성자들에게 대승의 법을 연설하고, 색구경천(色究竟天)에 머무신다'고 하니, 그와 같이 보신여래의 몸으로 유정의 이익을 행하는 것을 설함이다. 화신의 몸으로 또한 유정의 이익을 행함이 있음이니, 이와 같이 경전에서, '그 세존께서 화신의 몸으로 욕계에 머무는 존자 사리불 등과 그 외의 복분을 지닌 유정들의 마음을 살피신 뒤, 세 가지 신변(神變)을 타나내서 뜻하는 바대로, 그들의 복분대로 성문승의 법을 연설하고 윤회가 다할 때까지 머무신다'고 나온다. 그와 같이 그 화신 또한 그것을 지니는 것을 설해 보인 것이다. 그 법신은 보신과 화신의 둘의 근원이 됨으로 말미암아 그들의 원인이 됨으로써 그들의 주된 원인인 것이다. 그것이 없으면 그 둘 또한 없음으로써 유정의 이익을 행함이 또한 있지 않게 된다. 그러므로 모든 유정들을 살피시는 경지가 여래의 삼신(三身)인 것이다'고 함에 머무는 것이다"고 아사리 세친보살의 불수념광주에서 설하였다.

177) 법수념(法隨念)의 뜻을 요약하면, 부처님께서 설하신 경·율·론의 삼장(三藏)이라 총칭하는 12분교(分敎)는 해탈의 큰 공덕이 있음으로써, 모든 유정들의 무명과 번뇌의 질병을 치료하는 묘약(妙藥)이 됨으로 그것을 억념하고 그와 같이 되고자 닦는 것이다.

178) '정법(正法)'이라 함은, 일반적으로 여래께서 설하신 팔만사천의 법문을 뜻한다. 이것도 간추리면 12분교(分敎)에 거두어지고, 이것도 다시 경·율·론의 삼장(三藏)에 거두어지고, 이것도 다시 언교(言敎)와 증법(證法)의 둘에 거두어진다.

179) '처음도 좋고, 중간도 좋고, 마지막도 좋으며'라고 함은, 여러 가지의 해설이 있는 가운데 세 가지를 소개하면 다음과 같다. ①계경은 하나로 연결되어 있음으로써, 처음 인연을 설하는 서분(序分)이 [처음도 좋은] 초선(初善)이며, 설법을 마무리하는 유통분(流通分)이 [마지막도 좋은] 후선(後善)이며, 분문에 해당하는 정종분(正宗分)이 [중간도 좋은] 중선(中善)이라고 한다. ②삼장(三

藏)을 처음 듣게 되면 해탈의 훈습을 심게 됨으로써 처음도 좋고, 중간에 사유함으로써 의미를 깨닫게 됨으로 중간도 좋고, 마지막에 닦음으로써 현전의 번뇌가 소멸하고 법성을 깨달음으로써 윤회에서 벗어나게 됨으로 마지막도 좋음이라 한다. ③ 처음 계학(戒學)과 정학(定學)에 의지함으로써 처음도 좋음이고, 중간에 위빠싸나(觀)와 도(道)에 의지함으로써 중간도 좋음이고, 마지막에 과(果)와 열반에 의지함으로써 마지막도 좋음이다.

180) '의미가 좋고, 문장이 아름답고'라고 함은, "지나(勝者)의 성교(聖敎)는 [설하고자 하는] 소전(所詮)의 의미가 전도됨이 있지 않고, [그것을 강설하는] 능전(能詮)의 문장들이 모든 면에서 결함이 없음으로써, '능전과 소전의 둘이 원만구족하다'고 설해 보임이다"라고 용진·예시걜챈(智幢)의 삼보공덕수념법강해(三寶功德隨念法講解)에서 설하였다.

181) '무잡(無雜)하고, 원만하고, 청정하고, 정결하나이다'라고 함은, "능인(能仁)의 교법은 모든 면에서 특별히 뛰어남을 설해 보인 것이다. 외도의 교법들은 전도되어 있고, 모순적이며, 남을 기만하는 것이나, 능인(能仁)의 교법은 그와는 반대로 세간의 교설들과는 같지 않음으로써, '무잡(無雜)하다'고 하는 것이다. '원만하고'라고 함은, 외도의 교법들은 대부분 번뇌의 벗이 되고, 미세하지 못한 적정상(寂靜相)의 도를 닦는 수행이 하나둘이 있을지라도, 현생의 작은 번뇌를 다스리는 법 이외에 번뇌의 일체를 다스리는 법을 알고 연설하는 사람은 누구도 있지 않다. 그에 비해 능인의 성교는 번뇌의 일체를 다스리는 대치력(對治力)임으로써, '원만하다'고 하는 것이다. '청정하고'라고 함은, 번뇌의 현행(現行)과는 모든 면에서 상위하고, 그것을 다스리는 법을 설해 보임의 뜻이다. '정결하나이다'라고 함은, 번뇌의 현행(現行)을 다스리는 법을 설해 보일뿐만 아니라, 번뇌의 습기마저 또한 소멸시킨다는 뜻이다"라고 용진·예시걜챈(智幢)의 삼보공덕수념법강해에서 설하였다.

182) '법이 잘 설하여졌으며'라고 함은, "전도되지 않은 법을 바르게 설함이 잘 설하여졌음이다"라고 아사리 무착보살(無着菩薩)의 법수념주(法隨念註)에서 설하였다.

183) '바르게 보심이고'라고 함은, 범장대조사전(梵藏對照詞典)에 의하면, "쌈드르쓰띠깜(Sāṁdṛṣṭikaṁ)은 견법(見法)의 결과이니, 금생에서 성숙하는 업이다"고 하였다. 다시 말해, 현생에서 수행을 통해서 얻게 되는 법 또는 얻음을 보는 법이란 뜻이다. 또한 제쭌·렝다와(rJe btshun Red mdaḥ ba)의 친우서본주(親友書本註)에서, "공성의 진실을 전도됨이 없이 보기 때문이다"라고 설하였다.

184) '질병이 없음이고'라고 함은, "번뇌와 [잠복되어 있는 번뇌인 칠수면(七睡眠) 등의] 수면(睡眠)을 다스리는 대치법(對治法)인 까닭에 질병이 없음이다"라고 아사리 무착보살의 법수념주에서 설하였다.

185) '시간이 끊어지지 않나이다'라고 함은, "또한 더 버릴 바가 없는 까닭에 시간이 끊어지지 않음과 또는 일체의 시간에서 역시 버려야 할 필요가 있지 않음과 번뇌를 끊음에는 정해짐이 없기 때문이다"고 아사리 무착보살의 법수념주에서 설하였으며, 또한 용진·예시걜챈의 삼보공덕수념법강해에서는, "완전히 쇠퇴함이 없음의 뜻이니, 일체의 시간에서 버리는 것이 옳지 않고, '반드시 의지함이 마땅하다'고 하는 뜻이다"라고 하였다.

186) '정리(正理)를 갖추고'라고 함은, "모든 번뇌들로부터 고통이 발생함을 끊어버리는 까닭에 정리를 지님이다"고 하였으며, 또한 이 구절은 아사리 무착보살의 법수념주에서 보유하였다.

187) '잘 안치하고'라고 함은, "문(聞)·사(思)·수(修)의 모든 실행을 마지막에는 열반의 선과(善果)에 연결하는 뜻이다"고 용진·예시걜챈(智幢)의 삼보공덕수념법강해에서 설하였다.

188) '이것을 보면 의리(義利)가 있고'라고 함은, "'[일반적이지 않은] 비공통의 법을 여기서 보라'고 함은, 곧 법이니, 법을 지닌 이것을 여기서 보고, 이 자리에서 진성(眞性)을 보라고 함이다"라고 아사리 무착보살의 법수념주에서 설하였다. 또한 제쭌·렝다와(rJe btshun Red mdaḥ ba)의 친우서본주(親友書本註)에서, "등불처럼 자성이 광명이기 때문이다"라고 설하였으며, 또한 응울추·다르마바드라(法賢)의 삼보수념경주(三寶隨念經註)에서는, "진실을 통견(洞見)함에 의지해서 십지(十地)와 오도(五道)의 공덕을 얻음으로써, '이것을 보면 의리(義利)가 있으며'라고 한다"고 하였다.

189) '지자(智者)들이 각자 자증(自證)함이나이다'라고 함은, "성자들이 앎으로써 의심이 있지 않은 까닭에 각자 자증(自證)하는 바이다. 또한 가히 설하지 못하는 까닭에 각자 자증(自證)하는 바이니, '통달함이다'라고 설함이다"고 아사리 무착보살의 법수념주에서 설하였다. 또한 제쭌·렝다와(rJe btshun Red mdaḥ ba)의 친우서본주(親友書本註)에서는, "'지자(智者)들이 각자 자증(自證)하는 바이며'라고 함은, 멸제(滅諦)를 설해 보임이니, 그것은 [유(有)·무(無)·역유역무(亦有亦無)·비유비무(非有非無) 등의] 사변(四邊)으로 추론하는 것으로는 가히 헤아리지 못하고, 언설과 문자 등으로 설하지 못함이니, 유가사 각자의 자증지(自證智)로 체험하는 경계이기 때문이다"라고 하였다.

190) 법비나야(法毘奈耶)는 율경(律經)의 뜻이니, 증상계학을 위주로 설한 경전으로 4종의 비나야(毘奈耶)인 율분별(律分別)과 율본사(律本事)와 율잡사(律雜事)와 율상분(律上分)과 같은 것이다.

191) '세존께서 설하신 법비나야(法毘奈耶)를 잘 의지하고'라고 함은, "지나(勝者)의 성언들을 마음흐름을 조복하는 방편으로 전용함이 마땅함으로써, '세존께서 설하신 법비나야(法毘奈耶)를 잘 의지하고'라고 한다"고 응울추·다르마바드라(法賢)의 삼보수념경주에서 설하였다.

192) '반드시 출리(出離)하고'라고 함은, 모든 윤회로부터 반드시 벗어나게 한다는 뜻이다.

193) '원만보리로 나아가게 하고'라고 함은, 쌍와닝뽀(祕密藏續)의 제법결택품제삼(諸法決擇品第三)에서, "교화의 연고로 말미암아 하늘과 인간의 인천승(人天乘)과 성문승과 연각승과 보살승과 무상진언승(無上眞言乘)에 의해서, 무명의 분별과 8만 4천의 번뇌의 대치법(對治法)으로 8만 4천의 법문을 설하였다. (중략) 사승(四乘)의 출리는 일승(一乘)의 도과(道果)로 머무른다"라고 하였듯이, 삼승의 종성들을 모두 붓다의 원만보리에로 나아가게 하는 뜻이다.

194) '어긋나지 않고 모여 있으며'라고 함은, "한 성자의 마음흐름의 각기 다른 지혜들은 서로가 어긋나지 않고 도움이가 됨으로써, '어긋나지 않고, 모여 있으며'라고 한다"고 응울추·다르마바드라(法賢)의 삼보수념경주에서 설하였으며, 또한, 법존법사(法尊法師)의 수념삼보경천설(隨念三寶經淺說)에서는, "부처님께서 설한 모든 경교(經敎)에는 비록 대승과 소승이 같지 않음이 있을지라도, 그것이 드러내 보이는 것은 모두 여실한 도리로서 상위하지 않고, 그 소전(所詮)의 의미가 모두 극히 화순(和順)하여, 동일한 의취(意趣)인 까닭에, '어긋나지 않고, 모여 있으며'라고 한다"고 하였다.

195) '의지할 바가 있고'라고 함은, "[앞의] 이것들에 의해서 성스러운 팔정도(八正道)를 연설한 것이니, 외도들의 법과 불법의 차별을 분명하게 가른 것이다. 외도들의 법은 잘못 설해진 것으로써 잘 설해진 것이 아니고, 진실성을 본 것이 아니니, 바르게 의지할 바가 아닌 것이니, 그들은 다른 것을 수습하기 때문이다"라고 아사리 무착보살의 법수념주에서 설하였다.

196) '흐름을 끊음'이라 함은, 공성을 관조하는 근본정(根本定)의 상태에서 분별의 흐름을 끊는 뜻을 비롯해서, 번뇌와 업의 상속으

로 인한 생사유전의 흐름을 끊는 의미 등으로 해석하고 있다.

197) 승수념(僧隨念)의 뜻을 요약하면, 청정한 승가는 여래의 제자들로 무루법(無漏法)을 얻었고, 계(戒)·정(定)·혜(慧)의 삼학(三學)을 구족해서 세간의 복전이 되니, 나도 승가가 소유한 모든 증지(證知)와 해탈의 공덕을 억념하여 그와 같이 되고자 승행(僧行)을 닦는 것이다.

198) '승가(僧伽)'의 뜻에 대하여 아사리 무착보살은 성문의 승가를 기준으로 삼아서, "승가 안에는 예류향(豫流向)이 있고, 예류과(豫流果)가 또한 있다. 승가 안에는 일래향(一來向)이 있고, 일래과(一來果)가 또한 있다. 승가 안에는 불환향(不還向)이 있고, 불환과(不還果)가 또한 있다. 승가 안에는 아라한향(阿羅漢向)이 있고, 아라한과(阿羅漢果)가 또한 있다. 그들이 사쌍(四雙)의 보특가라(人)와 팔배(八輩)의 보특가라(人)들이니, 그들이 세존의 성문의 승가이다. '계율이 원만구족하고, 선정이 원만구족하고, 반야가 원만구족하고, 믿음이 원만구족하고, 들음이 원만구족하고, 해탈이 원만구족하고, 해탈지견(解脫智見)이 원만구족하다. 불태우고, 크게 불태우며, 마땅히 합장할 곳이며, 위없는 복전이며, 세간의 보시처(布施處)이다'라고 하는 이것이 승수념(僧隨念)의 핵심이다. 찢어지지 않는 견고한 믿음을 지님으로 말미암아 승가이니, 유학(有學)과 무학(無學)에 머무는 보특가라이니, 각자의 도에서 마라(魔羅) 등의 적방(敵方)들이 갈라놓지 못하기 때문이다. 무리의 의미로서 또한 승가이다. 그들의 마음 흐름에 생겨난 유학과 무학의 어떤 법을 신해하는 그것이 승가이니, 믿음이 찢어지지 않기 때문이다. 이것은 도제(道諦)를 증득하는 단계에서 시설한 것이다"라고 그의 승수념소(僧隨念疏)에서 설하였다.
또한 대승의 승가를 전제로 용진·예시갤챈(智幢)은, "요약하면, 자기보다 타인을 애중히 여기는 보리심과 그것이 전적으로 일으키는 광대한 보살행의 학처 일체를 배우기를 자임함에 뒤따르는 두 가지 발심(發心)의 문을 통해서 육바라밀에 모든 보살행들을 거둬들인 뒤, 색법(色法)의 이신(二身)을 이루게 하는 원인인 방편과 반야를 함께 운용하는 실천의 수습을 장기간 닦음으로써 공성을 통견하는 대승보살들을 일컬어 대승의 승가이다"라고 설한다고 그의 삼보공덕수념법강해에서 설하였다.

199) '잘 들어가고(Legs par shugs pa)'에서 '들어감'이란 사문성(沙門性, dGe sbyoṅ gi tshul)에 들어가 머무름을 뜻하니, 용진·예시걀챈(智幢)은, "사문성(沙門性)에 들어감의 뜻이다. 구사론에서, '사문성(沙門性)은 청정한 도(道)이며, 과보는 유위와 무위이다'라고 설함과 같다. '잘 들어가고'라고 함은 외도를 추종하는 자들은 삿된 길에 들어간 것임으로써 잘못을 행함이다'고 말한다. 능인의 성문제자들은 영원히 안락과 원만구족의 길에 들어간 것이기에 잘 들어감이다"라고 삼보공덕수념법강해에서 설하였다.
또한 '잘 들어감'의 뜻을 아사리 무착(無着)은, "가행(加行)의 비구(比丘)이니, 선업을 바르게 수행함으로써 또한 사문(沙門: 修善)이니, 교법을 시작하는 것으로 보도록 하라. 여기서 사문의 뜻은 [고통에서 초월한] 니르바나(涅槃)이다"라고 승수념소(僧隨念疏)에서 설하였다.

200) '여리(如理)하게 들어가고'라고 함은, 사리를 잘 분별해서 이치에 맞게 행동하는 뜻이니, 용진·예시걀챈(智幢)은, "이와 같이, [천승찬(天勝讚)에서], '나는 붓다만을 편들지 않고, 황백선인(黃白仙人)에게 분노하지 않고 또한, 누구의 말이 이치에 맞는지를 따져서, 그를 스승으로 섬긴다'고 설함과 같이, 선악을 구별하는 지혜로 누구에게 허물이 있고, 누구에게 공덕이 있는지와 누구를 따르면 현생과 구경의 목적을 모두 이루게 되고, 누구를 따르면 파산하게 되는지를 슬기로운 마음으로 판단하면, 오직 부처님의 가르침만이 거짓이 없고 이익과 안락을 주는 최상의 방편이라고 믿은 뒤, 바른 도리의 길에서 일으킨 바로, 법과 일치하게 들어감이 여리(如理)하게 들어감이라 한다"고 그의 삼보공덕수념법강해에서 말하였다.

또한 아사리 무착보살은, “그 니르바나에 항상 머무는 것이 여리(如理)하게 들어감이다. 그것의 바른 도리가 ‘위없는 법을 얻게끔 한다’고 설하였다. 바른 도리는 니르바나(涅槃)의 법이다. ‘반드시 발생함으로써 반드시 생김이니, 항상 일어나는 바른 도리이다’라고 열어 보임이다”라고 그의 승수념소(僧隨念疏)에서 설하였다.

201) ‘바르게 들어가고’라고 함은 나쁜 결과를 낳는 삿된 길을 버리고, 해탈의 좋은 결과를 산출하는 바른 길인 팔정도에 들어감을 뜻하니, 아사리 무착보살은, “사문(沙門: 修善)은 팔성도(八聖道)이다. 거기에 들어가는 것이 [외도의 삿된 길의 잘못을 여의고] 바르게 들어감이니, ‘감로의 문을 여는 것이 바른 길을 열어 보임이다’라고 하였다. 여기서 바름이란 무엇인가? 하면, 성도(聖道)이다. 삿됨이란 어떤 것인가? 하면, ‘죄악자의 견해는 삿됨이다’라고 게송으로 설하였다. 선업의 닦음을 바르게 닦는 것이 항상 머무름이니, 니르바나에 들어감이다”라고 그의 승수념소에서 설하였다.

202) ‘화합하여 머무르니’라고 함은 능인(能仁)의 교법에 들어간 사문들은 계율과 용품의 수용과 견해가 평등한 가운데 수행해 나가는 것이 화합하여 머무는 것이다. 아사리 무착보살은, “바르게 닦음은 평등 속에서 발생함이니, 몸·말·뜻 셋의 업이 자애를 지님이다. 여기서 수용과 계율과 견해가 평등하니, 여기서 수용이 평등함이 생활용품에 화합하여 머무는 것이다. 학처(學處)가 평등함이 계율에 화합하여 머무는 것이다. 견해가 평등함이 정견(正見)에 화합하여 머무는 것이다. 사문에게 열어 보임은 성상(性相)에 의한 것이다. 그것을 통달하도록 열어 보임이, 법에 대하여 법과 일치하게 보는 견해에 머무는 것이다. 거기에 들어가서 그것을 성취하기 위해 행하는 것이 수순하여 머무는 것이니, 그것이 법과 일치하게 행하는 것이다”라고 그의 승수념소에서 설하였다.

203) '마땅히 합장할 곳이며'라고 함은, "복덕이 크고, 공양할 곳인 까닭에 두 손을 모음이니, 마땅히 예배할 곳인 것이다"라고 위의 같은 책에서 설하였다.

204) '마땅히 예경할 곳이며'라고 함은, "예경(禮敬, ḥDud pa)을 뒤쫓아 행하기 때문이다"라고 위의 같은 책에서 설하였다.

205) 다른 판본에는 '세간의 위없는 복전(福田)이며'로 나오며, 그 뜻을 "위없는 복전(福田)이라 함은, 그 외에 달리 높은 곳이 없기 때문이다. 복전(福田)은 복덕들이자 또한 밭인 까닭에 복전이다"라고 위의 같은 책에서 설하였다.

206) '시물(施物)을 청정하게 하시며'라고 함은, "자기에게 빚이 되지 않고, 빈궁한 자에게 광대한 복덕을 얻게 함으로써, 시물(施物)을 크게 청정하게 함인 것이다"라고 응울추·다르마바드라(法賢)의 삼보수념경주에서 설하였다.

207) '마땅히 보시할 곳이며'라고 함은, "모든 세간의 시물(施物)을 올리면 그 시물의 과보가 무변하기 때문이다"라고 위의 같은 책에서 설하였다.

208) '정법을 귀의의 본질로써 요지함'이란, 윤회의 고통과 무명에서 해탈한 열반의 법이 법보의 본질이자 귀의의 대상이 됨을 말한다.

209) 꼰촉땐빼된메(dKon mchog bstan paḥi sgron me)의 땐빼죽고갭되티익팬데이람쌍쌜왜된메(bsTan paḥi ḥjug sgo skyab ḥgroḥi khrid yig phan bdeḥi lam bzaṅ gsal baḥi sgron me, 入教門歸依教導利道明燈)에서, "다른 스승과 교법의 과실을 보고나서 그것을 등지는 것이 없이 [스승의] 일체를 청정상(清淨相)으로 닦는 허구는 자기의 스승을 신뢰하지 못하고 그의 공덕을 보지 못함인 것이다"라고 하였다.

210) 수승찬(殊勝讚)은 티베트어 캐빠르팍뙤(Kyad par ḥphags bstod)의 번역으로 범어로는 위쎼샤쓰따와(Viśeṣastava)이다. 아사리 토쭌둡제(mTho btsun grub rje)가 이것을 짓게 된 이유에 대해서 따라나타의 인도불교사(印度佛教史)에서, "그 때 마가다에 바라문 웃브따씻디쓰와미(Udbhṭasiddhisvāmi, 高德成就主)[토쭌둡제 (mTho btsun grub rje)]와 썅까라빠띠(Śaṃkarapati, 作樂主)[데제닥뽀 (bDe byed bdag po)]라 부른 형제가 있었으니, 그들은 본존으로 대자재천을 섬겼다. 그 둘은 또한 불도와 외도의 교리에 대해서도 잘 알고 있었다. 그렇지만 웃브따씻디쓰와미(高德成就主)는 불법에 의심을 가진 상태에 있었으며, 대자재천이 더 뛰어나다고 또한 생각하였다. 썅까라빠띠(作樂主)는 오직 붓다만을 신해함으로써 어머니의 말씀에 고양되어 축지법을 닦은 뒤 산들의 왕인 까일라싸(Kailāsa)로 갔다. 대자재천이 살고 있는 그곳에서 그가 타고 다니는 백우(白牛)와 우마데비(Umādevī)가 꽃을 꺾는 것들을 보았다. 마지막에는 대자재천이 사자좌에 앉아서 법을 설하는 것을 보았다. 가네쌰(Gaṇeśa, 象鼻天)가 그 두 사람을 손으로 잡고 대자재천 앞으로 데려갔다. 그 때 마나싸싸로와라(Mānasasarovara, 意湖)에서 5백 명의 아라한들이 날아서 오자 대자재천이 그들에게 절을 하고 발을 씻어주고 점심공양을 올린 뒤 법문을 들었다. 거기서 [웃브따씻디쓰와미가] 붓다가 더 뛰어남을 알았음에도 질문하자, 대자재천이, '해탈은 오직 불도에만 있으며 다른 곳에는 없다'고 말하였다. 그 두 사람이 크게 기뻐하여 자기의 고향으로 돌아온 뒤 바라문 복장을 버리고 대덕거사의 계율을 바르게 수지하였다. 그들이 모든 수레들의 법들을 배워서 통달한 뒤, 불도와 외도의 우열의 차별을 열어보이고자 웃브따씻디쓰와미(高德成就主)가 위쎼샤쓰따와라(Viśeṣastava, 殊勝讚) [캐빠르두팍빼뙤빠(Khyad par du ḥphags paḥi bstod pa)]를 저술하고, 썅까라빠띠(作樂主)가 데와띠쌰야쓰또뜨라(Devātiśayastotra, 勝出天神讚) [할래필두중와르뙤빠 (lHa las phul du byuṅ bar bstod pa)]를 저술하였다"라고 함과 같다.

211) 이 게송의 의미는 외도가 공덕으로 찬양하는 것이 불세존의 가르침에선 허물이 되는 이치를 밝힌 것이니, 아사리 쁘라즈냐와르마(般若鎧)는, "'대자천이 분노하여'라고 함은, 분노가 충만한 마음의 상태이다. '삼층성(三層城)'은 세 성읍을 하나로 합한 것을 괴삼층성(壞三層城)이라 한다. 그것을 포악(暴惡) [대자재천의 별명]이 불태움이다. 포악(暴惡)을 공덕으로 선포함이 있음을 설한 것이다. 그 또한 대자재천의 공덕을 세간에 선포하고 설한 것은, 아수라들의 삼층성(三層城)이 하늘을 떠가고, 그곳에서 아수라들이 내려와서 사람들에게 해악을 끼쳤다. 그 뒤 대자재천이 사람들을 구호하기 위해서 활을 손에 잡고 화살 하나를 쏘아서 아수라들의 삼층성을 불태워버렸다. (중략) 이것은 당신의 가르침에서는 살생이라 부르는 큰 죄악이니, 그것으로 지옥에 떨어지기 때문이다"라고 그의 수승찬광석(殊勝讚廣釋, Khyad par du ḥphags paḥi bstod paḥi rgya cher ḥgrel pa)에서 설하였다.

212) 지나(Jinaḥ, 勝者)는 티베트어로 갤와(rGyal ba)이며, 여래의 존호 가운데 하나이다. 말뜻은 "죄악과 불선의 부정한 업들로부터 승리함으로써 승자(勝者)라 한다"고 다조르밤뽀니빠(聲明要領二卷)에서 설하였으며, 아사리 다르마끼르띠(法稱)의 불대열반찬(佛大涅槃讚)에서는, "끼휘! 대비를 지니신 의호주(依怙主)·승자(勝者)께선 죄업의 식멸자(息滅者)이시니, (중략) 끼휘! 사라수(娑羅樹) 숲속에서 무슨 까닭으로 열반에 드시었나이까?"라고 하였다.

213) 람림첸모챈시닥(菩提道次第廣論四家合註)에서, "[부처님의 교설은] 들어가[야 할 바이]고 [외도의 언설은] 돌아 나오는 [바의] 어떤 것임과, [달리 외도의 언설은] 염오(染汚)의 번뇌[의 방면이고, 부처님의 교설은] 해탈[의 방면인] 어떤 것이니, 그것이 대웅(大雄)인 당신의 교설과, 여타 [외도 일체]의 교설의 차별인 것이나이다"라고 하였다.

214) 구결(口訣)은 맨악(Man ṅag)의 옮김이니, 담악(gDams ṅag, 教誡)의

뜻이기도 하다. 이 둘은 범어 우빠데쌰(Upadeśa, 敎誡)의 번역인 까닭에 일반적으로 같은 뜻으로 사용하나, 때로는 구분해서 쓰기도 하니, 이 때는 맨악(口訣)이 좀 더 규결적(竅訣的)인 의미를 가진다고 하겠다. 예를 들면, 까담최중쌜왜된메(噶當派源流)에서, "아띠쌰 존자께서, '우빠데쌰(Upadeśa, 敎誡)를 무엇으로 옮기는가?'하고 묻자, 돔뙨빠(ḥBrom ston pa, 1004-1064)께서, '맨악(口訣, 竅訣)으로 옮깁니다'고 답하였다. 그러자 존자께서, '맨악(口訣)의 의미는 무엇을 말하는 것인가?'하고 묻자, 돔뙨빠께서, '은밀하게 가르쳐 보이는 것'을 말한다고 대답하자, 존자께서, '그렇다. 맨악(口訣)의 의미는 해침을 버리고 애중히 여김을 수습하는 것을 말한다'고 하셨듯이, 우빠데쌰(敎誡)를 글자 그대로 옮기면, '친절하게 가르쳐 준다'는 뜻이니, 그 또한 신속하게 깨닫도록 만드는 뜻이기 때문이다.

215) 사부(士夫, sKyes bu)는 범어 뿌르샤(Puruṣaḥ)의 옮김이다. 본래의 뜻은 다조르밤뽀니빠(聲明要領二卷)에서, "뿌루샤(Puruṣaḥ)로 천 개의 머리가 있고, 베다(吠陀)의 경문을 낭송하고 설하는 자가 있다는 이야기가 있음과 능력을 지닌 뿌르샤가 유일하게 존재한다고 주장을 함으로써 뿌르샤(士夫)라 부른다"고 하였듯이, 불교에서는 능히 해탈을 감능할 수 있는 능력을 지닌 사람을 사부라고 한다. 또한 곰데칙죄첸모(貢德大辭典)에 의하면, "뿌루샤(Puruṣaḥ). ① 사람의 총칭이다. 석의(釋義)는 뿌루샤는 능력을 지님이다. 사람은 다른 사람에 의지해서 사고의 능력이 증대함으로써 능력의 지님이라 말한다. 그것을 해설하는 다른 시각도 있으니, 냠메닥뽀하제(mÑam med dvags po lha rjes)의 해탈도장엄론(解脫道莊嚴論)에서, '사부(士夫, sKyes bu)는 인도말로 뿌루샤(Puruṣaḥ)이니, 뿌루샤의 글자는 힘과 능력에 해당하니, 가만(暇滿)의 몸에 증상생(增上生)과 결정승(決定勝)을 닦는 힘 또는 능력이 있음으로써 사부인 것이다'라고 설하였다. 쬐죽기씬디래씩(sPyod ḥjug gi zin bris las śig)에서도 또한, '사부(士夫)의 대어(對語)인 뿌루샤(Puruṣaḥ)라고 하는 것은 능력의 지님에 들어감으로

써, 후제(後際)의 의리를 닦는 능력을 지님의 뜻이다'라고 설하였다. 께부(士夫)와 이끼부(Yid kyi bu, 意之子)와 쎄부(Śed bu, 儒童)[마나와(Mānavaḥ, 마납파(摩納婆)]와 쎌래께(Śed las skyes, 力中生)[마누자(Manujaḥ, 力中生)]과 쎄닥(Śed bdag, 力主)들은 같은 의미들이다"고 하였다.

216) 참된 사부(眞士夫, sKyes bu dam pa)는 범어 싸뜨뿌루샤(Sat-Puruṣaḥ)의 옮김이니, 곰데칙죄첸모(貢德大辭典)에서, "①불교와 중생의 이익을 광대하게 행하는 학문과 성취의 둘을 소유한 사부(士夫)를 말하니, 짱꺄롤빼도제(lCaṅ skya rol paḥi rdo rje)가, '학문으로 성취를 파괴하지 않고, 성취로 학문을 파괴함이 없이 불교에 이익을 행하는 자를 참된 사부(士夫)라고 부른다'고 설함과 같다. ②싸꺄·빤디따가, '찬양하여도 또한 기뻐하지 않고, 비방하여도 싫어하지 아니하고, 자기의 공덕에 잘 안주하는 것이, 참된 사부의 특성이다'고 설하였다. ③어떤 이의 뒤를 수순해서 배우면 자기의 율의와 들음과 버림과 반야들이 자연스레 증장하는 그 사부를 말하니, 친우서주(親友書註) [Ṅe 96 Na 1]에서, '어떤 이의 뒤를 수순해서 배운 뒤에 율의와 들음과 버림과 반야가 증장하는 그와 같은 그 사람이 참된 사부이다'고 칭한다"고 설하였다.

217) 선지식(善知識)은 범어 깔랴나미뜨라(Kalyāṇamitra)와 티베트어 게왜쎄녠(dGe baḥi bśes gñen)의 옮김이다. 이것은 자기가 친근하고 의지하길 원하는 선지식과 스승은 10가지 공덕을 지님이 필요함을 말한다. 람림첸모챈시닥(菩提道次第廣論四家合註)에서, "장엄경론(莊嚴經論)에서, '[대승의 성상(性相)을 갖춘] 선지식은 ①[계율의 학처에 의해서 (말·몸·뜻 삼문(三門)의 행동거지를)] 조복(調伏)함과 ②[정학(定學)에 의해서 (번뇌가 지식(止息)되어 마음이) 적정(寂靜)함과 ③[혜학(慧學)을 지님에 의해서 (무의미한 일들에 산란함을 떠남으로써 마음이)] 크게 적정(寂靜)함과 ④제자에 비해서 공덕이 크게 수승함과 ⑤[이타를 즐거워하는] 근면함을 지님과 ⑥다문

박학(多聞博學)해서 학덕이 풍부함과 ⑦[수승한 혜학(慧學)에 의해서] 진성(眞性)의 깊은 뜻을 [현량(現量)과 비량(比量)과 언교(言教)와 정리(正理)의 어느 것에 의해서] 크게 증득함과 ⑧[교화의 대상들을 인도하는 차제와 일치하게 지도하는] 뛰어난 변재(辯才)를 지님과 ⑨[교화의 대상들을 향한] 자애[의 마음으로 인해서 법을 연설하는] 품성을 지님과 ⑩[법을 반복해서 강설함으로써 생기는 피곤함을] 싫어함을 버린 이에게 의지한다"라고 설함과 같다.

218) 작의(作意, Manasikāra)는 오십일심소(五十一心所)를 이루는 오편행(五遍行: 受·想·思·觸·作意)의 하나로 대상을 정확히 기억해서 통찰하는 마음의 작용을 말한다.

219) 도거(掉擧, Audhatya)는 이십수번뇌(二十隨煩惱)의 하나로 마음이 들떠 움직임을 말하니, 용수보살의 집경론(集經論)에서, "도거(掉擧)란 무엇인가? 하면, 탐애의 상(相)을 좇는 탐욕의 일부가 되는 적정하지 못한 산심(散心)으로 사마타(止)를 장애하는 작용을 말한다."라고 하였음으로, 산란이 다 도거인 것은 아니다.

220) '감각기관이 도거(掉擧)에 떨어지지 않게 함'이란, 보리도차제광론(菩提道次第廣論)에서, "감관(感官: 六根)이 대경에 방만하게 들어간 뒤 마음이 쫓아감으로써, 대경을 향해서 마음이 들뜸을 허물로 인식한 뒤 의념(意念)을 돌아 나오게 함이다"라고 하였다.

221) 도거와 산란의 과실(過失)은 사마타(Śamatha, 止)를 장애해서 성취하지 못함으로써 발생하는 허물을 사유함이다. 사마타(止)의 공덕과 과실에 대하여 보리도등론(菩提道燈論)에서, "신속하게 대보리의 자량들을, 온전히 갖추길 원하는 이는, 갖은 노력으로 신통을 닦되, 나태해선 그것을 얻지 못한다(제37송). 사마타(止)를 얻음이 없이는, 신통이 또한 생기지 않으니, 사마타(止)를 성취하기 위해, 거듭거듭 근수정진토록 하라(제38송). 사마타

의 지분들이 소실되면, 크게 정진하고 근수할지라도, 가사 수천 년간을 노력해도, 싸마디(定)를 이루지 못한다(제39송). 고로 정자량품(定資糧品)에서, 설한 선정의 지분에 안주하며, 어떤 하나의 바른 소연(所緣 : 對象)에, 선한 동기로 의식을 집중하라(제40송)"라고 함과 같다.

222) '유정에게 자비로움'이란, 보리도차제광론(菩提道次第廣論)에서, "지나(Jinaḥ, 勝者)의 가르침은 대비에 의해서 차별을 이루니,부처님께 귀의함으로써 또한 유정에게 자비를 행하니, 곧 해침을 버림이다"라고 하였다. 또한 람림첸모챈시닥(菩提道次第廣論四家合註)에서, "이상의 셋이 삼보께 귀의하는 학처가 되는 이유이다. 수승한 귀의처인 삼보와 같은 것에 의지해야 하는 것은, 그의 행동거지 또는 공덕의 훈습 하나가 생기게 하기 위한 것이다. 그 셋을 배우지 않으면 그 지선한 행동거지가 발생하지 않는 측면에서 그러한 것이다. 예를 들면, 참된 사부(士夫)를 의지하는 필요성은 그의 지선한 행동거지를 훈습하기 위함인 것이니, 그것이 있음으로써 그를 받들어 섬기게 되고, 그것이 없다면 선지식의 패륜을 자초함과 같다"고 하였다.

223) 로종쑹되매카꽁(Blo sbyoṅ gsuṅ bgros maḥi kha skoṅ, 修心談論補遺)에서, "그렇다면 그들의 과보를 어느 때에 받는가? 하면, 여기에는 셋이 있으니, 현법수용(現法受用)과 타세수용(他世受用)과 후생수용(後生受用)이다. 첫 번째의 현법수용(現法受用)은 구사론에서, '복전과 염원의 수승함에 의해서 현법(現法)에서 선과(善果)의 업을'이라고 설함으로써, 수승한 대경인 삼보와 같은 대상에 수승한 염원인 강렬한 믿음 등으로 수승한 재물을 잘 갖춘 공양물과 같은 것을 광대하게 공양하면 그것의 결과를 금생에서 받게 된다. 그와 같은 수승한 대상에 강렬한 번뇌로 전적으로 발기하여 큰 죄악을 쌓게 되면 그것의 결과를 금생에서 받게 된다. 요약하면, 강렬한 힘을 지닌 몇몇의 선악의 업들에 의해서 그 결과가 금생에서 익는 것을 현법수용업(現法受用業)이라

한다. 두 번째의 후생수용(後生受用)은 무간업(無間業)을 쌓음과 같이, 업을 쌓음이 그 후생에서 반드시 익는 그 업을 다시 태어나서 받는 후생수용업(後生受用業)이라 한다. 세 번째의 타세수용(他世受用)은 후생의 후생 이후에 그 결과가 익는 업을 타세수용업(他世受用業)이라 한다. 그것의 시간의 길이의 한도가 이 정도에서 반드시 익는다는 기한을 정하지 못함이니, 비나야경(毘奈耶經)에서, '몸을 지닌 자들의 업은, 백겁(百劫)에도 또한 소진되지 않는다. [연(緣)이] 모이고 시절이 도래하면, 그 과보(果報)가 익는다'라는 등을 설하였다"고 하였다.

224) 루드라(Rudraḥ, 暴惡) [닥뽀(Drag po)]는 포악함의 뜻이니, 대자재천의 별명이다. 응왼죄갸최추틱짜델(藏文辭藻及其注釋)에서, "이 자재천이 분노할 때, '내 위엔 아무도 있지 않다'고 생각하는 사나운 모양으로 자만하는 까닭에 포악자(暴惡者)와 용무대천(勇武大天)이라고 한다"고 하였다.

225) 자재천(自在天)은 범어 이쓰와라(Īśvaraḥ)와 티베트어 왕축(dBaṅ phyug)의 옮김이니, 대자재천의 별명이기도 하다. 응왼죄갸최추틱짜델(藏文辭藻及其注釋)에서, "그 위로 다른 왕이 있지 않음으로써 자재천 또는 대자재천이라 한다. 목이 푸르고 눈이 셋이며, [긴 머리카락을 승리의 당기(幢旗)처럼 휘날리는] 정계(頂髻)의 승당(勝幢)과 반월의 보관을 쓰고, 호피를 몸에 걸치고 소를 타고 있으며, 팔과 발목에 끼는 뱀의 천탁(釧鐲)을 차고, 가무를 좋아한다. 범어로 이쓰와라(自在天)라 한다"고 하였다.

226) 비스누(Viṣṇuḥ) [캽죽(Khyab ḥjug)]는 편입천(遍入天)이니, 음역하여 나라연천(那羅延天)이라 한다. 이 비스누는 비슬르르브얍따우(Viṣlṛvyāptau)이니, 두루 미침의 주편(周遍)의 뜻이다. 또는 비쌰 쁘라웨쌰네(Viśapraveśane)이니, 일체에 들어감의 편입(遍入)의 뜻으로 또한 쓰인다. 보통 존재하는 모든 세간은 또한 비스누의 자성이니, 일체에 주편함으로써 편입천(遍入天)이라 한다. 또

한 응완죄쿵쬔갸초(藏語辭藻辭源)에 의하면, "인도의 나형파(裸形派)들이 도사로 인정하는 주신(主神)으로 몸빛이 검고 약간의 분노의 모습을 띠고 있다. 이 편입천이 모든 유정들을 마음으로 모두 덮고 스며들 수 있는 능력을 지님으로써 편입천이라 하며, 범어로 비스누(Viṣṇuḥ)라 한다"고 하였다.

227) '험난한 곳에 안치'함은 '오걜싸르죽빠(Ḥo brgyal sar ḥjug pa, 安置辛苦處)'의 번역이니, 노천 등과 같이 비바람과 먼지 따위로부터 보호받지 못하는 장소를 말한다. 예를 들면, 둥까르칙죄첸모(東噶藏學大辭典)에서, "과거 쏭짼감뽀 법왕이 승하한 뒤 그 사태를 당나라에서 듣고서 티베트에 군대를 파견하였다. 군대가 수도인 라싸에 도착한 뒤 라모체(Rva mo che, 小昭寺) 사원에 모셔진 석가모니불의 부동금강상(不動金剛像)을 당나라 문성공주(文成公主)가 모셔온 불상인 조오쌰꺄무네(至尊釋迦牟尼像)로 잘못 안 뒤 하루간의 거리로 실어갔다. 그 뒤 그것이 네팔의 브르꾸띠(Bhṛkuṭi, 忿紋女) [Tib. 하찍티쮠(lHa gcig thri bstun)] 공주가 결혼 예물로 네팔서 모셔온 것임을 알고서 내버림으로써, 그 부동금강존상이 라싸의 동쪽에 있는 도마(Do ma)라 부르는 들판에서 7일 동안 노숙하게 된 것을 계기로 그 들판을 조오오걜탕(Jo bo ḥo brgyal thaṅ, 釋迦不動佛辛苦原)이라 부르는 풍습이 생겼다"라고 함과 같다.

228) 보리도차제광론(菩提道次第廣論)에서, "대유가사(大瑜伽師)가 아띠쌰 존자에게 문수보살님 존상 하나를 어떤가 보시라고 올린 뒤 묻기를, '이것이 잘 된 건지? 못 된 건지? 어떠한지요? 잘 된 거면, 롱빠·가르게와(Roṅ pa mGar dge ba)가 보시한 금전(金錢) 4개를 주고 구입하겠습니다'고 여쭈자, 존자께서 말씀하시길, '성문수사리의 몸에는 좋지 않음이 없을지라도, 장인은 중품이다'라고 말한 뒤, 머리 위에 올리셨다. 조성된 모든 존상들에 대해서 또한 그와 같이 하셨다고 전해진다"고 함과 같다.

229) 둘와룽남제(ḥDul ba luṅ rnam ḥbyed, 律分別)는 달리 광계경(廣戒經)이라고도 부르며, 불교의 4가지 율전(律典) 가운데 하나이다. 이 경전의 내용은 비구와 비구니의 별해탈계의 제정의 유래와 학처(學處)의 이익과 타죄(墮罪) 등에 대한 설명으로 구성되어 있다.

230) 마꼬라(Makora, 水獸)는 마까라(Makaraḥ)라고 하며, 음역하여 마갈(摩羯) 또는 마가라(摩伽羅)라 한다. 티베트어로는 추씬(Chu srin, 水獸)이니, 거대한 수중생물로 십이궁(十二宮)의 하나이다. 응왼죄쿵쬔갸초(藏語辭藻辭源)에서, "이 추씬(水獸)이 물고기 등을 음식으로 잡아먹음으로써 수중의 나찰이라 부르니, '분음점(分音點)을 사이를 줄임으로써 추씬'이라 한다. 범어로 꿈비라(Kumbhīraḥ)와 나끄라(Nakraḥ)라 부른다"고 하였다. 또한 곰데칙죄첸모(貢德大辭典)에서, "추씬(Chu srin, 摩羯)은 송곳니와 발톱이 날카로운 동물로 수중에 사는 생명체이다. 글뜻은 포악하고 두려운 측면에서 마갈이라 이름 한다"고 하였다.

231) 둘와룽탠첵(ḥDul ba luṅ phran tshegs, 毘奈耶雜事)은 사분율(四分律) 가운데 하나로 계율에 관한 여러 가지 잡다한 사건들을 다루는 경전이다.

232) 불탑에 금령(金鈴)을 공양해서 얻는 10가지 공덕을 유가사지론(瑜伽師地論)에서, "①미려한몸을 얻는다. ②[듣는 이로 하여금 진실로 즐거움을 주는 목소리인] 화호성(和好聲)을 얻는다. ③[듣는 이의 마음을 희열케 하는] 열의성(悅意聲)을 얻는다. ④가릉빈가처럼 아름다운 목소리를 얻는다. ⑤언사를 기억하게 하는 목소리를 얻는다. ⑥듣는 이를 크게 환희케 하는 목소리를 얻는다. ⑦전적으로 환희케 하는 광대한 목소리를 얻는다. ⑧재물의 수용이 광대함을 얻는다. ⑨선취(善趣)에 태어남을 얻는다. ⑩신속하게 열반을 얻는다"라고 하였다.

233) 보리도차제광론(菩提道次第廣論)에서, "선지식 싸라와(Śa ra ba)께

서, '우리들은 법을 가지고 놀이를 하고 있다. 법과 법을 설하는 법사를 공경하지 않으니, 이것은 지혜가 무너지는 원인이다. 어리석음은 이제 이것으로 충분하니, 더 이상 어리석음의 원인을 쌓지를 말라. 지금보다 더 어리석으면 무엇을 할 수 있겠는가?'라고 설하였다"라고 하였다.

234) 헌신(獻新)은 음식을 들기 전에 우선 소량을 허공에 던져서 불보살님과 신중들께 먼저 공양하는 것을 말한다.

235) 나태(懶怠)는 티베트어 놈래(sÑom las)의 옮김이다. 나태는 해태(懈怠)의 한 종류로서 편안함에 집착해서 정근하지 않은 것을 말한다.

236) 해태(懈怠)는 티베트어 렐로(Le lo)의 옮김이니, 여기에는 사도(邪道)에 빠져서 선업에 흥취가 없는 것과 편안함에 빠져서 선업에 흥취가 없는 두 가지가 있다. 또한 해태는 20가지 수번뇌(隨煩惱)의 하나이니, 세간의 악행에 탐착해서, 선품(善品)의 법을 닦는 것을 좋아하지 않고 게으름을 피우는 것을 말한다.

237) 이양공양(利養恭養)은 니꾸르(rÑed bkur)의 옮김이니, 이양공경(利養恭敬)으로도 옮긴다. 곰데칙죄첸모(貢德大辭典)에서, "니꾸르(rÑed bkur)는 니빠(rÑed pa, 獲得)와 꾸르띠(bKur sti, 恭敬)의 합해서 부르는 말이니, 니빠(獲得)는 일상에 쓰는 생활품을, 꾸르띠(恭敬)는 몸과 말로써 높이 받들거나 또는 시봉함이다. 그 또한 의복 등의 생활품들을 올림과 공손하게 말하고 예배하는 등에 의해서 높이 받들어 모심이다. 쫑카빠 대사의 보리도차제광론(菩提道次第廣論)에서, '니빠(rÑed pa, 獲得)와 꾸르띠(bKur sti, 恭敬)의 공양은 의복과 음식물과 침구와 깔개와 치료약과 생활용품과 소향(燒香)과 가루 향과 도향(塗香)과 화만(花鬘)과 음악과 등불 등의 갖가지를 올림과 공경하게 말하고, 예배하고, 기립함과 합장하고, 갖가지로 찬탄하고, 오체투지로 절하고, 오른쪽

으로 세 번 돌음과'라고 설하였다"고 하였다. 또한 같은 책에서, "니빠(rÑed pa, 獲得). ②(名詞). 일상에 쓰는 재물의 올림. 스승과 승가 등의 뛰어난 대상에 기쁜 마음으로 올리는 물질적 재물과 재화와 일용품 등을 얻음을 일컫는 이름이다. 비나야잡사품주(毘奈耶雜事品注)에서, '니빠(rÑed pa, 獲得)는 재물을 얻음이다. 꾸르띠(bKur sti, 恭敬)는 공경함이다'라고 설함과 같다"고 하였다.

238) 이것은 예를 들면, 문수보살님께서 발심과 성불의 과정을 설하고 있는 문수사리불국토장엄경(文殊師利佛國土莊嚴經)에는 문수보살님이 허공왕이라 부르는 전륜성왕으로 계실 때 부처님과 승가에 광대한 공양을 올린 뒤 보리심을 발하는 이야기가 나오니, "과거 지나간 아득한 시절 70만 아승지(阿僧祇)의 갠지스 강의 모래알처럼 많은 무수한 겁(劫)도 더 지난 과거세에 한 부처님이 세상에 출현하시니, 그 명호를 뇌음왕불(雷音王佛)이라 불렀으며, 여기서 동방으로 72나유타를 지나 무생(無生)이란 세계에서 법을 설하셨다. 그때 허공왕(虛空王)이라 부르는 한 전륜성왕이 있어서 무량한 세월동안 그 부처님과 대중들에게 공양을 올리고 무변한 공덕을 쌓은 뒤, 뇌음왕불의 면전에서 다음과 같이 기원하길, '당신의 면전에서 묘법을 청하옵니다. 성스러운 대장부로 태어나는 것은, 온갖 종류의 최승에 의한 것이오니, 세간의 도사께서는 제게 말씀해 주소서! 세간의 도사이신 당신에게 실제로, 광대한 공양을 올리고 올림에도 불구하고, 아직 일정하지 못한 마음으로 행함으로써, 어디에 또한 회향조차 하지 못하였습니다. 어느 때 제가 홀로 고요한 곳에 머무를 때, 문득 이와 같은 마음이 일어났습니다. 내가 이제 광대한 복덕을 지었으니, 어떻게 그것을 온전히 회향해야 하는가? 범천으로 회향해야 하는가? 또는 제석천으로 회향해야 하는가? 사대주(四大洲)의 자재한 전륜성왕을 얻기 위해서 회향해야 하는가? 아니면 성문의 몸을 얻기 위해서, 연각의 몸을 얻기 위해서 회향해야 하는가? 하고 생각하였습니다. 그와 같이 마음을 일으키자마자, 하늘의 천신들이 소리 내어 말하였습니다. 하열한

마음으로 그 복덕들을 헛되게 낭비하지 말라. 일체의 유정들의 이익을 위하여, 광대한 서원을 세우도록 하라. 보리심을 크게 발하고, 모든 세간의 이익을 또한 행하도록 하라. 그러므로 법에 자재한 지존이신 정등각세존께 제가 간청하옵니다. 능인(能仁)이시여, 어떻게 발심을 하면 원만보리가 일어나며, 그 지혜는 어떻게 얻사옵니까? 그 뜻을 저에게 설하여 주소서! 보리심을 발하옵고, 세존인 당신과 같기를 저는 원하옵니다'라고 아뢰었다"고 하였다.

239) 웅황(雄黃)을 바른 물품은 왈래죽빠(Ba blas byug pa)의 옮김이니, 웅황은 석웅황(石雄黃)이라 부르며, 천연으로 나는 비소 화합물로 빛은 등황색 또는 황색이며, 염료·화약에 쓰인다.

240) 버터용액으로 씻은 것은 마르퀴튀빠(Mar khus ḥkhrud pa)의 옮김이다.

241) 안식향(安息香)의 연기를 쏘인 것은 구굴기둑빠(Gu gul gyis bdug pa)의 옮김이며, 구굴(Gu gul)은 범어 국굴루(Guggulu)의 와전이며, 글뜻은 작복귀(作伏鬼)의 뜻으로 항마예식에 쓰이는 물품이다.

242) 아르까(Arka, 白花)의 꽃은 가시가 있는 흰 꽃의 종류이니, 곰데칙죄첸모(貢德大辭典)에서, "아르까(Arka, 白花)는 따왜메똑(sPra baḥi me tog, 白艾花)과 체르매메똑(Tsher maḥi me tog, 荊刺花)과 타르뉘메똑(Thar nuḥi me tog, 澤漆花)과 같은 뜻이다. 람림마르챈(Lam rim mar mtshan, 菩提道次第廣論旁註)에서, '가시의 종류와 독성(毒性)이 있는 꽃'이라고 하였다. 또한 '의학서적들에서 짬빠(lCam pa) 꽃의 수컷 종류를 할로(Ha lo) 꽃으로, 암컷 종류를 갸짬(rGya rcam)이라고 하고, 중성의 종류를 아르까(Arka)와 아르자까(Arjaka)라 말한다'고 양짼·가외로되(dByaṅs can dGaḥ baḥi blo gros)의 람림다똘(Lam rim rda bkrol, 菩提道次第廣論古語釋)에서 설하였다"고 하였다.

243) 정수공양(正修供養, sGrub paḥi mchod pa)은 불법을 닦아서 증득한 선한 자량(資糧)들을 올리는 공양으로 가장 수승한 공양이 된다.

244) 사무량(四無量)은 또한 사범처(四梵處)라고도 하며, 대승보살이 무량한 유정들을 소연으로 삼아 무량한 복덕을 닦고 쌓는 네 가지 마음을 말한다. ①자무량(慈無量)은 모든 유정들이 영원히 안락과 안락의 원인을 지니길 바라는 것이며, ②비무량(悲無量)은 영원히 고통과 고통의 원인을 여위길 바람이며, ③희무량(喜無量)은 고통이 없는 안락을 영원히 여의지 않기를 바람이며, ④사무량(捨無量)은 중생에 대하여 친소를 가리는 마음을 여의고 평등함에 머무는 마음이다.

245) 사법인(四法印)은 정견을 통해서 불법을 증득함을 인(印)을 친 것으로 제행무상(諸行無常)과 유루개고(有漏皆苦)와 제법무아(諸法無我)와 열반적정(涅槃寂靜)의 넷이다.

246) 사섭법(四攝法)은 대승보살이 중생을 섭수하는 4가지 방법이니, ①보시섭(布施攝)은 재물과 법을 베풀어서 교화하는 것이며, ②애어섭(愛語攝)은 좋은 말로 위로해서 교화하는 것이며, ③이행섭(利行攝)은 중생의 심원에 수순해서 유익한 일을 행하는 것이며, ④동사섭(同事攝)은 중생의 바람에 수순해서 함께 그 원하는 바를 행해서 이익을 주는 것이다.

247) 또한 삼보님께 작은 공양일지라도 또한 무량한 복덕이 발생하는 것은 비유하면, 보리도차제약론(菩提道次第略論)에서, "예를 들면, 아주 비옥한 밭에 씨를 뿌려야 할 때 뿌리지 않고 묵혀두면 그와 같이 심을 수 없는 것처럼, 금생과 후생의 모든 안락과 묘선(妙善)이 생기는 이 훌륭한 밭에는 사계절 내내 끊임이 없이 묘선(妙善)의 씨앗을 뿌림이 가능함으로써, 또한 '믿음의 쟁기로 공덕의 밭을 갈게 하소서!'라고 경에서 설한 대로, 행하지 않는다면 가장 큰 손실인 것이다. 최상의 밭을 평범한 밭으로도 보

지 않는 이것은 우리들에게 유익하지 않기 때문에 항상 삼보님께 부지런히 공양해야 한다. 그와 같이 하면 훌륭한 밭에 선근을 심는 힘으로 말미암아 도차제(道次第)들에 대한 마음의 힘이 점점 더 커지기 때문에, [현재] 들어도 글귀를 기억하지 못하고, 사유하여도 의미를 이해하지 못하고, 수습하여도 [증험(證驗)이] 마음에 생기지 않는, 지혜의 힘이 아주 작은 때에는 [삼보의 공덕의] 밭의 힘에 의지하는 것이 비결인 것이다"라고 하였다.

또한 여기서의 '안락과 묘선(妙善)'은 델렉(bDe legs)의 옮김이니, 이 델렉(bDe legs)은 금생의 일시적인 부귀행복 등의 안락과 후생의 구경의 묘선(妙善)인 해탈 등을 합해서 부르는 말이니, 쎄르기담뷔밍칙챈델노뷔도쌜(雪域名著名詞精典注釋)에서, "델렉쑤규르찍(bDe legs su gyur cig)은 '임시적 안락인 증상생(增上生: 善趣의 安樂)과 구경의 묘선(妙善)인 해탈을 얻게 하소서!'라고 함이며, 또한 시뒤빠(gShi bsdus pa, 攝事)에서, '선취(善趣)로 나아감으로써 선(善)이며, 성자들이 찬양함으로써 묘(妙)이다'라고 함과 같이 해석함도 또한 가능하다"고 하였다.

248) 뵌교(Bon)는 티베트의 토착종교이니, "티베트의 토착종교인 뵌교(Bon)는 일반적으로 뵌교의 개조로 알려진 쎈랍·미오체(gŚen rab Mi bo che)가 탄생하는 1세기 이전부터 티베트 서부의 샹슝을 중심으로 발달하였던 무속신앙의 한 형태였다. 그 후 쌘랍 미오체가 개혁을 단행하여 동물희생제를 금지하는 등 하나의 종교 형태를 갖추게 된다. 이 종파를 융둥뵌(gYuṅ druṅ bon, 卍笨)이라고도 하고, 뵌까르뽀(Bon dkar po, 白笨)라고도 부른다. 이와는 달리 인도의 자재천파(自在天派)의 학설을 받아들여서, 동물의 희생제와 순장제(殉葬祭)를 행하는 일파를 캬르뵌(ḥKhyar bon, 黑笨)이라고 부르며, 또 후세에 불경을 모방해서 그들의 경전을 만들어 신앙하는 일파를 규르뵌(bsGyur bon, 改革笨)이라고 해서 크게 세 파로 나누어졌다. 이와 같이 뵌교는 티베트 왕조를 개창한 첫 왕인 냐티짼뽀(gÑaḥ khri btsan po, B.C.117~?)가, 당

시의 열두 부족장들과 뵌교의 옹립으로 개국한 이래, 제33대 쏭짼감뽀 왕이 출현해서 불교를 받아들일 때까지의 약 700년 동안 국가의 종교가 되어 왔던 것이다"라고 까말라씰라의 수습차제 연구(중암 지음, 불교시대사)

249) 귀의의 이익에 대하여 본서에서는 세밀하게 구분해서 설하고 있으나, 일반적으로 8가지의 귀의의 이익을 설한다. 감뽀빠(sGam po pa) 존자의 람림타르갠(解脫道莊嚴論)에서, "귀의의 이익에는 8가지가 있다. ①내도(內道)에 들어옴과 ②모든 계율들이 의지하는 소의(所依)가 됨과 ③과거에 지은 죄악들 모두가 소멸하게 됨과 ④인간과 비인간들의 장애가 침해하지 못함과 ⑤소망하는 모든 것들을 이룸과 ⑥재물의 대복덕을 지님과 ⑦악도에 떨어지지 않음과 ⑧신속하게 정등각을 얻음이다"고 설하였다.

250) 본서와는 달리 섭결택분(攝決擇分)에 설해진 '사람의 소득' 넷 가운데 네 번째는 '수승한 반야를 얻음' 대신에 '청정함을 얻음'으로 나오고, 보리도차제광론(菩提道次第廣論)에서도 같다.

251) 이숙(異熟)은 업의 익음을 뜻하니, 선악의 업인(業因)에 상응하되 결과가 원인의 성질과 같지 않는 다른 모양으로 나타남으로써 이숙이라 한다.

252) 댄빠촘(Dran paḥi tshom, 憶念教言集要)은 아사리 법구(法救)의 법집요송경(法集要頌經, Ched du brjod paḥi tshom)의 제15품의 품명(品名)이다.

253) 아사리 쁘라즈냐와르마(Prajñavarma, 般若鎧)의 법집요송경주해(法集要頌經註解, Ched du brjod paḥi tshoms shes bya baḥi rnam par ḥgrel pa) [또는 우다나품주해(優陀那品註解)]에서, "부처님 등을 수념(隨念)하는 이익을 열어 보이기 위해서, '어떤 사람이 밤낮으

로 [세 번씩]'이라는 등을 말하였다. 베라다나 지역의 한 사부가 부처님의 소리를 들은 뒤 삼보께 귀의하였다. 다른 사람들은 부처님을 수념함을 수습하였다. 다른 사람들은 불법을 수념하였다. 다른 사람들은 승가를 수념하였다. 그뒤 비사문천왕(毘沙門天王)이 그 사람들에게 믿음을 일으키고, 재물을 보시하였다. 그 사람들 역시 매우 오랫동안 안락을 누리고, 출가한 뒤 아라한의 과위를 얻음으로 말미암아, 이것을 계기로 해서 부처님께서 [삼보를 수념하는] 3가지 게송을 설하게 된 유래이다. 다른 사람들은 한 천신이 왕사성의 돼지의 자궁에 태어난 그것을 근거로 말한 것이라고 하였다. 여기서의 '얻음'은 실제로 원하는 수승한 것을 얻음을 말한다. 그것은 네 가지이니, 복덕과 광대하고 수승한 기쁨과 수승한 선정과 청정한 본성이다. '복덕을 얻음'은 저 세상에서 나에게 이익을 주는 것이니, 권속들의 원만함이 생기는 것이다.'광대하고 수승한 기쁨과 수승한 선정'의 둘은 [현생에서 보게 되는] 현법(現法)에서 안락하게 안주하는 원만함이다. '청정함을 얻음'으로써 모든 고통들이 영원히 소진함이다. '그 사람들의'는 그 유정들이다. (중략) '어떤 사람들'이라 함은 어떤 사람들이다. '부처님'은 불세존이시다. 사물을 남김없이 깨달음으로써 부처님이다. '귀의하면'이라고 함은 온전히 구호해 줌에 의거하면, '그 사람들의 얻음인 것이다'에 결부한다. 어떤 이의 마음에 네 가지 것을 지니는 그가 부처님이니, 일체종과 세간과 출세간을 정등각함과 은닉된 수면의 습기를 더불어 끊음과 일체에게 동등하게 이익을 행함이다. 그 네 가지 원인에 의해서 귀의함이 결정적이니, '어떤 사람이'라고 함은 유정이다. 밤낮은 주간과 야간이다. '항상'이라 함은 단절됨이 없거나 또는 나아가 살아있을 때까지 부처님을 수념(隨念)함이 있는 거기에 '그들의 얻음인 것'이지, 단지 귀의만으로는 얻지 못하는 것이다. '부처님을 수념(隨念)'함은 부처님을 소연하는 억념인 것이다. 그 또한 네 가지이니, 선품(善品)에 정근함과 부처님에게 공양을 행함과 그를 수념함과 이익을 베푸는 것을 억념함이다. 이와 같이 수행하는 이것에 일곱 가지의 공덕을 기대함이니, 태어남을 기억함과 강력한 믿음을 지님과 하품의 법을 좋아하지 않음과 타인에게 해악을 끼침이 있지 않음과 타인으로부터 해침을 당하지 않음과 악작(惡作)을 후회함이 없이 임종함과 선취에 태어남이 그것이다"고 설하였다.

254) 여기서의 '사람의 얻음'은 법집요송경주해(法集要頌經註解)에서 "복덕과 광대하고 수승한 기쁨과 수승한 선정과 청정한 본성"의 4가지이다.

255) 본서에서의 '사람의 얻음'은 곧 "광대한 복덕을 얻음과 기쁨과 큰 안락을 얻음과 수승한 선정을 얻음과 수승한 반야를 얻음"의 4가지를 말한다.

256) 이것은 섭결택분(攝決擇分)에서 설한 것과 조금 다르니 원문에 의하면, "①크게 수호를 받는다. ②삿되게 신해한 모든 장애들이 감소하고, 온전히 소멸하고, 완전히 진멸함을 얻는다. ③총예(聰叡)와 정행(正行)에 바르게 들어간 참된 사부(士夫)들의 대열 안에 든 것으로 계산한다. ④도사(導師)와 범행(梵行)을 동등하게 행하는 자들과 교법을 진실로 신앙하는 선신들이 기뻐하고 즐거워한다"고 하였다.

257) 문수진실명경(文殊眞實名經)에서 제불보살님과 천신들이 수호하는 모양을 설하길, "존명(尊名)의 의미가 다른 하나하나들에 의해서도 또한 문수지혜살타의 지신(智身)을 현전에 성취하니, 일념으로 수습하고, 온전히 승해(勝解)하고, 진성(眞性)을 작의(作意)하는 이것들에 의해서 전적으로 [밀주(密呪)의] 문의 [법행(法行)에] 머무름이 자리 잡고, 일체법을 낱낱이 깨달으며, 최승이 되고, 더러움이 없으며, 반야로써 관통하고, 믿음으로써 바르게 건너가는 그들에게, 모든 불보살님들께서 삼시에 무시로 회집하시니, 바르게 내림하고 바르게 강림하신 뒤, 모든 법의 문(門)을 열어 보이시며, 자기의 본신(本身)을 친히 보여주시며, 모든

불보살님들의 가피로써 몸·말·뜻의 상속을 또한 바르게 가지하시며, 모든 불보살님들의 섭수로써 또한 거두어 주시며, 일체법에 두려움이 없는 무외변재(無畏辯才)를 또한 얻게 하시며, 모든 아라한과 성문·연각들 또한 성법(聖法)을 애중히 여기는 마음으로 자기의 본신을 친히 보여주시며, 조복하기 어려운 자들을 조복하시는 대분노왕(大忿怒王)과 대집금강(大執金剛) 등의 유정의 구호자들 또한 [내림하여] 갖가지 변화신(變化身)의 형상들로써 몸의 광채와 기력과 위광이 진압 당하지 않게 하시고, 밀주(密呪)와 대인(大印)과 현증(現證)과 만다라들을 열어 보이시며, 모든 밀주와 명주(明呪)의 왕들 또한 남김없이 내림하고, 사귀와 비나야까(引邪路)와 마라와 원적과 구축(驅逐)과 대무능승(無能勝)들 또한 밤낮으로 매 순간마다 모든 행위들과 [행주좌와의 모든] 위의들 가운데서 수호하고, 보호하며, 숨겨주고, 또한 범천과 제석천과 근제석천(近帝釋天)과 용무(勇武)와 무애자(無愛子, 那羅延天)와 편산동자(遍散童子)와 대자재천(大自在天)과 육면동자(六面童子)와 대흑천(大黑天)과 극희자재(極喜自在)와 염마왕(閻魔王)과 수천(水天)과 비사문천(毘沙門天)과 나찰녀와 시방의 세간 수호신들을 비롯한 그들 모두 또한 항상 끊임없이 밤낮으로 가거나 머물거나 눕거나 앉거나, 잠에 들고 깨어나거나, 선정에 들거나, 선정에 들어가지 않거나, 홀로 머물거나, 군중 속에 들어가거나, 나아가 마을과 읍과 촌락과 도성에 가고 오고 머물고 앉고 자고, 교외와 왕궁에 머물거나, 문루와 문방과 대로와 소로와 십자로와 삼거리와 촌락의 사이와 상점에 머물거나, 내지는 빈마을과 산과 황야와 하천 주변과 시림과 밀림에 들어가거나, 더럽거나, 더럽지 않거나, 취하거나, 크게 취하거나 항상 어느 때나 일체의 모든 곳에서 크게 수호하고, 보호하고, 위호하며, 낮과 밤의 일체에 안락하게 한다"라고 설하였다.

258) 그 이유를 람림첸모챈시닥(菩提道次第廣論四家合註)에서 설명하되, "천신들이 어째서 기뻐하는가? 하면, [어떤 지역에서 살았던 사람] 어떤 이가 말하길, '[과거에] 우리들이 귀의심 그것을 지

님으로써, [전생의 지역] 그곳에서 사멸한 뒤 [천상의] 이 하늘에 태어난 귀의심 [그와 같은 것을] 지니고, 그곳에서 많은 횟수에 걸쳐 살고 있는 [어떤 사람] 그가 [그곳에서 사멸한 뒤 우리가 살고 있는 이 하늘에 태어나서] 우리들의 벗이 되게 된다'라고 생각한 뒤, 마음으로 기뻐하고, 무문자설(無問自說: 묻지 않아도 어떠한 뜻을 설파하기 위해서 스스로 말함)로서 칭찬하여 말함이다"라고 하였다.

259) '삼보를 신앙'함은, 보리도차제광론(菩提道次第廣論)에서, "조오제 아띠쌰 존자와 아사리 쌴띠빠(Śantipa, 寂靜)께서는 귀의로서 [불도에 입문하는 척도로] 삼는다고 알려짐으로써, 귀의를 한 뒤에는 버리지 않도록 하라"고 설함과 같다.

260) '과거에 쌓은 죄장들이 정화됨'이란, 예를 들면, 문수진실명경(文殊眞實名經)에서, "장애를 맑히고 죄업을 멸하는 이것을, 나 세존으로부터 듣고자 크게 애씀은, 실로 훌륭하도다! 길상한 집금강이여, 그대 금강수여, 진실로 훌륭하도다!(제21송)"라고 하였으며, 또한 구루 빠드마쌈바와(蓮花生)는 이 뜻을 해설하되, "성문수의 의미를 작의사유(作意思惟)하고, 낭송함으로써 깨끗하게 맑힘은, 4가지 장애를 맑힘이며, 죄업을 멸함은, 오무간(五無間)의 죄업을 또한 멸함이니, 모든 장애들을 청정하게 한다. 또한 찌띠요가의 경전에 의하면, 맑히는 것은 청정의 뜻이며, 죄업을 멸함은 의도(意圖)로 건립한 법은 죄업이니, 그것을 멸하는 것은 무사절려(無事絶慮)의 법이다"라고 설함과 같다.

261) 람림첸모챈시닥(菩提道次第廣論四家合註)에서, "돼지의 고사(故事)에서, '도리천(忉利天)의 한 천인이 자기 몸을 장엄한 꽃장식물이 시드는 등의 죽음의 전조가 나타나고, 죽은 뒤에는 왕사성에 돼지머리를 한 식육귀(食肉鬼)의 자궁에 태어나는 것을 신통으로 안 뒤, 「아, 슬프도다. 삼십삼천(三十三天)의 천인이여!」'라고 하며 절규하면서 고통을 견디지 못하고 있었다. 제석천이 그것

을 본 뒤 그 이유를 묻자, 앞서의 일을 말하였다. 제석천이 큰 연민의 마음을 일으킨 뒤 어떤 방법도 없으니 삼보님께 귀의하도록 하라고 말하자, 그 천인이 그 말대로 한 뒤 죽어서 도솔천에 태어났다. 제석천이 그 천인이 어디에 태어났는지를 살펴보자, 도리천 이하의 세계에는 태어난 것을 보지 못하였고, 도리천 이상의 하늘은 알 수 없는 도리인 까닭에 부처님께 그가 어디에 태어났는지를 여쭙자, 도솔천에 태어났다고 말씀하자, 제석천이 크게 놀라워 한 뒤, '어떤 사람이 부처님께 귀의하면' 이라는 이 게송을 설하였다"고 하였다.

262) 이 게송들은 법집요송경(法集要頌經)의 제27품 통왜촘(mThoṅ baḥi tshoms, 見教言集要)에 나온다.

263) 람림첸모챈시닥(菩提道次第廣論四家合註)에서, "삼보와 계율이 근본이 되는 팔정도가 귀의처인 것이지, 전도된 귀의처에 의지하는 것들은 귀의가 아님을 열어 보임이니, 부처님께서 대신변(大神變)을 나투실 때 일부의 외도는 산에 의지하였고, 다른 이들은 수림과 원림과 신전(神殿)과 나무들에 의지함을 보신 뒤 설하신 것이 이 게송들이니"라고 함과 같이, 산신과 목신(木神) 등을 비롯한 세속의 신들에 의지해서는 해탈하지 못함을 뜻한다.

264) 아사리 쁘라즈냐와르마(般若鎧)의 법집요송경주해(法集要頌經註解)[또는 우다나품주해(優陀那品註解)]에서, "성도(聖道)의 뿌리로 사다리가 되는 계율을 얻음은 귀의에 의해서 되는 것이지, 단지 의지하는 것은 귀의가 아님을 설해 보이기 위해서, '두려움에 떠는' 등의 다섯 게송을 설하였다. 부처님께서 대신변(大神變)을 나투어서 승리하시니, [음력 1월 15일 신변절(神變節)은 이들 육사외도들과 벌린 신통경쟁에서 승리한 것을 기념하기 위해서 제정된 기념일로서 사위성법회(舍衛城法會)라 부른다. 이 법회는 병진년(丙辰年) 정월 1일부터 15일까지 석가세존께서 쓰라와쓰띠(Srāvastī, 舍衛城)의 쁘라쎄나짓(Prasenajit, 勝軍王) 왕 앞에서 공

개적으로 행하신 것으로], '일부의 외도는 산에 의지하였다. 다른 외도들은 수림과 원림과 신전과 수목들에 의지하는 것을 보시고서 이 게송들을 설하였다. 다른 외도들은 죄업을 씻게 한다고 생각한 뒤, 모래더미에 있는 메진(Me sbyin, 火施)이라 부르는 것을 사위성의 쁘라쎄나짓(勝軍王) 왕 앞에서 낭송하는 악업자에 의거해서 이 게송들을 설하였다'고 말한다. '대부분이'라고 함은, 다수를 말한다. '귀의한다'고 함은, 죄업을 파괴하기 위해서 의지하고 취함이다. '산'은 설산 등의 산이다. 산과 비슷한 모래더미와 동굴 등을 포함함으로써 '과'인 것이다. '수림'은 수풀 등의 밀림이다. '과'라고 함은, 수림이 되어버린 지역과 연못 등이다. '원림(園林)'은 마을과 가까운 숲 등과 또는 신전(神殿) 또는 탑과 수림을 말한다. '과'는 포함하는 의미이다. 여기서 탑은 신전 등이니, 벽돌 등으로 건립하였기 때문이다. 수목(樹木)은 나무의 모양이며, 장소를 장엄함이다. '어떤 이가 귀의하는가 하면, 두려움에 떠는 사람들이'라고 말함이니, 멸시와 불손함 등에 의해서 두려워하는 외도 등이다. '산 따위가 귀의처가 된다'고 하는 분별을 없애기 위해서, '그 귀의처는 핵심이 못 되고'라는 등을 열어 보임이다. 바위 따위들을 고통에서 구호하는 의지처로 주장하는 그것은 핵심이 못 됨이니, 그러므로 단지 의지하는 것으로는 능히 구호하지 못하기 때문이다. '그 귀의처는 최상이 못 되니'라고 함은, 귀의하는 그 또한 뛰어나거나 최상이 못 되는 것이니, 그것에 의지하는 것으로는 윤회를 온전히 끊지 못하기 때문이다. 왜 그런가 하면, '단지 붙잡는 것만으로는 최상의 귀의가 되는 것이 아니다'라고 열어 보임이다. '그 귀의처에 비록 의지할지라도, 모든 고통에서 벗어나지 못한다'라고 함은, '악도의 고통 또는 윤회의 고통으로부터'라고 하는 뜻이다"라고 하였다.

265) 위의 같은 책에서, "승의(勝義)의 귀의처를 열어 보이기 위해서, '어느 때 어떤 이가'라는 등을 설함이자, 또한 어떤 유정이 삼보님께 의지하는 그것은 귀의인 것이다. '부처님'은 일체지자의

갈래임으로 18불공법(不共法) 등의 공덕의 무더기이다. '법(法)'은 제일의의 법이기 때문임과 열반의 구경과(究竟果)의 자체임으로 모든 소망의 최상이기 때문이다. '승가'는 성문의 심속(心續)에 존재하는 성도(聖道)와 붓다와 연각과 성문의 도(道)의 집합이다. '자기의 의향(意向)을 따라서 [삼보 가운데] 어떤 하나에 귀의하는 것이 아니다. [그것은 삼보를 버리는 것이기 때문이다.]'라는 것을 성립시키기 위해서 '과'라는 말을 세 번을 설했으니, 그들 또한 서로간의 차별이기 때문이다. 단지 귀의하는 것으로는 악도에서 돌아 나옴이 아니니, [삼보의 진실을] 또한 알고 난 뒤 믿음을 얻기 때문이다. 그 또한 진제(眞諦: 眞理)를 봄으로써 그렇게 [돌아 나옴이] 되는 것이니, '사성제(四聖諦)의 진리들을'이라고 하는 그것을 보지 못함을 깨닫는 것이다. '반야(般若)로써'라고 함은, '어느 때 무루(無漏)의 반야를 얻는 그 때 귀의가 원만해 짐인 것이다'라고 하는 나머지 말들인 것이다. 진리를 본 것들은 바르게 열어 보이기 위해서, '고통'이라는 등을 설함이니, 어느 때 '반야로써 보게 하는'이라고 함은, 여기에 뒤따르는 후구(後句)인 것이다. '팔정도(八正道)'라고 함은, 그것에 여덟 지분이 있고 그 지분이 모여진 것이니, 지분과 부분은 여섯 지분의 나머지와 같음이다. 그와 같은 도(道)를 반야로써 봄이 어떤 것인가? 하면, '안락(安樂)과'라고 함이니, '무너짐은 윤회의 별명이기 때문이며, 성도(聖道)는 윤회의 과보가 아니다'라는 말인 것이니, 그렇지만 그것은 이계과(離繫果)는 아닌 것이다. 그것을 열어 보이기 위해서, '열반으로 나아가고'라고 함을 말함이니, '열반으로 나아가게 함과 열반을 얻게 함이다'라는 뜻이다. ['그 귀의처가 〈귀의의〉 핵심이자'의] '그'라고 함은, 이것이니, 앞에서 열어 보인 승인한 그것들의 자체는 속제의 귀의처이니, 도(道)를 실증하기 위해서임과 원인이기 때문임과 알고 난 뒤 믿음을 얻음으로써 생기한 제일의는 견고불변하기 때문이다. 그것이 핵심이자 최승의 귀의처인 것이니, 이것에 의지함으로써 모든 고통을 멸하기 때문이다"라고 하였다.

266) 람림첸모챈시닥(菩提道次第廣論四家合註)에서, "사자청문경(獅子請問經)에서, '[여기서 삼보를] 믿음에 의해서 한가(閑暇)가 없음을 끊어버린다. [승해신(勝解信)에 의해서 삼악도를 끊어버리고, 희구신(希求信)에 의해서 장수천(長壽天)에 태어남과 사견을 끊어버리고, 정신(淨信)에 의해서 나머지 3가지 무가(無暇)를 끊어버린다]' 고 설함과 같이, 수승한 한가(閑暇)를 얻고, 귀의처를 만난 뒤 수승한 도를 배우고, 그것에 의해서 오랜 시간 걸리지 않고 성불한다"고 하였다.

267) 승해(勝解)의 믿음은 줄여서 승해신(勝解信, Yid ches kyi dad pa)이니, 사신(四信) 가운데 하나로 업의 인과도리와 삼보의 공덕을 믿는 것을 승해신이라 한다.

268) 이 게송은 입보리행론(入菩提行論)의 정진품(精進品)의 원문과 비교해서, '선품(善品, dGe baḥi phyog ni)'을 '선법(善法, dGe baḥi chos rnam)들'로, '과보(果報)'를 '고통(苦痛)'으로 표기한 두 곳을 바로잡았다. 또한 이 게송의 의미에 대하여 갤쌔·톡메쌍뽀(無着賢)는, "일체의 선품(善品)들의 근본은 승해(勝解)인 것으로 무진의경(無盡意經)에서, '일체의 선품(善品)들의 근본은 승해(勝解)이다'라고 설함과 문수사리불국토장엄경(文殊師利佛國土莊嚴經)에서도, '모든 제법은 연(緣)이니, 희구의 근본에 안주하라'고 설하였다. (중략) '그 승해(勝解)를 어떻게 일으키는가? 하면, 그 승해(勝解)의 근본도 항상 언제나 선악의 이숙(異熟)의 결과를 낱낱이 경험하게 된다'라고 닦는 것이다"라고 그의 입보리행론주선설해(入菩提行論註善說海)에서 설하였다.

269) 네 가지 대치력(對治力)은 티베트 불교에서 효과적인 정죄수복(淨罪修福)을 위해서 닦는 4가지 방편의 힘을 말한다. 다시 말해, 염오력(厭惡力)은 과거의 악업에 대하여 후회하는 마음을 일으키는 것이며, 현행력(現行力)은 죄업을 정화하기 위해서 모든 선업을 닦는 것이며, 방호력(防護力)은 이후부터는 결코 죄업을 짓

지 않겠다고 서약하는 것이며, 소의력(所依力)은 귀의와 발심을 통해 선업과 해탈의 길로 나아가는 것을 말한다.

270) 람림첸모챈시닥(菩提道次第廣論四家合註)에서, "미륵이여, [라고 부른 뒤 자리(自利)의 구경인 위없는 보리를 소연(所緣)하는] 보살(菩薩) [이타(利他)의 구경을 소연하는] 마하살(摩訶薩)이 사법(四法)을 갖추게 되면, 죄업을 짓고 쌓은 것을 능히 진압하니, 그 사법이 무엇인가? 하면, 이와 같으니,"라고 하였다.

271) 염오대치력(厭惡對治力, rNam par sun ḥbyin paḥi stobs)은 불선의 악업을 극도로 혐오하는 힘에 의해서 물리치는 것이니, 람림첸모챈시닥(菩提道次第廣論四家合註)에서, "무시이래 불선의 업을 [과거에] 지었던 것을 허다하게 후회하는 것이니, 이것이 일어남에는 [불선의] 이숙(異熟) 등이니, 등류(等流)와 증상과(增上果)의 셋을 일으키는 도리를 모름지기 수습해야 한다. [염오대치력을] 실행할 때는 금광명경(金光明經)의 참회법과 [쫑카빠 대사가 편찬한 것 또한 있다.] 삼십오불참회법(三十五佛懺悔法)의 2가지를 통해서 행하도록 한다"고 하였다. 특히 35불참회는 삼온경(三蘊經)에 나오는 제불의 명호이자, 오늘날 티베트불교에서 밀교의 금강살타의 참회행법과 더불어 가장 널리 수행하는 참회행법이다.

272) 이숙과(異熟果)는 범어 비빠까팔람(Vipākaphalaṃ) [남빠르민빼대부(rNam par smin paḥi ḥbras bu)]의 옮김이니, 어떠한 유루(有漏)의 선과 불선의 이숙인(異熟因)으로부터 발생한 결과를 이숙과라 한다. 예를 들면, 유루의 근취온(近取蘊: 肉身)과 같은 것이니, 다시 말해, 보시를 행함으로써 부귀를 얻고, 절도를 행함으로써 빈궁하게 되고, 살생 등을 행함으로써 단명한 몸을 얻는 따위를 이숙과라 한다.
또한 이숙인(異熟因)은 범어 비빠까헤뚜(Vipākahetuḥ)[남빠르민빼규(rNam par smin paḥi rgyu)]의 옮김이니, 자과(自果)를 성숙시키는 유루(有漏)의 선악에 귀속되는 법들을 말한다. 다시 말해, 선업의 원인에 의해서 선취(善趣)에 태어나고, 불선업의 원인으로 악도에 태어나고, 좋고 나쁜 몸을 받는 것을 이숙인이라 한다. 여기서 이숙(異熟)이란 업의 익음을 뜻하니, 선악의 업인(業因)에 상응하되 결과가 원인의 성질과 같지 않는 다른 모양으로 나타남으로써 이숙이라 한다.

273) 등류과(等流果)는 범어 니샨다팔람(Niṣyandaphalaṃ) [규퇸빠대부(rGyu mthun paḥi ḥbras bu)]의 옮김이다. 자기의 원인과 성상(性相)이 동일하거나 동등하게 발생하는 결과가 등류과이니, 앞의 선(善)으로 말미암아 후선(後善)이 발생함과 같은 것으로 동류인(同類因)과 편행인(遍行因)의 두 가지의 결과이다. 다시 말해, 전생에 선행을 닦았으면 금생에도 역시 선행을 닦기를 원하고, 전생에 죄업을 닦았으면 금생에도 역시 악업을 닦기를 원하는 것이 등류과라 한다.

또한 동류인(同類因)은 범어 싸바가헤뚜(Sabhāgahetuḥ)[깰와냠빠규(sKal ba mñam paḥi rgyu)]의 옮김이니, 동류 또는 동분의 자기의 결과를 발생시키는 원인을 말하니, 보리에서 보리가 나고, 선한 마음을 일으키면 선한 심소(心所)가 또한 일어나고 증장시킴과 같은 것을 동류인이라 한다.

또한 편행인(遍行因)은 범어 싸르와뜨라가헤뚜(Sarvatragahetuḥ)[꾼뚜도왜규(Kun tu ḥgro baḥi rgyu)]이니, 삼계에 모두 통행되고 해탈을 장애하는 모든 번뇌의 염오법(染汚法)들을 일으키는 미세한 수면법(隨眠法)들을 말한다. 다시 말해, 욕계와 색계의 사선천(四禪天)과 무색계의 사정천(四定天)을 합한 아홉 세계에서 이전에 발생한 것이 뒤에 번뇌의 법들을 일으키는 것을 편행인이라 한다.

274) 증상과(增上果)는 범어 아디빠띠팔람(Adhipatiphalaṃ) [닥뾔대부(bDag poḥi ḥbras bu)]의 옮김이니, 자기 원인의 힘에 의해서 발생하는 결과가 증상과이다. 다시 말해, 악업을 지음으로써 악

취에 태어나고, 선업을 지음으로써 선취에 태어나는 주인(主因)인 능작인(能作因)으로 발생한 결과를 증상과라 한다. 예를 들면, 전생에 악업의 불선을 행함으로써 금생에 역시 악한 국토에 태어남과 선업을 지음으로써 좋은 국토에 태어나니, 좋고 나쁜 국토의 주인으로 태어남이 증상과이다.

또한 능작인(能作因)은 범어 까라나헤뚜(Kāraṇahetuḥ) [제빼규(Byed paḥi rgyu)]의 옮김이니, 자기의 결과를 산출하는 데에 장애를 일으키지 않고 도움을 주는 사물로 그 결과 이외의 모든 사물들을 말한다. 다시 말해, 어떠한 법이 발생하는 데에 장애와 방해를 일으키지 않는 것이니, 예를 들면, 새싹이 발생할 때 그것을 다른 것이 방해하지 않으면 그것을 장애하지 않음으로써 능작인이라 한다.

275) 현행대치력(現行對治力, gÑen po kun tu spyod paḥi stobs)은 과거에 지은 모든 악업을 참회하고, 지은 선업을 전심으로 지켜나가는 것을 말한다. 아울러 부처님과 불제자들에게 예배하고, 타인의 복덕을 함께 기뻐하며 일체의 선근을 보리에 회향하고, 보리심의 닦음을 발원하고, 거짓 없는 제법의 실상(實相)을 보호하여 지키는 것 등이 모두 현행대치력에 포함된다.

276) 계경(契經)은 음사하여 수다라(修多羅)이니, 범어 쑤뜨라(Sūtra)와 티베트어 도데(mDo sde)의 옮김이다. 다조르밤뽀니빠(brDa sbyor bam po gñis pa, 聲明要領二卷)에서, "붓다가 설한 것이자, 붓다가 허락하고 성문이 설한 것도 또한 무방하니, 의미를 개략적으로 열어 보이고 설함으로써 계경(契經)이라 한다. 다시 말해, 어떤 처소에서 어떤 사람을 위해서 설함으로써 장소와 계합하고, 속제(俗諦)와 진제(眞諦)의 특성을 설함으로써 성상(性相)과 계합하고, 온·계·처 등을 설함으로써 법과 계합하고, 심오한 의취를 설함으로써 의리(義理)에 계합하는 등의 4가지 계합을 설함으로써 계경이라 한다.

또한 곰데칙죄첸모(貢德大辭典)에서, "도데(mDo sde)의 말뜻은 주요부분을 거론하거나 또는 요약해서 열어 보임으로써 도(mDo)이며, 집성됨으로써 데(sDe)이다. 부뙨최중(Bu ston chos ḥbyuṅ, 布敦佛教史)을 근거로 말함이다. 많은 학자들이 도(mDo)와 도데(mDo sde)의 둘은 대어(對語)가 [동일해서] 별도로 있지 않다고 말하였다"고 하였다.

277) 람림첸모챈시닥(菩提道次第廣論四家合註)에서 "길상시(吉祥施)라 부르는 한 비구가 걸식을 나아가니, 용모가 출중하여 한 상인의 딸이 그를 연모하였다. 그녀와 함께 기거한 뒤 그 가장을 죽이고서 크게 후회를 하였다. 문수보살께서 그를 데려가서 부처님께 참회하게 하였다. 부처님께서 타죄(墮罪)를 범한 마음을 깨닫도록 하게 하였다. 그가 마음의 청정함을 봄으로써 타죄가 맑아지고, 무생법인(無生法忍)을 얻었다고 말함과 같다"고 하였다.

278) 인아(人我)의 집착은 줄여서 아집(我執)이라 하니, 본문의 '강싹닥진(Gaṅ zag bdag ḥdzin)'의 옮김이다. 티베트어 강싹(Gaṅ zag)은 범어 뿟갈라(Pudgalaḥ, 人)의 번역이며, 음역하여 보특가라(補特伽羅)라 한다. 또한 이 강싹(Gaṅ zag, 人) [뿟갈라(Pudgalaḥ)]은 넓은 의미로 모든 사람을 뜻하는 총칭이니, 람림잠뺄섈룽(Lam rim ḥjam pal shal luṅ, 道次第文殊口訣)에서, "강싹(Gaṅ zag, 人)이란, 육도의 중생과 삼승(三乘)의 성자 등의 사람들이다"라고 함과 같으며, 또한 강싹(Gaṅ zag, 人) [뿟갈라(Pudgalaḥ)]의 말뜻에 대하여 람림다뙬(Lam rim brda dkrol, 菩提道次第廣論古語釋)에서, "자기 심속(心續)에 번뇌가 가득하고 [Gaṅ ba], 윤회에 떨어짐 [Zag pa]으로써 강싹(Gaṅ zag)이라 한다"고 하였다.
여기서 인아(人我)의 집착 [아집(我執)]은 필경 무너짐의 본질인 오온(五蘊) 가운데 어떤 독립물(獨立物, Raṅ rkya thub paḥi rdzas)이 존재하고, 그것이 아(我)라고 집착하는 범부들의 구생아견(俱生我見)을 말한다. 이것은 오온 하나마다 자기가 있다고 하는 20가지 괴취견(壞聚見)과 동일한 것이다.

279) 백자진언(百字眞言)은 죄업과 타죄(墮罪)를 여법하게 참회하는 데에는 많은 방법들 가운데 가장 심오하고 강력한 행법으로 그 유래 가운데 하나는, "과거에 바라문 해라주만(海螺珠鬘)이라 부르는 아사리에게 선견왕자(善見王子)라는 제자가 있었다. 그가 시기하고 질투하는 마음에서 자기 스승에게 부당한 행위들을 자행하자, 그 스승 또한 크게 분노해서 그에게 저주를 퍼부었다. 그 악업으로 인해서 스승과 제자가 함께 지옥에 태어났다. 그 때 제불여래들이 모여서 상론한 끝에 길상하신 세존 금강살타께서 친히 지옥에 강림하셔서, 「일체퇴실환정왕지옥소멸교계(一切退失還淨王地獄掃滅教誡)」라는 법문을 열어 보인 뒤, 차례로 그들을 위드야다라(持明)의 경지로 인도하였다"는 사건에서 유래한다고 바르도둑기응왼도(六種中有前行)의 전행(前行)으로 깝제무뚤 린뽀체가 해설한 「응왼도랑귀종왜티(自相續淨化教導解脫光明論)」에서 설하였다.

280) 준제다라니주(準提陀羅尼呪)는 "옴 짤레 쭐레 쭌데 쓰와하(Oṃ cale cu le cande svaha)"이다.

281) 구루 빠드마쌈바와(蓮花生)께서 구술하신 "네팔 보다나트 대탑의 연기"로 널리 알려진 "최땐첸뽀자룽카쑈르기로귀(可作失言大塔緣起)"의 「꼬르와당최빠재빼팬왼땐빼레우쑴빠(如何建立與落成品第三)」에는 불탑에 예배공양하고, 탑돌이를 하고, 기원을 행하는 공덕에 대하여 자세히 설해 놓았다.

282) 불보살님의 명호를 낭송하는 공덕을 문수사리근본의궤경(文殊師利根本儀軌經)에서, "만주(Mañju, 文殊)를 확연히 알면 붓다이며, 쓰리(Śrī, 師利)라고 명명한 것은 그대의 명호를 과거의 붓다들이 지으신 것이다. 그대의 명호를 이와 같이 시설하였다. 과거와 미래와 현재의 붓다들이 [설하심을] 다른 곳으로 흩어지는 산란하지 않는 일념의 청정한 마음으로, 그대의 명호를 권속들 가운데서 들으면, 그는 여기서 지혜와 적정을 얻는다. 최후

유(最後有)에 대보리를 얻는다. 진언들을 남김없이 성취하고, 극상의 중생의 자궁을 얻으며, 항상 묘법에 바르게 안주하고, 장애들을 남김없이 끊어버리고 실지(悉地)를 성취한다. 원하는 진언들을 남김없이 성취하고, 보리수왕(菩提樹王) 아래로 신속하게 나아가고, 나아간 뒤에는 대보리를 성취하고, 성취한 뒤에는 유정의 이익을 위하여 그곳에 머무르니, 불보살의 권속들이 에워싼다. 그와 같이 붓다께서 공덕을 설하였다. 문수(文殊)라 부르는 그대의 명호를 기억함은 공덕이 불가사의하다고 붓다들이 설하였다. 과거에 오셨던 모든 붓다들이 항상 그대의 위력을 설하였다. 동진(童眞)의 그대의 진언을 깨달으면 무량한 겁(劫)에도 또한 [그 공덕을] 능히 설하지 못한다. 문수여, 그대의 진언행(眞言行)을 모든 붓다들이 빠짐없이 선설(宣說)한다"라고 설함과 같다.

283) 방호대치력(防護對治力, Ñes pa las ldog paḥi stobs)은 달리 반회대치력(返回對治力)이라고도 하니, 악업을 다시는 짓지 않기를 다짐하고 악업에서 돌아 나옴과 자신이 지은 선업을 온 힘으로 지키고 닦는 것을 말한다.

284) 소의대치력(所依對治力, rTen gyi stobs)은 어떠한 참회행법에서 수행자의 참회를 받아들이는 본존이 소의(所依)가 되고, 그 부처님께서 설하신 죄장을 회복시키는 참회법이 대치력이 된다. 예를 들면, 금강살타의 백자진언을 통해서 정죄수복(淨罪修福)을 닦을 때는 금강살타 부처님이 소의(所依: 依支處)가 된다.

285) 삼보(三寶)에 귀의하는 것은 구제의 공덕이 있기 때문이니, 뻴망·빤디따(dPal maṅ paṇḍita dKon mchog rgyal mtshan, 稀有勝幢, 1764-1853)의 깝되티익톱땐고제(歸依教授佛教開門)에서 "불·법·승 삼보에게는 [악도와 윤회의] 그것으로부터 중생을 구제하는 능력이 분명하게 있다. 부처님의 말씀대로 십선(十善)의 [옳고 그름을] 바르게 간택하여 행함이 불법의 닦음이자 승가의 실천이

니, 그 힘에 의해서 악도에서 능히 구제되고, 그와 같이 계·정·혜 삼학(三學)에 의해서 윤회에서 구제되고, 육바라밀의 닦음에 의해서 [번뇌와 소지의] 이장(二障)에서 구제되고, [생기(生起)와 원만(圓滿)의] 이차제(二次第)에 의해서 금생에서 [번뇌와 소지의] 이장에서 구제되기 때문이다. 두 번째, 불세존은 스스로 [사마(四魔)의 공포 등을 비롯한] 모든 두려움에서 해탈하시고, 타인을 일체의 두려움에서 구제하심에 뛰어나고, 모든 이들을 친소를 버리고 대비로 평등하게 대하시며, 자신에게 이롭고 이롭지 않음을 따짐이 없이 중생의 이락(利樂)을 한길로 행하는 까닭에 마땅히 귀의한다"고 설명함과 같다.

286) 초업자(初業者)는 정도(正道)에 처음 들어온 범부를 뜻한다.

287) 람림첸모챈시닥(菩提道次第廣論四家合註)에서, "밀주에서 과위를 도로 전용하는 심오하고 수승한 금강살타 등의 본존의 얼굴과 손의 모양 등을 수습하는 것과 정화의 대상인 죄업이 연기 모양의 액체와 석탄의 검은 물 등의 모양으로 닦는 것과 능정(能淨: 정화의 주체)인 붓다의 마음과 불이의 지혜 또한 감로수의 흘러내림 등의 모양으로 닦은 뒤 목욕하는 등의 몇몇을 제외하곤 본질적으로 네 가지 대치력을 갖춤에서 벗어나지 않는다"고 하였다.

288) 네 가지 대치력을 갖춘 참회에 의해서 죄업이 정화되는 것에 대하여 람림첸모챈시닥(菩提道次第廣論四家合註)에서, "팔천송대소(八千頌大疏)에서, '이와 같이 만약 어떤 사람이 대치의 방면을 가까이 하면, 쇠퇴의 유법자(有法者)인 그들이, [사력(四力)의] 힘을 갖춘 대치법에 의해서, 마침내 소진함이 있게 되니, 예를 들면, 황금의 녹이 [벗겨지는] 등과 같다. [법을 유기한] 정법의 장애 등의 일체들 또한 이미 그와 같이 설한 바의 [대치법을 온전히 갖추면 마침내 죄업이 소진하는] 유법자인 것이다'라고 하는 도리에 의해서, 교만심에 의한 타처(墮處: 계율을 범한 과실)들

이 남김없이 소진되는 것이다"라고 하였다.

289) 람림첸모챈시닥(菩提道次第廣論四家合註)에서, "극히 강력한 업 또한 마침내 능히 정화할 수 있다면, 계경에서, '과거의 업의 이숙은 제외를 한다'고 설한 것은 어떠한 것인가? 하면, [그것의 과보인] 눈이 멀음과 [불구] 등의 [과거생의 업에 의해서 이생에 던져지고 던져짐과 같이] 이숙을 이미 성취한 때에는 현재의 대치법으로 정화하기 어렵지만, [과거생의 업에 의해서 던져졌을지라도 또한 현재] 과보가 익지 않고 원인의 상태인 것이라면, 물리치기가 어렵지 않음을 염두에 둔 뒤 그와 같이 설함으로써 잘못이 없다.

290) 여기서의 근본타죄(根本墮罪)는 참회하지 않으면 중죄가 되는 보살의 18가지의 근본타죄를 말하니, ①자기를 찬양하고 남을 훼방하는 자찬훼타(自讚毁他), ②법의 재물을 베풀지 않는 불시법재(不施法財), ③충고를 받아들이지 않고 도리어 남을 구타하고 꾸짖는 불수회사책타타인(不受悔謝責打他人), ④대승을 유기하고 정법은 같다고 연설하는 비방대승설사시법(誹謗大乘說似是法), ⑤삼보의 재물을 강제로 절취하는 절탈삼보재물(竊奪三寶財物), ⑥정법을 내버리는 방사불경(謗捨佛經), ⑦출가자에게 해악을 끼치는 핍능승려(逼凌僧侶), ⑧무간(無間)의 죄업을 짓는 조무간업(造無間業), ⑨삿되고 악한 견해를 지니는 집사악견(執邪惡見), ⑩성읍을 훼멸하는 훼멸성읍(毁滅城邑), ⑪그릇이 아닌 자에게 심오한 법을 설하는 향비법기설심심법(向非法器說甚深法), ⑫대승에서 퇴타하게 만드는 권퇴대승(勸退大乘), ⑬별해탈계를 버리도록 하게 하는 권사별해탈계(勸捨別解脫戒), ⑭성문승(聲聞乘)을 비방하는 비방소승(誹謗小乘), ⑮상인의 법을 망령되게 설하는 망설상인법(妄說上人法), ⑯삼보에 올린 재물을 취하는 취삼보재물(取三寶財物), ⑰나쁜 율의를 제정하는 제립악율(制立惡律), ⑱보리심을 유기하는 사보리심(捨菩提心)이다.

291) 제쭌·렝다와(Red mdaḥ ba)의 친우서본주(親友書本註, bŚes spriṅs kyi rtsa ḥgrel)에서 윤회하는 삶의 과환을 해설하길, "윤회의 과환(過患) 전체를 설할 수 없으나 일부를 설하면, 여기에는 다음과 같이 7가지가 있다.

① 정해짐이 없는 과환이니, '아버지는 아들이 되고, 어머니는 며느리가, 원수였던 사람들이 친척이, 그렇게 뒤바뀌어져 있으니 그러므로, 윤회들 속에서는 정해짐이 전혀 없다'라고 설하였으니, 반복해서 태어나게 되면 아버지는 어느 생에서는 아들이 되고, 어머니는 며느리가 되고, 원수가 된 사람들 또한 다른 곳에서는 친우가 되고, 거기서 바뀌어져 아들이 아버지가 되는 등이 있으니, 그러므로 윤회들 속에서는 원수와 친척으로 정해짐이 전혀 있지 않음으로서, 원수와 친우의 파당에 애증을 버리도록 하라고 함이다.

② [모유를 먹음을] 만족함을 모르는 과환이니, '하나하나가 사해(四海)보다 더 많은, 우유를 마셨고 지금도 이생(異生)의, 범부를 따르는 윤회하는 자들이, 그보다 더 많이 마시기를 구한다'고 설하였으니, 유정 하나하나마다 과거에 사방의 사해(四海)보다 더 많은 모유를 마셨으니, 모유를 마신 범부에겐 처음이 있지 않기 때문이다. 그와 같음에도 또한 지금도 이생(異生)의 범부를 따르니, 붓다의 성도(聖道)에 들어오지 못한 윤회하는 자들이, 과거에 마신 그것보다 더 많은 모유를 마시기를 구하니, 해탈과 동분의 선업을 생기하지 못한 범부들의 윤회에는 이후에도 끝이 없기 때문이다.

③ 몸을 반복해서 버리는 과환이니, '하나하나의 자기의 뼈 무더기가, 수미산과 같고 그보다 초과하니'라고 설하였으니, 유정 하나하나마다 또한 과거부터 윤회 속에 태어난 자기의 뼈 무더기가, 수미산과 같거나 또는 그보다 초과하니, 지금 다시 성도(聖道)에 매진하지 않는다면, 그보다 한층 더 많은 뼈 무더기를 모름지기 버리게 되는 것이다.

④ 반복해서 입태(入胎)하는 과환이니, '어머니의 [숫자에] 이르는 끝은 측백나무 씨앗크기의, 알갱이로 셀지라도 땅이 부

족하다'고 설하였으니, 유정 하나하나마다 또한 과거세에 자기의 어머니였거나 또는 어머니의 어머니가 된 이들의 숫자를 세어서 이르는 끝은, 땅에서 흙을 측백나무 씨앗크기의 알갱이로 떼어낸 뒤 숫자를 세면 또한 땅이 부족해서 다하고 말지언정, 한 유정의 어머니가 된 이들의 숫자도 다함이 있지 않은데, 다시 지금 또한 성도(聖道)에 매진하지 않으면, 그보다 더 한층 많게 되는 것이다. 이 뜻을 또한 계경에서 설하되, '비구들이여, 예를 들면, 한 사람이 이 대지로부터 흙을 측백나무 씨앗크기의 알갱이로 집어낸 뒤, 이것은 나의 어머니요. 이것은 나의 어머니의 어머니요'라고 하면서 버린다면, 비구들이여, 대지의 흙은 아주 오래전에 다하고 말았을 것이다. 사람들의 어머니의 이어짐은 그와 같은 정도가 아니라고 나는 말한다'라고 설함과 같다.

⑤ 반복해서 위아래로 오르내리는 과환이니, '제석천이 세간의 공양처가 된 뒤에도 또한, 업력에 의해서 후에 또한 땅에 떨어지고, 전륜성왕이 된 뒤에도 또한, 윤회들 속에서 노예가 된다'라고 설하였으니, 제석천을 신들이 또한 공양한다면 다른 이들은 말할 필요가 없는 것이다. 그와 같이 세간의 공양처가 된 뒤에도 또한 과거의 순후수업(順後受業: 내생 이후에 비로소 받게 되는 업의 결과)의 힘에 의해서 다시 지상에서 범부가 되거나 또는 악도에 떨어지고, 전륜성왕은 국정칠보(國政七寶)를 소유하고, 사대주(四大洲)를 다스리는 통치자가 된 뒤에도 또한, 윤회계에 윤회하는 단계에서 업의 힘에 의해서 노예가 되거나 악도에 또한 떨어진다. 그와 같이 권세가 큰 것도 믿을 것이 못됨을 보인 뒤, 욕계의 욕락도 믿을 것이 못됨을 보임이니, '천계의 소녀의 젖가슴과 허리를, 감촉하는 즐거움을 오랫동안 즐긴 뒤에 다시, 지옥에서 몸을 분쇄하고 자르는 형구의, 고통을 접촉하고 극히 참지 못할 고통을 몸소 받기를 행한다'라고 설하였다. [중략]

⑥ 어떤 도우미도 있지 않는 과환이니, '그와 같이 과환을 요지하고 복덕, 세 가지의 등불의 광명을 취하라. 홀로 해와 달이

누르지 못하는, 무변한 암흑 속으로 들어간다'라고 설하였으니, 그와 같이 목숨이 무상하고, 위아래를 오가며 갖가지 몸을 받고, 과환이니, 죽는 것임을 요지하고, 그대가 보시와 계율과 수행으로 얻었거나 또는 신·구·의 셋의 본성의 복덕 세 가지가 악도의 큰 암흑을 없애는 등불의 광명임을 알고 취하도록 하라. 만약 복덕의 광명이 없으면, [어떤] 도우미도 없이 홀로 해와 달이 누르지 못하는, 파괴하지 못하는 삼악도의 가없는 암흑 속으로 들어감을 알아야 한다. 만약 [복덕이 있어] 그와 같은 암흑 속에 들어가면, 도우미가 되고, 의지처가 되고, 등불의 광명과 같은 것들이 오직 그것인 것이다. 그와 같이, 대유희경(大遊戲經)에서, '선업의 행위를 뒤따르게 하고, 뒤쫓아 가는 것을 제외하고는, 유위법(有爲法)들에는 도우미가 있지 않으니, 구호자도 없고 친척과 친우도 없고 권속 또한 없다'라고 설함과 같다. [입보리행론(入菩提行論)에서, '이 몸은 홀로 태어나고 또한, 그와 함께 생긴 살과 뼈들도 괴멸하니, 최후에는 뿔뿔이 각자 흩어지니, 하물며 다른 친우는 말해서 무엇하리요. 태어날 때도 홀로 태어나고, 죽을 때도 또한 홀로 죽으니, 고통의 득분을 남이 가져가지 않는데, 하물며 장애하는 친우가 무엇을 할 수 있으리요'라고 하였다.]

⑦ 오대원소의 필연적 고통을 향수하는 5가지 과환이다"라고 하였다.

292) 요새(要塞, bTsan sa)는 재앙과 도적 따위가 미치지 않고 침범하지 못하는 안전한 장소를 말하니, 곧 윤회의 재앙에서 벗어난 높은 경지의 피난처를 뜻한다.

293) 인간의 고통도 무변하나 이들 가운데서도 나고 죽는 고통이 가장 중요함으로써 이 둘에 대하여 잘 고찰할 필요가 있으니, 보리도차제광론에서, "팔고(八苦) 가운데서 또한 처음[태어나는 고통]과 마지막[사멸하는 고통]에 대해서 아주 세밀하게 고찰해

서 수습해야 하니, 앞에서 설명한대로 관혜(觀慧)로써 반복해서 분석하고 수습하도록 하라"고 하였듯이, 나고 죽는 고통에 대하여 보리도차제약론(菩提道次第略論)에서, "여기서 팔고(八苦) 가운데 첫 번째의 생고(生苦)를 사유함에는 5가지가 있으니, ①태어남은 괴로움을 수반함으로써 고통인 것이니, 유정지옥들과 한결같이 고통스러운 아귀들과 [모태에서 태어나는] 태생(胎生)들과 [알에서 태어나는] 난생(卵生)들이니, 이들 넷은 태어날 때 극렬한 많은 고통의 감수를 겪으면서 태어나기 때문이다. ②태어남은 [고통의 악취에 태어나야 하는] 취악취(取惡趣, gNas ṅan len)를 수반함으로써 고통인 것이니, 번뇌가 일어나고, 머무르고, 증장하는 종자와 연결됨으로써 선업의 용도로 사용함을 감당하지 못하고, 원하는 대로 통제하지도 못하기 때문이다. ③태어남은 괴로움의 처소가 됨으로써 고통인 것이니, 삼계에 태어나는 것에 의지해서 늙고 병들고 죽는 등이 만개하기 때문이다. ④태어남은 번뇌의 처소가 됨으로써 고통인 것이니, 윤회 속에 태어나면 탐착하고 성내고 어리석음 때문에 대경을 향해서 삼독(三毒)이 일어나고, 그로 말미암아 또한 심신이 크게 적정하지 못함으로써 고통을 당하여 안락하게 머물지 못하니, 번뇌가 갖가지 문을 통해서 심신을 괴롭히기 때문이다. ⑤태어남은 원치 않음에도 헤어짐의 법칙이기에 고통인 것이니, 모든 태어남의 끝인 죽음에서 벗어나지 못하고, 그것을 원치 않음에도 더더욱 오로지 고통만을 맛보게 하는 그것들을 거듭거듭 반복해서 사유토록 하라"고 하였으며, 또한 죽음의 고통에 대하여, "죽음의 고통을 사유함에는 5가지가 있으니, 재물과 친척과 권속과 수려한 몸의 4가지 원만구족과 이별하는 것과 임종 때 극심한 고통과 불안감을 체험하는 것이니, 그것들에 대하여 슬퍼하는 마음이 생기지 않을 때까지 반복해서 사유하라. 앞의 네 가지가 고통이 되는 이치는 그들 넷과 이별하는 것을 본 뒤 괴로워하는 것이다"라고 하였다.

294) 몸에서 생겨나는 고통이란 팔고(八苦) 가운데 오취온고(五取蘊苦)

을 말함이니, 보리도차제약론에서, "요약하면, '오취온(五取蘊)이 고통이다'라고 설하는 의미를 사유하는 것이니, 여기에는 5가지가 있다. 이 오취온은 [현전에 성취하게 되는 고통인] 현성고(現成苦, mṄon par ḥgrub paḥi sdug bsṅal)의 그릇과 현성고(現成苦)에 의거하는 고통의 그릇과 고고(苦苦)의 그릇과 괴고(壞苦)의 그릇과 행고(行苦)의 그릇의 본질이 됨이니, 그것을 거듭거듭 반복해서 사유하는 것이다. 처음의 현성고(現成苦, mṄon par ḥgrub paḥi sdug bsṅal)의 그릇이란, 이 근취온(近取蘊)을 얻음에 의지해서 후생 이후의 고통들을 불러오기 때문이다. 두 번째의 현성고(現成苦)에 의거하는 고통의 그릇이란, 온신(蘊身)을 성취함에 의지해서 병들고 늙는 등의 의지처가 되기 때문이다. 세 번째와 네 번째의 고고(苦苦)와 괴고(壞苦)의 둘은 그 [오취온의] 조중(粗重: 몸·말·뜻이 셋이 거칠고 무거워서 도업을 감당하지 못함)과 연결되어서 그 둘을 일으키기 때문이다. 다섯 번째의 근취온(近取蘊)을 얻는 것은 행고(行苦)의 본질로 태어나는 것이니, 과거의 업과 번뇌의 의타기성(依他起性)의 모든 행(行)은 행고이기 때문이다. 근취온의 본성인 윤회에 대하여 가식없는 염리심이 일어나지 않으면, 해탈을 추구하는 가식없는 출리심이 일어나는 발생처가 없고, 윤회 속에 유전하는 유정에 대하여 대비심을 일으키는 방편마저 없게 됨으로써, 대소승의 어느 쪽에 들어갈지라도 또한 이 생각은 매우 중요한 것이다"라고 하였다.

295) 이 게송은 사백론(四百論)의 제이품·명파락집방편품(第二品·明破樂執方便品)의 제6송이며, 그 의미에 대하여 걜찹·다르마린첸(盛寶)은, "권속과 큰 재물을 소유한 왕 등의 대인(大人)은 자기의 부귀원만이 쇠퇴하는 의구심과 타인의 원만구족을 견디지 못하는 마음의 고통이 항상 존재하고, 생필품이 결핍된 약자들에겐 고통의 감수(感受)가 몸에서 생긴다. 그와 같이 몸과 마음의 두 가지 고통에 의해서 고통이 세간 사람에게 날마다 날마다 모여든다"고 그의 사백론석선설장(四百論釋善說藏)에서 설하였다.

296) 아수라(阿修羅, Asuraḥ)는 의역하여 비천(非天)이라 하며, 팔부신중의 하나이다. 응왼죄쿵뛴갸초(藏語辭藻辭源)에서, "천(天)과 비천(非天)은 처음에는 한 부류이었으나, 과거 그들이 바다를 휘저음으로써 바다에서 매우 아름다운 미녀가 출현하였다. 그들이 당신은 누구인가? 하고 묻자, '나는 감로주라 부르니, 나를 마시면 취하고, 혼절하고, 난폭하게 되는 등이 발생한다'고 답하였다. 그러자 일부는 쑤라(Sura)이니, 유자미(有滋味)라고 말하고, 일부는 두려워한 뒤 마시는 것을 사양함으로써 아쑤라(Asuraḥ)이니 무자미(無滋味)라고 알려졌다. 전자는 감로를 향유함으로써 천(天)이라 하고, 후자는 감로를 향유하는 기회를 얻지 못함으로써 천(天)보다 하열하게 여겨서 비천(非天)이라 불렀다"고 하였다. 또한 곰데칙죄첸모(貢德大辭典)에서, "천신들의 영화(榮華: 富饒)를 견디지 못하는 질투에 의해서 괴로워하니, 그것에 의거해서 천신들과 전쟁을 일으키면 몸이 잘리고 떨어져나가는 등의 갖가지 고통을 맛봄과 그들에게 지혜가 있을지라도 이숙(異熟)의 장애를 입은 자들인 까닭에 그 몸에서는 진리를 능히 보지 못한다. 이들을 정법염처경(正法念處經)에서는 방생으로 설하였고, 유가사지론(瑜伽師地論)에서는 천인으로 설하였다"고 하였다.

297) 제쭌·렝다와(Red mdaḥ ba)의 친우서본주(親友書本註)에서, "아수라(非天)들은 교만이 다대함으로 말미암아 본성적으로 교만에서 발생한 천신의 영화에 대해 분노함으로써 참지 못함에 의해서 일으키는 마음의 고통이 심대하니, 질투가 마음을 극도로 괴롭게 만들기 때문이다. 달리 또한 천신과 전쟁을 수행할 때 몸이 잘리고 찢어지는 등의 고통이 있으며, 그들에게 비록 선악을 판별하는 지혜가 있어도 또한 진리를 봄이 있지 않으니, 유정의 장애이니, 이숙(異熟)의 장애를 입은 자들이기 때문이다. 인도의 주석(註釋)에서, '아수라는 불선(不善)이 불러오고, 선업이 원만함을 설할지라도 또한 그들은 천계의 유정이 아닌 까닭이니, 능인(能引)의 선업이 불러온다'고 아사리 무착(無着)이 설하였

다"고 하였다.

298) 욕계(欲界)는 범어 까마다뚜(Kāmadhātuḥ)와 티베트어 되빼캄(ḥDod paḥi khams)의 옮김이다. 욕계의 의미는 욕계에 거주하는 유정들은 단식(段食)과 음행에 애착을 가지고, 오욕락(五欲樂)을 즐기면서 생활하고, 또한 그들이 의지해서 사는 기세간(器世間) 역시 탐욕을 가진 중생들의 거처인 까닭에 욕계라 한다. 다시 말해, 지옥과 축생과 아귀와 비천(非天)과 인간과 사천왕천(四天王天)과 삼십삼천(三十三天)인 도리천(忉利天)과 야마천(夜摩天)과 도솔천과 화락천(化樂天)과 타화자재천(他化自在天)天 등을 포함하는 이십처(二十處)에 거주하는 유정들은 [욕계의] 욕락(欲樂)과 탐착, 성냄과 우치, 의원(意願)과 기원, 의행(意行) 등을 가짐으로써 욕계라 한다고 보적경(寶積經)에서 설하였다.

299) 천신(天神, Devaḥ)은 천인(天人)이니, 팔부신중(八部神衆)의 하나이다. 수미산의 중턱에 거주하는 사천왕천(四天王天)을 시작으로 욕계의 6천(天)과 색계의 마지막 하늘인 대자재천이 거주하는 색구경천(色究境天)에 이르는 색계의 17천(天)에 거주하는 천인들을 모두 일컫는 말이다. 곰데칙죄첸모(貢德大辭典)에서, "윤회의 처소 가운데 제일 수승한 곳으로 범어로 데와(Devaḥ)와 쑤라(Suraḥ)와 아마라(Amaraḥ) 등의 많은 다른 이름들이 있다. 범어로 그들이 놀이하고 유희를 행함으로써 천(天)이라 함과 또는 데보우까쓰라(Devaukasra)이니, 그들의 집이 선취(善趣)에 있음으로써 선취주(善趣住) 또는 재천가자(在天家者)라 한다고 하였다. 또한 일부는 말하길, '몸에 광명이 있음으로써 천(天)이라 한다'고 하는 등이 또한 있다"고 하였다.

300) 제쭌·렝다와(Red mdaḥ ba)의 친우서본주(親友書本註)에서, "천계(天界)이니, 욕계의 천신에게는 또한 욕망의 대상을 원만구족하고 그것을 향수하는 큰 욕락(欲樂)이 있을지라도, 그들이 사멸하는 때의 고통이 그것보다 더욱 크니, 이와 같이, '아, 슬프도다.

중거원(衆車園)이여, 아, 슬프도다. 완유지(緩流池)여, 아, 슬프도다. 정식천(淨識天)이여, 애절하게 울부짖고 땅에 떨어진다'고 설함과 같은 것이다. 그와 같이 사유한 뒤 고귀한 이들이니, 깨달음 지닌 이들은 천계의 욕락을 위해서 또한 애착을 하지 않으니, 그 욕락 또한 소진하여 없어짐으로써 견실함이 없기 때문이다"라고 하였다.

301) 제쭌·렝다와(Red mdaḥ ba)의 친우서본주(親友書本註)에서, "예를 들면, 지상의 사람들에게 죽음을 예고하는 상징들인 코가 꺼짐과 죽음의 냄새가 나는 등과 같은 것이며, '단지 [오쇠상(五衰相)과 같은] 사멸의 고통이 발생하는 것뿐만 아니라, 죽고 난 뒤에 악도의 고통들 또한 맛보게 된다'라고 함을 열어 보이기 위해서, '천계에서 추락하되 만약 선업의 여분이 조금이라도 남지 않으면, 그 뒤 속절없이 축생과 아귀, 지옥의 어떠한 곳에 떨어지게 된다'고 설하였으니"라고 하였듯이, 윤회의 고통을 다함없이 받게 되는 것이다.

302) 색계(色界)는 범어 루빠다뚜(Rūpadhātuḥ)와 티베트어 쑥끼캄(gZugs kyi khams)의 옮김이니, 색계의 사선천(四禪天)에 거주하는 색계의 유정들은 욕계의 탐욕을 떠나 색계의 탐욕을 지닐지라도, 청명한 광명이 몸을 감싸고 신체가 미묘하게 아름다움으로써 색계라 한다. 다시 말해, 초선천(初禪天)에 속하는 범중천(梵衆天)과 범보천(梵輔天)과 대범천(大梵天)의 셋과 이선천(二禪天)에 속하는 소광천(少光天)과 무량광천(無量光天)과 극정광천(極淨光天)의 셋과 삼선천(三禪天)에 속하는 소정천(少淨天)과 무량정천(無量淨天)과 편정천(遍淨天)의 셋과 사선천(四禪天)에 속하는 무운천(無雲天)과 복생천(福生天), 광과천(廣果天)과 무상천(無想天), 무번천(無煩天)과 선현천(善現天), 선견천(善見天)과 색구경천(色究竟天)의 여덟을 더한 17천(天)에 거주하는 유정들은 [색계의] 욕락(欲樂)과 탐착, 성냄과 우치, 의원(意願)과 기원, 의행(意行) 등을 가짐으로써 색계라 한다고 보적경(寶積經)에서 설하였다.

303) 무색계(無色界)는 범어 아루빠다뚜(Arūpadhātuḥ)와 티베트어 쑥메빼캄(gZugs med paḥi khams)의 옮김이니, 무색계의 4무색천(無色天)에 거주하는 유정들은 욕계나 색계의 유정들과는 달리 오직 정묘한 색(色)과 의(意)의 둘 이외에는 거친 형색이 없고, 욕계와 색계의 탐욕을 여의고 무색(無色)만을 탐애함으로써 무색계라 한다. 다시 말해, 공무변처(空無邊處)와 식무변처(識無邊處), 무소유처(無所有處)와 비상비비상처(非想非非想處)의 4천(天)에 거주하는 유정들은 [무색계의] 욕락(欲樂)과 탐착, 성냄과 우치, 의원(意願)과 기원, 의행(意行) 등을 가짐으로써 무색계라 한다고 보적경(寶積經)에서 설하였다.

304) 취악취(取惡趣, gNas ṅan len)은 악취(惡趣)애 태어남을 말하니, 현재 고통을 일으키는 근본인 까닭에 취(趣: 처소)와 다시 미래의 고통을 불러와서 받게 함으로써 취악(取惡)라고 부른다.

305) 인업(引業)은 어떠한 거처에 태어나게 하는 선악의 업의 힘을 말한다.

306) 유루(有漏)의 업은 자기 원인인 번뇌에 의해서 전적으로 일으킨 심소(心所)인 심사(心思: 作思)를 유루의 업이라 부르니, 예를 들면, 유루의 번뇌에 의해서 야기한 유루의 오온(五蘊)과 같다. 또한 유루의 의미에 대하여 다조르밤뽀니빠(聲明要領二卷)에서, "싸쓰라와(Sāsravaḥ)는 싸하아쓰라웨나와르따떼(Sahāsravenavartate)이니, 위로는 색계의 유정천(有頂天)으로부터 아래로는 무간지옥에 이르기까지의 [모든 유정들의] 육근(六根)의 문으로부터 탐욕 등의 번뇌가 흘러나오는 것을 이름하여, 유루(有漏, Zag pa daṅ bcas pa)라고 부른다"고 하였듯이, 예를 들면, 인간의 몸을 유루오온(有漏五蘊)이라고 함과 같다.

307) 여기서의 '윤회의 길상(吉祥, dPal)처럼'이란, 선취(善趣)의 길상으로 곧 선취의 칠덕(七德)을 뛰어넘는 해탈의 수승한 공덕을 비유

한 것으로 보인다. 람림첸모챈시닥(菩提道次第廣論四家合註)에서, "[자리(自利)의 일체를 이룸에 있어서 또한 이타(利他)를 저버림은 옳지 않음으로써, 처음부터 대승에 들어옴이 필수이니] 그와 같이 윤회의 과환(過患)을 갖가지 방법의 문을 통해서 장시간 수습함으로 말미암아, 모든 윤회세계를 불덩어리와 같이 보게 되고, 번뇌와 고통이 소멸한 해탈을 얻기 원하는 절박한 열의(熱意)로서, 삼학(三學)의 도를 학습하게 되면 윤회에서 벗어나는 해탈을 얻게 되니, 그 또한 선취(善趣)의 길상(吉祥)처럼 다시 [윤회세계에] 돌아오는 것이 또한 아니어도, 그렇지만 [자리(自利)의 법신을 얻지 못함으로써] 과실이 소진하고, 공덕을 얻음이 [붓다의 단증공덕(斷證功德)의] 일부에 지나지 않음으로써 자리(自利: 법신의 성취)를 구족하지 못하니, 그것에 의해서 타인의 이익을 행함 또한 소분에 지나지 않고, 최후에는 붓다의 권유에 의해서 대승에 모름지기 들어와야 함으로써, 지혜를 지닌 이들은 처음부터 대승에 들어가는 것이 도리이다"라고 하였다. 또한 선취(善趣)의 칠덕(七德)은 ①종성이 고귀함과 ②형색이 단엄함과 ③수명이 장원함과 ④몸에 질병이 없음과 ⑤타고난 복분(福分)이 수승함과 ⑥재부(財富)가 풍족함과 ⑦지혜가 광대함의 일곱 가지이다.

308) [붓다의] 단증공덕(斷證功德)은 번뇌장(煩惱障)과 소지장(所知障)은 물론 습기의 장애까지 완전히 끊어버리고, 제법의 차별상을 모두 아는 진소유지(盡所有智)와 제법의 실상을 여실하게 아는 여소유지(如所有智)를 완전하게 증득해서 얻은 부처님의 원만한 깨달음의 공덕을 말한다.

309) 대승의 발심(發心)은 대승의 보리심을 일으킴의 뜻이니, 쎄르기담뷔밍칙챈델노르뷔도쌜(雪域名著名詞精典注釋)[서장인민출판사]에서, "현관장엄론(現觀莊嚴論)에서, '발심은 타인의 이익을 위해서, 원만보리를 원함이다"라고 설함과 같이, 자기의 마음흐름이 타인의 이익을 행함을 업으로 삼는 희구심(希求心)에 의해서

일으키고, 도움이인 보리를 원함과 상응하는 수승한 그 마음이 발보리심의 성상(性相)이다"라고 하였다. 또한 같은 책에서, "보리심은 소연(所緣)의 대상인 타인의 이익을 소연한 뒤 일체종지의 원만보리를 얻고자 원하는 희구심에서 일어나고, 대승의 길의 주심목(柱心木)이 되는 수승한 의식이다"고 하였다.

310) 대승발심의 온전한 성상(性相)이란, 아띠쌰 존자의 발심의궤(發心儀軌, Sems bskyed cho ga)에서, "거룩한 부처님과 달마와 중중존(衆中尊)께, 대보리를 이룰 때까지 저는 귀의 하나이다! 제가 보시 등을 행한 바의 이것들에 의해서, 중생의 이익을 위해서 붓다가 되게 하소서!"라고 함과 같이, 자리(自利)를 버리고 오로지 중생의 이락(利樂)을 전적으로 행하는 이타의 보리심이 발심의 온전한 성상이니, 람림첸모챈시닥(菩提道次第廣論四家合註)에서, "[아사리 빠오(dPaḥ bo, 勇者: 馬鳴)의] 섭바라밀다론(攝波羅密多論)에서, '세간의 [유정들의] 이락을 이루는 도리에 무능력한, [성문·연각의] 이승(二乘)을 결단코 [또는 핵심으로 닦는 것을] 버리고, 대비로써 설한 바[의 그 길의 뒤를 따라가는 거기]에 [몸·말·뜻의 삼문(三門)의 행위에 (자리(自利)를) 구하는 탐착이 털끝만큼도 없는] 이타(利他)와 일미의 본성[의 보살] 그들은 [처음부터] 능인(能仁)의 불승(佛乘)[인 대승에] 들어가도록 하라"고 설함과 같고, 또한 같은 책에서, "[발심의 성상을 갖춤에는 두 가지 노력의 갖춤이 필요하니] 붓다의 공덕에 대하여 믿음을 닦는 문을 통해서 붓다를 얻고자 하는 희원이 없다면, 자리(自利)의 성취에는 적정(寂靜) 하나만으로 충분하다고 고집하는 마음을 또한 물리치지 못하고, 자비를 닦는 문을 통해서 이타(利他)를 위해서는 [대승의 발심이] 필요한 것임을 본 뒤, 붓다를 얻기를 바라는 자는 이타의 성취에는 적정 하나만으로 충분하다고 고집하는 마음을 능히 물리쳐도, 앞의 [자리의 성취는 적정 하나만으로] 충분하다고 고집하는 마음은 능히 물리치지 못하기 때문임과 그것을 배척하는 다른 법이 없기 때문이다. 자리의 성취에는 적정 하나만으로 충분하다고 고집하는 마음을 물

리침이 필요하지 않은 것이 또한 아니니, 단지 윤회에서 해탈하는 소승에는 단증공덕(斷證功德)이 일부 밖에 없음으로써 자리의 완성이 없기 때문이며, 그들이 삼유(三有)의 쇠잔에서는 해탈할지라도 또한 적정의 쇠락에서는 해탈하지 못하기 때문이며, 자리(自利)의 완성은 붓다의 법신을 얻음이라 설하였기 때문이다"라고 하였다.

311) 견수(見修)는 기(基)·도(道)·과(果)의 삼위(三位)를 지칭하는 용어로 곧 대소승의 견(見)·수(修)·과(果)의 세 단계를 말한다. 기본의 단계에서 정견을 결택하고, 도위(道位)에서 수행을 통해서 실천하고, 과위(果位)에서 보리를 현증하는 것을 뜻한다.

312) 풍·맥·정(風·脈·精)은 금강신(金剛身)을 구성하는 풍(風, Vāyu)과 맥(脈, Nāḍī)과 명점(明点, Tilaka)의 셋을 합해서 부르는 용어로 무상유가 딴뜨라의 수행의 핵심이기도 하다. 쌈모낭된낭제(金剛身論釋)에서, "이 육체 또한 짜(脈)·룽(風)·틱레(明点)의 셋에 의해서 형성되고, 맥도를 행도로 삼음에 있어서는 반드시 기맥의 구조를 통달해야 함과 육체의 맥도가 어떻게 존재하는가를 알지 못하면 풍의 흐름과 명점의 머무름을 알지 못하는 까닭과 이 신금강(身金剛)의 질료와 원리를 깨치는 것이 바로 짜(脈)의 진실을 깨닫는 것과 연계되는 까닭과 방편과 지혜의 딴뜨라에서 마음에서 지혜가 발현하는 것이 몸의 기맥의 작용에 의거한다"고 한 것과 같이, 이 셋이 밀교수행의 핵심인 삼금강(三金剛)의 본질이 된다.

313) 세속보리심(世俗菩提心)은 타인의 이익을 위해서 정등각 붓다를 추구하는 희구심(希求心)과 상응하는 수승한 그 마음을 말하니, 대승의 발심 또는 발심은 동일한 의미이다. 그리고 여기서 말하는 세속(世俗)은 티베트어 꾼줍(Kun rdzob)과 범어 쌈브리띠(Saṃvṛiti)와 브야와하라(Vyavahāra)의 의역으로 단지 언설의 분상에서 존재할 뿐 자성 또는 실체가 없는 가립(假立)의 법 또는

가유(假有)로서 인과작용을 일으키는 연기법으로 존재하는 까닭에 세속보리심이라 부르니, 그 의미를 정확하게 이해할 필요가 있다. 그러므로 중관사상연구(김성환 역)에서, "그러므로 언설이라는 한역은 인도에서 사용되었던 Vyavahāra의 바른 의미를 전하고 있다고 해야만 한다. 설령 Vyavahāra 본래의 제1의적인 어의가 '활동하다' '취급하다'와 같은 의미라고 하더라도, 관계자료에 의하는 한, Vyavahāra는 언설이라는 의미이다. Vyavahāra를 '세간적인 생활, 일상의 실천, 관습' 일반으로 이해해서는 Vyavahāra의 어의를 정확하게 요해할 수가 없다. 그렇게 해서는 이제설의 의의를 잘못 이해하게 된다. 언설을 세속제로 하고, 불가언설을 승의제로 하는 것은 이제설의 기본적인 사고방식이다"라고 함과 같다.

또한 세속이라 번역하는 꾼좁(Kun rdzob / Saṃvṛita)의 어의에 대하여 고찰하면, 곰데칙죄첸모(貢德大辭典)에서, "꾼좁(Kun rdzob / Saṃvṛita). ①'우치실집(愚癡實執: 우치의 본성인 사물의 진실을 가려서 일체법을 실재하는 것으로 집착하는 것)을 세속이라 부른다'고 하였다. 그 원인 또한 그것이 제법의 존재도리를 진실로 또는 온전히 가리고 덮음으로써, 그것을 범어로 쌈브리따(Saṃvṛita)와 티베트어로 직역하여 '진실장폐(眞實障蔽, Yaṅ dag sgrib byed)'라고 한다. 석의(釋義)이니, 쌈(Sam)'은 '진실로(Yaṅ dag par)'와 '전적으로(Kun nas)'와 '온전히(Yoṅs su)'와 '십분(十分, Ñe bar)'과 '양호하게(Legs par)'라고 부르는 접속사와 브리따(vṛita)는 [덮고 가림을 뜻하는] 좁빠(rDzob pa: brDzab pa / rDzob pa / brDzabs pa)와 [장폐와 복개(覆蓋)를 뜻하는] 딥빠(sGrib pa)와 [구속을 뜻하는] 찡빠(bCiṅs pa)에 들어간다고 설명하였다. 어의(語義)이니, 꾼(Kun)은 전적으로 이니, 진실로 또는 온전하게 라는 뜻이며, 좁(rDzob)은 은폐이니, 가리고 덮음의 뜻인 까닭에 꾼좁(Kun rdzob)이라 부른다. 또한 아사리 월칭(月稱)의 현구론(顯句論, Tshig gsal)에서, '전적으로 가리고 덮음으로써 꾼좁(世俗)이니'라고 설함과 같다. ②서로 의지함의 뜻이니, 현구론(顯句論)에서, '또는 서로가 의지함으로써 꾼좁(世俗)이니, 서로가 의지함으로써'라는 의미인 것이다'고 설하였다. ③세간의 명언(名言)의 뜻이니, 현구론(顯句論)에서, '꾼좁(世俗)은 언설(言說)이니, 세간의 언설이라는 정언(定言)이다. 또는 능전(能詮)과 소전(所詮), 능지(能知)와 소지(所知) 등의 성상(性相)이다'라고 설하였다. ④분변(分辨)의 뜻이니, 똑게바르와(rTog ge ḥbar ba, 分別熾然論)에서, '색(色) 등의 사물의 일체를 분별하는 의미임으로써 꾼좁(世俗)이니'라고 설하였다. ⑤불감사찰(不堪伺察: 반야에 의지해서 사물의 본성을 심오하게 관찰함을 견디지 못함)의 뜻이니, 아사리 사자현(獅子賢)이, '사찰(伺察)의 군대를 감당하지 못함으로써 꾼좁(世俗)이다'라고 설함과 같다"라고 하였다. 세속의 어의에 대한 더 자세한 논설은 중관사상연구(김성환 역)의 "제3장 진속이제의 어의"를 참고하기 바람.

314) 집학론(集學論)의 원명은 대승집보살학론(大乘集菩薩學論)이며, 범어 원명은 씩샤싸뭇짜야까리까(Śikṣāsamuccayakārikā)이며, 티베트어로는 랍빠꾼래뛰빼칙레우르재빠(bSlab pa kun las btus paḥi thsig leḥur byas pa)이다.

315) 그 이유를 보리도차제광론에서, "경이로운 신변(神變)들을 보거나 또는 들으면 놀라움이 일어나니, '그와 같은 그 보리를 나도 얻고자 한다'고 생각한 뒤에 [보리심을 일으키는] 것이다"라고 하였다.

316) 그 이유를 같은 책에서, "설법자로부터 붓다의 공덕을 들음으로써 처음 믿음이 일어나고, 그 뒤 그것들을 얻고자 하는 희원이 일어나는 것이다"라고 하였다.

317) 그 이유를 같은 책에서, "대승의 교법이 쇠퇴하는 것을 견디지 못한 뒤 붓다의 지혜를 얻고자 하는 희원이 일어나니, 여기에서 교법이 쇠퇴하지 않으면 유정들의 고통을 물리치는 것을 본 적이 있음으로써, 고통을 소멸하기 위한 목표가 또한 있는 것일지라도 역시 발심의 주된 연(緣)은 교법이 쇠퇴함을 견디지

못함인 것이다. 그것이 아니라면 아래서 대비에 의거해서 보리심을 발하는 것과 중복되는 것이다"라고 하였다.

318) 그 이유를 같은 책에서, "심대한 의의의 그 마음이 희유한 것임을 본 뒤, 주동적으로 그것이 책려함에 의해서 붓다가 얻고자 하는 염원이 일어나는 것이니"라고 하였다.

319) 사인(四因)에 의지해서 보리심을 일으키는 법을 또한 십법경(十法經)[대보적경대승십법회제구(大寶積經大乘十法會第九)]와 아띠쌰 존자의 업장청정의궤소(業障淸淨儀軌疏, Las kyi sgrib pa rnam par sbyoṅ baḥi cho ga bśad pa)[데게 대장경 논장(論藏)의 경소부(經疏部), 東北,N0. 4007] 등에서 설하고 있다.

320) 대승의 종성(種姓)이 각성됨이란, 감뽀빠 존자의 해탈도장엄론(解脫道莊嚴論)에서, "①대승의 종성의 구분이니, 종성은 구분하면 둘이니, [대승이] 자성(自性)적으로 머무는 종성과 바르게 닦아서 이룬 종성이다. ②대승의 종성의 본질이니, 그들 종성의 각자의 본질을 설명하면, 처음의 자성적으로 머무는 종성은 [자기 스스로] 불법을 일으키는 능력이, 처음도 없는 시간부터서 [내재한 자이며], 법성에 의해서얻음이다. 두 번째의 바르게 닦아서 이룬 종성은 불법을 일으키는 능력을 전세에 선근(善根)을 수습함으로부터 얻는 것이다. 그와 같이 두 종성은 붓다의 연분(緣分)을 지닌 자이다. ③대승의 종성의 다른 이름이니, 종성의 다른 명칭으로 종성(種姓), 또는 종자(種子), 또는 계(界), 또는 자성(自性)이라 부른다. ④대승의 종성이 다른 종성에 비해서 수승한 원인이니, 성문과 연각의 두 종성은 하열하니, 단지 번뇌의 장애만을 정화한 것으로 종성이 청정해졌기 때문이다. 대승의 종성은 수승하니, [번뇌와 소지의] 두 장애를 정화한 것에 의해서 종성이 청정해졌기 때문이다. 그러므로 대승의 종성이 모든 종성들 가운데 최승으로 위가 없음이다. ⑤대승의 종성의 모양이니, 종성의 모양에는 각성된 종성과 각성되지 않은 종성

의 둘이 있다. 여기서 각성된 종성은 '과덕(果德)을 바르게 성취했다'라고 말하니, 그 표상을 볼 수가 있다. 각성되지 않은 종성은 '과덕(果德)을 바르게 성취하지 못했다'라고 말하니, 그 표상을 보지 못한다. 그러면 종성은 어떠한 조건에 의해서 각성되는 것인가? 하면, 역연(逆緣)을 여의고 순연(順緣)으로 섭수하면 종성이 각성된다. 이로부터 반대가 되면 종성이 각성되지 않은 채 머물게 된다. 여기서 역연은 넷이니, 가만(暇滿)이 없이 태어남과 [선법(善法)에 흥취가 없어서] 방일(放逸)함과 삿된 길에 들어감과 [불구 등의 갖가지] 장애의 죄업이다. 순연은 둘이니, 외적으로 정법을 설함을 만나는 타인의 연(緣)과 내적으로 여실하게 작의하고, 선법을 희구하는 등의 [자기의 연(緣)]이다. ⑥대승의 종성의 표상이니, 종성의 표상은 보살의 종성을 표시하는 모양을 말하니, 십법경(十法經)에서, '보살의 지혜를 지닌 종성은, 상징들을 통해서 알도록 하라. 연기로부터 불이 있음을 알고, 물새로부터 물이 있음을 앎과 같다'라고 설함과 같다. 그러면 그 상징이 어떤 것인가? 하면, 다스림에 의뢰함이 없이 몸과 말이 자연적으로 온화하고, 마음이 간교함이 거의 없고, 유정에게 자애롭고 희애(喜愛)하는 것들이다. 그와 같이 십법경(十法經)에서, '[몸의 행위가] 조악하지 않고 [언행이] 포악하지 않으며, [심성이] 간사함과 교활함을 버리고, 모든 유정들을 희애(喜愛)하는, 그것이 보리살타인 것이다'라고 설하였다. 또는 무슨 일을 하기 전에 유정에 대하여 자비를 일으키고, 대승의 법을 숭앙하고, 난행을 행함에 득실을 따짐이 없이 인내하고, 바라밀의 자성인 선근(善根)을 바르게 행하는 것이다. 그와 같이 경장엄론(經莊嚴論)에서, '행위를 하기 전에 대비와 대승을 숭앙하고 인욕하며, 선업을 바르게 봉행함은, 대승의 종성의 표상임을 알라'고 설하였다"고 하였다.

321) 이 인과칠결로 보리심을 닦는 법은 아띠쌰 존자가 티베트에 전승한 구결로서 인도의 아사리 짠드라끼르띠(月稱)와 대덕 짠드라고미(皎月)와 아사리 까말라씰라(蓮花戒) 들이 일찍이 설한 바

이다.

322) 인과칠결을 닦아 대보리를 성취하는 원리를 보리도차제광론에서, "인과칠결(因果七訣)은 정등각 부처님의 보리심에서 발생하고, 보리심은 증상의요(增上意樂)에서, 증상의요는 대비에서, 대비는 자애에서, 자애는 은혜를 갚고자 함에서, 보은(報恩)은 은혜를 기억함에서, 염은(念恩)은 [유정을] 어머니로 봄으로써 발생한다"고 하였다.

323) 이것은 보리도차제약론의 목차에 의한 것으로 역본의 원문은 "여기에는 도리와 확신을 일으킴과 실제로 차제대로 수습함이다(ḥDi la rigs daṅ ṅes pa bskyed pa daṅ rim can du sbyaṅ ba dṅos)" 이다.

324) 이 문장의 뜻을 부연하면, "성발생신력경(聖發生信力經)에서 설함과 같이, '여기서 대비는 모든 유정들을 온전히 성숙시키기 위해서 고통의 발생을 감수하지 않음이 전혀 있지 않으며, 안락의 발생을 버림도 전혀 있지 않다' 그와 같이 극도로 행하기 어려운 난행(難行)에 들어가면 오래지 않아서 자량을 온전히 갖춘다"고 보리도차제광론에서 설하였다.

325) 이것은 아사리 까말라씰라(蓮花戒)의 수습차제중편(修習次第中篇)에서, "대비로서 [일체를] 섭수함으로써 제불세존은 자리(自利)의 일체를 원만히 성취하였을지라도 중생계가 다할 때까지 세간에 머물게 되는 것이다. 대저 성문들과 같이 열반성(涅槃城)의 적멸의 기쁨 속에 또한 들어가지 않고, 모든 유정들을 두루 살펴서 그 열반성의 적멸을 마치 불타는 철옥처럼 여겨서 방기하는, 제불세존의 무주처열반(無住處涅槃)의 정인도 오로지 이 대비인 것이다"라고 함과 같다.

326) 람림첸모챈시닥(菩提道次第廣論四家合註)에서, "왜냐하면 [세 가지

법 가운데], [대비인] 비민(悲愍, brTes ñid) [오직 그것이] 붓다의 원만한 수확 [그 또한 처음도 대비가 중요하고 또한, 중간과 마지막에는 발심과 대비 둘 가운데 어느 것이 더 중요하고 덜 중요한가의 차이를 구별하기가 어려울지라도 또한 대비를 더 찬탄함과 같은 것이 보인다. 일반적으로 세 가지 법이 처음과 중간과 마지막 셋에 다 함께 중요할지라도 또한 그 셋 가운데 대비를 중시하는 만큼 그 정도로 다른 둘을 중시하지 않음을 알아야 하니] 이것의 [처음 단계에] 종자와 [중간에] 성장시키는데 물과 같고 [마지막에] 장시간, 수용처(受用處)를 성숙시킴과 같은 것으로 승인하니, 그러므로 나는 먼저 대비를 찬탄한다"고 하였다.

327) 대비가 보리심의 핵심이 됨에 대하여 람림첸모챈시닥(菩提道次第廣論四家合註)에서, "[특별히 대비와 발보리심을 교계의 심요로 삼는 셋 가운데서, 처음 도의 핵심임이 무변한 언교와 정리에 의해서 성립됨으로써 귀중하게 여김이니] 도의 정요(精要)임이 무변한 언교와 정리에 의해서 성립되는 이와 같은 것에 확신을 얻게 되면, 보리심의 근본인 대비와 함께 하는 법들에 관련해서 최승의 교계로 어째서 잡아지니지 않겠는가?"라고 하였으며, 또한 "길상하신 마콜(Ma khol, 母使) [마명(馬鳴)보살의 아명(兒名)]께서, '[불세존] 당신의 마음[이니, 보리심의] 보석 이것이, 정등각[의] 종자인 이것을, 대웅인 [세존] 당신만이 오직 [도(道)의] 정수로 아시고, 그것을 [그러함을] 여타 [어린아이 이생(異生)의] 범부는 [또한] 알지를 못한다네!'라고 설하였다"라고 하였다.

328) 증상의요(增上意樂)의 의미에 대하여 곰데칙죄첸모(貢德大辭典)에서, "청정증상의요(清淨增上意樂, lHag bsam rnam dag). ①이타의 마음, 순수한 공심(公心). ②인과칠결(因果七訣)의 여섯 번째이니, '모든 유정들이 고통의 원인을 여읜다면 얼마나 좋을까? 내가 여의게 하리라!'고 생각하는 마음이다. 어의(語義)는 강렬한 의지가 뛰어남으로써 증상의요(增上意樂)라 부른다. 그렇다면 그와

같은 강렬한 의지란 어떤 것인가? 하면, '모든 유정들의 이익을 나 혼자 행하리라!'라는 무거운 짊을 지는 마음 그것이다"라고 하였다.

329) 증상의요의 수습의 필요성에 대하여 보리도차제광론에서, "그와 같이 마음을 차제로 닦음으로써 대비가 일어나면, 유정의 이익을 위해서 붓다를 얻고자 하는 희원이 일어남으로써 그 정도로 충분한데, 그 중간에 증상의요를 집어넣은 것은 어째서인가? 하면, '유정이 안락과 만나고, 고통을 여읜다면' 라고 생각하는 자무량(慈無量)과 비무량(悲無量)은 성문과 연각에게도 또한 있을지라도, 모든 유정들이 안락을 성취하고 고통을 소멸하는 것을 자기의 책무로 자임하는 것은 대승 밖에는 없음으로써, 강렬한 의지(意志)의 증상의요를 일으킴이 필요한 것이다"라고 하였다.

330) 평등 [평사(平捨)]는 티베트어 땅뇸(bTaṅ sñoms)의 번역으로 중정(中正)의 상태를 의미하니, 일체중생에 대하여 친소의 생각을 버리고 평등하게 대하는 마음이다. 보통 평사에는 행사(行捨)와 수사(受捨)와 사무량(捨無量)의 셋이 있으니, 행사(行捨, ḥDu byed btaṅ sñoms)은 여러 가지 의미가 있으나, 작위의 노력을 떠난 중정이다. 삼독(三毒)이 없는 정진에다 시설한 평사(平捨) 그것은, 침몰과 도거(掉擧)가 쉬어서 멸한 정진에 의해서 전주(專注)의 애씀이 필요 없이 마음이 침몰과 도거에 의해 퇴실되지 않게 함으로써, 마음을 크게 열어주는 선심소(善心所)의 하나이다. 수사(受捨)는 안락과 고통이 아닌 비고비락의 감수(感受)이다. 사무량(捨無量)은 보통 자기 자신이 유정들에 대하여 친소(親疎)와 탐진(貪瞋)을 여읜 뒤 마음의 평등함을 닦는 사무량(捨無量)을 말한다.

331) 보리도차제광론에서, "윤회에는 시초가 없음으로써 자기의 태어남도 또한 시초가 있지 않음으로써 나고 죽음이 연속하니, 윤회하면서 이 몸을 받지 않음과 이곳에 태어나지 않음이 예

초부터 없고, 어머니 등의 친족이 되지 않음이 또한 있지 않다. [유가사지론(瑜伽師地論)의] 본지분(本地分)에서 인용한 경문에, '과거 아득한 세월 이전부터 어떤 곳에 그대가, 나지 않고 가지 않고 죽지 않은 그 땅을 나는 보기가 어렵다. 아득한 세월 이전부터 어떤 유정이 그대의 아버지 또는 어머니 또는 형제 또는 자매 또는 아사리 또는 친교사 또는 스승의 위치 따위가 되지 않은 그것을 나는 보기가 어렵다'라고 설하였다. 그 또한 과거에 어머니가 되었을 뿐만 아니라 미래에도 어머니가 됨이 또한 끝이 없는 것이니, 그와 같이 사유해서 자기의 어머니가 된 것에 대하여 견고한 확신을 얻도록 하라. 만약 이것이 일어나면 그 뒤 그 은혜를 기억하는 등이 쉽게 일어나나, 만약 일어나지 않는다면 은혜를 기억하는 등의 터전이 없기 때문이다"라고 하였다.

332) 어머니의 은혜를 갚는 것은 이지(二地)에 오른 보살이 닦는 8가지 수행덕목 가운데 하나이니, 불요집경(佛要集經, Saṅs rgyas bgro ba)에서, "①계율을 온전히 청정하게 함. ②은혜를 보답하고 은혜를 앎. ③인욕의 힘에 안주함. ④기쁘고 즐거움을 누리도록 함. ⑤모든 유정들을 버리지 않음. ⑥대비에 어리석지 않음. ⑦스승을 공경하고 붓다로 생각함. ⑧바라밀을 정진해서 추구함"이라고 설하였다.

333) "자기 혼자 해탈한다면 이보다 더 큰 부끄러움 없음이 없으니"의 원문은 "자기 혼자 해탈한다면 이보다 작은 부끄러움도 없으니"를 뜻하는 "랑찍뿌찌타르제빠데래텔충와메데(Raṅ gcig pu ci thar byed pa de las khrel chuṅ ba med de)"이나, '작은 부끄러움(Khrel chuṅ ba)'은 '부끄러움 없음(Khrel bor)'의 오기라고 본다. 인용한 제자서(弟子書, Slob ma la spriṅs pa)의 게송의 제4구인 "갤떼찌타르제나데래텔보르메(Gal te ci thar byed na de las khrel bor med)"의 뜻을 따라서 옮겼다. 참고로 보리도체제광론에는 "랑니코르와래찌타르제나데래텔충와메데(Raṅ ñid ḥkhor ba las ci

thar byed na de las khrel chuṅ ba med de)"로 나오나 의미에서는 차이가 없다.

334) 이 게송의 뜻은, "우리들 유정들은 반복해서 친구가 되었던 그 때, 함께 모여여 담소하고 놀이하고, 서로 떨어짐이 불가할 정도로 서로를 좋아하고 한 솥에서 먹고 마시고 즐겼다. 세월의 차례에 의해 하나가 하나에게서 꽃과 귀걸이를 가져가면서 살아가던 그들이 다른 딴 거처로 어찌하여, 육도의 처소로 각각 갈라져 헤어진 뒤에 윤회의 바다의 깊은 소용돌이 속에 떨어짐과 같은 상태에서 나고 죽고 바뀌니, 다른 중생모습과 다른 가면을 단지 착용한 것에 착각을 일으켜서 자기 어머니인 줄을 알지 못한 채 윤회의 바다 속에 버린 뒤, 만약 자기 혼자 윤회에서 해탈할 목적으로 정진하는 그것보다 수치를 모르는 부끄러운 일이 어찌 있겠는가? 없는 것이다"라고 그의 제자서주욕통능멸심시(弟子書註欲痛能滅心匙, sLob spriṅ kiy rna bśad ḥdod paḥi zug rṅu sel byed paḥi sñiṅ gi thur ma)에서 설하였다.

335) 람림첸모챈시닥(菩提道次第廣論四家合註)에서, "그렇다면 은혜를 갚는 그것을 어떻게 해야 하는 것인가? 하면, '어머니 자신 또한 윤회의 안락과 재부를 그만큼 얻은 바이나, 그들 일체가 속이지 않음이 없으니, 그러므로 내가 과거에 번뇌의 마(魔)가 가지한 힘에 의해 상처를 입은 뒤, 심한 상처에다 소금 등의 잿물을 부음과 같이, 본성적으로 고통스러운 이들이 다시 또한 갖가지 고통을 일으키니, [전생에] 자애로 내게 이로움을 준 그들을 해탈과 열반의 안락에 안치하리라!'고 하는 생각으로 은혜를 갚음이 필요하니, 중관심론(中觀心論)에서, '달리 또한 과거 번뇌의 마(魔)가, 가지한 것들에 의해서, [손상된] 상처에 잿물을 부음과 같이, 고통스런 환자 그들을 괴롭게 하고, 다른 생에서 그들이, 자애와 공경으로 이익을 준 바, 그들에게 보답으로 이익을 줌이, 열반 외에 다른 어떤 것이 있겠는가?'라고 하였다. 바다와 수미산 따위의 짐보다도 은혜를 갚지 않는 짐이 더 크

고, 은혜를 갚는 것이 지자들이 찬탄하는 곳으로 설하였다"고 하였다.

336) "유정들이 윤회의 안락의 열매를 그만큼 누릴지라도 또한 그것이 기만하지 않음이 없으니"라고 함은, 일시적인 윤회의 안락과 행복에 취해서 영원한 것으로 착란을 일으키지만, 그것들은 자체가 고통의 본성인 까닭에 결국 삼고(三苦)에 의해서 다시 고통을 일으킴으로써 기만하지 않음이 없는 것이다.

337) "어떤 이가 마음이 미개(未開)하지 않아"는 마괴찡(Ma rgod ciṅ)의 옮김이니, 마괴(Ma rgod)는 마음이 좋아하는 대상으로 달아나지 않는 미도거(未掉擧)의 뜻이기도 하다.

338) "천만 나유타 빈파라(頻婆羅)"는 고대인도에서 사용하던 60가지 숫자의 이름 가운데 하나로 구사론에 의하면, 천만(千萬)은 범어 꼬띠(Koṭiḥ)와 티베트어 제와(Bye ba)의 옮김이니, 음사하여 구지(俱胝)라 하고, 나유타(Nayutaḥ / Khrag khrig)는 나유타(那庾陀)로 음사하니 일조경(一兆京)이고, 빔바라(Biṃbaraḥ / dKrigs)는 음사하여 빈파라(頻婆羅)이니, 나유타(那庾陀)의 백만 배에 해당하는 숫자이나, 경론마다 논설이 조금씩 다르다.

339) 보리도차제광론에 나오는 이 경전의 원문에서는, "동북간에 대자재왕불(大自在王佛)의 국토인 일천장엄(一千莊嚴)이란 그곳에서는 비구가 멸진(滅盡)에 들어간 안락과 같은 안락을 유정들이 또한 소유한다. 그곳에서 십만구지(十萬俱胝)의 세월 동안 청정한 범행(梵行)을 닦는 것보다, 이 국토에서 단지 손가락을 튕기는 경각(頃刻)의 시간이라도 모든 유정들에 대하여 자애심을 일으키면 그것이 앞의 복덕보다 훨씬 많이 일으키니, 밤낮으로 자애심에 머무는 것은 더 말할 필요가 없다"라고 하였다.

340) 소관반찬(小罐飯饌)은 제우최(rDzeḥu tshos) 또는 지우최(rDziḥu

tshos)의 옮김이니, 다뙤쎄르기멜롱(古藏文辭典)에서, "제우(rDzeḥu)는 흙으로 굽은 항아리 또는 그릇의 이름이니"라고 하였듯이, 도관(陶罐) 또는 옹기(甕器)를 뜻하고, 최(Tshos)는 반찬의 뜻으로 작은 그릇 속에 갖가지 맛난 반찬과 밥을 넣어 공양하는 미식(美食)을 말한다. 람림첸모챈시닥(菩提道次第廣論四家合註)에 의하면, "작은 질그릇을 제우(rDzeḥu, 小罐)라 하고, 그 안에 쌀을 넣고 익힌 것을 제우최(rDzeḥu tshos, 小罐飯饌)라 부르고, 그것을 적게 만든 것이 미식법(美食法)인 까닭에 큰 질그릇 속에다 익힌 대중식(大衆食)에 비해서 맛이 뛰어난 그와 같은 제우최(小罐飯饌) 삼백 개의 미식(美食)을"이라고 하였다.

341) 잠시 잠간은 위짬탕찍(Yud tsam thaṅ cig, 須臾·頃刻)의 옮김이니, 잠시인 위짬(Yud tsam, 須臾)은 고대인도에서 하루를 30등분으로 나눈 가운데 30분의 1에 해당하는 시간을 말하니, 오늘날 시간으로는 48분에 해당하고, 잠간인 탕찍(Thaṅ cig, 頃刻)은 60찰나(剎那)에 해당하는 짧은 시간이다.

342) 자애팔법(慈愛八法)은 ①하늘과 사람이 자애로워 짐. ②비천(非天)이 수호함. ③마음이 안락함이 많음. ④몸이 안락함이 많음. ⑤독물이 해치지 못함. ⑥무기가 해치지 못함. ⑦애씀 없이 뜻들을 성취함. ⑧범천의 세계에 태어남의 여덟 가지이다.

343) 자애를 닦는 차제에 대해서 아사리 적천보살의 집학론(集學論)에서, "그것은 세 가지이니, 무진의경(無盡意經)에서, '유정을 소연하는 자애는 초발심(初發心)의 보살들의 자애이다. 법을 소연하는 자애는 보살행에 들어간 보살들의 자애이다. 무소연(無所緣)의 자애는 무생법인(無生法忍)을 얻은 보살들의 자애이다'라고 설하였다"고 하였다.

344) 보리도차제광론에서, "집학론(集學論)에서, '금강명경(金剛明經)에 나오는 자애와 대비를 닦음을 설한 법구들에 모든 유정들을 전

심으로 사유하되 최소한 게송을 낭송하며 닦도록 설하였다. 그 게송은 '금광명(金光明)의 큰 북소리로, 이 삼천대천세계의 삼계에 있는, 악도의 고통과 염라왕의 고통과 빈궁의 고고(苦苦)를 식멸하게 하소서!'라는 등이다"라고 하였다.

345) 보리도차제광론에서, "자애를 닦는 도리는 그와 같이 유정들이 고통에 의해서 고통을 당하는 도리를 거듭거듭 사유하면, 대비가 일어남과 같이 유정들에게 유루(有漏)와 무루(無漏)의 안락이 없고, 안락이 상실된 도리들을 거듭거듭 사유토록 하니, 그것이 익어지면 안락과 만나기를 원하는 마음이 저절로 일어나니, 그 또한 갖가지 안락들을 작의(作意)한 뒤 그들 유정들에게 베풀도록 하라"고 하였다.

346) 110가지의 고통은 유가사지론(瑜伽師地論)의 보살지(菩薩地)에서, "고통의 첫째 유형은 차별이 없이 들어가는 고통으로부터 비롯함이니, 모든 유정에 들어가는 것에 포함되는 고통을 지님이다. (중략) 고통의 아홉째 유형은 자기가 쇠락하는 고통과 타인이 쇠락하는 고통과 친족이 쇠락하는 고통과 수용(受用)이 쇠락하는 고통과 무병에서 쇠약해지는 고통과 계율이 손상되는 고통과 견해가 손상되는 고통과 금생의 고통과 후생의 고통이다. (중략) 그와 같이 앞의 55가지 유형과 뒤의 55가지 유형의 고통 이것들을 하나로 모으면, 110가지 유형의 고통이 되는 것이 보살의 연민의 대상의 부류이니, 그 대상들에 의해서 보살들의 연민을 일으키고 증장하는 수습이 원만하게 된다"라고 설하였다.

347) 고제(苦諦)는 범어 두카싸뜨얌(Duḥkhasatyaṃ)의 번역이니, 유루(有漏)의 행(行)을 좋아하는 애락(愛樂)들은 괴고(壞苦)에 의해서 고통이 되고, 그렇지 못한 비락(非樂)들은 고고(苦苦)에 의해서 고통이 되고, 그 둘에 속하지 않는 다른 법들은 행고(行苦)에 의해서 고통이 되니, 오온에는 삼고(三苦)가 있음으로써 고제라 한

다. 다시 말해, 자기의 원인인 업과 번뇌로 생겨난 근취온(近取蘊)인 부정한 유정무정(有情無情)의 세간의 유루의 업과(業果)인 모든 사물들은 괴로움의 집합 자체로서 마치 질병과 같은 것으로 속임이 없이 여실하게 붓다의 눈에 비침으로써 고제라 부른다. 고제의 본질은 무상(無常)·고(苦)·공(空)·무아(無我)의 넷에 귀속되니, 이 넷의 본성을 깨닫는 것이 고제를 현증하는 것이다.

348) 증상의요(增上意樂, lHag bsam)의 수습은 초지보살이 닦는 10가지 법 가운데 하나이니, 불요집경(佛要集經, Saṅs rgyas bgro ba)에서, "①증상의요(增上意樂)를 닦음. ②[사섭법(四攝法) 가운데] 이행섭(利行攝)을 닦음. ③모든 유정들에 대하여 평등심(平等心)을 닦음. ④선지식을 친근함을 닦음. ⑤법을 온전히 추구함을 닦음. ⑥거듭해서 일어남을 닦음. ⑦불신(佛身)을 희구함을 닦음. ⑧재물이 없는 법보시를 강설함을 닦음. ⑨자만(自慢)에 의한 오만한 마음을 부숨을 닦음. ⑩진리의 언구를 닦음"이라고 설하였다.

349) 수습차제상편(修習次第上篇)에서 인용한 내용은, "또한 지인삼매경(智印三昧經)에서 설하되, '타인으로 하여금 [정법을] 바르게 수지토록 함으로써, 보살에게도 또한 보리심이 발생하는 것이나, 그럴지라도 대비를 간절히 품고서 보살 자신이 보리심을 일으키는 것이 더없이 수승한 것이다'라고 하였다"고 하였다.

350) "가기를 원하고 가는 바의"라고 함은 원심과 행심의 비유이니, "[원심과 행심의] 그 둘의 본질의 차이를 비유의 문을 통해서 설함이니, 어떤 사람들이 어떤 곳으로 가리라! 하는 생각을 통해서 그 곳으로 가기를 원하는 마음과 발을 내딛는 등을 통해서 길에 오르고 가는 행위와 더불어 그 때에도 또한 그곳으로 가리라! 하는 생각의 마음이 있으니, 그 둘에는 그곳으로 가는 생각의 같은 마음이 있는 것이라도, 실제로 가는 행위가 섭수하지 않고 섭수하는 차이 또는 차별이 그와 같이 있음을 아는 것과 같음의 비유처럼, 자기와 타인의 이익을 성취하는 방편을

아는 지자(智者) 또는 두 발심의 성상의 차이 등의 보리심의 행상을 여실하게 아는 지자는 원심과 행심의 일으킴의 이 둘의 차이 또는 차별 또한 차례대로 알도록 하라"는 의미라고 툽땐최끼닥빠(Thub bstan chos kyi grags pa)의 쬐죽델썌걜쌔붐쌍(Pyod ḥjug ḥgrel bśad rgyal sras bum bzaṅ, 入菩提行論釋菩薩寶瓶)에서 설하였다.

351) 이 두 게송의 의미를 캔뽀·꾼뺄(mKhan po kun dpal)의 쬐죽짜델(入菩提行論釋)에서, "무진의경(無盡意經)과 같이 80무진(無盡) 등의 문을 통해서 그 보리심을 구분하면 허다할지라도 요약하면, 구분한 수효의 본질의 문을 통해서 2가지로 알도록 하라. 무엇인가? 하면, 대보리를 원하는 마음을 일으킴과 보리의 행위에 들어가는 두 가지인 것이다. 그 둘의 차이가 어떤 것인가? 하면, 비유하면, 한 사람이 원하는 지역으로 가기를 원하고 희구함과 그가 실제로 길을 나선 뒤 가는 바의 차이 또는 차별이 그처럼 있음을 앎과 같이 그와 같이 정통함으로서, 지자(智者)인 보살들은 이 원심(願心)과 행심(行心)의 둘의 차이를 또한 차례대로 여실하게 알도록 하라고 함이다. 또한 비유의 문을 통해서 열어 보인 바의 원심의 차이 이것에도 서로 같지 않은 허다한 주장이 있다. 아사리 예시샵(Ye śes shab, 智足) 등은 이생범부(異生凡夫)의 발심을 원심(願心)으로, 성자의 발심을 행심(行心)으로 주장하고, 아브야(Abhya, 無畏)와 예시닥빠(Ye śes grags pa, 智稱) 등은 자량도(資糧道)에 머무는 자의 발심을 원심으로, 가행도(加行道)부터의 발심을 행심으로 주장하였다. 아사리 싼띠빠(Śantipa, 寂靜者)와 린첸중내(Rin chen ḥbyuṅ gnas, 寶生)와 갸최띤(rGya mtshoḥi sprin, 海雲) 등은 보리를 얻기 원하는 마음 그것을 발심의궤에 의해서 수지하지 않음을 원심으로, 수지함을 행심으로 주장하고, 쎼랍중내(Śes rab ḥbyuṅ gnas, 慧生) 등은 그 마음이 보리행에 의해서 섭수되지 않음을 원심으로, 섭수됨을 행심으로 주장하고, 아띠쌰 존자는 결과인 붓다를 소연함을 원심으로, 그것의 원인인 도(道)를 소연함을 행심으로 주장하였다. 원인과 결과에

입각하는 차이를 인정함과 같은 것이다. 일부는 불퇴전를 얻기까지를 원심으로, 얻은 뒤를 행심으로 주장하는 가운데 범부와 성자의 발심을 원함을 제외하고서는, 다른 아사리들도 대체로 적천(寂天)의 이 교설을 수순함은 같을지라도 논지의 입각처가 같지 않으니, 꾼켄첸뽀(Kun mkhyen chen po)는, '결과에 입각함을 원심으로 하고, 원인에 입각함을 행심으로 설하였으니, 그 또한 비유들에 의한 구분들 또한 생각으로 원함과 행위로 편입(遍入)하는'이라고 해서, 원심과 행심의 둘을 각각 설함과 같이, 요약하면, '어머니가 되었던 무변한 허공과 같은 모든 유정들이 윤회와 적멸의 모든 고통들을 여의고, 정등각불의 경지에로 내가 안치하리라!'고 하는 결과인 붓다의 경지로 가기를 원하고 희구한 뒤, 성취를 서약하는 [자리이타의] 이리(二利) 또는 두 부분을 지닌 원심을 일으키고, 그것을 위해서 육바라밀을 닦기를 서약하고 서약한대로 들어가서 닦는 상태의 행심을 일으키고, [행위에] 들어갈 때 또한 들어가길 원함을 버리지 않는 것과 같이 행심의 때에도 원심이 마땅히 있어야 하니, 그와 같다면, '2가지 보리심과 3가지 율의와 계율'이라 부르는 반면(反面)의 문을 통해서 구분할지라도 또한 하나이니, 타인의 이익을 위해서 원만보리를 원한 뒤 자기의 상속을 수호하는 율의계(律儀戒)와 선업의 무더기를 증장하는 섭선법계(攝善法戒)와 유정요익계(有情饒益戒)이니, 그들 일체 또한 자기상속의 불선의 방면을 단속함으로써 보살의 율의라고 한다. 예를 들면, 여의주가 전염병을 없애고, 소망하는 바를 산출하고, 어둠을 없애는 3가지 방면이 있음과 같이 하나의 본질을 차별의 측면에서 설함이다" 라고 하였다.

352) 원심과 행심의 공덕의 크고 적음의 차이에 대하여 입보리행론(入菩提行論)에서, "원심(願心)을 일으킴으로 말미암아, 윤회할 때 큰 선과(善果)가 발생할지라도 또한, 그와 같이 행심(行心)을 일으킴처럼, 복덕이 연속적으로 발생하지 않는다. 어느 때부터 무변한 유정세계를, 크게 해탈시키기 위해서, 불퇴전의 마음으로

어떤 이가, 그 마음을 바르게 수지하게 되면, 그때부터 잠에 들거나 또는, 방일할지라도 또한 복덕의 힘이, 끊임없이 자라나 소멸하지 않고, 허공과 평등하게 광대하게 발생한다"고 하였다.

353) 여기서의 행율(行律)은 대승보살이 수지하고 마땅히 행해야 하는 계율인 ①율의계(律儀戒: 모든 율의를 수지해서 죄과를 멀리 떠나고, 마음을 수호하여 10가지 불선업을 야기하는 망념이 일어나지 않게 방비함) ②섭선법계(攝善法戒: 대승의 율의에 머물면서 바라밀 등의 모든 선법을 닦고 쌓는 것) ③요익유정계(饒益有情戒)를 말한다.

354) 자타상환(自他相換)을 통해서 보리심을 일으키는 법은 인과칠결(因果七訣)을 통해서 보리심을 일으키는 법과 함께 대승발심의 2가지 중요한 법이니, 먼저 인과칠결에 의지해서 보리심을 일으키는 법은 반야경의 교설에 의거해서 발심하는 법이며, 자타상환은 대수장엄경(大樹莊嚴經)과 집학론(集學論)과 입보리행론(入菩提行論) 등의 교설을 근거해서 보리심을 일으키는 법이다.

355) 길선원만(吉善圓滿, Phun sum tshogs pa)은 길선(吉善)한 모든 것들을 원만하게 구족함의 뜻이니, 여기서는 사분원만(四分圓滿)을 뜻하는 푼촉데시(Phun sum tshogs sde bshi)이니, 곧 법(法)·재(財)·욕(欲)·과(果)의 넷을 포함하는 세간과 출세간의 원만함을 말한다. 다시 말해, 법원만(法圓滿)은 불법이 융성함을, 재원만(財圓滿)은 생활자구와 재물이 풍성함을, 욕원만(欲圓滿)은 색성향미촉 등의 미묘한 욕락(欲樂)을 갖춤을, 과원만(果圓滿)은 불법을 닦아서 해탈과 열반을 증득하는 등을 갖춤이니, 입보리행론(入菩提行論)[선정품(禪定品)]에서, "자기를 위해서 타인에게 해악을 행하면, 지옥 등에서 괴로워하게 되고, 타인을 위해서 자기에게 해악을 행하면, 모든 길선원만(吉善圓滿)을 얻게 된다"라고 설함과 같다.

356) '비밀의 극치'은 원문의 쌍왜담빠(gSaṅ baḥi dam pa)의 번역이니,

곰데칙죄첸모(貢德大辭典)에서, "쌍왜담빠(gSaṅ baḥi dam pa). ① 비밀보다 더 한층 큰 비밀. ②자타상환(自他相換)의 로종(修心)의 수행용어이다. 여기서 쌍왜담빠(gSaṅ baḥi dam pa, 비밀의 극치)라 고부르는 이유는 법의 그릇이 아닌 자에게는 비밀이며, 대승수행의 내타르툭빠(gNad bthar thug pa, 핵심의 구경)인 까닭에 그와 같이 말한다"고 하였듯이, 예를 들면, 쬐죽델빠장쎔쌜제다왜외쎄르(sPyod ḥjug ḥgrel pa byaṅ sems gsal byed zla baḥi ḥod zer, 入菩提行論注疏·菩提心明解月光)에서, "만약 누군가 자기와 다른 이들을, 신속하게 구호하길 원하는 그는, 자기와 타인을 상환하도록 해야 하니, 그것이 없다면, 자기와 타인을 전혀 구호하지 못하기 때문이다. 그렇다면, 그것을 어떻게 행함인가? 하면, [대승] 그 종성이 아닌 자들이 두려워하는 원인이 되기 때문과 또는 불신을 없애기 위해서 비밀의 극치이니, 최고의 비밀을 행하도록 하니, 달리 [불신하는 자들은] 그것을 버림으로써 그들이 악도에 들어가기 때문이다"라고 하였으며, 또한 쬐죽다르띠까(sPyod ḥjug dar ṭīka, 入菩提行論廣釋)에서, '만약 누군가 자기와 타인들을 윤회와 열반의 상속으로부터 신속하게 구호하길 원하는 그는 자기와 타인을 상환하도록 하라. 법의 그릇이 아닌 자에게는 비밀로 하며 대승도(大乘道)의 핵심의 구경인 비밀의 묘결(妙訣)을 행하도록 하라'고 설하였다"라고 하였으며, 또한 쬐죽델쌔걜쌔왼땐붐쌍(入菩提行論釋·菩薩寶瓶)에서, "그것은 대승의 종성이 아닌 자들이 두려워하는 원인과 불신의 원인이 되는 심오한 구결이자, 대승도의 핵심의 구경을 소승과 같은 법기가 아닌 자들에게 비밀로 하는 최고의 극치가 되기 때문이니, 그러므로 여기서 최승의 교계를 수지하되, 비밀로 해서 드러나지 않는 모양으로 항상 실천 수행하라. 다른 종성에게는 그것을 버림으로써 악도에 들어가기 때문이다"라고 하였다.

357) 이것은 자타상환이 불가하다는 의구심에 대하여 자타가 평등한 이치를 알고 닦아 익히면 성취할 수 있음을 캔뽀·꾼뺄의 쬐죽짜델(入菩提行論釋)에서, "'그와 같이 타인인 유정들을 자기 자

체로 인식하기가 불가능하고, 되지 않는다'라고 생각한다면, 되는 것이니, 이와 같이 반복해서 닦고 익힘으로써 타인인 아버지와 어머니들이니, 아버지의 정자와 어머니의 난자의 물방울 그것에는 해탈과 착란 등의 바탕이 되는 '자기의 것이 조금도 있지 않음에도 또한 자기(自己)이다'라고 알고서 집착하니, 내가 없음에도 내 몸 또는 나의 것이라는 생각이 일어남처럼, 그와 같이 부모의 정혈(精血)의 본성인 타인인 유정의 몸에 대해서 또한 차례로 닦고 익힘으로써 자기라고 어째서 여기지 못하겠는가? 능히 여기게 된다. 그와 같이 닦고 익히면 나의 이 몸이 타인인 유정의 몸과 타인인 유정 또한 나의 몸으로 안치하게 되니 그와 같이 어려움이 있지 않다"라고 하였으며, 또한 "[타인의 몸을 자기의 몸으로 여기는] '그와 같은 마음이 일어나지 않는다'라고 하면, 그 같은 비유처럼 해탈과 착란의 바탕이 된 부모의 정혈(精血)이 완전히 성숙한 이 몸을 자기라 여김을 반복해서 닦고 익힘으로써 안락하면 내가 즐겁다고 말하고, 괴로우면 내가 고통스럽다고 말해서 자기라는 마음이 저절로 일어나는 것과 같이, 다른 유정의 몸을 또한 자기로 여김을 반복해서 닦고 익힘으로써 나라고 생각하는 마음이 어찌 일어나지 않겠는가? 반드시 일어난다"고 하였다.
또한 보리도차제광론에서, "만약 타인의 몸은 내 몸이 아님으로써 자기의 마음과 같다는 것을 어떻게 일으킴이 가능한가? 라고 하면, 이 몸 또한 아버지와 어머니의 정혈(精血)로 이루어지고, 타인의 몸의 일부로부터 이루어졌음에도 불구하고 과거에 닦아 익힌 힘에 의해서 자기로 여김을 일으킴과 같이, 타인의 몸 또한 자기처럼 애중히 여김을 닦아 익히면 일어나게 되니, 입보리행론(入菩提行論)에서, '하물며 어떻게 타인들의, 정혈(精血)의 물방울을, 그대가 자기로 집착함처럼, 그와 같이 타인을 [자기로] 닦아 익히라'고 설하였다"라고 하였다.

358) "불행의 일체는 [아집(我執)] 하나에 있다"의 원문은 "레랜탐째찍라다(Le lan thams cad gcig la gdaḥ)"이며, 여기서 레랜(Le lan)은

보통 앙갚음을 뜻하는 복수와 재난과 재앙과 불행의 뜻으로 쓰이는 로종(bLo sbyoṅ)의 용어이기도 하다. 예를 들면, 수승찬주(殊勝讚註)에서, '편입천(遍入天)에 의해서 친족들이 복수를 하기에 이르렀다. 편입천에 의해서 친척들이 서로 복수 또는 보복하게 되어서, 전멸하였으며'라고 설함과 또한 뽀또왜띵익(Po to baḥi spriṅs yig)에서, "선악으로부터 업이 오는 것을 알면, 불행을 타인에게서 찾아냄이 어찌 있겠는가?"라고 설함과 같다. 또한 [선지식 닥마르와(Brag dmar ba)의 전승인] 텍빠첸뽀로종(大乘修心訣)에서, "불행의 일체는 [아집(我執)] 하나에 있다. 무시이래 지금에 이르기까지의 안락하지 않음 또는 고통의 일체는 아집(我執)에서 발생함으로써, 이것[아집(我執)]을 해친다면 힘을 다해 해치고 또한 해치리라는 생각으로 닦는다"라고 설하였다.
또한 로종쑹되매카꽁(修心法語補遺)에서, "현재 우리들은 어떤 고통과 역연(逆緣)들이 일어나면 모든 불행의 원인을 타인에게서 찾고, 불행이 없는 무과실을 우리들이 일향으로 원할지라도 그것이 아닌 것이니, 어떤 고통과 역연들이 일어나든 모든 불행의 원인은 이 아집(我執)의 하나에 귀착되는 것이다"라고 하였다.

359) 부뙨·린첸둡(寶成)의 쬐죽델빠장쎔쌜제다왜외쎄르(sPyod ḥjug ḥgrel pa byaṅ sem gsal byed zla baḥi ḥod zer, 入菩提行論注疏·菩提心明解月光)에서, "세간들에서 안과 밖의 해코지인 마음이 불안한 해침들의 그 일체와 몸의 고통과 고통의 원인이 되는 두려움의 그 일체는 무아(無我)를 유아(有我)로 미혹하는 아집(我執)으로부터 모든 고통의 원인은 큰 악귀이니, '자아'라는 것을 집착하는 그것을 가지고 내가 무엇을 하겠는가? 아무 소용이 없다. 아집은 모든 고통의 원인이니, 아집을 제외한 무아(無我)로써 아집을 완전히 내버림이 자아를 버림인 것이다"라고 설하였다.

360) 첨(諂)·광(誑)·궤(詭)의 뜻은 이와 같으니, 첨(諂, gYo)은 명리 등에 애착함으로써 자기의 허물을 숨기는 기만심이니, 과실의 이어짐을 방관하는 간교한 마음으로 탐·진·치 셋에 속하는 심소유

법이다.
광(誑, sGyu)는 명리 등을 위해서 자기에게 공덕이 없음에도 불구하고 있는 것처럼 가장하여 남을 속이는 사특한 마음이니, 우치에 속하는 심소유법으로 사명(邪命)을 유지하는 근원이다.
궤(詭, Khram)은 첨광(諂誑)을 행하는 교활한 자이니, 타인에게 거리낌이 없이 거짓말을 행하는 사람의 뜻이다. 쎄르기담뷔밍칙챈델노뷔도쌜(雪域名著名詞精典注釋)에서, "첨광(諂誑)은 행위를 가장하거나 타인을 기만하는 마음과 행위의 이름이며, 궤(詭)는 첨광(諂誑)을 행하는 자이다"라고 하였다.

361) 텍빠첸뽀로종(大乘修心訣)에서 해설하되, "일체를 대은인(大恩人)으로 닦으라. [현생의] 임시와 구경의 모든 이익과 안락은 대경인 유정에 의거해서 발생하니, 눈앞의 음식과 의복 따위와 궁극의 원만보리의 길과 의요(意樂)인 보리심의 수행인 6바라밀의 전체는 유정에 의지해서 완성되는 것이니, 유정이 없다면 완성되지 못함으로써 은혜를 닦고 똥렌(gToṅ len, 주고 가져오기)을 수행하라"고 하였다.

362) 똥렌(gToṅ len)는 '주고 가져오기'를 뜻하는 로종의 용어이니, 곰데칙죄첸모(貢德大辭典)에서, "자기 몸으로 누리는 수용물(受用物)과 선근(善根)들을 함께 타인에게 주고, 타인의 죄장과 고통의 일체를 자기에게 가져오는 대승의 로종(修心)의 수행이다. 그 또한 주는 수행을 통해서 자애의 힘을 증장시키고, 가져오기의 수행을 통해서 대비를 배양하는 것이다. 이것의 전거는 입보리행론(入菩提行論)에서, '그와 같이 나의 해악을 식멸하고, 타인의 고통을 식멸하기 위해서, 자기 [안락]을 타인에게 주고, 타인들을 나와 같이 애중히 여긴다'라고 설한 바로 이것이다"라고 하였다.

363) 곰데칙죄첸모(貢德大辭典)에서 쉽게 관상하는 법을 설명하길, "좌우의 콧구멍을 통한 들숨과 날숨을 관상함이 필요가 없이,

날숨을 밖으로 내쉴 때 그 숨과 함께 자기의 안락과 선근의 일체를 타인에게 아낌없이 베풀고, 안으로 들숨을 마실 때 타인의 죄업과 고통의 일체를 검은 덩어리 형태로 거두어져서 자기의 심장 안으로 소멸됨을 관상한다. 요약하면, 똥렌의 둘을 통해서 자비의 둘의 힘을 발휘해서 수습하는 것이다"라고 하였다.

364) 욕계의 천인들의 죽음의 상징에는 5가지가 있음으로써 오쇠상(五衰相)이라 부르는 ①의복이 더러워지며, ②화만(華鬘)이 시들고 마르며, ③두 겨드랑이에서 땀이 나고, ④몸에서 나쁜 냄새가 나며, ⑤자기의 자리가 싫어지는 것이다. 이러한 징조들이 발생하면 그 천신은 각자 하늘의 7일 안에 사망한다고 하였다.

365) 정법염처경(正法念處經)에서 천인들이 겪는 죽음의 오공포(五恐怖)에 대하여,

"① 사랑스럽고 마음이 맞는 아름다운 하늘 여인들 모두와 천인들이 누리는 동분의 복분을 그 순간 다시는 결코 만나지 못한다고 하는, 이것이 사별이 만들어 내는 첫 번째 큰 고통이다.

② 천인들이 죽을 때의 두 번째 고통이 이와 같으니, '사랑하고 즐기던 아름다운 하늘 물건들의 경계와 이후에는 다시 만나지 못한다'고 하는 이것이 천인들이 사멸할 때 겪는 두 번째의 큰 고통이다.

③ 천인들이 죽을 때의 세 번째 고통이 있다. 다른 천인들과 놀이하던 그들이 이 놀이의 실황들이 어느 때 기름이 소진한 등불이 꺼짐과 같음을 보게 된다. 그 때 그에게 어떠한 고통들이 발생하는 그것들이 이와 같이 생기니, '정해진 업풍에 의해서 나는 반드시 괴멸한다'고 하는 반드시 사별하는 고통이 발생하는 어떤 그것은 지옥의 고통으로도 일분조차 또한 감당하지 못한다.

④ 다섯 가지 고통 가운데 네 번째가 있다. 어느 때 죽음과 가까워지면 중생은 어디에서 태어나게 되고, 이는 어디에서

태어남이 실현되고, 지옥과 아귀와 축생들의 중생을 그가 어떻게 보게 되는가? 그 때 이것을 후회함이 만드는 넘치도록 많은 갖가지 모양의 고통들이 발생한다.

⑤ 천인들에게 다섯 번째 큰 고통이 있다. 선지식이 된 어떤 이들이 법을 연설하면 그 또한 듣지 않음과 정법을 따라서 행함이 없이 방일(放逸)로 멋대로 행하고, 대경에 전적으로 마음이 빼앗김이니, 사멸하는 그 때 그것을 또한 기억한 뒤 참지 못할 고통에 내가 어찌할 바를 모른다. 그 어떤 법을 듣지 않았고, 계율 또한 행하지 않았고, 지혜 또한 익히지 않은 그의 마음을 맨 처음 후회하는 불길이 불태운다. 자기를 업의 밧줄 그것이 꼼짝 못하게 결박하니, 그것은 방일의 원수에 기만을 당함이다. 이것이 천인들에게 있는 다섯 가지 큰 고통들이다"라고 하였다.

366) 편행고(遍行苦)는 행고(行苦)라고 하니, 유루(有漏)의 비고비락(非苦非樂)의 평등한 느낌을 말하며, 이것을 일으키는 대상과 함께 신구의(身口意)의 부정함에 의지해서 육도중생에게 균등하게 고통을 야기함으로써 편행고(遍行苦)라고 한다.

367) 성문·연각의 소지(所知)의 장애를 소지장(所知障) 또는 지장(智障)이라 말하니, 이것은 성불을 가로막는 두 가지 장애 가운데 성문·연각은 번뇌장은 제거하였으나 소지장은 제거하지 못하였음을 말한다. 소지장의 뜻을 설명하면 슝까뾔응애칙된쌜델(藏傳佛教五明詞義詮釋)에서, "미팜캐죽(Mi pham mkhas ḥjug)301. 소지장(所知障, Śes sgrib)은 여소유(如所有)와 진소유(盡所有)의 뜻을 그릇됨이 없이 통견하는 것을 가로 막는 장애이다. 그 원인이 어디에서 비롯하는가? 하면, 제법이 불이의 법계의 자성으로 존재함을 깨닫지 못하고 갖가지 심경(心境)의 둘로 미집함에서 생기는 것이다. 그러므로 [제법이 무자성(無自性)임에도 보시를 예로 들면, 보시하는 물건과 베푸는 자와 받는 자의 셋이 있다고 분별하고 집착하는] '삼륜(三輪)의 분별이 소지장이다'라고 미륵

자존께서 설하였다. 삼륜을 분별하는 근본은 법아(法我)를 집착하는 것임으로써, 요약하면, 법아의 집착에서 발생한 모든 장애가 소지장이며, 법에 자아가 없고 공(空)한 것임을 봄으로써 그것을 없애게 된다"고 하였다.

또한 불교학대사전(佛教學大辭典)에서, "②성유식론(成唯識論) 권9에서는, 중생의 신심(身心)을 교란시켜 열반에 이르는 것을 방해하는 모든 번뇌를 번뇌장, 업(業)을 일으키어 삼계(三界: 迷의 세계)에 나게 하는 작용이 없지만, 알아야 할 대상을 덮어서 정지(正智)가 생기는 것을 방해하는 모든 번뇌를 소지장(所知障: 智障)이라고 한다. 이 이장(二障)은 어떤 것이나 살가야견(薩迦耶見: 壞聚見)을 비롯해서 128의 근본번뇌 및 20의 수번뇌(隨煩惱)를 체(體)로 한다. 그 가운데서 「실체의 사람, 실체의 중생이 있다」고 하며 나를 집착하는 [아집(我執)]의 면(面)을 번뇌장이라고 하며, 「사물에는 실체가 있다」고 하며 법(法)을 집착하는 [법집(法執)]의 면(面)을 소지장이라고 한 것으로서, 동일한 번뇌의 이면(二面)이다. 그러므로 번뇌장은 아집(我執)을 근본으로 하고, 소지장은 법집(法執)을 근본이라 한다고 한다. 그 작용의 특징에서 말하면 번뇌장은 열반을, 소지장을 보리를 장애한다. 곧 번뇌장은 열반을 장애하는 정장(正障)이며, 소지장은 이 정장(正障)에 힘을 주어 장애시키는 겸장(兼障)이기 때문에 소지장만으로는 열반을 장애하는 능력이 없다. 또 번뇌장을 조연(助緣)으로 하여 분단생사(分段生死)를 받고, 소지장을 조연으로 하여 변역생사(變易生死: 보살이 세상에 나서 번뇌를 끊고 성불하기까지 받는 생사)를 받는다고 한다. 그렇기 때문에 이승(二乘: 聲聞緣覺)은 번뇌장만을 끊은 자리(位)를 理想의 과위(果位)로 하지만, 보살은 이장(二障)을 다 같이 끊어서 불과(佛果)를 얻는 것을 이상으로 한다. 그것은 보살에 있어서는, 소지장은 삼계의 과보를 이끄는 일은 없지만 곧잘 무루업(無漏業)을 도와서 변역생사를 받게 하기 때문이다"고 하였다.

368) 취악취(取惡趣)는 티베트어 내응앤렌(gNas ṅan len)의 번역으로

취악취(取惡趣)와 장애(障碍)과 번뇌습기의 조중(粗重)을 뜻한다. 다조르밤뽀니빠(brDa sbyor bam po gñis pa, 聲明要領二卷)에서, "다우스툴량(Dausṭhulyaṃ)의 두(Du)는 저열 또는 조악함을, 스타가띠니브르따우(Ṣṭhāgatinivṛtau)는 머무름이며, 라(La)는 아다나(Ādana)이니, 취함 또는 잡음이다. 또 하나는 두스뚜(Duṣṭu)는 죄악 또는 허물의 이름이며, 라(La)는 위에서 설한 바와 같다. 보통 타락과 장폐(障蔽)의 이름이니, 취악취(取惡趣)로 시설한다"고 하였으며, 또한 람림다똘(Lam rim brda dkrol, 菩提道次第廣論古語難語釋)에서, "취악취(取惡趣)라고 함은 조건을 언제 만나는 때 번뇌와 고통을 발생시키는 종자와 습기의 이름이니, 현재 고통스럽게 만드는 터전임으로써 주(住)이며, 다시 고통을 후에 불러옴으로써 악취(惡趣)라고 한다"고 하였다. 정리하면, ①취악취(取惡趣)의 뜻이니, 앞에서, "부정한 악취에 태어나니, 현재 고통스럽게 하는 터전임으로써 주(住)이며, 다시 고통을 후에 불러옴으로써 악취(惡趣)라고 한다"고 함과 같다. ②장애(障碍)의 뜻이니, 곰데칙죄첸모(貢德大辭典)에서, "장애(障碍)이니, 걜찹최제(rGyal tshab chos rje)의 남쌔닝뽀걘(rNam bśad sñiṅ po)에서, '무간도(無間道)의 단계에서 자기의 득분(得分)으로 소단사(所斷事: 마땅히 끊어야 하는 번뇌와 소지장)가 없고 생하지 않음이 마땅한 유법(有法)[증득자(證得者)]이나 또한, 조건을 완전히 갖추지 못함에 의해서 택멸(擇滅)을 얻음이 아닌 것이다. 이것을 미루어보면 십지(十地)의 최후유제(最後有際)의 무간도의 단계에서 취악취(取惡趣: 障碍)의 미세한 더러움이 또한 없을지라도 완전히 끊어버림이라고 말하지 않음이니'라고 설함과 같은 것이다. ③번뇌습기의 조중(粗重)의 뜻이니, 람림첸모(菩提道次第廣論)에서, '취악취는 전도된 유경(有境)을 더욱 증장시키는 세력이 마음의 흐름에 머무르는 습기와'라고 함과 같다"라고 하였다.

여기서의 택멸(擇滅)은 "반야로 사성제를 낱낱이 관찰함에 의해서 번뇌가 소멸한 니르바나(寂滅)를 얻는 각각관찰정(各各觀察定)을 택멸이라 한다"고 하였듯이, 고제(苦諦) 등의 진실을 반야로 낱낱이 관찰하는 결택(決擇)으로 얻는 열반적멸인 까닭에 택멸이라 부른다.

369) 성냄은 진에(瞋恚)이니 범어 쁘라띠가(Pratighaḥ)와 티베트어 콩토와(Khoṅ khro ba)와 셰당(She sdaṅ)의 번역으로 6근본번뇌의 하나이다. 쎄르기담뷔밍칙챈델노르뷔도쌜(gSer gyi sbram buḥi miṅ tshig mchan ḥgrel nor buḥi do śal, 雪域名著名詞精典注釋)에서, "셰당(She sdaṅ)은 콩토(Khoṅ khro, 瞋恚)의 다른 이름이니, 본질은 집학론(集學論)에서, '콩토(瞋恚)란 무엇인가? 하면, [원수가 되는] 유정들과 고통과 고통의 처소의 삼법(三法)들을 크게 해치고자 하는 마음이니, 밝은 지혜에 머물지 못함과 악행을 행하는 소의(所依)가 되는 업이다'라고 설함과 같이, 자경(自境)을 자기 힘으로 해치는 마음으로 심소유법이다"라고 하였다.
불교학대사전(佛教學大辭典)에 의하면, "진(瞋). [無瞋] 범어 쁘라띠가(Pratighaḥ)혹은 드웨샤(Dveṣa)의 번역으로 진에(瞋恚)·노(怒)라고도 번역한다. 심소(心所: 心의 활동)의 이름. 유정(산 존재)에 대해서 미워하고 성내는 것. 구사종(俱舍宗)에서는 부정지법(不定地法)의 하나, 유식종(唯識宗)에서는 번뇌위(煩惱位)의 심소(心所)의 하나라고 한다. 제혹(諸惑)의 체(體)인 육근본번뇌(六根本煩惱)(또는 십수면(十隨眠))의 하나로 추찰심구(推察尋求)하는 것(見)은 아니고 그 작용이 둔하고 느리므로 오둔사(五鈍使)의 하나로 한다. 탐(貪)·치(痴)와 함께 삼독(三毒: 三不善根)의 하나로, 또는 십악(十惡)이나 오개(五蓋)의 하나로 친다. 진(瞋)은 다만 욕계계(欲界繫)의 번뇌로서 색계·무색계는 아니고 탐(貪)이 가의(可意)의 (心에 즐거움) 대경을 향해서 일어나는 것인데 대해 진(瞋)은 불가의(不可意)의(違逆)의(心에 맞지 않는 것) 대경을 향해서 일어난다. 불도(佛道)를 닦는 위에 최대의 장해(障害)가 되는 것으로 지도론권십사(智度論卷十四) 같은 데서는 「진에(瞋恚)의 허물은 가장 깊은 것이어서 삼독(三毒) 중에 최중(最重)하고, 구십팔사(九十八使) 중 최견(最堅)하며 모든 심병(心病) 가운데 가장 다스리기 어렵다」고 했다. 무진(無瞋)은 진(瞋)의 반대로 경계에 대해 분노하여 해할 마음을 갖지 않을 뿐 아니라 진(瞋)을 대치(對治)하는 정신작용으로, 구사종(俱舍

宗)에서는 십대선지법(十大善地法)의 하나, 유식종에서는 선(善)의 심소(心所)의 하나로 한다. 무진(無瞋)은 무탐(無貪)·무치(無痴)와 함께 삼선근(三善根)의 하나로 셈하고 또 사무량(四無量)의 하나로 자무량심(慈無量心)의 체(體)가 된다"고 하였다.

곰데칙죄첸모(貢德大辭典)에 의하면, "타인을 해치는 마음이 일어남이 진에(瞋恚, Khoṅ khro) [20수번뇌(隨煩惱)의 하나]이며, 진에가 치성해서 타인을 구타하길 등을 원하는 마음이 일어나는 단계가 분(忿, Khro ba) [20수번뇌(隨煩惱)의 하나]이며, 분노가 치성해서 복수를 원하는 마음을 버리지 않는 것을 한(恨, ḥKhon ḥdzin) [20수번뇌(隨煩惱)의 하나]이며, 분노와 분한이 치성해서 욕설을 하는 등의 몸짓과 언사를 통해서 실제로 표출하는 단계가 뇌(惱, ḥTshig pa) [20수번뇌(隨煩惱)의 하나]이며, 분노가 폭발해서 타인을 주먹과 손바닥 등을 사용해서 실제로 해치는 것이 손해(損害, rNam par ḥthse ba) [20수번뇌(隨煩惱)의 하나]이다. 요약하면, 진에와 분노 등이 원인과 결과의 모양으로 점차로 일어남이다. 이들 전부는 분노의 지분에 귀속된다"고 하였다.

370) 분(忿)는 불교학대사전(佛教學大辭典)에서, "분(忿). 범어 끄로다(Krodha)의 번역. 심소(心所: 마음의 작용)의 이름. 구사종(俱舍宗)에서는 소번뇌지법(小煩惱地法)의 하나. 십전(十纏)의 하나로서 유식종(唯識宗)에서는 소수혹(小隨惑)의 하나라고 한다. 욕계계(欲界繫)의 번뇌로 수도(修道)를 함으로써 끊어야 할 것. 자기 마음에 맞지 않는 대경(對境)에 대해 분노하는 감정을 일으킴을 가리킨다. 진(瞋)으로부터 생기는 남성적인 노여움이 맹렬하지만 그 여세(餘勢)는 영속(永續)하지 않는다"라고 하였다.

371) 의심은 곧 의(疑)이니, 유예(猶豫) 또는 이심(二心)이라고도 하며 범어 위찌끼뜨싸(Vicikitsā)와 티베트어 테촘(The tshom)의 번역이다. 이 의심은 칠종심식(七種心識) 가운데 하나로 자기의 대경에 대하여 2가지 생각을 가지는 마음작용으로 6근본번뇌(根本煩惱)의 하나이다. 예를 들면, 소리는 항상 하는가? 항상 하지

않는가? 또는 연기가 피어오르는 산중에 불이 있는 것인가? 없는 것인가? 하는 등의 2가지 마음을 일으킴이 의(疑)이니, 염오혜(染污慧)에 속하는 번뇌의 심소유법이다. 집학론(集學論)에서, "의(疑)란 무엇인가? 하면, [불법의] 진리들에 대하여 두 가지 마음을 먹는 것이니, 선품(善品)들로 향하지 못하게 하는 소의(所依)가 되는 업자(業者)이다"라고 하였듯이, 자기의 경계인 사제(四諦) 등을 소연한 뒤 그 [사제의 열여섯] 행상(行相)의 경계에 대한 올바른 취사(取捨)를 가로막는 심소유법이다.

372) 질투(嫉妬)는 질(嫉)이니 범어 이르샤(Īrṣyā)와 티베트어 타독(Phrag dog)의 번역이다. 성냄(瞋恚)의 지분에 속하는 심소유법으로 명리 등에 애착하여 타인의 원만함을 견디지 못하여 시기함으로써, 마음이 어지럽고 기쁘지 않고 평정을 지키지 못하는 것이다.

373) 간린(慳吝)은 간(慳)과 인색의 뜻으로 범어 마뜨싸랴(Mātsaryaṃ)과 티베트어 쎄르나(Ser sna)의 옮김이니, 탐착으로 말미암아 발생하는 심소유법 [20수번뇌(隨煩惱)의 하나]으로 생활자구 등의 소유물을 아까워하여 쌓아두는 인색함이다. 불교학대사전(佛教學大辭典)에서, "간(慳). 범어 마뜨싸랴(Mātsaryaṃ)의 번역. 심소(心所: 마음의 작용)의 이름. 물건을 아끼는 것. 구사종(俱舍宗)에서는 소번뇌지법(小煩惱地法)의 하나, 유식종(唯識宗)에서는 수번뇌(隨煩惱)의 하나. 성실론권십(成實論卷十)에는 오간(五慳)으로 하여, 주처간(住處慳)·가간(家慳)·시간(施慳)·칭찬간(稱讚慳)·법간(法慳)의 다섯을 들지만 이것은 주처(住處)·가옥(家屋)·보시·칭찬·법의(法義) 등에 대한 독점욕을 말하는 것이다. 또한 재간(財慳)·법간(法慳), 곧 재물·교법(教法)에 대해 인색한 것을 이간(二慳)이라 한다"고 하였다.

374) 주기의 핵심은 자기의 몸과 자기가 받아 누리는 재물(수용물)과 삼세의 선근(善根)의 셋 가운데 자기의 몸이니, 그 이유를 캔

뽀·꾼뺄의 쬐죽짜델(入菩提行論釋)의 보리심전지품(菩提心全持品)에서, "보리심이 자기의 심속(心續)에 일어나는 원인이 [마음을 닦는] 이 로종(修心)인 것이기에, 자리(自利)를 원하는 애집(愛執)을 자르지 못하면 이타의 마음이 일어나지 않음으로서 처음에 [마음을 닦는] 로종이 중요하다. (중략) 아집을 전적으로 붙잡는 그 셋 [몸과 받아 누리는 재물과 삼세의 선근] 가운데 몸이 핵심이니, 몸을 자기 또는 자기의 것으로 고집한 뒤 이후부터 완전한 안락을 위해서 원인이 되는 받아 누리는 재물과 선업을 자기의 것으로 고집하는 것이므로 몸을 애집함을 끊는 것이 핵심이다"라고 하였으며, 그와 같이 입보리행론의 보리심전지품(菩提心全持品)에서, "궁핍하고 빈궁한 유정들에게, 제가 [주어도] 다함없는 보고가 되어, 갖가지 자구와 필요한 물품들을, 그들 면전에 있도록 하소서! 나의 몸과 그와 같이 수용물과, 삼세의 선근 일체를 또한, 모든 유정들의 이익을 이루기 위해서, 아낌없이 희사(喜捨)하겠나이다. [이들 셋] 일체를 버림에 의해서 열반을 [얻으니], 제 마음 또한 열반을 이루고자 하니, [죽을 땐 그] 일체를 [저절로] 함께 버리게 되니, [지금] 유정들에게 주는 것이 최선이나이다"라고 함과 같다.

375) "자기의 안락과 몸과 받아 누리는 재물[수용물(受用物)]과 삼세의 선근의 일체를 주는 것"의 의미에 대하여 부뙨·린첸둡(寶成)의 쬐죽델빠장쏌쌜제다왜외쎄르(入菩提行論注疏·菩提心明解月光)에서, "그렇다면, 미래는 [오지 않아서] 없는데 어떻게 주는가? 하면, 잘못이 없으니, 그것이 있을 때 그것에 애집함을 물리침과 지금부터서 그것을 줌으로써 청정한 의요(意樂)를 증장시키는 뜻이다"라고 하였으며, 또한 툽땐·최끼닥빠(能仁教·法稱)의 쬐죽델쌔걜쌔왼땐붐쌍(入行論釋菩薩寶瓶)에서, "몸과 받아 누리는 재물은 과거의 것들은 이미 소멸됨으로써 있지 않고, 미래 또한 지금 없음으로써 말하지 않으나, 이미 지나간 선근 또한 이숙의 결과로 현재 발출이 되지 않고 있음으로써 그것을 주는 마음을 일으키는 것이다. 미래의 선근이 현재 있지 않을 지라도

또한 후에 큰 선근을 전심으로 닦아 이루고, 그 또한 애집을 끊어버린 뒤 유정들에게 주는 마음을 지금부터 닦는 것이니, 무진의경(無盡意經)에서, '선근들로 심(心)과 심소(心所)에서 발생한 것들을 수념(隨念)하고, 수념한 뒤에도 또한 보리로 회향하는 이것은 과거에 통달함이다. 무릇 미래의 선근을 반드시 사유하고 보리로 향해 나아가는 업을 사유함이니, 나에게 선한 마음이 일어나는 어떤 그것들을 위없는 정등각으로 회향하는 이것은 미래에 통달함이다'라는 등을 설하였다"라고 하였다.

376) 여기서의 무기(無記)는 자기의 몸과 받아 누리는 수용물을 관상을 통해서 준 까닭에, 상대방에게 실제로 훌륭한 결과를 주는지 주지 못하는지 일률적으로 그렇다고 단언하지 못하는 것을 말한다.

377) [자기의 몸과 받아 누리는 재물과 삼세의 선근] 그것들을 주는 법을 로종쑹되매카꽁(Blo sbyoṅ gsuṅ bgrod maḥi kha skoṅ, 修心法語補遺)에서, "입보리행론의 보리심전지품(菩提心全持品)에서, '나의 몸과 그와 같이 수용물과, 삼세의 선근 일체를 또한, 모든 유정들의 이익을 이루기 위해서, 아낌없이 희사(喜捨)하겠나이다'라고 설함과 같이. 자기의 몸과 받아 누리는 재물과 삼세에 걸쳐서 쌓은 모든 선근들을 주는 것이다. ①몸을 주는 것 또한 3가지 부정함을 떠나서 주는 것이니, 자기를 본존으로 닦은 뒤에 줌과 범속한 혈육만을 상정해서 줌과 주고 난 뒤 [몸이] 소진됨을 떠남이다. ②그와 같이 받아 누리는 재물이 있을지라도 또한 범속한 수용물이 타인을 해치게 되는 독물과 무기 따위는 주지 않음과 [재물이] 소진되지 않게 함이다. 그러면 어떻게 주는 것인가? 하면, 화엄경에서, '내가 모든 유정들을 양육하는 여의신(如意身)이 되게 하소서!'라고 함과 금강당경(金剛幢經, rDo rje rgyal mtshan)에서, '사대원소가 갖가지와 갖가지 모양과 갖가지 차별을 통해서 모든 유정들을 양육함과 같이 보살의 몸 또한 모든 유정들을 양육하는 터전이 되게 하소서!'라고 함과

입보리행론의 정지수호품(正知守護品)에서, '[단지 오가는 의지처에 불과하니, 몸은 나룻배라고 여기고, 유정들의 이익을 이루기 위해서,] 소망충족의 여의신(如意身)이 되게 하라!'고 하였듯이, 그와 같이 여의신으로 변화시킨 뒤에 주는 것이다. 이들의 의미 또한 여의주(如意珠)의 색깔과 모양 따위의 형태를 취해서 주는 것을 말하지 않으니, 모든 유정들의 마음에 원하는 일체와 필요한 모든 것들이 다함을 알지 못하는 도리를 말하는 것이니 그와 같이 해서 준다"라고 하였다.

378) 이 구절의 의미는 로종촉쌔마(修心法談)에서, "문사(聞思)의 둘로 마음을 못 닦고, 자기를 애집함이 강렬한 일부의 사람들이 타인의 고통을 가져오는 것을 두렵게 여기면, 그는 먼저 자기의 고통을 가져오는 것을 배운다"라고 하였듯이, 대승의 이타행을 실천하는 터전인 보리심의 가르침을 미처 터득하지 못한 초학자를 위한 방편으로 설해진 것이다 .

379) 로종촉쌔마(修心法談)에서, "주는 차례 또한 처음에 친어머니를 전면에 떠올린 뒤 어머니에게 줌으로써, 그 어머니께서 성불하는데 필요한 근취인(近取因)인 믿음과 계율과 정진과 반야와 보리심들과 공작연(共作緣)인 선지식과 경전과 내외의 순연들과 음식과 의복 따위의 모든 필요한 것들을 이루어서 붓다가 됨을 관상한다. 그와 같이 아버지 등을 비롯한 허공에 편만한 유정들을 남김없이 소연하고, 삼악도의 유정들과 성문연각과 십지보살에 이르기까지 줌으로써 앞서와 같이 된 뒤 붓다가 됨을 관상한다"라고 하였다.

380) 이 구절은 선지식 채카와(ḥChad kha ba)의 수심칠사(修心七事)에만 나오는 특점으로 다른 로종의 가르침들에서는 보이지 않으니, 까담최중쌜된(噶當派源流)에서, "여기서 자타상환(自他相換)의 보리심은 많은 보리도차제(菩提道次第)들과 랑리탕빠(Glaṅ ri thaṅ pa)의 수심팔송(修心八頌)과 쌰오강빠(Śa bo dgaṅ pa)의 로종(修心)

들에서 잘 설해보였을지라도 또한, 자·채카와(Bya ḥChad kha ba)의 수심칠사(修心七事)에서 설함과 같이 [똥렌(주고 가져오기)의] 소연을 '바람의 말[호흡의 말]을 타고' 등이 보이지 않음으로써 이것이 심오함이 분명하고, 교도차제(教導次第)도 역시 자세하게 나타내 보였다"라고 하였다.

381) 캔린뽀체·틴래도제(mKhan rin po che Phrin las rdo rje)의 대승수심칠사주해(大乘修心七事註解)에서, "이 도리를 고려해서 법주 캔첸라마(mKhan chen bla ma)도 또한, '우리들이 시원을 알 수 없는 윤회로부터 어제 오늘에 이르기까지 윤회 속에 유랑하면서, 이 고통을 받지 않았다는 생각과 이 나쁜 몸을 얻지 않았다는 생각 하나조차 없는 이것이 어디에 귀결되는가? 하면, 악의(惡意)인 오직 자기의 이익만을 이루려는 이것과 조악한 행위인 어떠한 유정도 배려하지 않고 10가지 불선의 문을 통해서 타인에게 해악을 힘을 다해 자행한 이것에 의해서 지옥에 태어나지 않을 길이 없고, 윤회에 유랑하지 않을 길이 없고, 고통을 받지 않을 길이 없고, 자기의 고통을 자기가 사들이는 이것이 발생한 것이니, 불행은 원인이 타인에게 있지 않고, 자기의 나쁜 허물에 있는 이것을 어찌 모르는가? 직시해야만 한다'라고 설하였다"고 하였다.

382) 로종쐉되매카꽁(修心談論補遺)에서, "또한 여의주 하나에서 모든 유정들의 음식과 의복 따위의 원하는 일체가 나오는 것처럼, 자기의 이 몸에서 허공계에 편만한 모든 유정들의 음식과 의복과 침구와 처소와 친족과 권속과 탈 것 따위의 세간의 모든 안락과 친교사와 아사리와 경전 등의 출세간의 안락의 원인과 결과의 일체들 또한 나오는 것을 사유한다. 또한 허다한 여의주왕(如意珠王) 따위들로 유정의 이익을 행함과 같이, 자기의 이 몸 또한 하나하나의 유정 앞에 하나씩 있는 것을 사유한 뒤 앞서와 같이 행한다. 또한 물질 형태의 자기의 이 몸이 땅과 물과 불 따위의 모양으로 하나하나의 유정 앞에 존재한 뒤, 그들의

생활자구로 바뀌어서 그들이 이용하는 것을 사유한다. 또한 때로는 몸 전체의 형태로 주고, 때로는 머리와 손발 따위를 잘라서 죽은 모양으로 주도록 한다"라고 하였다.

383) 텍첸로종기티뒤빠(大乘修心教導攝略)에서, "또한 자기를 해치는 신귀(神鬼) 등이 출현하면 내가 무시이래로 이들의 피와 살 등을 청하였으니, 보답으로 '나 또한 피와 살 등을 보시하리라!'고 생각한 뒤, '그 신귀의 앞에 자기의 몸을 마음으로 갈라놓고, 피와 살 등의 원하는 그것을 마음껏 드소서!'라고 읊조리고 마음으로 사유토록 하라. 피와 살 등을 포식함에 의지해서 기갈 등의 고통이 소멸하고, 몸과 마음이 무루의 안락으로 채워지고, 2가지 보리심이 닦아짐을 사유한다. 그와 같이 피와 살을 먹는 다른 신귀의 부류들에게도 그와 같이 행한다"라고 하였다.

384) 로종촉쌔마(修心法談)에서, " '그와 같이 사유할지라도 또한 타인에게 그와 같이 일어나지 않음으로써 의미가 없다'고 한다면, '괘념하지 말고 갖가지를 닦으라. 과거칠불 등의 사례 또한'이라고 함과 '그처럼 그처럼 사람이 허다히 관찰하면 거기에 존재하는 그 분별에 의해, 그같이 그같이 그리로 마음이 향한다'고 함과 '타인을 이롭게 하는 일에 힘이 없을지라도 또한 그 생각을 항상 행하라. 어떤 이에게 그 생각이 있으면 그것이 그에게 간접적으로 행해진다'고 설함과 같이, 그처럼 마음을 닦는 것이니, 신해행(信解行)의 단계임으로써 지금은 신해로써 행하나, 그 뒤 거기에 마음이 취향하고, 간접적으로 또한 행해지고, 초지(初地)를 얻어서 112가지의 공덕을 소유하고, 머리와 손발을 보시하는 등을 실행함으로써 직접적으로 타인의 이익을 행하고, 붓다가 된 뒤 불가사의한 공덕을 얻은 뒤에는 애씀이 없이 이타행이 끊어짐이 없는 것이다. 그러므로 모든 공덕과 사업의 원인은 이와 같이 닦음으로 말미암아 발생하니, 석량론(釋量論)에서, '원인이 모여서 결과가 발생한다'고 설함과 '결과는 원인의 뒤를 따른다'고 설함과 같다"고 하였다.

385) 여기서의 삼경(三境)은 호(好)와 불호(不好)와 비호비불호(非好非不好)의 셋이고, 삼독(三毒)은 탐진치(貪瞋痴)의 셋이고, 삼선근(三善根)은 무탐(無貪)과 무진(無瞋)과 무치(無痴)의 셋이다. 이 구절의 의미에 대하여 로종촉쌔마(修心法談)에서, "후득(後得)의 행동거지 속에서 로종을 행하는 법이니, 여섯 감관의 대경인 좋고 나쁘고 좋지도 않고 나쁘지도 않은 셋에 의거해서 자기의 마음 흐름에 번뇌의 탐착과 성냄과 우치의 셋이 일어나는 것처럼, '모든 유정들이 일으키는 그 셋이 나에게서 익어지게 하소서! 모든 유정들이 무탐(無貪)과 무진(無瞋)과 무치(無痴)의 선근을 가지게 하소서!'라고 마음을 닦는 후득의 구결인 것이다"라고 하였다.

386) 캔뽀·꾼뺄(mKhan po kun dpal)의 쬐죽짜델(入菩提行論釋)에서, "[10원만(圓滿)과 8유가(有暇)의] 18가지의 가만(暇滿)을 갖춘 고귀한 사람의 몸 이것은 원인과 비유와 숫자의 어떤 측면에서 생각해도 얻기가 심히 어려운 것이니, 원인의 측면인 청정한 계율로 바탕을 삼고, 보시 등으로 도우미를 삼고, 청정한 서원으로 연접함이 필요한 것을 생각해도 그러하고, 비유의 측면인 대해의 깊은 곳에 사는 눈먼 거북이가 100년마다 바다 위로 한 차례씩 올라올 때, 그 목이 나무의 구멍에 끼이는 것보다도 더 만나기가 어려움을 생각해도 그러하고, 숫자의 측면인 (중략) 낮과 밤의 별의 비유로서 숫자가 많고 적음을 생각해도 얻기가 심히 어려운 이것을 이제 보석 같은 스승님의 대비와 자기의 선한 업력을 타고난 사부(士夫)의 [원하는 바인], 곧 삼사(三士)의 뜻인 선취(善趣)와 결정승(決定勝)의 어떤 것도 닦으면 이룰 수 있는 이 가만을 얻었으니, 만약 이 몸으로 자타의 이익이 되는 정법을 닦음이 없이 인생을 허송하고 가만을 허비하고 머문다면, 죽음은 기약이 없고, 죽음의 조건도 정해짐이 없음으로써, 오늘 밤에 죽지 않는다는 보장도 또한 없는 까닭에 죽고 나면 이후 또는 후에 이 몸과 같은 것이 어찌 제대로 찾아옴이 있으리오. 당연히 얻지 못함으로써 가만을 헛되게 버리지 말라고 훈

계함이다"라고 하였다.

387) 부뙨·린첸둡(寶成)의 쬐죽델빠장쎔쌜제다왜외쎄르(入菩薩行論注疏·菩提心明解月光)에서, "자기와 타인을 바꾸지 않으면 [자리이타의] 두 가지 이익을 이루지 못함을 비유로써 열어 보이고, 그와 같이 알지라도 또한 바꾸지 않는 어리석음을 마지막에 열어 보임이다. 그러므로 어리석음의 원인인 아집(我執)을 버리는 가르침의 셋 가운데 처음이니, 자타를 상환함이 붓다의 길인 것으로 윤회의 안락은 닦음이 필요하지 않다고 한다면, 자기의 안락과 타인의 고통에 대하여 자기의 안락을 타인에게 주고, 타인의 고통을 자기가 가져오는 도리로 진정으로 바꾸지 않는다면, 붓다 자체를 이루지 못하고, 그 뿐만이 아니라 윤회에서도 또한 인천의 안락이 어찌 있겠는가? 없는 것이다. 저 세상에서의 안락의 결과가 자타상환이 없다면 이루지 못하는 것은 극히 은폐되어 드러나지 않는 일인 까닭에 제쳐놓고, 이생의 이익 또한 이루지 못한다"라고 하였다.

388) 보리도차제광론에서, "성문들이 증과(證果)가 하열한 것은 유정의 이익을 광대하게 행하지 않음에서 비롯된 것이다. 붓다들이 구경의 증과를 얻은 것은 유정의 이익을 광대하게 행함으로부터 발생한 것임으로써, 이 도리를 숙고한 뒤 자기의 이익에 잠시라도 애착하지 말라고 설하였으니, 보리심론석(菩提心論釋)에서, '유정들을 애착하는 것을 여읨을, 독처럼 여겨서 힘껏 버리도록 하라. 성문들이 [유정을] 애착을 여읨으로써, 하열한 보리를 얻음이 아닌가? 유정들을 온전히 버리지 않음으로써, [이정(二淨)이] 원만한 붓다는 대보리를 얻음이니, 그와 같이 [유정에게] 유익하고 유익하지 못한, 결과가 발생함을 재결했다면, 그것들이 한 순간이라도 또한, 자리에 애착해서 그와 같이 머물렀겠는가?'라고 하였다"고 설하였다.

389) 사범주(四梵住)는 세간도의 본성이 되는 자(慈)·비(悲)·희(喜)·사(捨)

의 넷에 안주하는 마음이니, 이 넷을 닦은 자는 범천세계의 안락한 결과를 감응하며, 대범천 역시 언제나 이 넷에 머무름으로써 사범주라 한다.

390) 보리도차제광론에서, "보통 아사리 제따리(Jetari)께서, '선남자 또는 선여인의 소의(所依, 몸)와 의요를 원만하게 갖춘 이가'라고 설함과 같이, 천신과 용 등이 몸과 의요의 문을 통해서 원보리심을 능히 일으킬 수 있는 자 일체가 이것의 소의(所依, 몸)가 될 수 있을지라도 또한 여기서는 보리도등론석(菩提道燈論釋)에서, '윤회에 염리를 일으키고, 죽음을 억념하고, 반야와 대비를 지닌'이라고 함과 같이, 앞에서 설함과 같은 도차제(道次第)에 대해 마음을 닦음으로써, 보리심에 대하여 마음이 전변된 체험을 적게라도 얻은 사부(士夫)에게 행하는 것이다"라고 설하였다.

391) 보리도차제광론에서, "죄지은 사람을 멀리 여읜 장소에서 땅을 잘 고르고 정결한 그곳에다 소의 오정물(五淨物)을 뿌리고 바른다. 거기에 전단 등의 뛰어난 향수를 뿌리고 바른 뒤 향기로운 꽃들을 뿌린다. 삼보의 탱화와 존상 등과 경전 등과 대보살의 존상과 탱화들을 보좌 또는 작은 좌대 또는 좋은 탁자 위에 안치토록 한다. [머리 위에 거는] 보개(寶蓋) 등과 꽃 등의 공양물들을 법답게 갖추고, 음악과 음식과 장엄구 따위들로 준비를 한다. 또한 선지식이 앉으실 법좌를 꽃으로 장식하거나 또는 진설한다. 선현들은 미리 앞서 승가에 공양하고, 부다(部多, 鬼類)에게 또르마(食子)를 베푸는 것을 통해서 자량을 쌓았으니, 공양물이 없으면 현겁경(賢劫經)에서 설함과 같이 헝겊조각을 올리는 등에 의해서도 또한 이루는 것이니, 만약 있다면 정직하게 정성껏 구해서 도반의 마음에 받아들이지 못할 만큼 넉넉히 진설토록 한다. 아띠쌰 존자에게 티베트의 선지식들이 망율(Maṅ yul)과 쌈얘(Sam yas) 등지에서 발심을 간청할 때, '조악한 공양으로는 발심이 되지 않는다'라고 말씀하였다고 전해온다"라고 설하였다.

392) 반야바라밀섭송(般若波羅蜜攝頌)은 반야경의 요의를 축약한 짧은 경전으로 원명은 성반야바라밀다섭송(聖般若波羅蜜多攝頌, ḥPhags pa śes rab kyi pha rol tu phyin pa sdud pa tshigs su bcad pa)이며, 데게 대장경 경장(經藏)의 반야부(般若部)[동북목록No.13]에 수록되어 있으며, 한역 대장경에는 불설불모보덕장반야바라밀경(佛說佛母寶德藏般若波羅蜜經)으로 수록되어 있다.

393) 이 귀의의 학처(學處)은 람림첸모의 하사도(下士道)의 단계에서 잘 설하여져 있으니, 여기에는 [마땅히 해서는 안 되는 학처인] 응지학처(應止學處, dGag paḥi bslab bya)와 [마땅히 행해야 하는 학처인] 응행학처(應行學處, sGrub paḥi bslab bya)와 공통학처(共通學處, 삼보의 전체에 해당하는 공통적인 학처)의 셋이 있다. 앞의 "귀의의 학처(學處)"를 참조 바람.

394) 이 게송의 의미를 부뙨·린첸둡(寶成)은, "어느 때 처음 보리심과 율의를 수지함으로써 보리심이 일어나게 되면, '되면'이라는 말은 과거를 분명히 나타내는 까닭에 그것이 발생한 때이다. 어떤가? 하면, '한 순간에 선서(善逝)들의 아들'이라고 칭송을 하게 되고, 그 뿐만 아니라, 세속신(世俗神)과 사람이 '함께'의 말은 아수라 등들이 예배와 공양과 찬양이 마땅한 대상이 됨이니, [성문의 18부파의 하나인](東山部)의 경전에, '쓰와리(Śvari)의 아들이 아뢰길, 세존이시여, 저는 처음 발심한 보살에게 또한 예배합니다. 심지어 축생이 된 보살에게도 또한 예배하나이다'라고 하였다. '보리심이 처음 일어남은, 견도(見道)를 얻음인 것이기에, 윤회의 감옥에 결박된 가련함과는 어긋난다'고 한다면, 잘못이 없다. 이것은 승의 보리심을 일으킨 처음 그것인 것일지라도 또한 세속보리심을 일으킴이 범부에게 있다고 집학론(集學論)에서 성언과 정리로써 논증하였기 때문이다"고 그의 꾀죽델빠장쎔쌜제다왜외쎄르(入菩薩行論注疏·菩提心明解月光)에서 설하였다.

395) 근수청문경(勤授請問經, dPaḥ byin gyis shus paḍi mdo)은 데게 대장경 경장(經藏)의 보적부(寶積部)[동북목록 No.72]에 수록되어 있으며, 한역 대장경에는 대보적경근수장자회제이십팔(大寶積經勤授長者會第二十八)로 수록되어 있다.

396) 비구의 근본타죄는 바라이죄(波羅夷罪: 他勝罪)와 같다.

397) 여기서의 무거운 타죄(墮罪)란 보살이 범하는 18가지의 근본타죄로 허공장경(虛空藏經)과 보살지(菩薩地) 등에서 설하고 있으니, ①자찬훼타(自讚毁他: 이양과 공경을 크게 집착해서 자기를 칭찬하고 타인을 훼손함). ②불시법재(不施法財: 법과 재물이 있음에도 인색한 탓에 타인에게 베풀지 않음). ③불수회사책타타인(不受悔謝責打他人: 있는 그대로 솔직히 말하고 참회함을 받아들이지 않고 타인을 질책하고 구타함). ④비방대승설사시법(誹謗大乘說似是法: 대승의 경전을 비방하고, 자기와 타인을 부수해서 정법과 같은 것을 만들어 그것을 좋아하고 설함). ⑤절탈삼보재물(竊奪三寶財物: 삼보의 재물을 주지 않음에도 몰래 취함). ⑥방사불경(謗捨佛經: 삼승의 교법 가운데 어느 것을 불설이 아니라 비방하고 유기함). ⑦핍능승려(逼凌僧侶: 계율을 범한 비구의 옷을 벗기고 내쫓는 행위). ⑧조무간죄(造無間罪: 다섯 가지 무간의 죄업을 지음). ⑨집사악견(執邪惡見: 사견과 악견을 지님). ⑩훼멸성읍(毁滅城邑: 도시와 마을 따위를 파괴함). ⑪향비법기설심심법(向非法器說甚深法: 법기가 아닌 자에게 공성 등의 심오한 법을 설함). ⑫권퇴대승(勸退大乘: 대승을 버리고 소승에 들어가도록 권유함). ⑬권사별해탈계(勸捨別解脫戒: 성문의 별해탈계를 버리고 대승에 들어오도록 권유함). ⑭비방소승(誹謗小乘: 성문의 법으로는 번뇌를 완전히 멸하지 못한다고 훼방함). ⑮망설상인법(妄說上人法: 공성의 법을 얻지 못하였음에도 얻었다고 거짓말을 함). ⑯수삼보재물(受三寶財物: 대신 등의 왕족에 의부해서 삼보의 재물을 절취함). ⑰제립악율(制立惡律: 지관(止觀)과 상응하는 작의(作意)를 버리고 번뇌를 일으키는 계율을 만듦). ⑱사보리심(捨菩提心: 대승의 보리심을 유기함)이다.

398) 캔뽀·꾼뺄(mKhan po kun dpal)의 쬐죽짜델(入菩提行論釋)에서, "대

비밀방편선교경(大祕密方便善巧經)에서, '선남자여, 보살이 성문과 연각을 작의(作意)해서 머문다면, 이것은 보살의 무거운 근본타죄이다'라고 설함으로써, 소승에 마음을 일으킨 뒤 유정을 마음으로 버린다면 원심(願心)의 근본타죄와 보적경(寶積經)에서 설한 바의 행심(行心)의 학처가 쇠퇴하는 근본타죄의 둘이"라고 함으로써, 원심과 행심의 2가지 근본타죄가 발생하게 된다.

399) 바라이죄(波羅夷罪: 他勝罪)는 출가자가 어기면 단두죄(斷頭罪)에 해당하는 근본타죄이니, 여기에는 사람을 죽인 살생(殺生)과 망설상인법(妄說上人法: 신통 등의 뛰어난 사람의 공덕을 얻지 못하였음에도 얻었다고 거짓말을 함)과 음행을 행함과 [주지 않은 물건을 훔치는] 불여취(不與取)의 4가지가 있다.

400) 이 게송에서, "'음식 등의 하찮고 사소한 물건, 그것이 적거나 또한 조금일지라도 마음으로 베풀겠다고 생각한 뒤, 이전에 또한 베풀지 않은 어떤 사람 그는 아귀로 태어난다'고 한 것은, 법집경(法集經)에서 설한 바이며, 또한 정법염처경(正法念處經)에서는, '조금을 베풀기로 생각한 뒤 주지를 않으면 아귀로 태어나고, 서약한 뒤 주지를 않으면 유정지옥에 간다'"고 설하였다.

401) 이 게송의 의미는 대보리를 희구하는 원심(願心)을 일으킨 뒤, 부처님의 위없는 안락의 대경지로 모든 유정들을 안치하겠다고 충심(衷心)으로 서약한 뒤, 그것이 너무나 지난한 일임을 본 뒤 겁약한 마음을 일으킨 뒤, 행심(行心)을 수행하지 않아서 서언대로 그들에게 주지 못한다면, 그것은 불보살님은 물론이거니와 세간의 천신들과 중생들 일체를 속이는 일이 되고, 그 과보로 자신 또한 선취에 태어나지 못한다는 뜻이다.

402) 이 게송의 의미를 캔뽀·꾼뺄(mKhan po kun dpal)의 쬐죽짜델(入菩提行論釋)에서, "이와 같이 [보리심을 버리는] 타죄(墮罪)가 일어나면 유정을 남김없이 일체의 이익을 성취함에 힘이 감소하기

때문이다. 여기서 유정을 마음으로 버린 타죄가 일어나도 또한 소승의 해탈을 얻은 뒤 무여열반을 얻기까지 유정의 이익을 행할지라도 또한 허공계에 편만한 유정의 이익을 능히 하지 못함으로써, 모든 유정의 이익을 행함이 줄어들고, 붓다를 이루면 허공계에 편만한 유정의 광대한 이익을 행하게 된다"고 설하였다.

403) '끝내 이 사람의 의리(義利)를 행하지 않겠다'라는 구절의 배경에는 입보리행론(入菩提行論)의 불방일품(不放逸品)의 제7송인, "어떤 이가 보리심을 버림에도, 또한 그들을 해탈케 하는 것은, 업의 도리가 불가사의 하여서, 오직 일체지자만이 아실뿐이다"라는 게송이 있으니, 이 뜻을 부뙨·린첸둡(寶成)은, "그렇다면, 존자 사리불이 과거세에 월광왕(月光王)이 되어 보살학처를 배울 때, 한 마라가 바라문으로 변화한 뒤 왕의 오른팔을 구걸하자, 왕이 팔을 잘라서 왼손으로 주자 그 바라문이 말하길, '더러운 왼손으로 줌으로써 나는 받지 않겠다'고 화를 냄으로써, 유정을 공경하기가 불가하다고 생각한 뒤 보리심을 버렸음에도 또한, '성문의 해탈을 얻은 것과 어긋나지 않는가?'라고 한다면, 사리불 등의 어떤 사람이 보리심을 버려도 또한 과거에 서언의 대상으로 삼은 그들 유정들을 윤회에서 해탈케 하는 것은, 다양한 업의 도리의 본성임으로써 범부는 사유하기가 불가능하니, 깨닫기가 불가함이니, 일체의 방면에서 사물의 진실성을 꿰뚫어 보는 오직 부처님만이 알기 때문이다. 여기서 대주석서(大註釋書)에서, '보리심을 버려도 또한 해탈의 마음을 버리지 않았기 때문이다'고 말한다. 일부[아사리 비부띠(Vibhūti)]는, '세속심(世俗心)을 버려도 또한 승의심(勝義心)을 버리지 않았다'고 말한다. 일부는, '과거에 버렸어도 또한 다시 취함이다'고 말하였다"고 그의 쬐죽델빠장쎔쌜제다왜외쎄르(入菩薩行論注疏·菩提心明解月光)에서 설하였다.

404) 네 가지 흑법(黑法)의 전거는 보적경(寶積經)의 가섭청문품(迦葉請問品)이니, 이 경에서 타생에서 발심을 잊어버리거나 또는 실현

하지 못하는 네 가지 법[흑법]과 보리를 얻기 전까지 중간에 보리심을 잊지 않거나 또는 실현함에는 네 가지 법[백법]을 갖춘다고 하였다.

405) 악작(惡作, 後悔)은 범어 까우끄르땽(Kaukṛtyaṃ)과 티베트어 괴빠(ḥGyod pa)의 번역으로 사이전(四異轉: 선악과 무기 가운데 어떤 하나로 바뀜)의 하나로, 과거에 지은 행위를 언짢게 여기고 후회하는 마음으로 인해서 상심하고 마음의 평온을 깨뜨리는 심소유법이다. 다시 말해, 악작(惡作)이란 그릇되게 지은 바인 악소작(惡所作) 자체이니, 그릇되게 지은 것을 소연하여 생겨난 마음의 후회를 말한다.

406) 타인을 기만해서 악작(惡作, 後悔)을 일으키게 하는 행위로서 이것은 또한 비구가 범하는 죄업 가운데 구십단타(九十單墮)의 하나이기도 하다. 예를 들면, 어떤 비구가 고의로 다른 비구에게 그대는 청정한 비구가 아니라고 말함으로써 상대에게 마음을 불안하게 만드는 따위이다.

407) 보리도차제광론에서, "흠뜯는 말 [험담(險談, Mi bsṅags paḥi sgra / bsṄags ma yin paḥi sgra)]은 '본성이 나쁘다'라고 함과 같이, 죄목을 분별함이 없이 뭉뚱그려 말함이다"고 하였다.

408) 위의 같은 책에서, "흠뜯는 말[훼언(毁言, Mi sñan paḥi sgra)]은 '부정한 행위를 했다'라고 함과 같이, 분별해서 말함이다"고 하였다.

409) 아비달마구사론4권(권오민 역)에서, "첨(諂)이란 이를테면 마음의 아곡(阿曲)을 말하니, 이것으로 말미암아 능히 스스로를 참답게 드러내지 않게 되며, 혹은 [남의 허물을] 바로잡아 다스리지 않게 되며, 혹은 방편을 설(設)하여 이해하지 못하도록 하게 되는 것이다. 광(誑)이란 이를테면 다른 이를 미혹하게 하는 것을 말

한다"고 하였다.
또한 같은 책의 주석38)에서, "자신의 마음을 방편으로 숨기고 교활한 모략으로써 타인의 마음을 유혹하여 실제의 앎과는 어긋나게 하는 것을 첨이라 이름한다.(『현종론』권제27, 앞의 책 P.227)"고 하였다.
또한 같은 책에서, "그런데 경에서 설하기를, '첨(諂)과 광(誑)의 지극함은 범천에까지 이른다'고 하였으니, 중생(즉 梵衆)이 서로 의존하기 때문이다. 그러나 상지(上地, 제2정려 이상)에는 그러한 일이 없[기 때문에 첨과 광이 존재하지 않는 것이]다. 이를테면 대범왕이 자신의 범중(梵衆)에 처하고 있다가 문득 마승필추(馬勝苾芻)로부터 '이러한 4대종은 응당 어떠한 상태에서 멸진하여 남음이 없게 되는가'하는 질문을 받게 되었다. 범왕은 남김없이 소멸한 상태에 대해 알지 못하였기 때문에 바로 교란(憍亂)되어 답하기를, '나는 이러한 범중 가운데 바로 대범(大梵)이며, 바로 자재(自在)이며, 바로 작자(作者)이며, 바로 화자(化者)이며, [바로 생자(生者)이며], 바로 양자(養者)이며, 바로 일체의 아버지이다'고 하였다. 그리고 이렇게 말하고 나서 범중 밖으로 그(마승필추)를 불러내어 아첨하여 말하기를 부끄럽다고 사죄하고서 돌아가 부처님께 물어보게 하였던 것이다"고 하였다.
또한 같은 책의 주석65)에서, "초선천은 범중천(梵衆天)·범보천(梵輔天)·대범천(大梵天)의 처소로, 이 모두를 대범왕을 중심으로 하는 범천(梵天)이라 부른다. 여기에는 왕과 신하 민중의 상하존비의 차별이 있고, 이러한 계급적 차별에 의해 질서를 유지하여 서로 의지하는 바로 삼기 때문에 첨과 광이 존재한다. 그러나 제2선 이상에는 왕과 신하의 차별이 없기 때문에 첨과 광이 없다는 것이다. (중략)"라고 하였다.
또한 같은 책의 주석66)에서, "여기서 자재(Īśvara)란 일체의 세간을 통섭(統攝)하여 마음대로 지배하는 자. 작자(Kartṛ)는 기세간을 조작하는 자. 화자(Nirmātṛ)는 유정세간을 화작(化作)하는 자. 생자(Sraṣṭṛ)는 일체의 생류를 산출하는 자. 양자(Poṣa)는 유정세간을 양육하는 자의 뜻"이라고 하였다.

410) 네 가지 백법(白法)의 전거는 보적경(寶積經)의 가섭청문품(迦葉請問品)이니, "가섭이여, 보살이 네 가지 법을 지니면 모든 생에서 태어나자마자 보리심이 실현되니, 보리의 정수에 머물 때까지 중간에 잊어버리지 않는다"고 설하였다.

411) 일단(一段)의 시간은 티베트어 퇸최(Thun tshod)의 옮김이니, 시간의 단위 또는 분제(分際)를 말한다. 예를 들면, 육분시(六分時, Thun tshod drug)인 경우 주야를 여섯 때로 나눈 것으로 오전과 정오와 오후의 셋과 초야와 중야와 후야의 셋을 합한 여섯 때를 말하고, 사분유가(四分瑜伽) 또는 사좌유가(四座瑜伽)를 뜻하는 퇸시낸조르(Thun bshi rnal ḥbyor)에서는 새벽과 오전과 정오와 저녁의 넷 때의 정해진 시간 동안에 본존의 생기차제와 원만차제의 유가를 닦는 것을 말한다.

412) 쌍뒤짜귀(gSaṅs ḥdus rtsa rgyud, 密集金剛續)의 보리심품(菩提心品)에서, "그 뒤 세존여래비로자나불께서 제불여래현증금강(諸佛如來現證金剛)이라 부르는 삼매에 들어가 머무신 뒤, 이 보리심을 설하셨다. '모든 사물들을 여의고, 온(蘊)과 계(界)와 처(處)와, 외경과 내심을 온전히 버리니, 법무아의 평등성에 의해서, 자기 마음도 본래 무생(無生)이며, 공성의 자성이다'라고 세존여래비로자나불께서 설하였다"고 하였다.

413) 실유론자(實有論者, dṄos po smra ba)는 사물이 단지 마음의 분상에 나타남에 의거해서 실재함을 말하는 것이 아니라, 사물이 자기의 실체 또는 자성을 가지고 있는 입장에서 실유(實有)함을 주장하는 논사를 말하니, 최남덴빠르둡빠(Chos rnams bden par grub pa, 諸法實有)와 랑신기둡빠(Raṅ bshin gyis grub pa, 自性有)와 랑기챈니끼둡빠(Raṅ gi mtshan ñid kyis grub pa, 自相有)와 랑응외내둡빠(Raṅ ṅos nas grub pa, 自體有)와 양닥빠르둡빠(Yaṅ dag par grub pa, 眞實有)와 된담빠르둡빠(Don dam par grub pa, 勝義有)와 데코나니두둡빠(De kho na ñid du grub pa, 眞性有)는 같은 의미를

나타내는 동의어들이다.

414) “실유론자(實有論者)에게는 비밀로 하는 공성”이란, 보리도등론 난처석(菩提道燈論難處釋, Byaṅ chub lam gyi sgron maḥi dkaḥ ḥgrel)에서, “아사리 나가르주나(龍樹)께서, ‘아집(我執)을 물리치기 위한 목적으로, 온(蘊)·계(界) 등을 열어 보이시고, 오로지 마음(唯心)에 안주한 뒤, 큰 법연자(法緣者)들은 그것을 파괴하라. 이것들 일체는 단지 마음일 뿐이라고, 능인(能仁)께서 설하신 그것은, 어린 범부들이 두려워함을 없애기 위함이니, 진실로는 그것이 아니다’고 설하였다”라고 함과 같이, 무아(無我)을 믿고 따르는 내도(內道)의 성문연각과 유식논사도 이해하기 어려운 공성의 법은 자아를 믿는 외도에게는 당연히 비밀로 해서 설하지 말라는 의미이며, 공성을 마땅히 설해야 하는 대상에 대하여 캐둡·겔렉뺄쌍(mKhas grub dGe legs dpal bzaṅ, 1385-1438)의 똥퇸믹제(sToṅ thun mig ḥbyed, 空眞實性開眼論)에서, “그렇다면, ‘이 공성을 이와 같은 교화대상에게 열어 보이도록 하라. 이와 같은 자에게는 열어 보이지 말라’고 설한 바의 차이를 어떻게 아는가?’ 하면, 그 또한 입중론(入中論)에서, ‘이생범부(異生凡夫)의 단계에서도 또한 공성을 듣고서, 안으로 극도의 환희로움이 거듭거듭 일어나고, 극도의 환희로움에서 솟아난 눈물이 눈을 적시고, 몸 털이 곤두서는 어떤 사람, 그에게 정등각불의 지혜의 종자가 있으니, 그 사람이 공성을 열어 보일 법기이니, 그에게 승의의 진실을 열어보이도록 하라’고 설함과 같다. 그 또한 공성을 전도됨이 설함을 듣고서, 그 뜻을 이해하고, 바른 이해에 의지해서 경이로운 생각에서 일어나는 눈물이 글썽거리는 등이 착오가 없는 상징이니, 삿된 법에 근사한 신해(信解)가 일어나는 우치한 자들의 어지러운 눈물에는 견실한 믿음이 없는 것이다. 그와 같은 법기를 갖춘 법을 듣는 자에게 설하면 공성의 이해가 핵심에 도달한 공덕이 문득 어떻게 일어나는가? 하면, 그 또한 [월칭보살(月稱菩薩)의] 입중론(入中論)에서, ‘그에게 뒤따라 일어나는 공덕이 발생하니, 항상 계율을 바르게 수지해서 머물

고, 보시를 행하고, 대비에 의지한다. 인욕을 닦고, 그 선업 또한 중생을 구제하기 위해서 보리로 온전히 회향하고, [이정(二淨)이] 원만한 보살들을 공경한다'고 설함과 같다. 이것은 공성에 대하여 확신이 커지는 그만큼 보시와 계율 등의 복덕자량을 크게 공경하게 되니, [용수보살(龍樹菩薩)의] 보리심석(菩提心釋)에서 또한, '모든 법들이 공성임을 안 뒤, 업과(業果)에 의지하는 어떤, 그것이 경이로움 가운데 더 경이롭고, 희유함 가운데 더 희유하다'라고 하여, 크게 찬양받을 자리로 설하였다. 그러므로 일부가 말하길, '공성에 확신이 일어나 닦는 이상에는, 계율 등들에 대해서 그것들은 요의(了義)를 이해하지 못하는 자들에 그러한 것이지, 요의(了義)를 이해한 이들에게 유희론(有戲論)의 그것들로 무엇을 하겠는가?'라고 말하는 것과 '일단 타인의 면전에 업과(業果)를 배우라'고 말하는 그 둘은 또한, 자기이니, 자기 측면에서 그것을 닦을 필요가 없다고 주장하는 것과 차이가 없는 것으로써, 자기와 타인을 전부 파멸시키는 큰 길에 머물면서, 악도(惡道)의 문을 열고, 공성의 이해가 삿됨에 떨어진 분명한 결과의 징표임을 알도록 하라. 그리고 또한 그와 같은 법기를 못 갖춘 사람에게 심오한 공성을 강설함에 있어서, 강설하는 자가 비록 보살계를 지닐지라도, [적천보살(寂天菩薩)의] 집학론(集學論)에서, '마음을 닦지 못한 유정에게, 공성을 강설함과'라고 해서, 전박(纏縛: 얽고 묶는 8가지 번뇌)이 갖춰지면 실계(失戒)하게 된다고 또한 설하였다. 여기서 공성을 전도됨이 없이 설하는 것을 듣고서 [상단(常斷)의] 양변(兩邊)에 떨어지지 않는 올바른 이해가 생겼을지라도 또한, 경이로움의 발생이 불러오는 눈물의 글썽임과 몸 털이 곤두서는 등이 전혀 없다면, 현재 심오한 공성의 법기로 결정된 것이 아니나 또한, 바른 스승님의 가르침에서 이탈하지 않는다면 공성을 깨닫는 종성의 힘을 새롭게 많이 안치할 수 있는 그릇으로는 가능하다"고 설하였다.

415) 중관교도(中觀教導)의 논서들이 허다하게 많지만 티베트에서 저술된 것 가운데 몇 가지를 소개하면, 아띠쌰 존자의 중관교계

서(中觀教誡書, dBu maḥi man ṅag)와 쫑카빠 대사의 중관견교도서(中觀見教導書, dBu ma lta baḥi khrid yig)와 최근에 저술된 14대 달라이 라마의 중관의 열쇠(dBu maḥi lde mig) 등이 있다.

416) 대치(對治, gÑen pa ñid)의 뜻은 '대치를 행하는 마음'이니, 곧 "소집(所執: 外境)과 능집(能執: 內心)이 실재하지 않음을 깨닫는 대치인 지혜"라고 장춥람기림빼티익샌팬닝뽀(菩提道次第教導利他精論)에서 해설하였듯이, 여기서의 대치는 외경과 내심이 실재한다는 잘못된 분별을 파괴하는 반야의 지혜를 뜻한다. 또한 대치(對治, gÑen pa ñid)는 보통 제압하고, 조복(調伏)하고, 차단(遮斷)하고, 멸진(滅盡)하고, 다스리는 것을 뜻한다.

417) 여기서의 자성(自性)은 티베트어 랑신(Raṅ bshin)의 번역으로 응오(Ṅo bo)와 씨(gŚis)는 동의어이다. 자성의 의미에 대하여 제·싸르동(rJe śar gdoṅ) 린뽀체의 대승수심결감로정수주보왕하권(大乘修心訣甘露精髓註寶王下卷)에서, "자성이 성립하는 도리는 중론(中論)에서, '자성(自性)들은 조작함이 아니니, 다른 것에 의뢰함이 없는 것이다'라고 설함과 같이, 자성이라 하는 것은, 조작함이 없음이니, 인(因)과 연(緣) 따위들로 조작됨이 아님과 또는, 다른 어떤 것을 또한 의뢰함이 없이 자립적인 것으로 이해한다"고 하였듯이, 그와 같이 자성이 성립하는 사물은 세상 어디에도 존재하지 않는 것이다.

418) 침몰(沈沒)과 도거(掉擧)는 선정삼매를 방해하는 주된 장애로서 그 뜻은 다음과 같다. "침몰(沈沒)은 마음이 대상을 파지하는 힘이 느슨해서 명료하게 인식하지 못함이니, 비록 명징(明澄)함이 있을지라도 대상을 잡음이 분명하지 못하면 가라앉음이다. 이것은 혼몽(昏懜)과 같지 않다. 혼몽은 침몰의 원인이 되는 것으로 용수보살의 집경론(集經論)에서, '혼몽이란 무엇인가? 어리석음의 일부가 되는 마음의 불감능성(不堪能性)이자, 모든 번뇌와 수번뇌(隨煩惱)들과 조력하는 작용자이다'라고 설하였다. 도거

(掉擧: 들뜸)은 수번뇌(隨煩惱)의 하나로 마음이 들떠 움직이는 것을 말한다. 위의 집경론에서, '들뜸이란 무엇인가? 탐애하는 모양을 쫓는 탐욕의 일부가 되는 적정하지 못한 산란한 마음으로 사마타(止)를 장애하는 작용을 말한다'라고 하였다."

419) "그 각성(覺性)의 본성을 깊이 관찰해 보면, 그 또한 실재하는 것이 아니다"라고 함은, 보리도등론난처석(菩提道燈論難處釋)에서, "이 뜻을 세존께서 팍빠덴빠니땐빼도(ḥPhags pa bden pa ñid bstan paḥi mdo, 聖二諦演說經)에서 명확하게 설하였으니, '그와 같이 승의(勝義)에서는 일체법의 [자성을] 반야로 심찰해서 찾을지라도 또한 전혀 없고 보지 못한다. 반야 그 또한 승의에서는 전혀 없고 보지 못함으로써 속제(俗諦)에서는 반야라 한다'고 하였는바, 반야 그 또한 승의에서는 전혀 무생(無生)이며, 없는 것이다"라고 함과 같으며, 또한 같은 책에서, "아사리 나가르주나(龍樹)께서, '이 뜻을 고려해서, 마음을 제불들이 보지 못하고 봄이 없는 것이니, 자성이 없는 본질을, 어떻게 봄이 있겠는가?'라고 설하였다. 아사리 아르야데와(聖天)도 또한, '의식 그 또한 승의에서는, 그것을 지자들은 승인하지 않는다. 하나와 다수의 [자성을] 여의었기 때문이니, 허공의 연꽃과 같다'고 설하였다"고 하였으며, 또한 같은 책에서, "그러므로 외도가 분별한 자아 등과 내도의 학파가 분별한 온(蘊) 등과 마음과 환상 따위의 분별을 제멸한 뒤 그와 같은 의미[無自性]에 항상 안주한 뒤 망상분별을 끊어버리도록 하라. 그러므로 아사리 나가르주나(龍樹)께서, '자아와 온(蘊) 등과 의식의 분별에 가리고 덮임이 없는, 제불의 보리심을, 공성들로 승인한다'고 설한 것이다"라고 하였다.

420) "자기와 타자(他者)와 자타(自他)의 둘과 [원인이 없는] 무인(無因)에서 발생하지 않기 때문이다"고 하는 이것은 보리도등론난처석(菩提道燈論難處釋)에서, "'사물은 자기(自己)로부터 발생하지 않으며, 타자(他者)와 [자타의] 둘로부터도 또한 발생하지 않고, 무인(無因)에서 발생하지 않으니 그러므로, 본질[을 보지 못함에]

의해서 자성이 있지 않다.(제49송)'라고 한 이것은 [무자성(無自性)을 결택하는 사대증인(四大證因) 가운데] 금강설인(金剛屑因)을 열어 보임이니"라고 하였으며, 또한 아사리 붓다빨리따(佛護)의 불호론(佛護論)에서도, "그와 같이 사물들을 있음(有)과 없음(無)으로 보는 것은 많은 허물에 떨어지니, '그러므로 사물들은 본질이 없다'고 하는 그것은 진성(眞性)을 봄이며, 중도(中道)이니, 그것은 승의를 얻음이다'고 설하였다"고 하였으며, 또한 칠십공성론자주(七十空性論自註)에서도, "승의(勝義)는 연기(緣起)에서 발생한 모든 사물들은 '자성(自性)이 공(空)이다'라는 그것에 귀결된다"고 하였다. 또한 아사리 월칭(月稱)의 칙쌜(顯句論)에서도, "그 뒤 법성은 또한 무엇인가? 하면, 제법의 본질이다. 이 본질은 또한 무엇인가? 하면, 자성이다. 이 자성은 또한 무엇인가? 공성이다. 이 공성은 또한 무엇인가? 자성이 없음이다. 이 자성이 없음은 또한 무엇인가? 진여(眞如, De bshin ñid)이다. 이 진여는 또한 무엇인가? 진여의 본질이 되는 것이 없음이다. 상주성(常住性)이다. 일체종(一切種)에서 무생성(無生性)은 조작함이 아니기 때문임과 다른 것에 의뢰함이 없기 때문에 불(火) 따위들의 자성인 것이다'라고 설하였다"고 하였다.

421) 씰라씽하(Śī la siṅ ha, 獅子戒)의 보리도등론주(菩提道燈論註)에서, "'소취(所取: 外境)와 능취(能取: 內心)의 둘이 공적(空寂)한 마음이 실유(實有)한다'고 말하는 것을 타파하기 위해서, '온(蘊)·계(界)·처(處)의 법들이, 진실로 무생(無生)임을 아는 바의, 자성이 본래 공(空)함을 아는 것이, 반야(般若)라고 분명하게 설하였다.(제47송)'고 하는 등을 설하였다"고 하였다.

422) 아뢰야(阿賴耶, 一切所依)는 범어 알라야(Ālayā)와 티베트어 꾼시(Kun gshi)의 옮김이니, 윤회와 열반의 일체가 그로부터 생김으로써 아뢰야라 한다. 롱첸랍잠(Kloṅ chen rab ḥbyams, 1308-1363)의 쌍닝델빠촉쮜뮌쎌(祕密藏續註十萬黑暗除滅論)에서, "그 또한 일체소의(一切所依)는 일체이니, 일체가 의지하는 터전[기반]이다.

입능가경(入楞伽經)에서, '아뢰야는 일체의 터전이니, 윤회와 그와 같이 또한 해탈의 터전이다'고 설하였다. 그 또한 부정한 윤회로 나타날 때는 그것의 의지처가 되어서 분리되지 않은 것처럼 있을지라도, 또한 [해탈로 나타날 때는] 청정한 법성인 법계체성지의 이름을 얻는다. 일체의 지혜가 이것에 의지한다"고 하였으며, 또한 일통전지해탈속(一通全知解脫續)에서, "자생의 지혜인 아뢰야(阿賴耶)가 본래청정 함으로써 범위가 끊어지고 방소가 없는 인위(因位)의 의취에 통달하니, 외경과 내심, 유정(有頂: 三有의 정상)의 분별이 본자리에서 해탈한다. 그러므로 경(經)에서, '청정한 아뢰야를 알아서 인위(因位)의 의취가 현전하여 본자리에서 해탈한다'고 하였다. 이 자생의 지혜는 움직이지 않고 흔들어 움직임이 본자리에서 청정함으로써 착란과 윤회의 분별이 본자리에서 파괴된 뒤 애씀을 여읜 무위도(無爲道)의 의취에 통달하니, 도(道)의 멀고 가까움과 닦아서 경과하는 집착이 본자리에서 해탈한다. 그러므로 경(經)에서, '[자생의] 지혜가 현전하면, 도(道)의 애씀이 해탈한다'고 하였다. 자생의 지혜는 스스로 출생하고 스스로 해탈함으로써 이집(二執: 대경과 내심의 집착)과 희망과 의려의 애씀이 본자리에서 청정해 짐으로써 불과(佛果)의 자연성취의 의취에 통달하니, 삼신(三身)과 오신(五身)을 집착함이 본자리에서 해탈한다. 그러므로 경(經)에서, '[자생의 지혜는] 자연해탈이니, 불과(佛果)와 희망과 의려가 해탈한다'고 하였다"라고 설하였다.

423) 이 구절에서 아뢰야(阿賴耶)라 부르는 꾼시(Kun gshi)를 공성으로 이해하는 것은 선지식 채카와(ḥChad kha ba)의 수심칠사(修心七事)의 2가지 교도법(教導法) 가운데 장딤빠(北遊派)의 전통에 속하니, 까담최중쌜된(噶當派源流)에서, "이 수심칠사(修心七事)에도 또한 [교도하는 법에 따라서] 호딤빠(lHo ḥgrims pa, 南遊派)와 장딤빠(Byaṅ ḥgrims pa, 北遊派)의 교도법(教導法)의 문헌 둘이 있다. 호딤빠(南遊派)들은 '도(道)의 본질을 아뢰야(阿賴耶)에 안치하라'고 하는 구절에서 아뢰야를 '무조작(無造作)의 마음'으로 이해하고,

장딤빠(北遊派)들은 '무자성(無自性)의 공성'으로 이해함으로써 서로 같지 않은 차이가 있으며, 원문에도 또한 구절의 많고 적음의 차이가 적지 않게 있음이 보인다. 겔쌔빠·톡메쌍뽀(無着賢)께서 저술하신 수심칠사강해(修心七事講解)와 그것의 비망록인 뺄예마(dPal ye ma)는 호딤빠(南遊派)에 속하는 문헌에 의거한 것으로 보인다"고 함과 같다.

424) 공성을 깨닫는 것이 해탈의 원인이 됨을 용수보살의 보리심석(菩提心釋)에서, "어떤 이들로 공성을 알지 못하는, 그들은 해탈의 소의(所依: 몸)가 아니니, 육도의 윤회의 감옥 속으로, 어리석은 그들은 유전한다"고 설하였다.

425) 육취(六趣)는 안식(眼識)과 이식(耳識)과 비식(鼻識)과 설식(舌識)과 신식(身識)의 다섯과 의식(意識)을 합한 여섯을 육취라 한다.

426) 아뢰야식(阿賴耶識)은 아뢰야(阿賴耶)와는 다른 의미이니, 롱첸·최잉똡댄도제(Gloṅ chen chos dbyiṅs stobs ldan rdo rje)의 도귀린뽀체죄슉(顯密文庫)에 의하면, "아뢰야(阿賴耶, 一切所依)가 바뀌어 법계체성지(法界體性智)를, 아뢰야식(阿賴耶識)[제팔식(第八識)]이 바뀌어 대원경지(大圓鏡智)를, 의근(意根)의 알음이(意識)[제육식(第六識)]이 바뀌어 평등성지(平等性智)를, 염오식(染汚識)[제칠식(第七識)]이 바뀌어 묘관찰지(妙觀察智)를, 다섯 감관의 알음이(識)[전오식(前五識)]이 법계로 소멸하여 성소작지(成所作智)를 이룬다"고 설하였다. 또한 유콕쏭붐2(玉科曲勇絨卓全集中二)의 시래시낭차르출꼬르(因地因位光景出現法)에서, "아뢰야(阿賴耶)와 법신의 차이이니, 아뢰야(阿賴耶, 一切所依)와 법신(法身)의 둘의 본질이 무분별인 점에서는 같을지라도, 아뢰야는 무명의 실질이다. 마음과 심소(心所)들의 일체가 발생하는 근원이며, 삼계의 습기들의 일체가 최초로 쌓이는 소의(所依: 場所)이며, 중간에는 그것을 붙잡아 가지는 길이며, 마지막엔 그것을 성숙시키는 그릇이 되는 아뢰야는 무분별이며, 본질이 무기(無記)이며, 의식(意識)은 암둔하고, 안락(安樂)

과 명징(明澄)과 무분별(無分別)의 어떠한 감수(感受)로부터 벗어나지 못한다. 비유이니, 무명(無明)은 배와 같고, 여덟 가지의 식(識)들은 사람과 같고, 주(住)·의(義)·신(身)의 셋은 용품과 같다. 본질의 상태에 어리석은 무명이 본의(本義, Ye don)의 아뢰야(一切所依)이며, 자기의 본래면목을 알면 해탈로 연결되고, 알지 못하면 윤회에 연결됨으로써 연결의(連結義, sByor baḥi don)의 아뢰야(一切所依)이며, 실체의 혈육의 몸은 욕계와 색계의 광명신(光明身)과 무색계의 의식(意識)의 몸 셋의 습기가 존재하는 측면에서 습기신(習氣身, Bag chags lus)의 아뢰야(一切所依)이며, 선악의 업과 부동의 업이니, 삼계의 습기와 상응함을 지닌 갖가지 습기의 아뢰야(一切所依)이다. 법신(法身)은 무명의 힘에 영향을 입지 않는 지혜의 소의(所依)인 법계의 본질이 심경(心境)의 둘과 함께 머물지 않고, 업과 습기에 물들지 않은 측면이 법신이다. 그것은 심원하고 투명한 바다와 같다"라고 하였다.

427) 칠식(七識)[염오의(染汚意)]는 유식학파에 의하면, 8가지 식(識) 가운데 하나이며, 성불을 하기 전까지 아뢰야식을 소연해서 그것을 항상 자아[독립자취실유(獨立自取實有)]로 집착하는 의(意)의 상태에 귀속되는 번뇌에 덮여있는 무기(無記)의 심왕(心王)이다.

428) '도(道)의 파지상(把持相, ḥDzin stańs)'은 유경(有境: 內心)이 외경의 사물에 대해서 일으키는 지각(知覺) 또는 소연을 취해서 인식하는 법이나, 여기서의 뜻은 도(道)의 본질인 번뇌장(煩惱障)이 없는 법성과 그것을 깨닫는 소지장(所知障)이 없는 지혜가 합일한 청정한 법신을 도(道)의 단계에서 공성의 수증(修證)을 통해서 인식하는 모양이라 할 수 있다.

429) 무기(無記)는 본질이 선악(善惡)의 어느 쪽에도 속하지 않는 것을 말한다.

430) 좌간(座間, Thun mtshams)은 정해진 수행시간이 끝나고 다음 수

행시간까지의 일단의 시간으로 후득(後得)의 상태라고 하며, 이 때는 일체의 현상계가 환상과 같음을 닦는다.

431) 여기서 싸마히따(Samāhitaḥ, 根本定: 等引)는 선정을 수습할 때 인법무아(人法無我)의 공성의 상태에 마음을 전주하는 선정을 말한다.

432) 전도세속(顚倒世俗, Yaṅ dag ma yin paḥi kun rdzob)은 내외의 연기도리(緣起道理)에 대하여 전도되게 사유하고, 허망하게 분별해서 발생시키는 모든 결과들을 말한다.

433) 정세속(正世俗, Yaṅ dag paḥi kun rdzob)은 삼세속(三世俗)의 하나로, 내외의 모든 연기도리(緣起道理)에 대하여 바르게 사유하고 관찰해서, 십선(十善) 등으로 발생시키는 일체의 인과를 정세속이라 한다.

434) 안예(眼翳)는 눈병의 일종으로 티베트 의학에서는 몽롱증(朦朧症)이라 한다. 앞이 잘 보이지 않는 질병으로 네 단계로 발전한 뒤 마지막에는 실명한다. 질병의 원인이 사풍(邪風)에서 기인하며 안개와 같이 몽롱하고, 머리카락과 같거나 파리와 같은 빛을 보고, 사물이 흔들리는 것처럼 보인다고 하였다.

435) "해악을 행함에 대해서 미워함이 없는 가운데 기쁨을 닦도록 한다"는 구절의 의미는 역경을 2가지 보리심을 닦는 순연(順緣)으로 전용하는 법이니, 이 뜻을 제·쌰르동(rJe śar gdoṅ) 린뽀체의 대승수심결감로정수주보왕하권(大乘修心訣甘露精髓註寶王下卷)에서, "그 역연을 직접적으로 물리칠 수 있을지라도 또한 이와 같은 증험(證驗)이 있는 자라면 약품과 소재기복(消災祈福)의 의식으로 물리침이 없이 고통을 자진해서 받거나 전용(轉用)함이 필요하다. 특별히 까담빠의 선현(先賢)들은 질병과 같은 것이 하나씩 발생할 때, 약품과 [소재기복(消災祈福)을 행하는] 경참의식

(經懺儀式) 따위로 그것을 물리치면 크게 수치스러운 행위로 여겼다는 역사가 있다. 그러므로 고통을 도(道)로 전용할 줄 알면 그것으로 광대한 복덕을 성취함으로써, 그것을 소연해서 기뻐하지 않는 마음을 가져서는 안 되는 것이다"고 하였다.

436) 사신(四身)에 대해서는 많은 논설 가운데 두 가지만 소개하면, 먼저 수심칠사주(修心七事註)에서, "그러므로 질병과 악귀와 자기의 마음 셋을 낱낱이 분석하는 지혜로 관찰하면 본래부터 생긴 적이 없는 그것이 무생(無生)의 법신(法身)이다. 생함이 없고 멸함도 없는 그것이 불멸(不滅)의 보신(報身)이다. 생멸(生滅)이 공적(空寂)한 가운데 머물지 않는 그것이 무주(無住)의 화신(化身)이다. 그와 같이 삼세(三世)의 어디서도 또한 성립하지 않는 그것이 자성신(自性身)이다. 그와 같이 질병과 악귀와 자기의 마음 셋을 떠나서 과위(果位)의 사신(四身)이 별도로 없는 그것을 사신(四身)으로 알도록 하라. 그와 같이 깨달음이 발생할 때 사신(四身)을 손으로 움켜쥐게 해주는 것임을 알라"고 하였다. 다음은 바르도퇴돌(中有聞法解脫)에서, "그 때 일체가 바르도의 환영임을 깨닫도록 하십시오. 마하무드라(大印)의 삼매를 닦도록 하십시오. 만약 닦을 줄 모른다면 그대에게 두려움을 일으키는 그것[내심]의 본질을 여실히 관찰토록 하십시오. 실체가 전혀 없는 텅 비어 있음만을 보게 됩니다. 그것이 바로 법신(法身, Dharma-kāyā)입니다. 그 텅 비어 있음은 또한 그냥 비어서 없는 것이 아닙니다. 거기에는 텅 빈 고요를 두려워하는 명징하고 투명한 의식이 있습니다. 그것이 바로 보신(報身, Saṃbhoga-kāyā)의 마음입니다. 그 텅 빈 고요함과 투명함의 둘이 서로 분리되지 않는 텅 비어 있음의 본성은 투명하고, 투명함의 본성은 텅 비어서 조금도 분리되지 않는 명공일여(明空一如)의 생생한 의식이 지금 그대에게 본연의 상태로 존재하고 있습니다. 그것이 바로 자성신(自性身, Svabhāvavika-kāyā)입니다. 또한 그 본성의 활력이 조금도 막히고 끊어짐이 없이 일체에 두루 나타나는 그것이 바로 자비의 화신(化身, Nirmāṇa-kāyā)입니다"라고 하였다.

437) 이 구절은 선지식 채카와(hChad kha ba)의 수심칠사(Blo sbyoṅ don bdun ma, 修心七事)에서는 "착란의 현상을 사신(四身)으로 관조하는, 공성이 위없는 수호이다"로 나오고, 다른 판본에는 '전용'과 '관조' 대신 '닦음'으로 나온다.

438) 죄업을 대치하는 사력(四力)은 염오대치력(厭惡對治力)과 현행대치력(現行對治力)과 방호대치력(防護對治力)과 소의대치력(所依對治力)의 넷이다.

439) 제·쌰르동(rJe śar gdoṅ) 린뽀체의 대승수심결감로정수주보왕하권(大乘修心訣甘露精髓註寶王下卷)에서, "보리심의 보석이 마음에 생기지 못한 사람의 그 마음에 보리심을 일으키고, 일으킨 뒤 마음에 보리심이 일어난 사람이라면, 보리심의 보석을 더욱더욱 자라나게 하는 것이 매우 중요함으로써, 그것을 증장시키는 원인인 갖가지 자량의 문을 통해서 선업을 쌓고, 죄업을 갖가지 문을 통해서 정화하는 것이 필요하다. 여기서 '갖가지 자량의 문을 통해서 선업을 쌓고'라고 함은, 예를 들어 공양에 비유해서 설명하면, 공양물인 음식과 꽃과 소향(燒香)과 향수와 등불 따위들의 갖가지가 있고, '죄업을 갖가지 문을 통해서 정화하고'라고 함은, 보통 죄장들을 네 가지 대치력(對治力)에 의거해서 정화함이 마땅할지라도, 현행대치력(現行對治力)에 의지한 뒤 죄장을 정화하기 위한 목적으로 불보살님의 탱화를 조성하고, 예배와 탑돌이를 행하고, 다라니주(陀羅尼呪)를 독송하고, 보리심을 닦음과 심오한 공성의 의미를 닦는 등의 하나의 문을 통해서 행하는 것으로는 충분하지 않고 갖가지 문을 모아서 정화하면 큰 힘이 일어나기 때문이다"라고 설하였다.

440) 현정선(賢淨善)의 셋을 일반적으로 캐쭌쌍(mKhas bthun bzaṅ, 賢正善)이라 하니, 쎄르기담뷔밍칙챈델노르뒤도쌜(雪域名著名詞精典注釋)에서, "소지계(所知界)를 아는 학문에 어리석지 않음으로써 현(賢)이니, 그것의 공덕은 강설과 논쟁과 저술의 셋이다. 몸·말·

뜻 삼문(三門)의 죄행을 방호하는 계율이 청정함으로써 정(淨: 戒德)이며, 지율(持律)의 공덕은 삼율의(三律儀)에서 제정한 한도를 위배하지 않음이다. 이타(利他)의 증상의요가 청정함으로써 선(善)이니, 그것의 공덕은 캐둡(mKhas grub, 賢明·成就)의 업적인 교법과 모든 유정들에게 유익한 사업을 광대하게 행하고, 성취의 공덕인 제지(諸地)와 오도(五道)의 수승한 깨달음이 마음에 출생함이다"라고 설명하였다.

441) 로되걜챈(Blo gros rgyal mtshan, 慧幢)의 로종최끼고제(Blo sbyoṅ chos kyi sgo ḥbyed, 修心法門開啓)에서, "또한 가섭청문품(迦葉請問品)에서, '예를 들면, 어떤 사람이 바닷물에 휩쓸려가서, 그가 목이 타서 죽기에 이르게 되었다. 그와 같이 법을 많이 사랑해도 방일하면, 법의 바다에 머물지라도 또한 악도에 들어가니, 비유하면, 의사가 약효를 크게 부풀린 약이, 세상에 널리 전파될지라도, 환자를 치료하지 못한다면, 그의 약은 무의미하게 된다. 그와 같이 비구가 계율의 공덕을 지니고, 다문(多聞)이 또한 있어도 법답지 못한 작의(作意)로 번뇌가 일어나는 질병을 없애지 못하면, 그것에 의해서 다문(多聞)에 정진이 무의미한 것이다'고 설하였다"라고 하였다.

442) 제·쌰르동(rJe śar gdoṅ) 린뽀체의 대승수심결감로정수주보왕하권(大乘修心訣甘露精髓註寶王下卷)에서, "보통 어떠한 선행을 행하든 그 일체의 끝에 회향발원으로 강렬하게 인(印)을 치는 것이 필요하다. 비유하면, 선행은 말과 같고, 회향발원은 재갈과 같은 것이니, 말에 재갈을 물리고 고삐로 방향을 조정하는 것이 필요함과 같다. 특별히 임종과 바르도(中有)와 후생과 그 이후의 모든 생애의 이어짐에서 두 가지 보리심이 쇠퇴하지 않고 현전하니, 예를 들면, 금생에서 보리심의 보석을 일으키고 마음에 생겨난 사람이라 할지라도 죽은 뒤 후생을 얻을 때, 그 사람의 마음에 보리심의 보석이 있다 할지라도, 현전하지 않거나 또는 종자의 상태로 있는 것이니, 예를 들면, 염송(念誦)을 기억하는

것에 비유하면, 처음에 마음에 기억한 뒤 숙달됨이 있은 뒤 10년 정도 염송하지 않고 방치하면 마음에서 지워지나, 후일 다시 마음에 기억할 때 달리 새롭게 기억하는 것에 비교하면, 잊어버린 그것을 다시 기억하면 쉽게 숙달되는 것은 우리들의 체험으로 아는 것이다. 그 이유는 과거 마음에 기억했던 습기가 깨어난 힘인 것이다. 그와 같이 큰 경론들을 학습하여도 어떤 사람들은 경전을 보고 들음의 어려움이 없이 쉽게 경론의 의미를 이해하는 그것 또한, 전생들에서 그 경론들에 대한 깊은 습기가 심어진 탓에 그러한 것이니, 단지 깊은 습기가 있는 것만으로는 충분하지 않고, 그것을 현전시키는 조건과 반드시 만나는 것이 필요한 것이다. 그러므로 어떠한 역연과 장애들이 일어날지라도 일체를 두 가지 보리심의 보석들을 닦는 도우미가 됨과 '이 로종(修心)의 법을 열어 보이시는 대승의 선지식과 만나게 하소서!'라고 발원하는 것이다. 여기서 '그와 만난다'고 하는 것은, 선지식의 발에 머리를 단지 대는 것을 말하는 것이 아니라, 대승의 선지식과 만나고, 만나는 것만으로는 충분하지 않고 마음과 행위의 두 문을 통해서 여법하게 의지하는 것으로 이해해야 함이 마땅하다"라고 설하였다.

443) 제·쌰르동(rJe śar gdoṅ) 린뽀체의 대승수심결감로정수주보왕하권(大乘修心訣甘露精髓註寶王下卷)에서, "자타상환(自他相換)의 로종(修心)을 닦은 그 수행자가 죽음이 가까워졌을 때, 이 로종의 문을 통해서 의식전이(意識轉移)를 행함이 필요하다. 임종의 수행이 극히 중요한 것은 자신이 일생동안 어떤 것을 닦고 익혀서 숙달된 그 법이 유익한 것이다. 어떤 것을 닦고 익혀서 숙달된 그 법은 통증 따위의 어떤 고통이 발생할지라도 수습한 힘에 의해서 기억할 수 있으니, 만약 그와 같지 않고 임종 때에 닦아 본 적이 없는 별도의 법을 닦는다면, 자기의 기억이 불명하고, 질고(疾苦) 따위의 난관에 떨어지는 탓에 법을 기억하기가 어려운 것이다. 지금 장기간 닦을지라도 또한 마음에 일어나기 어려운 이와 같은 상황에서 지내는 형편인데 임종 때의 크게 힘든 그

와 같은 상황에서 이전에 알지 못하던 뛰어난 공덕이 마음에 출현하는 일이 없는 것이다. 선지식 뙤룽빠(sTod luṅ pa)가 선지식 랑리탕빠(Glaṅ ri thaṅ pa)에게, '우리들이 내일 모레 죽는다면, 어떻게 해야 합니까?'하고 물었다. 랑리탕빠께서, '나는 지금 죽어도 또한 묘안을 강구함이 털끝만큼도 있지 않다'고 하였다. 의미는, 나는 지금 빨리 죽어도 또한 죽어가는 이 수행과 이 방법을 내가 하고자 함이 털끝만큼도 또한 없다고 설함과 같은 것이 도래하는 발원을 행하는 것이다"라고 설하였다.

444) 위의 같은 책에서, "백업(白業)의 종자력(種子力, Sa bon gyi stobs)이니, 광대한 복전(福田)은 스승과 승가, 성자와 이생범부(異生凡夫)의 승가 등들이니, 자기에게 있는 모든 물품들을 스승과 승가에게 바치고, 삼보의 공양 등의 복덕이 큰 곳으로 보시하고 애착이 없게 함이 필요하다. 임종 시에 자기의 몸과 수용물에 집착하면 나쁜 자궁으로 인도함으로써 해악이 실로 큰 것이다. 그 또한 비나야경(毘奈耶經)에는, 한 비구가 자기의 발우를 집착하고 죽음으로써 발우 안에 독사로 태어남과 한 여인이 자기 몸에 집착하고 죽음으로써 그 몸속에 독사로 태어남과 한 가장이 황금에 집착한 상태로 죽음으로써 그 황금을 칭칭 감고 있는 독사로 태어남 등의 몸과 수용물에 집착함으로써 이생에서 파멸하고, 후생에는 그와 같은 나쁜 자궁에 던져짐을 허다하게 설하였으며, 친척과 하인과 권속 등에 집착해서 죽음으로써, 포악한 악귀(惡鬼)로 태어난 뒤 자기와 남을 파멸시키는 것을 가리키는 역사들이 많이 나온다"라고 설하였다.

445) 위의 같은 책에서, "임종의 때에 초인(招引)의 힘을 발출하는 도리이니, '반드시 바르도(中有)에서 또한 두 가지 보리심의 보석을 닦고, 후생의 모든 생애마다 이 보리심의 보석을 항상 잊지 않고 현전하도록 행하리라!'고 생각하는 강렬한 희원을 반복해서 행한다. 이것의 핵심은 금생에서의 수습에 달려있는 것이니, 금생에서 선악의 마음 가운데 어떤 것을 많이 익혔는가에

에 따라 힘이 큰 쪽이 바르도의 상태에서도 역시 그 마음이 나타난다고 설하였다. 우리들이 꿈을 꾸는 단계에서도 또한 익힌 쪽으로 가는 그것을 꿈에서 체험으로 알 수가 있는 것이다"라고 설하였다.

446) 이와 같이 행하는 이유는 사자의 몸속의 생명의 바람들이 중맥(中脈) 안으로 쉽게 들어가서 해탈할 수 있기 때문이니, 완역 티베트 사자의 서(중암, 불광출판사)에서, "그 뒤 사자의 숨이 멈추려 하면, 오른쪽 옆구리를 바닥에 닿게 눕혀서 사자(獅子)의 자세를 취하게 한 뒤, 목의 동맥을 세게 누르도록 하라. 수면에 들게 하는 목의 두 동맥의 맥동이 멎도록 강하게 누름으로써, 전신의 생명의 바람들이 아와두띠 안으로 들어간 뒤 흘러나오지 않고, 사자의 의식이 정수리에 있는 브라흐마의 황금 문을 통해서 반드시 빠져나오게 된다"고 하였다.

447) 툭담(Thugs dam, 三昧)에 들어감은 임종의 정광명 속에 사자의 의식이 명징하게 머무는 것을 말하니, 곰데칙죄첸모(貢德大辭典)에서, "참된 사부(士夫)들이 입멸할 때 죽음의 정광명의 삼매에 들어간 것을 '툭담(Thugs dam)에 들어갔다'고 말한다. 제·쎼랍갸초(rJe Śes rab rgya mtsho, 般若海)의 비밀집회원만차제교도(祕密集會圓滿次第教導, gSaṅ ḥdus rdzogs rim gyi khrid mi bskyod shal gyi bdud rtsi),p.20 ba에서, '성기의 중앙의 소연경(所緣境)을 심장으로 불러들여 심장의 불괴명점(不壞明点)과 합일해서 분리되지 않게 한 뒤, 거기에 마음을 전주(專注)해서 공성에 머무름으로써, 몸 안의 바람들이 중맥(中脈) 안으로 들어오고 머물고 녹아듦으로써, 상징과 상징체험의 여덟 가지가 실제로 출현하는 그것이 모음(母音)과 같은 것으로, 자기가 이전에 수증했던 그것이 자음(字音)과 같은 것으로 알려주고 닦음이니, 죽음의 정광명의 미세한 그 마음이 공성에 일념으로 머무를 수가 있다면 모자광명이 서로 만남과 지금 툭담(Thugs dam, 三昧)에 들어있다'고 말하는 것이니, 죽음과 법신의 화합이다"라고 설함과 같다.

또한 일반적으로 툭담(Thugs dam)에는 여러 가지의 의미가 있으니, ①서언(誓言) 또는 서원(誓願)의 뜻이니, '서언이 견고하다(Thugs dam brtan po)'고 함과 같다. ②선행(善行) 또는 수증(修證)의 뜻이니, '수증(修證)의 핵심(Thugs dam gyi mthil)'이라고 함과 같다. ③심의(心意)의 뜻이니, '호법신의 심원(心願)을 만족시키다(Thugs dam skoṅ ba)'라고 함과 같다. ④본존(本尊)의 뜻이다. ⑤점괘(占卦)의 뜻이니, '점을 보다(Thugs dam brtags pa)'라고 함과 같다.

448) 마라(魔羅, Māraḥ)는 마(魔)이니, 다조르밤뽀니빠(聲明要領二卷)에서, "마라(Māraḥ)는 므르드쁘라나따게(Mṛdprāṇatyāge)이니, 선법(善法)의 명근(命根)과 결별하도록 함으로써 마라(魔羅)라 한다"고 하였다. 또한 장한대사전(藏漢大辭典下卷)에서, "뒤(bDud). 名詞. (1)〈Māraḥ〉 유정에게 해악하고, 선법을 방해하는 일종의 사마이니, 6욕천(欲天)의 한 부류이다"고 하였듯이, 여기에는 무수한 종류들이 있다.

449) 비나야까(Vināyakaḥ, 引邪惡)이며, 비나야가(毘那夜迦)로 한역하며, 티베트어는 록덴(Log ḥdren)이다, 유정을 사악한 길로 인도함으로써 의역하여 도사(導邪) 또는 인사악(引邪惡)이니, 사마(邪魔)들 가운데 뛰어난 주군(主君)인 까닭에 도사(導邪)라고 하며, 달리 가나빠띠(Gaṇapati, 象鼻天) 또는 가네쌰(Gaṇeśa)라 부르고 티베트어로는 촉닥(Tshogs bdag, 衆主)이라고도 한다.

450) 구호처(救護處)는 티베트어 깝(sKyabs)과 범어 쌰라남(Śaraṇaṃ)의 옮김이니, 귀의(歸依)와 구호(救護)의 뜻이다. 온갖 해침으로부터 구호하는 자를 뜻함으로써 귀의라고 하니, 죄랑델(俱舍論自注)에서, "쌰라남(Śaraṇaṃ)의 뜻이 무엇인가? 하면, 그에게 의지함으로써 모든 괴로움으로부터 온전히 반드시 벗어나기 때문이다"라고 함과 같다.

451) 의호주(依怙主)는 티베트어 괸(mGon)과 범어 나타(Nāthaḥ)의 옮

김이니, 믿고 의지하는 대상으로 완전하게 구호하여 줌으로써 의호주(依怙主)와 의호존(依怙尊)이라 한다. 예를 들면, 미륵보살님을 자존(慈尊)이라 함과 같다.

452) 귀의처(歸依處)는 티베트어 내(gNas)와 범어 라야남(Layanaṃ)의 옮김이니, 처소의 뜻으로 여기서는 귀의할 곳과 대상인 귀의처(歸依處)의 뜻이다.

453) 섬(島)은 티베트어 링(gliṅ)과 범어 드위빠(Dvīpaḥ)의 옮김이니, 피난처와 안식처의 뜻이다.

454) 의탁처(依託處)은 티베트어 뿡녠(dPuṅ gñen)과 범어 빠라야남(Parāyaṇaṃ)의 옮김이니, 구조해 주는 사람과 믿고 의지할 곳인 의탁처의 뜻이다. 쎄르기담뷔밍칙챈델노르뒤도쌜(雪域名著名詞精典注釋)에서, "뿡녠은 보통 귀의처의 뜻으로 이해하니, 현관장엄론(現觀莊嚴論)에서, '[귀의]처(處)와 의호(依怙)와 섬(島)과'라고 한 것에 대하여, 쎄르텡(金鬘疏)에서, '윤회와 열반을 평등하게 깨달음은 셋이니'라고 함과 같이, 앞에서 이끌어줌으로써 구조(救助)이다"라고 하였다.

455) 의지처(依支處)는 티베트어 뗀싸(rTen sa)와 범어 가띠(Gati)의 옮김이니, 의지처(依支處)의 뜻으로 믿고 의지할 대상을 말한다. 예를 들면, 불교의 삼소의(三所依)인 불상(佛像)을 신소의(身所依)로, 불경(佛經)을 어소의(語所依)로, 불탑(佛塔)을 의소의(意所依)로 부름과 같다.

456) "모든 법들은 [자아의 집착을 조복하는] 일의(一意)에 거두어진다"라고 함은, 삼승(三乘)의 교법이 모두 자아의 집착을 끊는 일의(一意)에 귀결됨을 말한다. 제·쌰르동(rJe śar gdoṅ) 린뽀체의 대승수심결감로정수주보왕하권(大乘修心訣甘露精髓註寶王下卷)에서, "지나(Jinaḥ, 勝者) 불세존께서 8만 4천의 법온(法蘊)을 설하신 목

적은, 교화대상의 심속(心續)에는 8만 4천의 구생번뇌(俱生煩惱)가 있으니, 탐·진·치 각각의 2만 1천 번뇌와 삼독(三毒)이 균등한 번뇌 2만 1천 가지를 합한 8만 4천의 번뇌가 들어있음으로써, 그것들을 대치하는 법으로 8만 4천의 법온(法蘊)을 설하신 것이다. 그러면 그것들을 설하신 목적이 무엇인가? 하면, 아집의 번뇌장과 그것의 습기인 소지장을 함께 끊어버린 뒤 성불하는 방편으로 오직 설하신 것이다. 그러므로 법이 [아집을 대치하는] 법이 되고 되지 않거나 또는 법이 [아집을 대치하는] 도(道)가 되고 되지 않음의 차이는, 자기 마음의 아집의 대치법이 되고 되지 않음의 문을 통해서 세우는 것이다. 만약 법이 번뇌를 대치하는 법이 되지 못하면 법이 [아집을 대치하는] 도(道)가 되지 못함과 어떤 법을 행하든지 일체가 자기 마음의 아집을 대치하는 법이 되고 성불하는 방편이 되면 법이 도(道)가 된 척도 또는 로종(修心)이 마음에 발생한 바른 증표인 것이다"라고 하였다.

457) "두 가지 보증 가운데 핵심적 보증을 잡으라"는 의미에 대하여 위의 같은 책에서, "자기 마음이 보증하는 것이니, 자기가 자기를 보증하는 그것이 중요한 것이며, 타인이 보증하는 그것은 충분하지 못하다. 한 사람이 다른 사람에 대해서, '이 사람의 마음에는 보리심과 공성을 깨달은 견해가 있음으로써, 불가사의한 분이자, 훌륭한 수행자라 부르는 것 또한 그를 말함이다'고 설해서, 타인에게 부끄럽지 않고, 믿음을 갖게 하는 그 또한 보증인 것일지라도, 그것을 의지함이 없이 핵심적 보증으로 삼지 않는다. 세상의 범속한 사람들은 타인의 심속(心續) 그것을 알지 못함으로써, 외적으로 훌륭한 행동거지 한두 건을 보는 것만으로도 기뻐함이 있으니, 마음이 환희해서 애호함이 생기기 때문이다. 또한 남섬부주의 사람은 분별이 강렬해서 안과 밖이 같지 않음이 아말라끼(Amalakī, 山査子)의 열매처럼, 겉은 익어도 속은 익지 않음과 속은 익어도 겉은 익지 않음과 겉과 속이 둘 다 익음과 겉과 속이 둘 다 전혀 익지 않음의 넷이 있음과 같

이 말을 함으로써, 자기의 보증을 자기가 행함이 있게 되면 그 것이 핵심적 보증인 것이다. 예를 들어, 십불선(十不善)을 버리는 계율과 같은 것에 비유하면, '금생에서 십불선을 버리는 청정한 계율을 능히 지킬 수가 있게 되었다'라고 자기의 확실한 보증을 자기가 행하는 것이 발생하면 가장 원만한 것이다. 다른 사람이 말하는 '계율이 청정하다. 청정하지 않다고 함과 불가사의한 보살이다'라고 하는 것은 확정적인 것이 아니다. 그러므로 마음을 진실하게 가짐이니, 자기의 행위 일체가 잘못된 것임에도 잘못이 없다고 고집함과 타인의 행위 일체가 착오가 없음에도 아닌 것으로 우기는 따위가 아니라, 진실한 마음으로 잘 관찰한 뒤 자기에게 자기가 수치스럽지 않음이 있게 되면 마음이 닦아진 척도 또는 표상인 것이다"라고 하였다.

458) "오로지 마음이 안락함을 항상 의지하라"는 의미에 대하여 제·쌰르동(rJe śar gdoṅ) 린뽀체의 같은 책에서, "승의보리심과 세속보리심의 둘을 잘 닦음으로써 수습에 통달함이니, 수습이 완성되면 마음이 닦아짐이니, 어떠한 역연과 순연이 발생할지라도 로종(修心)의 문을 통해서 도(道)로 전용함이 충분하다. '버리고 취하는 일이 하나도 없다'고 생각하는 확신을 얻도록 하라. 그러면 그 역연(逆緣)들을 도(道)로 전용하는 도리가 어떤 것인가? 하면, '고통은 죄업을 쓸어내는 빗자루이고, 역연은 선지식이며, 장애는 선행을 닦으라는 권유이니, 불쾌함을 재앙으로 보지 말라'고 설함과 같이, 어떠한 역연이 생길지라도 그것을 기뻐함을 닦고, 이 마음 닦는 법의 장애가 되지 않도록 순연(順緣)으로 바꾸도록 하라. 특별히 어떠한 역연이 발생하면 또한 그것을 기뻐함을 닦고 세간에는 이와 같은 역연이 생겨난 유정들이 허다하게 있으니, '그들의 역연과 그것이 일으키는 모든 고통들 또한 내게서 익어진 뒤, 내가 이 역연에 의해서 그들 모두에게 유익한 자가 되어지이다!'라고 사유하고, 자타상환을 닦는다. 그와 같이 어떠한 역연이 생길지라도 또한 마음이 슬퍼함이 없이 자타상환의 문을 통해서 도(道)로 전용하고 도우미로

바꿈을 전적으로 할 수 있으면, 급작스런 역연이 선행을 장애하지 못하고 마음이 안락함이 늘어나고, 마지막에 수습에 통달하게 되면, '모든 법들을 안락으로 진압함'이라는 삼매를 얻게 되니, 비록 자기의 몸을 조각낼지라도 오로지 안락만이 일어나고, 보리심의 보석이 자라나는 선연(善緣)이 된 뒤, 모든 때와 장소에서 두 가지 자량을 광대하게 쌓게 되는 일이 도래한다'고 집학론(集學論)에서 설하였다"고 하였다.

459) "공덕이 다른 법에 비해 특별히 뛰어나다"는 의미에 대하여 로종촉쌔마(修心大衆講論)에서, "이것은 다른 순연(順緣)에 의뢰하지 않음으로써 공덕이 다른 법에 비해 특별히 뛰어난 것이니, 다른 법은 다른 조건에 의뢰함이 필요하고, 육신이 건강함이 필요하고, 나이가 어린 것이 필요하고, 한적한 곳이 필요하고, 스승의 곁에서 닦는 것이 필요하고, 질병 등이 없는 따위의 갖가지 필요한 것들이 있으나, 여기에는 없어서는 안 되는 공통의 계율과 비공통의 대승의 서언의 두 가지만 필요하다. 이 둘이 없으면 뿌리가 없는 것이기에 로종이 성립하지 않기 때문이다. 그 둘이 있으면 다른 어떤 조건에도 의뢰할 필요가 없음으로써, 공덕이 다른 법에 비해 특별히 뛰어난 것이다. 그와 같이 공덕이 특별히 뛰어난 이유가 다른 조건에 의뢰하지 않는 것이라면, '조건에 의뢰하지 않는 이유가 무엇인가?'라고 한다면, '역연을 수행의 도우미로 바꿈이다'라고 함이니, 이것은 악조건을 로종의 도(道)로 전용하는 단계에서 행하면 또한 수월하고, 여기서도 또한 이유에 연계함이 가능하니 극심한 고통과 번뇌와 좋은 조건을 구비하지 못한 따위의 일체를 이것의 조건으로 삼는 것이니, 금생에 다른 모든 수행들을 밀어놓고, 오늘부터 이것을 닦도록 하라. 나 역시 믿고 행하는 것이기에 그대에게도 또한 생겨나게 된다"고 하였다.

460) 이십이종발심(二十二種發心)은 미륵자존의 현관장엄론(現觀莊嚴論)에 설해진 22가지 발심의 종류로 다음과 같다. ①대지유발심

(大地喩發心, Sa lta buḥi sems bskyed)은 하품자량도(下品資糧道)에 안주하는 보살의 심속(心續)에 깃들어 있는 욕구와 상응하는 발심이니, 이것이 붓다와 그것의 원인이 되는 모든 백법(白法)의 자량들의 의지처가 됨이 대지와 같음으로써 그렇게 부른다. ②황금유발심(黃金喩發心, gSer lta buḥi sems bskyed)은 중품자량도(中品資糧道)에 안주하는 보살의 심속(心續)에 깃들어 있는 항주하는 의요(意樂)와 상응하는 발심이니, 금생과 후생에서도 육바라밀로 섭수하는 유정의 이락을 위한 마음이 보리를 얻을 때까지 불변함이 변치 않는 황금과 같음으로써 그렇게 부른다. ③신월유발심(新月喩發心, Zla ba tshes pa lta buḥi sems bskyed)은 상품자량도(上品資糧道)에 안주하는 보살의 심속(心續)에 깃들어 있는 증상의요(增上意樂)와 상응하는 발심이니, 37보리분법(菩提分法) 등의 모든 선법(善法)들이 더욱더욱 향상함이 신월(新月)이 차오름과 같음으로써 그렇게 부른다. ④열화유발심(烈火喩發心, Mea lta buḥi sems bskyed)은 가행도(加行道)에 안주하는 보살의 심속(心續)에 깃들어 있는 가행(加行)과 상응하는 발심이니, 이것이 모든 장폐의 땔나무를 태워버림이 맹렬한 불과 같음으로써 그렇게 부른다. ⑤보장유발심(寶藏喩發心, gTer lta buḥi sems bskyed)은 초지(初地)에 안주하는 보살의 심속(心續)에 깃들어 있는 보시바라밀과 상응하는 발심이니, 법과 재물과 자구 따위들로 모든 유정들을 만족시킬지라도 다함이 없음이 보물창고와 같음으로써 그렇게 부른다. ⑥보생유발심(寶生喩發心, Rin chen ḥbyuṅ gnas lta buḥi sems bskyed)은 이지(二地)에 안주하는 보살의 심속(心續)에 깃들어 있는 지계바라밀과 상응하는 발심이니, 이것이 힘 따위의 공덕을 일으키는 의지처가 됨과 그 속성이 보물을 산출함과 같음으로써 그렇게 부른다.⑦대해유발심(大海喩發心, rGya mtsho lta buḥi sems bskyed)은 삼지(三地)에 안주하는 보살의 심속(心續)에 깃들어 있는 인욕바라밀과 상응하는 발심이니, 이것은 화재(火災)와 도병(刀兵) 따위의 원치 않는 모든 불행들과 직면하였을지라도 마음이 부동함이 바다와 같음으로써 그렇게 부른다. ⑧금강유발심(金剛喩發心, rDo rje lta buḥi sems bskyed)은 사지(四地)

에 안주하는 보살의 심속(心續)에 깃들어 있는 정진바라밀과 상응하는 발심이니, 이것은 위없는 보리를 신해함이 견고해서 마라가 갈라놓지 못함이 금강석과 같음으로써 그렇게 부른다. ⑨ 수미산유발심(須彌山喩發心, Ri rgyal lta buḥi sems bskyed)은 오지(五地)에 안주하는 보살의 심속(心續)에 깃들어 있는 선정바라밀과 상응하는 발심이니, 이것은 유상(有相)을 반연하는 산란에 의해서 선정이 견고하여 흔들리지 않음이 수미산과 같음으로써 그렇게 부른다. ⑩양약유발심(良藥喩發心, sMan lta buḥi sems bskyed)은 육지(六地)에 안주하는 보살의 심속(心續)에 깃들어 있는 지혜바라밀과 상응하는 발심이니, 탐착 등의 번뇌장과 대경을 분별하는 등의 소지장(所知障)의 질병들을 적멸(寂滅)시킴이 양약과 같음으로써 그렇게 부른다. ⑪친우유발심(親友喩發心, bŚes gñen lta buḥi sems bskyed)은 칠지(七地)에 안주하는 보살의 심속(心續)에 깃들어 있는 방편바라밀과 상응하는 발심이니, 대비와 방편에 정통함으로써 빈부와 성쇠의 모든 단계에서 유정의 이익을 저버리지 않음이 친우와 같음으로써 그렇게 부른다. ⑫여의주유발심(如意珠喩發心, Yid bshin nor bu lta buḥi sems bskyed)은 팔지(八地)에 안주하는 보살의 심속(心續)에 깃들어 있는 원(願)바라밀과 상응하는 발심이니, 어떤 희구하는 바를 마음에 그와 같이 원하는 결과가 성취됨이 여의주와 같음으로써 그렇게 부른다. ⑬일광유발심(日光喩發心, Ñi ma lta buḥi sems bskyed)은 구지(九地)에 안주하는 보살의 심속(心續)에 깃들어 있는 역(力)바라밀과 상응하는 발심이니, 교화대상의 마음의 흐름에 있는 선업의 곡식을 원만하게 성숙시킴이 일광과 같음으로써 그렇게 부른다. ⑭ 가성유발심(歌聲喩發心, Glu dbyaṅs lta buḥi sems bskyed)은 십지(十地)에 안주하는 보살의 심속(心續)에 깃들어 있는 지(智)바라밀과 상응하는 발심이니, 교화대상으로 하여금 애락을 일으키는 묘법을 널리 설함이 건달바의 노래와 같음으로써 그렇게 부른다. ⑮왕자유발심(王者喩發心, rGyal po lta buḥi sems bskyed)은 삼정지(三淨地: 八地·九地·十地의 셋)에 안주하는 보살의 심속(心續)에 갖추어진 신통과 상응하는 발심이니, 걸림 없는 신력(神力)으로 타인의 이익을 완수함이 왕자와 같음으로써 그렇게 부른다. ⑯고장유발심(庫藏喩發心, Ba mdzod lta buḥi sems bskyed)은 삼정지(三淨地)에 안주하는 보살의 심속(心續)에 갖추어진 복혜(福慧)의 두 자량과 상응하는 발심이니, 허다한 선업의 자량들을 거두어쌓음이 창고와 같음으로써 그렇게 부른다. ⑰대로유발심(大路喩發心, Lam po che lta buḥi sems bskyed)은 삼정지(三淨地)에 안주하는 보살의 심속(心續)에 갖추어진 37보리분법(菩提分法)과 상응하는 발심이니, 모든 성자들께서 가시고, 뒤따라가는 대로와 같음으로써 그렇게 부른다. ⑱좌기유발심(坐騎喩發心, bShon pa lta buḥi sems bskyed)은 삼정지(三淨地)에 안주하는 보살의 심속(心續)에 갖추어진 대비와 관혜(觀慧)와 상응하는 발심이니, 윤회와 열반의 두 가장자리에 어디에도 떨어짐이 없이 무주처의 경지로 안락하게 들어감이 좋은 탈 것에 올라앉음과 같음으로써 그렇게 부른다. ⑲분천유발심(噴泉喩發心, bKod maḥi chu lta buḥi sems bskyed)은 삼정지(三淨地)에 안주하는 보살의 심속(心續)에 갖추어진 총지(總持)와 변재(辯才)와 상응하는 발심이니, 과거에 이미 들음과 듣지 못함과 장차 듣게 되는 모든 법들을 받아 지니고, 다함이 없이 연설함이 분천과 같음으로써 그렇게 부른다. ⑳금슬유발심(琴瑟喩發心, rGyal po lta buḥi sems bskyed)은 십지(十地)에 안주하는 보살의 심속(心續)에 깃들어 있는 법의 연회와 상응하는 발심이니, 해탈을 희구하는 교화대상들에게 사법인(四法印)의 노랫소리를 아름답게 발출해서 일체를 환희케 함이 거문고와 비파와 같음으로써 그렇게 부른다. ㉑하류유발심(河流喩發心, Chu rgyun lta buḥi sems bskyed)은 보신(報身)의 심속(心續)에 갖추어진 일향으로 나아가는 길과 상응하는 발심이니, 능지(能知)와 소지(所知)가 평등함을 증득함에 의해서 대비와 반야가 자연적으로 운행되는 힘에 의해서, 이타사업을 차별과 편향함이 없이 단절됨이 없이 행함이 강물과 같음으로써 그렇게 부른다. ㉒농운유발심(濃雲喩發心, sPrin lta buḥi sems bskyed)은 화신의 심속(心續)에 갖추어진 법신과 상응하는 발심이니, 유정의 이락(利樂)의 곡식을 성숙시킴이 오로지 그것에 의뢰하는 것이 짙은 구름과 같음으로써 그렇게 부른다.

461) 하품자량도(下品資糧道)는 3가지 자량도의 하나이니, 사념주(四念住: 身念住·受念住·心念住·法念住)를 닦아서 가행도(加行道)에 들어가는 보살의 단계로 들어가는 때가 정해짐이 없다. ①신념주(身念住)는 내신(內身)과 외신(外身)과 다른 유정의 몸들의 자상(自相)은 미진(微塵)이 모여서 이루어진 것이라 파괴되고 부서지는 유법(有法)이며, 그들의 공상(共相)은 무상(無常)하고, 고통과 공성과 무아(無我)임을 반야로 결택한 뒤 일념으로 안주하는 것이다. ②수념주(受念住)는 몸의 안과 밖에서 고락과 비고비락의 감수(感受)가 일어날 때, 고통의 감수가 일어날 때는 고고가 편만함을 관찰해서 머물고, 안락의 감수가 일어날 때는 괴고(壞苦)가 편만함을 관찰해서 머물고, 비고비락의 감수가 일어날 때는 행고(行苦)가 편만함을 관찰해서 일심으로 안주하는 것이다. ③심념주(心念住)는 자기의 내신(內身)을 소연하는 문을 통해서 생겨난 20심소(心所)와 그와 같이 외신(外身)과 내외의 몸을 소연하는 세 가지 마음 전체가 또한 무상(無常)하고, 고통이며, 공성과 무아(無我)임을 관찰해서 일념으로 안주하는 것이다. ④법념주(法念住)는 윤회와 열반의 제법이 공성이자 무아임을 깨달아 장시간 수습하는 것이다. 또한 중품자량도(中品資糧道)는 사정단(四正斷)을 닦아서 후생에 가행도(加行道)에 들어감이 정해진 보살의 단계이며, 상품자량도(上品資糧道)는 사신족(四神足)을 닦아서 금생에 가행도(加行道)의 난위(暖位)에 들어감이 정해진 보살의 단계이다.

462) 째곰(dPyad sgom, 觀修)은 족곰(ḥJog sgom, 止修)과 함께 티베트 불교의 중요한 수행으로 양자의 차별은 다음과 같다. 지수(止修)라 부르는 족곰(ḥJog sgom, 止修)은 하나의 선(善)한 대상에 마음을 모아서 관혜(觀慧)로써 그 체성을 관찰함이 없이 단지 일념으로 안주하는 심일경성(心一境性)만을 닦는 수행을 말하고, 째곰(dPyad sgom, 觀修)이라 부르는 관수(觀修)는 반야의 지혜로써 무아공성의 이치를 분별하고 관찰해서 일체의 희론(戲論)을 떠나

서 진여법계 속에 안주하는 것으로 일종의 공성의 수습법이다.

463) 경안락(輕安樂)은 사마타(śamatha, 止)의 수습을 통해서 발생하는 몸과 마음의 가벼움과 즐거움을 말하니, 보리도차제광론(菩提道次第廣論)에서, "경안(輕安)의 모양을 원만히 갖추고 감지하기 쉬운 경안(輕安)이 발생하는 전조는, 싸마디(三摩地)를 근수하는 그 뿌드갈라(人)의 정수리에 무거운 물체가 놓여 있는 것과 같은 생각이 드나, 그 기분은 불쾌한 육중함이 아니다. 이것이 생기자마자 번뇌의 끊음을 즐거워하는 마음을 장애하는 마음의 조중(粗重)이 즉시로 사라지고, 그것의 다스림인 마음의 경안이 먼저 발생한다. 즉 [무착보살의] 성문지(聲聞地)에서, '얼마 지나지 않아서 그의 거칠고 감지하기 쉬운 심일경성(心一境性)과 심신(心身)의 경안이 발생하는 전조로, 그의 정수리가 무겁다는 감각이 생기지만 그 또한 해가 되는 무거움이 아니다. 그것이 생기자마자 번뇌의 끊음을 즐거워하는 마음을 가로막는 번뇌들의 품류가 되는 마음의 조중이 사라지고, 그것을 퇴치하는 심신의 경안이 발생한다'라고 하였다. 그 뒤 마음의 감능인 경안이 생기고, 그 힘에 의지해서 몸의 경안을 일으키는 요인인 풍(風, vāyu)이 몸 안을 도는 것이다. 다시 그 풍이 전신에 퍼지면 몸의 조중을 벗어나게 되고, 몸의 조중을 퇴치하는 몸의 경안도 발생한다. 그 또한 전신에 퍼진 뒤에 감능성(堪能性)의 풍의 기운이 몸에 충만한 것과 같은 상태가 되는 것이다. 성문지(聲聞地)에서, '그것이 생김으로 해서 몸의 경안의 생김과 함께 발생하는 풍대(風大)들이 몸속을 돌게 된다. 풍들이 전신을 흐르는 그 때, [번뇌의] 끊음을 즐거워하는 마음을 가로막는 번뇌의 품류가 된 몸의 조중을 여의게 되고, 그의 다스림인 몸의 경안이 전신에 퍼져서 충만한 것과 같은 상태가 된다'라고 하였다. 몸의 경안이란, 몸 안의 느낌으로 커다란 희열감이며 심소법(心所法)은 아니다. 그래서 아사리 쓰티라마띠(安慧)의 [유식삼십송소(唯識三十頌疏)]에서, '몸의 감촉인 미묘한 희열감을 얻게 되면, 그것이 몸의 경안임을 알도록 하라. 또 마음이 희열하게 되면 몸도

경안하게 된다고 계경에서 설한 까닭이다'라고 설하였다. 이와 같이 몸의 경안이 처음 발생하는 때에는, 풍의 힘에 의해서 몸에 커다란 안락감이 생기고, 이것에 의지해서 마음에도 극도의 희열감이 일어나게 된다. 그 뒤 경안을 일으켰던 최초의 힘이 점차로 줄어들게 되나, 그 경안이 소멸하는 것은 또한 아니다. 이것은 그 [풍의] 격렬함에 의해서 격동하던 마음이 퇴실해서 그림자처럼 엷어지고, 견고한 경안이 부동의 싸마디(三摩地)와 화합하는 것이다. 또한 격동하던 희열심도 점차로 가라앉고 나면, 그 뒤에 그 마음이 소연에 견고하게 머물면서, 희열감에 의해 동요하던 적정하지 못한 상태를 벗어나서 [정]사마타를 성취하게 되는 것이다"라고 하였다.

464) 소단분(所斷分)는 견도(見道)와 수도(修道)의 단계에 머무는 보살들이 마땅히 끊어야 하는 번뇌와 소지(所知)의 두 가지 장애를 말한다. 다시 말해, 견도(見道)의 단계에서는 일체의 편계소집(遍計所執)의 번뇌와 거친 소지장(所知障)을 끊으니, 세분하면 112가지가 있다. 수도(修道)의 단계에서는 구생번뇌(俱生煩惱)와 미세한 소지장(所知障)을 끊으니, 세분하면 16가지가 있다.

465) 무간도(無間道)는 무애도(無碍道)라고 하며, 가행도(加行道)와 견도(見道) 등의 각자의 도(道)의 소단사(所斷事)인 장애를 끊는 직접적 대치(對治)가 되고, 각자의 도(道)에서 얻는 자과(自果)의 후분(後分)의 지혜를 직접 발생시키는 데 여타가 장애하지 못하는 도(道)를 말한다.

466) 이 구절의 의미에 대하여 제·쌰르동(rJe śar gdoṅ) 린뽀체의 같은 책에서, "보통 토쪼(Tho co, 輕妄)는 거칠고 세밀하지 못함의 뜻이니, 예를 들면, 성취를 얻지 못했으면서도 얻음을 가장함과 신통이 없음에도 또한 있는 것처럼 가장함과 신통이 못되는 것이 있음에도 또한 신통이 있는 모양을 짓고 잘난척하는 것을 경망한 행위라 부른다. 자기의 마음에 자기를 애중히 여김

이 없는 그것을 남이 알게 하기 위해서 또한 자기가 크게 뛰어난 사람이라는 모양을 남에게 자랑하기 위해서, 용 따위의 사귀가 살고 있는 불길한 나무를 베어버리고, 문둥병자와 어울리는 따위의 행위를 집착하는 따위의 경망한 행위들을 버림이니, 돔뙨빠(ḥBrom ston pa, 1004-1064)께서 라뎅(Rva sgreṅ) 사원에서 교법의 전통을 세우니, 자신이 거사의 몸임에도 라뎅 사원에서 계율의 실천을 위주로 하는 교법의 전통을 세움으로써, 지존하신 아띠쌰 존자로부터 전해오는 까담빠(bKaḥ gdams pa)의 행적과 어긋나지 않게 하였다. 여기서 계율의 실천을 위주로 열어 보임은, 보살의 실천과 진언의 실천이 필요하지 않음이 절대로 아닌 것이니, '밖으로는 성문의 행위를, 안으로는 밀집금강(密集金剛)을 크게 기뻐하며'라고 함과 같이, 안으로는 딴뜨라의 왕인 밀집금강의 실천 또는 생기(生起)와 원만(圓滿)의 이차제(二次第)의 깨달음이 내면에 있는 자일지라도 밖으로는 성취행(成就行: 異蹟)처럼 행하지 않고, 계율의 실천을 여법하게 배우는 것을 본디 까담빠의 행적이라 부른다. 그러면 그와 같이 행하는 이유가 무엇인가? '인도의 대성취자 나로빠(Nāropa)와 띨로빠(Tilopa) 등이 갖가지 성취행을 시현함이 있지 않은가?'라고 하면, 율행(律行)과 일치하는 실천을 하지 않는다면 기만하는 자와 가장하는 자들이 허다하게 출현하는 위험이 있는 것이니, 깨달음의 척도가 높이 도달하지 못하였을지라도 또한 도달하였다고 가장하면 자신과 남을 속이는 사기꾼이 많이 출현하는 까닭에 그것을 차단하기 위해서인 것이다. 그렇지만, 인도의 지자들의 행위들에는 경망한 행위가 발생함이 없었다.
그 또한 선지식 돔뙨빠께서 라뎅 사원에서 아띠쌰 존자의 교법을 가르치는 전통을 수립한 까담빠의 행적은, 부처님의 경론의 전체에 글자 하나라도 또한 버리지 않고 직접 간접적으로 한 사람이 성불하는데 필요한 조건으로 전용하거나 또는 조건으로 이해하니, 그래서 까담(bKaḥ gdams, 教誡)이란 의미 또한 이것인 것이다. 실천을 위주로 말할 것 같으면 교법의 뿌리는 율경(律經)에서 제정한 계한(界限)을 소중히 여기고, 사미와 비구가 아닌 다른 사람들도 또한 열 가지 불선(不善)을 버리는 계율을 소중히 여기고, 실천의 핵심인 보리도차제(菩提道次第)를 닦고, 그것의 핵심의 핵심인 자기보다 타인을 애중히 여기는 보리심의 보석을 닦는 것이다. 그러면 까담빠의 선지식들에게는 밀주(密呪)의 실천이 정말 있었는지? 보리심을 닦는 교계 이것을 실천의 핵심으로 삼은 이유가 무엇인지? 라고 한다면, 까담빠의 선지식들에게 밀주의 실천이 없었던 것이 아닐지라도, 아띠쌰 존자와 돔뙨빠(ḥBrom ston pa) 등의 까담빠의 선지식들이 밀법(密法)의 강설과 청문과 전파의 셋을 공개적으로 행하지 않은 이유는, 밀주의 그릇이 되는 교화대상이 드물었던 탓에 널리 전파하지 않은 것이다. 그러니 아띠쌰 존자께서 금강승의 교법을 아예 설하지 않음이 어찌 가능하겠는가? 선지식 돔뙨빠와 같은 법기를 지닌 제자들이 단절됨이 없이 설하였던 것이다. 그렇지만 보통은 현교와 밀교 둘 가운데 현교 이외에는 설하지 않은 모양을 취함과 그 뿐만 아니라, 하사(下士)의 길인 귀의와 인과를 위주로 해서 설함으로써, 다 알다시피 아띠쌰 존자를 우리 티베트 사람들이 [귀의를 가르치는 스승이란 뜻으로] 라마 꺕도와(Bla ma skyabs ḥgro ba)와 [인과를 가르치는 스승이란 뜻으로] 라마 랜대빠(Bla ma las ḥbras pa)라는 존칭을 붙여서 부르고 있는 것이다. 그 또한 아띠쌰 존자께서 티베트에 오셔서 처음 밀주(密呪)의 법을 펴고자 마음을 정하였으나, 돔뙨빠 린뽀체께서, '티베트에 밀법을 많이 설하시면 티베트 사람과 성정이 맞지 않으니, 그보다는 현교와 그보다는 또한 하사도(下士道)의 귀의와 인과의 법들을 널리 설해주시면 크게 유익함이 있게 되니 그와 같이 해주시길 청합니다'라고 말함으로써, 밀주(密呪)의 법은 비밀로 한다'고 말씀하였다. 후일 아띠쌰 존자께서 티베트에 장시간 머물게 되면서 티베트의 실정을 알게 되자, '내가 지옥에 가는 것이 필요 없게 된 것은 돔뙨빠의 은혜이다'라고 하였다. 이유는 이와 같으니, 밀주의 법이 지옥으로 들어 보냄이 아닐지라도, 그것을 실천하는 사람의 마음의 국량이 그것에 다다르지 못한 채 실천하게 되면 이득보다 위험이 크니, 예를 들면, 비행기는 나는 것이 매우 빠른 종류인데 그것을 부리거나 또는 조종할 줄 모르면 위험이 크게 따름과 같고, 야생마에 어린아이가 올라탐과 같은 것으로써, 법과 마음의 국량이 일치함이 매우 중요한 것이다. (중략) 그러므로 강설과 논쟁과 저술의 셋에 정통하고, 계율의 실천에 정근하고, 제정한 계한(界限)을 위월하지 않는 계덕(戒德)과 보리심의 보석에 대하여 마음을 닦음과 마음이 닦아짐과 문(聞)·사(思)·수(修)의 셋이 서로가 의지하는 벗이 되니, 들음이 단지 들음에 끝나지 않고, 들음과 사유를 닦음을 위해서 행함과 서언이 깨지고 범(犯)함이고, 가식(假飾)과 흉귀(凶鬼)가 끌고 다님이니, 인간이 아닌 사악한 마귀들을 호법신으로 섬긴 뒤 그들에게 기원과 공양을 전적으로 행함과 그들이 베푸는 가피와 친숙하고, 전염되는 것을 결단코 하지 않는 따위들이 무수하게 있음으로써, 그들 [전체 교법]과 어긋남이 없도록 하라. 이것들은 까담빠의 선지식 돔뙨빠 린뽀체께서 제정한 준칙이니, 까담의 어록들에 분명히 나와 있다"라고 하였다.

467) 이 구절의 의미에 대하여 제·쌰르동(rJe śar gdoṅ) 린뽀체의 같은 책에서, "스승님에 대한 우러러 받듦이 쇠퇴하면 공덕이 전혀 새롭게 발생함이 있지 않고 과거에 있던 것들 또한 쇠퇴하니, 질병과 사귀 따위들의 원치 않는 온갖 것들이 발생하고, 죽은 뒤에는 무간지옥에 태어나는 등의 무변한 과환(過患)이 생김으로써, 스승님에 대한 서언이 쇠퇴하지 않는 것이 매우 중요하다. 돔뙨빠(ḥBrom ston pa)께서 아띠쌰 존자에게, '티베트에 수행하는 자가 많이 있어도 뛰어난 공덕을 얻는 자가 있지 않으니, 무슨 까닭입니까?'하고 여쭈었다. 아띠쌰께서, '대승의 공덕이 크게 생기고 적게 생기는 일체는 스승에 의지해서 발생하는데, 그대 티베트에는 스승에 대하여 범속한 생각 밖에는 있지 않으니, 어떻게 생기겠는가? 라고 말하였다'고 하였다"라고 하였다.

468) 이 구절의 의미에 대하여 제·쌰르동(rJe śar gdoṅ) 린뽀체의 같

은 책에서, "번뇌가 일어나면 처음엔 알아차리기가 어렵고, 중간엔 물리치기가 어렵고, 마지막엔 이어짐을 끊기가 어렵다. 그러므로 처음 어느 때 일어나면 바로 알아차리도록 하고, 막고 끊는데 진력하라. 처음 번뇌를 알아차리는 것이 제일 중요하니, 그것을 인식하지 못할 때 예를 들면, 붙잡아야 하는 도둑을 알아차리지 못하고는 그를 붙잡을 방법이 없는 것과 같다. 그것을 인식하고서는 마음과 심소(心所)의 행상과 오온(五蘊)의 해설 같은 것을 살펴본 뒤 의미를 기억하는 것이 극히 중요하다. 중간에 대치하는 힘을 일으켜서 끊어 버린다. 마지막엔 후에 다시 일어나지 않도록 하기 위해서 노력한다. 그 또한 번뇌가 일어나면 그 즉시 지속하지 못하도록 진압한 뒤 없애는 것이 필요하다. 번뇌가 일어나는 그 순간 단멸하지 못한 채 지속적으로 자라나고 비리작의(非理作意)로 되살아나게 하면, 번뇌의 힘이 강렬해져 단멸하기가 어려워짐으로써, 번뇌를 크게 일어나 조건들이 모여들면 정념(正念)과 정지(正知)의 강력한 힘을 일으켜서 번뇌가 일어나지 못하게 만든다. 만약 일어나게 되면 그 즉시 힘을 다해 단멸토록 하라. 그와 같은 것이 찾아오면 언제 어디서나 번뇌의 허물을 억념한 뒤 과환(過患)으로 보고, 이전에 일어난 것들에 후회하는 마음과 차후에 일으키지 않는 방호하는 마음을 거듭거듭 의지하는 것이 요결이다"라고 하였다.

469) 이 구절의 의미에 대하여 제·쌰르동(rJe śar gdoṅ) 린뽀체의 같은 책에서, "불법을 닦는 핵심적 요소에는 셋이 있으니, ①바른 스승님과 만남 또는 자격을 갖춘 선지식을 여법하게 사사함과 ②자기의 마음이 그것을 감당함이니, 자기 심속(心續)에 견고한 믿음을 지니고, 선악을 판별하는 반야에 의지한 뒤 법을 여법하게 실천함과 ③법을 닦음에 필요한 [의식주 따위의] 순연(順緣)을 갖추는 것이니, 그 셋을 자기가 갖추면 기쁨을 닦고, 다른 사람도 또한 그 셋을 갖추기를 기원하고, 자기가 그 셋을 못 갖추면 세간에는 나처럼 세 가지 핵심적 요소를 갖추지 못함으로써 비정상적인 경우가 허다하게 있음으로써, '그들이 가엾도

다!'라고 사유한 뒤, '그들이 세 가지 요소를 못 갖춘 죄업의 일체가 나에게서 익어진 뒤, 그들에게 세 가지 요소가 온전히 갖춰지이다!'라고 빈말이 아닌 진심으로 기원하고 닦는다. (중략) 여기서 '핵심적 요소'라고 함은, 대승의 로종(修心)이니, 보리심이 섭수하는 이 로종(修心)이 마음의 흐름에 일어나고, 오류가 없는 길을 열어 보이는 선지식에게 반드시 달려있음으로써, 자격을 갖춘 선지식을 만남이 필요하다. 여기서 만약 10가지 선지식상(善知識相)이 어려우면 또한 청정한 계율과 제자에 비해서 뛰어난 공덕이 필요하다. 여기서 '뛰어난 공덕'이란, 이 또한 그 스승이 제자에 비해서 모든 방면에서 뛰어난 것을 필요로 하지 않으니, 예를 들면, 견줄 바 없는 아띠쌰 존자께서는 중관의 귀류견(歸謬見)을 지니고 깨달은 유정이며, 그의 주된 스승인 금주법칭(金洲法稱)은 유식(唯識)의 실상파(實相派)의 견해를 지님으로써 견해의 측면에서는 높고 낮음이 분명한 것이다. 또한 쫑카빠 대사를 예로 들면, 그가 30명이 넘는 스승님들을 친근했을지라도 또한 타고난 공덕의 한도의 측면에서 그가 자기의 스승님들보다 뛰어남에도 또한 스승님들을 극진하게 친근하고 받들어 섬김이니, 그것은 예를 들면, 자기 아버지를 무시함이 도리가 아님과 같으니, 아버지를 의지하지 않고서는 아들이 출생하는 곳이 없음과 같다. 그러므로 여기서 '뛰어난 공덕'이라 함은, 예를 들면, 이 로종의 교언전승(敎言傳承)이 나에게는 있고, 당신들에게는 없는 탓에 당신들에게 이 로종의 교언을 송출(誦出)함이 필요할 때, 교언의 측면에서 내가 당신들보다 공덕이 뛰어난 것과 같은 것이다. 그러므로 자격을 갖춤의 최저의 하한선은 '금생보다는 후생이 중요하다'라고 말하는 사람이 반드시 필요하다. 또한 바른 선지식을 만날지라도 또한 자기의 마음이 로종을 감당하지 못하면 이득이 없음으로써, 믿음 등의 문을 통해서 마음이 감능(堪能)하고 가르침대로 수행함이니, 수행의 대상인 가르침은 '죄업을 버리고 선행을 닦음'이라는 여기에 거두어진다. (중략) 말씀대로 행하는 문을 통해서 실천을 견실(堅實)하게 행함이 이 로종을 닦음에 반드시 필요하니, 만약 그것을 갖추지 못하면 이것을 닦지 못하는 역연(逆緣)의 일체를 갖추는 것이니, 법을 닦는데 필요한 순연인 세 가지 핵심적 요소를 반드시 지니도록 하고, 그것들을 이루기 위해서 힘써 노력하라"고 하였다.

470) 이 구절의 의미에 대하여 로종쑹되매카꽁(修心談論補遺)에서, "길선원만(吉善圓滿)과 쇠잔함 가운데 어떤 것이 찾아올지라도 또한 인내하지 못하면, 법을 버리는 의심이 있게 되니, 그 둘을 감내하는 하나가 필요하다. 갑자기 길선원만이 찾아오면, 그 또한 대부분이, '내가 뭐든지 이룰 수 있고, 내 위에 높은 사람이 없다'라고 생각한 뒤, 옷을 잘 차려입고, 찡싸(Chiṅs sa, 條約하는 곳)에서 화해시키고, 전각을 세우는 등의 뭐든지 하고자 한다. 람뾔쌍뽀뉜빠(Ram poḥi saṅ po bsnun pa)가 있음으로써 뭐든 기억하지 못한다고 말하였다. 일부는 받들어 섬김에 오만해진 뒤 타인을 경시하고, 생각나는 대로 말함이 생기니, 이것은 그것을 제대로 감내하지 못한 것이니, 길선원만에 오만함과 집착함을 일으키지 말라. 세속팔법(世俗八法)에 떨어지지 말고 이 로종의 도우미로 전용하라. 복덕이 생기면 겸손함이 중요하다고 말하였다. 또한 쇠잔하여 빈궁에 떨어져서, 자기 아래로는 물 밖에 흐름이 없는 처지가 발생해도 또한, '나에게 이와 같음이 찾아왔다'는 생각에 상심하고 의기소침한 뒤, 선행을 하지 못하고, '이 같은 처지에 법이 어디서 오겠는가?'라고 말한 뒤, 자멸하면 '죄업이 저절로 자라난다'고 말함과 같이, 법을 유기하는 의심이 있게 되니, 이것은 그것을 제대로 감내하지 못한 것이니, 선취와 악도의 높고 낮음과 행복과 고통에 의거한 뒤, 인간의 행복과 고통에 이르기까지 행복과 고통에는 큰 차이가 없는 것이기에, '산란함이 없이 선행을 자라게 하리라!'고 생각하고 사유하라. 행복과 고통의 둘을 감내함은 [로종칙걔마(修心八頌)의 저자인] 선지식 랑리탕빠(Glaṅ ri thaṅ pa, 1054-1123)와 같음이 필요하다. 이 둘 가운데 어떤 하나라도 발생하면 또한 '지금 이 때 법을 닦지 않으면 언제 하리요!'하고 사유한 뒤, 불 속

에 장작을 넣음과 같이 도우미가 되게 하는 것이 필요하다. '천신처럼 길선원만을 갖출지라도 또한, 오만함에 떨어지지 않고, 아귀처럼 쇠잔할지라도 또한, 의기소침하지 않으리라!'고 설함과 같이 행하는 것이다"라고 하였다.

471) 이 뜻을 로종촉째마(修心法談)에서, "여기서 고통을 도(道)로 전용하는 법을, '[고(苦)와 집(集)의] 둘이 갖춰지면 일체를 가져오라'고 설함이니, 만약 고(苦)와 집(集)의 둘에 의해서 처참하게 되면, 이와 같은 상황에서 이게 무슨 일이냐! 하거나, 신음하고 절망해서 주저앉는 것이 아니라, 그 위에 다른 유정들의 또한 같은 고통들을 가져오는 것이다. (중략) 그와 같은 고통을 갖고 있는 유정들을 자비로서 사유하고, 자기에게 그들의 모든 고통과 고통의 원인들을 가져오는 것이다"라고 설하였다.

472) 이생범부(異生凡夫)의 의미에 대하여 둘와룽탠첵기델빠(毘奈耶雜事品注)에서, "번뇌의 밧줄에 결박된 자들은 성자들과 별개가 된 까닭에 이생범부(異生凡夫)라고 한다"고 하였으며, 또한 쎄르기담뷔밍칙챈델노르뒤도쌜(雪域名著名詞精典注釋)에서, "로짜와(Lo cā ba) 빨쩩(dPal brtsegs, 吉祥積)은, '탐착 등의 번뇌를 끊지 못하고 각자의 업력에 의해서 각각의 처소에 태어남이 이생범부이다'라고 하였으며, 꽁뚤·왼땐갸초(Koṅ sprul yon tan rgya mtsho, 功德海)는, '이생범부는 불선(不善)에서 멀리 떠난 성자의 법을 얻지 못하고, 삼계를 향수하는 종자를 전혀 끊지 못한 각각의 업의 힘에 의해서 각자 별개의 중생으로 태어남이다'고 설하였다"라고 하였다.

473) 십법행(十法行)의 뜻은 몇 가지가 있으니, 곰데칙죄첸모(貢德大辭典)에서, "1.변중변론(辨中邊論, dBus mthaḥ rnam ḥbyed)에서, '①서사(書寫)하고, ②공양하고, ③보시하고, ④청문(聽聞)하고, ⑤수지(受持)하고, ⑥독송(讀誦)하고, ⑦강설(講說)하고, ⑧일상에 염송(念誦)하고, ⑨그것을 사유(思惟)하고, ⑩수습(修習)하는 것이다. 십법

행의 자성은 복덕의 무더기를 무량하게 쌓음이다'라고 함과 같다. 2.쎄르텡(gSer phreṅ, 金鬘疏)과 파르친똑게이낭와(Phar phyin rtog geḥi snaṅ ba)에서는 십바라밀(十波羅蜜)로 설하였다. 3.남쌔닝뾔걘(rNam bśad sñiṅ poḥi rgyan)에서는 발심(發心) 등의 열 가지를 말하였다. (중략)"라고 하였다. 또한 보리도차제대론(菩提道次第大論.典據探)에 의하면, 십법(十法)은 전행(前行)을 수호하는 마음과 무량한 보리심의 성취와 의요(意樂)와 증상의요(增上意樂)의 성취와 무량한 대자와 대비의 성취와 무량한 보리행과 서원의 성취와 무량한 복덕과 지혜의 자량의 성취 등의 열 가지를 말하였다.

474) 이 구절의 원문은 "락빠강인응왼라장(Rags pa gaṅ yin sṅon la byaṅ)"이나, 다른 판본에는 "뇐몽강체응왼라장(Ñon moṅs gaṅ che sṅon la byaṅ)"이다. 이 구절의 의미에 대하여 제·쌰르동(rJe śar gdoṅ) 린뽀체의 같은 책에서, "'어떤 번뇌가 강한지 그것을 먼저 정화하라. 또는 [조악한 어떤 그것을 먼저 정화하라]'고 설함이니, 보통 법을 수행하는 도리는 먼저 자기 심속(心續)에 있는 질투와 인색과 교만과 탐착 등의 번뇌 가운데 어떤 것이 강력한지를 관찰한 뒤, 강력한 어떤 그것의 다스림으로 모든 법들을 모아놓고 그것을 맨 먼저 제복함이 필요하다. 예를 들면, 적군과 싸움을 할 때 먼저 적군 가운데 누가 가장 용맹하고 또는 그 왕이 누군지를 살펴서 알고 난 뒤 그를 제압함과 같은 것이다. 그 또한 자기 심속에 금생의 생각만이 강렬한지 아닌지를 관찰하면, 나와 같은 자를 예로 들어 말하면, 오직 금생의 생각만이 강렬할 뿐 다른 것은 있지 않으니, 이와 같이 금생의 생각만이 극도로 강해서 모든 행위들이 그 영향 아래 들어 있다. 예를 들면, 천공(千供)과 만공(萬供) 따위의 공양을 올릴 때, 오직 금생에서 무병장수하고 재부가 왕성함을 위하는 등을 목표로 삼음이 분명하다. 그와 같이 되지 않게 하는 대치법은 가만(暇滿)의 얻기 어려움과 의미가 심대함을 사유하고, 죽음의 덧없음과 죽음이 정해짐이 없음을 사유하는 이와 같은 도리에 노

력함이 필요하니, 제·린뽀체(rJe rin po che)[쫑카빠 대사]께서, '가만은 얻기 어렵고 삶에는 여유가 없음을, 마음에 닦아 익힘으로써 금생만의 생각을 물리치라'고 설함과 같이, 맨 먼저 금생만을 생각하는 것을 물리침이 극히 중요하니, 이것이 근본 가운데 근본이 되는 것이다. 제쭌·쎄랍갸초(rJe btsun śes rab rgya mtsho, 般若海)께서, '이 생각이 안락의 애착에서 돌아서지 않으면, 다르마의 국을 끓일지라도, 허언인 것이다'고 설하였으니, 보여주기 위해서 다르마의 국을 끓이는 것이니, 밤낮으로 삼문(三門)의 행위가 오직 법을 제외하고는 다른 것을 전혀 행함이 없는 것과 같은 모양을 보여줄지라도 또한 내용적으로는 빈 소리만을 울리는 외에 의미가 전혀 없음으로써, 금생만의 생각을 물리치는 것이 먼저 중요한 것이다"고 하였다.

475) 이 구절의 의미에 대하여 위의 같은 책에서, "사물을 실유(實有)로 집착하는 분별을 진압하고 뿌리 채 없앰이 승의(勝義)의 진실을 깨달은 반야 또는 공성을 깨치는 정견임과 자아를 애중히 여김을 대치하는 법이 자타상환(自他相換)의 세속보리심인 까닭에, 삼륜(三輪: 주는 자와 받는 자와 물품의 셋)을 봄이 없는 정견으로 인(印)을 치고, 삼륜을 보지 않음을 사유하는 것만으로도 또한 사물을 실유로 집착함과 섞이지 않으니, 사물을 실유로 집착함과 자기를 애중히 여기는 애집의 분별과 섞이는 선행의 일체는 독이 섞인 음식과 같은 것이니, 그러므로 어떠한 선업을 행할지라도 또한 그러한 나쁜 생각들과 섞이지 않도록 하라"고 하였다.

476) 이 구절은 "너그러움(寬恕)에 의지하라(gShuṅ bzaṅ po ma bsten)"의 옮김이니, 너그러움(寬恕, gShuṅ bzaṅ)의 의미에 대하여 둥까르칙죄첸모(東噶藏學大辭典)에서, "성정(性情)이 너그러움과 같은 뜻이니, 타인이 자기에게 반드시 화나게 만드는 일을 행할지라도 또한 화를 결코 내지 않는 것과 같다"고 하였다. 또한 슝쌍와(gShuṅ bzaṅ ba)는 불변(不變)의 뜻이기도 하니, 다똘쎄르기멜

롱(brDa dkrol gser gyi me loṅ, 古藏文辭典)에서, "슝쌍와(gShuṅ bzaṅ ba, 不變). 치탁링싱균독메빠(Phyi thag riṅ shiṅ ḥgyur ldog med pa)이니, 둘와룽남제(ḥDul ba luṅ rnam ḥbyed, 律分別)에서, '이전에 친숙함이 있던 아주 하천한 사람들에게도 또한 전륜성왕(轉輪聖王)이 되었을지라도 두려움이 없이 갖가지 문을 통해서 자애로 보살피고 변치 않음으로써 불변(不變, gShuṅ bzaṅ ba)이다'라고 함과 같다"고 하였다.

477) 여기서 "복수의 때를 기다리지 말라"고 함은 원문은 "탕마국(ḥPhraṅ ma sgug)"이니, 직역하면, "절벽 밑의 험한 외길에 엎드려서 기다리지 말라"인데 본래는 험한 길가에 숨어서 적을 기다리다 습격하는 의미이다.

478) 이 구절의 원문은 "곡끼쩨마때(ḥGyogs kyi rtse ma gtad)"이니, 여기서 곡(ḥGyogs)은 장막을 들어 올리는 장대의 뜻이자, 동사로는 들어 올림의 뜻으로 의역하면, "계책을 짜내다"는 뜻이다. 곰데칙죄첸모(貢德大辭典)에서, "곡끼쩨미뙤(mGyogs kyi rtse mi gtod)는 경마를 할 때 누가 선두인지 생각을 집중함과 같이 비슷비슷한 수행자 가운데 이양과 공경과 명성 등이 자기에게 특별히 찾아오길 희망하고, 그것을 얻는 갖가지 방법을 강구하는 노력을 행하는 것은 옳지 않다는 의미이다"라고 하였다.
또한 이 구절의 의미에 대하여 제·쌰르동(rJe śar gdoṅ) 린뽀체의 같은 책에서, "자기와 다른 사람이 공동으로 소유하는 수용물(受用物)을 갖가지 간교한 방법을 써서 자기 것으로 만드는 사고 행위를 버리는 것이다. 자기에게 주어진 난관을 다른 사람에게 간교한 방법으로 떠넘기는 것과 공동소유의 수용물을 간교한 방법으로 자기가 취하는 이 둘은 타인에게 간교함을 행하는 것으로써 언제 어디서나 옳지 않을 뿐더러, 불도에 들어오고 들어오지 않거나, 대승과 소승의 보특가라(人)이면 누가 되었든지 성죄(性罪)가 됨으로써 죄업이 발생하고, 특별히 대승의 길에서 로종을 닦는 이들에게는 비록 마음의 흐름에 발심이 생겨났을

지라도 발심이 쇠퇴하는 원인인 죄악의 흑법(黑法)이 됨으로써, 그와 같은 악행에 대해서 언제 어디서나 정념(正念)·정지(正知)에 의지해서 방일(放逸)에 떨어지지 않도록 끊어버림이 필요하다" 라고 하였다.

479) 조(mDzo: 犏牛)은 황소와 암컷야크인 디(ḥBri, 牦牛)와 교배해서 태어난 몸체가 장대한 소의 일종이다. 티베트 속담에 "조(mDzo)에게는 조(mDzo)의 짐을 싣고, 양(羊)에게는 양의 짐을 실어라"는 뜻의 "조캘룩캘(mDzo khal lug khal)"이 있다.

480) 이 구절의 의미에 대하여 제·싸르동(rJe śar gdoṅ) 린뽀체의 같은 책에서, "자기 친척과 친한 도반 등이 죽으면 그들의 양식과 재물과 경전 따위들이 내게 오고, 시주가 병이 들어 죽으면 재(齋)가 들어오고, 원수가 죽으면 해침이 없어짐으로써 내가 이득을 얻게 된다는 생각 따위의 자기 행복의 방책으로 타인이 불행해지는 것을 원함을 버리는 것이다. 적정처(寂靜處)에 안주하는 이들에게 직접적으로 몸과 마음을 해치는 원수가 생기지 않을지라도 또한, 삿된 도반들 간에 서로 비리작의(非理作意)의 분별이니, 마음에 담아둘 필요가 없는 것들을 기억해서 서로 원수가 되는 일이 생길 때, 그 때 몇몇은 원수로 삼고, 몇몇은 친구로 삼으니, 그들과 우리라는 편을 가른다. 그것에 의거해서 승가의 분란이 발생하니, 승단이 분쟁하면 이숙(異熟)의 과보가 극히 엄중하다고 설하였다. 과거의 선현들이 말씀하시길, '승단이 분쟁할 때 분쟁을 일으키는 그들은 무간지옥에 들어감은 말할 필요가 없으며, 그 땅에 거주하는 다른 생명체들도 또한 분노가 치성해서 지옥에 들어가고, 그 장소는 싸칙빠(Sa tshig pa, 가뭄의 재난)라 부르는 땅이 된다'고 하였다. 이것은 싸칙빠(Sa tshig pa)라 부르는 땅에는 새싹이 나지 않는 것과 같이 승단의 분규가 일어난 그 땅에서는 또한 수행할지라도 성문의 수다원과 일래(一來)와 불환(不還)과 아라한(阿羅漢)의 사과(四果)와 대승의 보리심과 같은 것을 새롭게 얻지 못한다고 설하였다. 비나야경(毘

奈耶經)에서도 제바달다(Devadartaḥ, 天授)가 승단의 화합을 깨트렸을 그 당시, 삼천대천세계의 생명들의 그 누구의 마음의 흐름에도 선한 마음이 일어나지 않았고, 새롭게 일어나는 흐름이 끊어졌다고 설함과 같다"라고 하였다.

481) 양재(禳災, gTo)의 원문은 또(lTo)이나 또(gTo)로 수정하였으며, 보통 또쬐(gTo bcos)라고 부른다. 이것은 질병이나 재앙이 생겼을 때 불보살님과 신중들에게 공양을 올리고 참회를 통해서 질병 따위의 갖가지 재앙을 물리치는 예식의 일종이다.
또한 이 구절의 의미에 대하여 제·쌰르동(rJe śar gdoṅ) 린뽀체의 같은 책에서, "최후이니, 궁극의 자기의 승리를 취함과 자기의 호사(好事)를 원한 뒤 타인에게 승리를 주는 것처럼 꾸밈이니, 인욕을 닦음을 가장하고, 사문의 사법(四法)에 안주하는 따위를 행함을 가장하고, 귀신 또는 병이 낫기를 원해서 로종을 닦는 것은 양재(禳災, gTo bcos)와 같은 것이니, 그와 같은 삿된 바람을 버리도록 하라. 한 조각의 분별을 위해서 자타상환을 닦는 이것은, 단지 자기의 병마(病魔)을 낫게 하는 방책에 지나지 않음과 작해(作害)에게 몸을 보시하는 로종의 수행 이것을 겨우 귀신에게 이익을 주는 방책 정도로 이해한 것이니, 이와 같게 되면 [토속종교인] 본(Bon, 苯教)의 주술행위와 차이가 없으니, 질병을 낫기 위해서 양재(禳災)를 행하는 것과 차별이 없는 것이다. 불법을 행하는 것은 번뇌를 다스림에 들어가야 한다고 설하였다"고 하였다.

482) 뤼또르(Glud gtor, 代身食子)는 질병의 쾌유를 위해서 환자를 대신해서 해악을 주는 귀신들에게 바치는 예물인 또르마(食子)를 말한다.

483) 그릇된 인내에 대해서 제·쌰르동(rJe śar gdoṅ) 린뽀체의 같은 책에서, "그릇된 인내의 뜻을 극명하게 설명하면, 범부는 대부분 악업의 힘에 의해 적정처(寂靜處)에서 수행을 하게 하면, 감옥

에 집어넣음과 같이 본 뒤 오직 고통과 불평만을 털어놓고, 대신 농사짓는 일과 원수를 제압하고, 친족을 보호하고, 장사와 이자놀이와 건축공사 따위에는 밤낮으로 어떤 어려움이 있을지라도 고통과 불평을 말하지 않고 즐거워하고 기뻐하니, 다른 것들은 더 말할 필요가 없다. 뿐만 아니라, 삶의 전반기에 다문(多聞)을 오랫동안 하고, 불문(佛門)에 들어와 삶의 대부분을 보낸 노사(老師)들도 또한 금생의 일을 희망하고 고생을 실컷 해야 할지라도, 그것을 참지 못하거나 고단해 하지 않으나, 적정처에서 단지 한 달 정도의 수행을 권하면 또한 그것을 참지 못하고 고통스러워함을 모든 사람들이 눈으로 보는 이것이니, 악업의 결과가 파괴하는 것임이 의심할 바가 없다"라고 하였다.

484) 이 구절은 원문에는 누락되어 있는 관계로 제·쌰르동(rJe śar gdoṅ) 린뽀체의 대승수심결감로정수주보왕하권(大乘修心訣甘露精髓註寶王下卷)에서 보유한 것이다.

485) 이 구절은 원문 대신 텍첸로종기티뒤빠(大乘修心教導攝略)에서 인용한 것으로 다른 판본에도 이와 비슷한 내용으로 나온다. 원문은 "lTo gos la gyoṅ bkur nas chos sgrub pa la"이다.

486) 여기서의 추구심(追求心)은 녜르쎔(gÑer sems)의 번역으로 로종촉쌔마(Blo sbyoṅ tshogs bśad ma, 修心法談)에서 인용하였으며, 저자의 판본에는 녜쎔(Ñe sems, 近心)으로 나온다. 또한 추구심(追求心, gÑer sems)의 뜻에 대하여 로종촉쌔마(修心法談)의 주석(註釋)에서, "보살의 추구심(追求心)이라 함은, 허공계에 편만한 모든 유정들이 내 어머니가 되지 않았음이 없다. 또한 그들 은혜로운 어머니들께서 지옥에서 고통에 괴로워함을 두려워하고, 윤회 속에 머무는 그들이 고통에서 해탈하고, 묘락(妙樂)의 부처님의 경지에 안치함이다"고 하였다.

487) 이 구절의 원문은 "내라미밥(gNad la mi dbab)"이니, 내(gNad)는

급소의 뜻으로 취약한 부분 또는 약점의 의미이다. 곰데칙죄첸모(貢德大辭典)에서, "내두벱(gNad du ḥbebs)은 타인의 폐부를 찌르는 언사를 말함과 악언(惡言)을 말함이다. 싸꺄렉썌(Sa skya legs bśad, 薩迦格言)에서, '상대방의 폐부(肺腑)를 찌르는 언사는 원적에게도 또한 말하지 말라. 메아리처럼 자신에게, 말하자마자 보복으로 돌아온다'고 설하였다"고 하였다.

488) 이 구절의 의미에 대하여 텍첸로종기티쭝썌뒤빠(大乘修心訣教導攝略)에서, "사소한 역연(逆緣) 하나에 의거해서 좋고 싫음을 드러내는 그것은 친우를 해침으로써 그것을 행하지 말라"고 하였다.

489) 이 구절의 원문은 "번갈아 행하지 말라"을 뜻하는 "레족미자(Res ḥjog mi bya)"로 '쉬었다 했다'하지 말고 연속적으로 일관되게 행함을 뜻하니, 예를 들면, 응악림첸모(密宗道次第)에서, "하나가 있을 때 다른 하나가 없는 번갈아 행함이 아닌 일시(一時)에 둘이 모이는 지신(智身)을 얻음이다"라고 함과 같다.
또한 이 구절의 의미의 대하여 텍첸로종기티쭝썌뒤빠(大乘修心訣教導攝略)에서, "로종(修心)을 어느 때는 닦았다가 어느 때는 닦지 않는 것이 아니라 항시 닦으라"고 하였으며, 또한 제·쌰르동(rJe śar gdoṅ) 린뽀체의 같은 책에서, "법에 확신이 생함이 없이 어느 때는 타인의 가르침을 모방하고 부화(附和)한 뒤 노력하는 모양을 가장하고, 어느 때는 선행을 행하려는 욕구조차 또한 지님이 없이 마음으로 버린 뒤 방치하는 그와 같은 행위를 함이 없이 일념으로 일관되게 로종을 닦음이 필요하다. 어떤 도차제(道次第)를 닦을지라도 또한 그 로종 이외의 다른 것을 생각하고 억념함이 없이 찬목(鑽木)을 비벼서 불을 일으킴과 같이 무공용(無功用)의 체험이 발생하기 전까지 중단함이 없이 행하는 것이 필요하다"고 하였다.

490) 이 구절의 의미에 대하여 제·쌰르동(rJe śar gdoṅ) 린뽀체의 같은 책에서, "대상인 유정과 비인간의 일체를 차별함이 없이 로

종(修心)을 닦음과 마음에 어떤 것이 출현하든 일체에 로종을 두루 행하거나 또는 도(道)로 전용한 뒤 빈말이 아니라 깊이 닦아지게 함이니, 그 도리는 앞에서 이미 설한 바이다"고 하였다. 또한 로종쑹되매카꼽(修心法語補遺)에서, "편향해서는 닦아지지 않음으로써 편향함이 없이 닦으면, 증장하고 원만해진다. 나는 귀신에 대해서 인내하는 힘이 강하고, 너는 사람에 대해서 인내하는 힘이 강하고, 나는 공성의 측면에 강하고, 너는 대비의 측면에 강하다고 말함은 모두 편향됨이다. 성자의 공덕에는 [한쪽에 치우침이] 없고, 이생범부의 공덕은 모두가 한쪽에 치우침이 순리이다. 사람의 차별에 의해서 또한 어떤 이는 쇠퇴할 때는 찾아오고, 부유할 때는 내 위에 아무도 없다고 여기고, 성채 위에는 사나운 개가 없다고 생각한 뒤 야크를 끌고 올라간 뒤 떨어짐과 같이 매우 두려운 것이다. (중략) 정법의 청문과 강설과 견해와 수행의 일체가 번뇌를 대치함에 들어가는 하나가 필요하다. 그것의 뿌리는 아집인 것임으로써 그것의 다스림으로 차별 없이 닦는 것이 필요하니, 그 또한 묘관찰(妙觀察)의 반야로써 [아집의 무명을] 해소하고, 스승의 구결이 있으면 인색함 따위 가운데 강한 어떤 것을 먼저 털어내서 닦는다. 무엇을 하든 아집의 다스림이 되면 잘못됨이 아니다. 아집이 조복되면 삼계(三界)와 삼유(三有: 天界·龍界·人間界)가 조복된다. (중략)"고 하였다.

491) 미자주(尾子酒, Siṅ skyur)는 술을 여러 차례 걸러내서 시큼하고 엷은 맛없는 박주(薄酒)를 말한다.

492) 이 구절의 의미에 대하여 선지식 돔뙨빠(ḥBrom ston pa)의 로종퇸개마(Blo sbyoṅ thun brgyad ma, 修心八座)에서 설하되, "시주의 복덕자량 또는 믿음으로 올린 음식을 소화하기 위해서 음식에 의거하는 로종을 행하라. 유정의 이익을 위해서 붓다를 성취토록 하라. 특히 자기의 몸에는 8만4천 가지의 벌레들이 있음으로써, '그들을 지금은 식물(食物)로써 섭수하고, 미래에는 법으

로써 섭수하리라!'고 사유하고, 음식을 안으로 삼킬 때는 유정들의 인시(因時)의 죄업과 과시(果時)의 고통의 일체를 가죽의 기름을 칼로 벗겨내듯이 자기의 몸에서 완전히 익어짐을 닦는다. 호흡이 밖으로 나갈 때는 자기의 안락과 선업이 유정들에게서 익어짐을 닦는다. 이 둘을 숨이 안으로 들어오고 밖으로 나갈 때 닦는다. 불보살님들의 모든 선근을 또한 마음으로 거두어가진 뒤, 그것이 유정들에게서 익기를 닦는다. 그와 같이 모든 유정들이 인시(因時)의 죄업과 과시(果時)의 고통을 여의고, 보리심을 일으키고, 복혜의 두 자량을 쌓은 뒤 붓다가 되는 것을 닦는다. 또한 유정들이 인시(因時)의 죄업과 과시(果時)의 고통을 여의고, 보리심을 일으키고, 복혜의 두 자량을 쌓은 뒤 아촉불(阿閦佛: 不動如來)로 올연히 변성됨을 닦는다. (중략)"라고 하였다.

또한 로종쑹되매카꽁(修心法語補遺)에서, "다른 법에서 약식유가(藥食瑜伽) 등을 허다하게 설하나, 여기서는 음식과 의복과 행동거지 등의 모든 유가를 하나로 행하는 것이다. 그것을 어떻게 행하는가? 하면, '음식과 의복 등이 갖추어지면, 나의 이 안락으로 모든 유정들이 안락을 지니게 하소서! 만약 갖추지 못하면, 유정들의 갖추지 못한 모든 고통들이 나에게서 익어지게 하소서!'라고 생각하고 닦는 등이니, 행(行)·주(住)·좌(坐)·와(臥)의 네 위의(威儀)와 여섯 감관(六根)의 모든 대경을 똥렌(주고 가져오기)의 둘로써 닦는다. 청정소행경경(淸淨所行境經, sPyodul yoṅs su dag paḥi mdo) 또는 미륵자존(彌勒慈尊)께서, '보살행을 행할 때 그같이 그와 같이, 감관(根)의 갖가지 행하는 경계에 들어가니, 그같이 그와 같이 정리(正理)로써, 수순하는 언설로써, 유정들의 이익을 위해 그것을 실행(實行)한다'고 [경장엄론(經莊嚴論)의 둡빠레우(sGrub paḥi leḥu, 實行品)에서] 설함과 같이, 자세히 알고 나서 보리심을 닦는 유가수행을 하는 것이다"라고 하였다.

493) 음식유가(飮食瑜伽, Zas kyi rnal ḥbyor)의 뜻에 대하여 장한대사전(藏漢大辭典上卷)에서, "①약식유가(藥食瑜伽). 이것은 음식을 약과 같음을 알고 먹는 것이다. ②식공유가(食供瑜伽). 이것은 음식을

몸 안에서 본존에게 호마(火供)를 행하는 것과 같이 관상해서 먹는 것이다"고 하였다.

494) 수면유가(睡眠瑜伽, Ñal baḥi rnal ḥbyor)의 뜻에 대하여 장한대사전(藏漢大辭典上卷)에서, "수면유가(睡眠瑜伽). 밤을 셋으로 나눈 뒤 초야(初夜)와 후야(後夜) 둘에는 수면에 들지 않고, 중야(中夜)에 잠잘 때 사자와(獅子臥)의 자태로 잠에 들어가고, 또는 밀주(密呪)의 금강승(金剛乘)에 머무는 단계에서 공성의 정광명의 상태에서 잠에 들어가는 것이다"고 하였다.

495) 이 구절의 의미에 대하여 제·쌰르동(rJe śar gdoṅ) 린뽀체의 같은 책에서, "로종(修心)을 수행함으로써 몸에 질병과 흉신(凶神)의 해악과 자기의 번뇌가 치성해지는 따위가 발생함으로 인해서, 이 로종의 가르침을 닦기를 원치 않는 마음이 일어나면, 그것을 물리치는 방편은 이와 같으니, '세간에는 내 허물과 같은 것들이 발생한 허다한 유정들이 있음으로써, 참으로 그들이 가련하도다!'라고 사유한 뒤, '그들의 그 같은 죄업들 일체가 나에게 거두어지이다!'라고 생각한 뒤, 똥렌(주고 가져오기)을 수습한다. 또한 이 로종을 수행의 핵심으로 삼음으로써, 일시적으로 귀신의 해침 따위가 많고, 특히 자기의 번뇌가 치성하는 따위가 일어나는 그것은 과실이 아니며, 공덕이 발생하는 전조이니, 등불이 꺼질 때 크게 밝아짐과 같이 번뇌가 끊어지는 무렵에 세력이 강력해지니, 비나야경(毘奈耶經)에서, '최후유(最後有)에 머무는 자들에게는, 한층 거칠고 미세한 번뇌가 여섯 조(組)와 열두 조(組)와 같은 것이 있다고 거론함이 많이 있음으로써, 큰 불이 일어나는 전조로 연기가 크게 솟아오름과 같이, 낱낱이 분별하는 반야혜(般若慧)로써 분석한 뒤 호지함으로써, 자기의 번뇌가 수면상태 또는 불을 댕기지 않은 상태로 있는 것들이 일어나거나, 또는 대부분 과거에 선행에 힘쓰지 않았을 시절 시끄러운 가운데 방탕하고 산란하게 머물던 때에는, 번뇌와 망상을 전혀 인식하지 못하고 급류처럼 정신없이 콸콸대며 살아갔으나, 이

제 적정처에서 홀로 머무르고, 선행에 힘쓰며 자기의 마음을 관찰할 때 번뇌가 그와 같이 일어남을 아는 것이다. 그와 같이 일어나는 그 때 스승님에게 강력하게 기원하고, 원수이니, 자기의 부모를 죽인 원적의 손아귀에 잡힌 것과 같이 번뇌에 붙잡힌 그것의 대치법을 힘써 친근하고, 특별히 똥렌(주고 가져오기)을 강렬하게 수습한다. 이와 같은 요결(要訣)을 알지 못한 채 적정처에 머묾으로써, 마음이 산란에 떨어지지 않음과 같은 것과 선행을 함으로써, 마음이 안으로 들어감과 같은 것을 본 뒤, 적정처에서 도 닦는 수행자로 떠벌리는 따위와 다른 선행에 힘쓴다고 하는 이것은, 속담에 '입을 열자 굴러온 음식을 혀가 밀어낸다'고 함과 같은 것이다"라고 하였다.

496) 이 구절은 원문은 "꼬롱미곰(Ko loṅ mi sgom)"이며, 다른 판본에는 "꼬롱미자(Ko loṅ mi bya)"로도 나온다. 여기서 꼬롱(Ko loṅ)은 사소한 것에도 쉽게 분노함을 뜻한다. 이 구절의 의미에 대하여 제·쌰르동(rJe śar gdoṅ) 린뽀체의 같은 책에서, "자기에게 다른 사람이 많은 사람들이 있는 장소에서 훼방이니, 모욕과 해침을 적지 않게 할지라도 또한 그 사람에게 보복을 하지 않고, 분노이니, 화를 내지 말라. 비록 화를 낼지라도 이득이 없고 자기 마음을 불태운 뒤 자기를 파탄시킨다. 그러므로 다른 사람이 좋지 않은 짓을 조금 할지라도 화를 불같이 일으키는 이것으로 자기와 타인 모두를 파탄시킴으로써 분노하지 않는 이것은 극히 중요하다. 그 또한 분노하지 않겠다고 생각하는 것으로도 조금은 가라앉을지라도 또한 조건과 부딪칠 때 불을 놓듯이 분노가 멈추지 않고 일어나기 때문이다. 분노를 없애는 법이니, 묘관찰(妙觀察)의 지혜로 분석한 뒤 분노를 일으킬지라도 또한 이익이 없고 손해만 클 뿐이고, 분노가 타인을 해치지 못해도 자기를 크게 해침과 타인의 입장에서 보면 대저 자기의 은혜로운 부모님이시고, 특히 분노로 인해 자제력을 잃고 욕설을 하는 따위는 자아를 애중히 여기는 아집의 마귀가 심장 속에 깃들여서 자제력을 잃고 미쳐버렸기 때문이다. 그래서 나의

이 은혜로운 어머님에게 자제력을 잃고 이와 같이 행하는 것이니, 내가 이 미친 짓에서 해탈하는 법을 행함이 불가능해도, '어떻게 그에게 분노와 악심을 일으킬 수 있겠는가?'하고 반복해서 성찰하고 또 닦으면 분노와 쉽게 성냄을 물리치게 된다. 과거의 선현들께서, '지금 우리들이 법을 닦는 수행자라고 말하는 이들이 법이 자기 심속(心續)의 아집을 다스림에 들어가야 함에도 그것에 들어가지 못함으로써, 인욕이 어린 사슴보다도 못하니, 언사가 미려하지 못하고 눈짓이 조금만 아름답지 않아도 탐착과 분노를 일으키고, 쉽게 분노해서 극도로 사납다. 예를 들면, 담짼·도제렉빠(Dam can rdo rje legs pa, 妙善·騎獅護法神)은 아주 쉽게 크게 분노하는 까닭에 쌍쑤루(bZaṅ gsur, 향과 보릿가루를 불에 태워 신중들께 올리는 공양예식)를 올리는 사람이 제때에 올리지 못하고 조금 늦거나 빠르면 크게 노여워하여 하루라도 끊어지면 그 순간 분노를 일으킨다'고 말했다. 쉽게 크게 분노함이 실로 존재함이니, 그것은 법에 유익하지 않음으로써, 법아(法我)의 집착을 다스림에 들어감이 필요하다고 설하였다"라고 하였다.

497) 티베트 속담에 "호랑이의 무늬는 밖에 있고, 사람의 무늬는 안에 있다"고 하는 "딱기리모칠라왜(sTag gi ri mo phyi la yod), 미이리모낭라왜(Miḥi ri mo naṅ la yod)"가 있다.

498) 이 구절의 원문은 "쌱응앤미괴(Śags ṅan mi rgod)"이니, 다똘쎄르기멜롱(古藏文辭典)에서, "쌱응앤미괴(Śags ṅan mi rgod)은 심장을 찌르는 모진 말을 말하지 않는 이름이니, 람림조르최(Lam rim sbyor chos, 道次第加行法)에서, '쌱응앤미괴(Śags ṅan mi rgod)라고 함은, 심장을 찌르는 나쁜 말을 말하지 않는 것을 말한다'고 설함과 같다"고 하였다.

499) 이 구절은 "오르체마되(Ḥor che ma ḥdod)"이니, 장한대사전(藏漢大辭典下卷)에서, "오르체마되(Ḥor che ma ḥdod)는 '은혜가 크다'고 말하거나 또는 '훌륭합니다!'라고 말해 주기를 바라는 기대

를 갖지 않음이다"고 하였다.

500) 이 구절의 원문은 "위마곰(Yus ma sgom)"이니, 다똘쎄르기멜롱(古藏文辭典)에서, "위미곰(Yus mi sgom)은 과거에 도움을 주었을지라도 또한 교만 따위를 행하지 않음의 뜻이니, 람림조르최(Lam rim sbyor chos, 道次第加行法)에서, '위미곰(Yus mi sgom)이라 함은, 타인에게 과거에 도움을 주었고, 자신이 현정선(賢·淨·善, mKhas btsun bzaṅ) 따위의 교만을 일으키지 않고, 타인에게 크게 과시하지 않도록 마음을 닦음이다'라고 하였다. 예를 들면, 까담쩨뛰(bKaḥ gdams gces btus, 噶當派大師箴言集)에서, '위마곰(Yus ma sgom: 과시하지 말라), 꼴롱미곰(Ko loṅ mi sgom: 쉽게 분노하지 말라)'고 설함과 같음이다"라고 하였다. 또한 이 구절의 의미의 대하여 텍첸로종기티쫑쌔뒤빠(大乘修心訣教導攝略)에서, "남에게 도움을 베풂과 자기가 법을 행한 것을 다른 사람에 과시하지 말라. 자기보다 타인을 애중히 여김을 닦는 데는 과시함이 있지 않기 때문이다"고 하였다.

501) 이 구절의 의미에 대하여 제·쌰르동(rJe śar gdoṅ) 린뽀체의 같은 책에서, "음식과 의복 따위가 모여지고, 사람과 비인간의 해침이 없고, 몸이 건강함 따위의 순연이 모여짐에 의지함이 없이 순연이 갖추어지지 않으면 갖추어지지 않은 그것을 두 가지 보리심을 닦는 문을 통해서 도(道)로 전용할 줄을 알아야 한다. 이 도리는 상제보살께서 자기의 살과 뼈를 파는 등의 난행을 행한 힘으로 인간의 햇수로 7년 동안 대승의 중품(中品)의 자량도(資糧道)에서 보살의 팔지(八地)에 이르는 도위(道位)의 깨달음의 구경에 도달한 행적이 있다. 그 또한 그가 처음 법상보살(法上菩薩)을 의지하기 위해서 길을 나섰을 때, 하품(下品)의 자량도 또는 중품의 자량도에 머무는 보특가라(人)이었으며, 그것을 알게 한 것은, 그 당시 허공에서, '여기에서 동쪽 지역으로 가라'고 함과 '반야바라밀을 듣게 된다'고 하는 소리가 들려옴을 들은 행적이 있는 것이니, 그 소리는 실제로는 한 부처님의 말씀이었던 것

이어도, 그가 말씀을 들었어도 또한 그 몸을 보지 못한 이것에 연결하면, 상품(上品)의 자량도인 법류삼매(法流三昧)를 얻지 못한 증표인 것이니, 그것을 얻었으면 수승화신(殊勝化身)의 존안을 실제로 친견함이 반드시 일어나기 때문이다. 그 뒤 상제보살이 법상보살님을 친근하고 반야경을 청문함으로써, 부정한 지위인 칠지(七地)까지의 도위(道位)의 깨달음의 구경에 도달한 뒤, 팔지에 이르기까지의 도위의 깨달음을 얻음으로써, 이무수겁(二無數劫) 동안에 쌓는 그 자량을 상제보살님은 인간의 햇수 7년 동안에 성취한 것이다. 그러므로 이것은 순연이 갖추어지지 않으면 갖추어지지 않은 그것을 두 가지 보리심의 문을 통해서 도(道)로 전용하는 도우미로 삼은 것이다"라고 하였다.

502) 이 구절의 의미에 대하여 텍첸로종기티쫑쌔뒤빠(大乘修心訣教導攝略)에서, "'이 사람이 나에게 경우에 맞지 않은 일을 이와 같이 행했다'라는 생각 따위의 이유와 로종을 쇠퇴시키는 좋지 않은 생각의 일체를 버리는 것이다"라고 하였다.

503) 이 구절의 원문은 "똑쬐니끼쉰타르자(rTog dpyod gñis kyis shun mthar bya)"이나, 판본에 따라서는 '딱째니끼쉰타르자(rTags dpyad gñis kyis shun mthar bya)'로 나오는 둘이 있다. 이 구절의미에 대하여 제·쌰르동(rJe śar gdoṅ) 린뽀체의 같은 책에서, "원문 여기에는 '똑쬐니끼타르빠르자(Togs dpyod gñis kyis thar par bya)'와 '딱째니끼타르빠르자(rTags dpyad gñis kyis thar par bya)'의 서로 다른 두 가지가 있다. 후자인 '관찰과 분석의 둘로써 해탈하라'를 뜻하는 '딱째니끼타르빠르자(rTags dpyad gñis kyis thar par bya)'의 전통은, 로종(修心)인 세속보리심을 오랫동안 닦음으로써 번뇌가 현전(現前)하는 머리를 부수는 것이니, 여기서 번뇌는 어머니와 같은 아집(我執)과 마음을 일으키는 큰 아들과 같은 [자아를 애중히 여기는] 자애집(自愛執)의 둘과 그 아집(我執)에도 또한 번뇌의 현전을 멸함과 번뇌의 잠복을 멸함과 번뇌의 종자와 함께 뿌리 채 단멸하는 셋이 있다. 이 가운데서 번뇌가

현전(現前)하는 머리를 파괴하는 것이니, '단지 머리를 눌러 놓고서 번뇌를 끊었다'고 생각하는 착오가 생김이 또한 있는 것이기에, 그것을 생각해서 함부로 결정하지 말라. 그렇다면, 번뇌가 끊어짐과 그렇지 못함을 어떻게 아는가? 하면, 다시 또한 번뇌가 일어날 조건과 만날 때 번뇌의 현전이 일어나고 일어나지 않음을 자세히 관찰해야 하는 것이다. 번뇌가 일어날 조건과 만날지라도 또한 일어남이 없다면 번뇌를 단멸해 마친 징표이다. 예를 들어 풀포기에 비유하면, 그것을 뿌리 채 뽑아낸 뒤 그것의 씨앗이 있고 없음은 비가 내리거나 또는 물을 만났을 때 다시 싹이 트지 않는다면 작은 종자까지도 남김없이 파괴한 징표이고, 만약 작은 종자가 남아있다면, 습기와 온기의 둘이 모여지면 또한 다시 싹이 반드시 생함과 같다. 그와 같이 번뇌를 끊음이 있고 없음은 탐착과 성냄이 일어나는 조건 따위와 만날 때, 번뇌의 현전이 일어나고 일어나지 않음을 관찰하는 것이다. 만약 번뇌의 현전이 일어나지 않으면 풀뿌리를 작은 씨앗과 함께 파괴해서 마침과 같이 번뇌를 뿌리 채 끊어버림이 완수된 것이다. 그리고 번뇌의 현전이 일어나지 않아도 또한 구생번뇌(俱生煩惱)가 마음의 흐름에 그와 같이 존재하는 도리들을 또한 알도록 하라. 탐착과 성냄 따위의 번뇌와 그것의 다스림이니, [마땅히 끊어야 하는] 소단사(所斷事)와 [번뇌를 잡아 지니는 모양인] 파지상(把持相, ḥDzin staṅs)과 어긋나는 직접적 상위(相違) 하나가 필요하다. 그것에 의지해서 번뇌를 끊어버림에 크게 노력하는 것이 필요하니, 그와 같이 하지 않으면, '제대로 끊지 못한 것을 끊었다'고 생각하는 증상만(增上慢)에 속임을 당한 뒤 파멸하게 된다. 또한 번뇌의 현전을 끊음과 번뇌의 끊음의 둘에는 차이가 있으니, 단지 번뇌의 머리를 눌러놓은 것을 번뇌의 현전을 끊음이라 하고, 번뇌의 종자와 함께 뽑아낸 뒤 끊어버림이 번뇌를 끊음인 것이니, 다시는 번뇌가 일어나는 조건과 만날지라도 또한 일어남이 있지 않은 것이다. 이 단계는 대승에서 팔지(八地)를 얻기 전까지는 번뇌를 뿌리 채 뽑아냄이 일어나지 않고, 소승의 성문의 수도위(修道位)에 머무는 자는 또한 자기의 득분(得分)의 번뇌를 끊을지라도 또한 아라한을 얻기 전까지는 번뇌를 뿌리 채 끊어버리지 못한다. 그러므로 현재 초학자로서 도(道)의 언저리에 도달한 일면조차 없는 자들의 미세한 주심(住心: 九住心 따위의) 하나의 힘에 의해서 잠시 번뇌의 현행을 제압함을 가지고서 번뇌를 끊어버렸다고 말함은, 제멋대로 떠드는 소리인 까닭에 지자(智者)들이 마음으로 부끄러워하는 그 수치처(羞恥處)인 것이다.
또한 원문의 전자인 '똑쬐니끼타르빠르자(Togs dpyod gñis kyis thar par bya)'라고 함은, 이 로종(修心)을 수행할 때 자기의 심속(心續)에 자기를 애중히 여기는 자애집(自愛執)과 그것이 불러오는 번뇌들이 일어나고 일어나지 않음과 로종의 수행이 요처(要處)에 도달하고 도달하지 못함을 반복해서 분별하고 분석하는 의미이다. 로종의 수행이 요처에 도달한 척도는 자기를 애중히 여기는 자애집이 불러오는 애집과 인색과 교만과 탐착 따위의 힘이 점차로 줄어듦이 있고 없음에 의거해서 결정함이 마땅하니, 자기의 심속의 번뇌의 힘이 점점 줄어들면 로종의 수행이 요처에 도달한 것이며, 번뇌를 저해조차 하지 못한다면 로종의 수행이 요처에 도달하지 못한 것이다. 예를 들면, 약을 복용해도 병세조차 잡지 못함과 같은 것이다"라고 하였다.

504) 이 구절의 원문은 "돌최두장(Dol chod du sbyaṅ)"이니, 다똘쎄르기멜롱(古藏文辭典)에서, "돌최두장(Dol chod du sbyaṅ)은 결심해서 닦는 의미이니, 로종니매외쎄르기다된(Blo sbyoṅ ñi maḥi ḥod zer gyi rda don, 修心日光文義)에서, '돌최두장(Dol chod du sbyaṅ)이라 함은, 의심으로 주저함이 없이 닦는 것이니, 예를 들면, 화살을 쏠 때 맞히고자 하는 그 어떤 표적과 혼연일치가 되어 들어가는 것을 돌최(Dol chod)라 부른다'고 하였다. 예를 들면, 람림조르최(Lam rim sbyor chos, 道次第加行)에서, '돌최두장(Dol chod du sbyaṅ)이라 함은, 탐색하는 것과 같은 것이 아니라 결심한 뒤 닦는 것이다'고 하였다"라고 하였다.
또한 이 구절의 의미에 대하여 제·쌰르동(rJe śar gdoṅ) 린뽀체의 같은 책에서, "이 로종(修心)에 마음이 완전히 몰입하는 것이니, 어떠한 도차제(道次第)을 닦을지라도 그 로종 이외의 다른 것을 생각함과 억념함이 없이 일향으로 닦는 것이다. 현재 법에 대한 확신이 내면으로부터 나옴이 드물고, 그 가운데서도 또한 이와 같은 대승의 로종에 대한 확신을 충심으로 얻음은 극히 일어나기 어려운 일처럼 드러났다. 그러므로 단지 타인의 흉내를 내고 부화(附和)하는 것으로서 '로종을 행하노라!'고 하는 자가 허다할지라도, 로종에 대한 확신이 내면으로부터 도래하는 것이니, 이 로종에 한길로 집중해서 정근하는 것은 극히 드문 것이다. 그러므로 이 로종에 한길로 집중해서 정근하는 것이 있으려면 보통 법의 공덕과 그 가운데서 또한 대승교법의 공덕에 확신을 얻는 것이 필요하다. 여기에 덧붙여서 또한 아띠쌰 존자와 제·린뽀체 쫑카빠 대사로 이어지는 청정한 까귀(bKaḥ brgyud, 教誡傳承)와 같은 것을 만남과 만나지 못함의 차이와 이것과 만남에는 또한 현정선(賢淨善)의 셋을 갖춘 선지식과 만난 뒤 이 법의 구결을 얻음과 그와 같이 얻지 못한 이들과의 차이가 모든 사람들의 눈에 보여짐과 같은 것에 의해서 그 도리들을 잘 사유하는 것이며, 여기서 또한 저잣거리에 머물고 적정처에서 일념으로 수행하는 차이와 과거의 선현들의 행적과 현재 눈으로 보는 바의 법을 닦는 자들의 차이가 극명하게 드러남으로써, 그것들을 자세하게 사유하고, 적정처에서 이 로종에 한길로 집중해서 수행에 강력한 흥취를 일으킨 뒤, 이것 이외에 다른 것에 어떤 것에 의해서도 바뀌지 못함을 행하는 것이다"라고 하였다.

505) 이 구절의 의미에 대하여 로종촉쌔마(修心法談)에서, "지금까지 아버지의 집과 같은 삼계에서 유랑하였다. 이번에 몇몇의 복덕에 의해서 백천만겁에도 또한 얻기 어려운 가만(暇滿)의 사람 몸을 얻은 이 때, 금생의 이익을 행하기보다는 후생 이후의 요의(要義, Don gyi gtso bo)를 행함이 핵심이며, 법에도 또한 강설과 수증(修證)의 둘 가운데서 수증이 핵심이며, 수증에도 또한 외

적인 행위를 닦음보다는 마음을 닦는 것이 핵심이니, '보리살타의 행위들이, 무량함을 설한 가운데, 마음을 닦는 행위를, 반드시 [모든 행위들을 실천할 수 있는] 그때까지 행하도록 하라'고 [입보리행론의 호계정지품(護戒正知品)]에서 설함과 같다. 마음을 닦는 것들 가운데서도 또한 핵심은 보리심이니, '이 대승에서 보리심이, 최승이라 설시하였으니, 보리심을 일으킨 뒤, 갖은 노력으로 등인정(等引定: 空性定)에 안주하라'고 [용수보살의 보리심석(菩提心釋)]에서 설함과 같다. 이 보리심 또한 자타상환(自他相換)이 핵심이니, '만약 누군가 자기와 다른 이들을, 신속하게 구호하길 원하는 그는, 자기와 타인을 상환하도록 하라. 비밀의 극치를 행하도록 하라'고 [입보리행론의 선정품(禪定品)]에서 설함과 같다. 그 또한 몸과 말로 '바꾸었다'고 하기보다는 내면에서 닦는 것이 핵심이다. 그 또한 언교(言教)와 논리의 벽 사이에 넣고 닦기보다는 스승의 구결에 의지해서 고집스럽게 닦는 것이 핵심이다. 행위 또한 다니는 것보다 자리에 앉아서 닦는 것이 핵심이니, 그와 같이 배우도록 하라"고 하였다.

506) 이 구절의 의미에 대하여 로종촉쌔마(修心法談)에서, "출가자가 국왕과 장자의 일에 해당하는 선행의 보조역할을 하는 것이니, 금자십만반야경(金字十萬般若經)을 서사하고, 불전(佛殿)을 건립하는 따위들이 허다하게 있는 것이다. 그것들을 단지 행하는 것만으로 출가자의 학처(學處)가 쇠퇴하게 되고, 그들과 틀어짐으로써 오로지 분노를 쌓게 된다. 그 탓에 다른 사람에게 해악이 숱하게 일어나게 된다. 자기가 적정처(寂靜處)에 의지함과 법의 수행이 쇠퇴하게 된다. 계율을 범한 벗과 귀신에게 붙들린 자와 서언을 깨트린 사람 등의 포악한 자들과 어디서나 어울리게 된다. 그것의 빌미로 승가가 다투는 따위의 일체가 또한 발생한다. 자기와 타인의 몸과 목숨에 장애가 일어나는 원인 또한 많음으로써, 그와 같은 따위의 선행의 보조역할을 일체하지 말라고 설하였다. 그러면 무엇을 해야 하는가? 하면, 자기가 지키기로 서약한 학처(學處)를 청정하게 수호하는 그것이 의미가

큰 것이다. 죄업을 정화하고, 가피를 청하고, 선행을 보리로 회향하고, 스승의 전승법계에 기원을 하고, 도차제(道次第)를 닦고, 스승님과 서언이 쇠퇴하지 않게 하고, 자비의 보리심을 수행하고, 공성과 대비의 합일을 닦고, 본존의 심주(心呪)를 염송하는 그것들의 일체를 성취하는 근본인 스승님을 항상 닦고, 선우(善友)와 교류하고, 선신에게 공양하는 등으로써 자량을 축적하고, 장애를 정화하는 그것들을 행하라고 설하였다"고 하였다.

507) 이 구절의 의미에 대하여 로종쑹되매카꽁(修心法語補遺)에서, "이것을 행함으로써 비인간의 해악이 오지 않음을 희망하고, 미담(美談)을 기대하고, 친교사와 아사리 등이 존중함을 바라고, 음식과 의복 따위가 모여지길 기대하고, 나아가 성불을 기대하는 것이 일어날지라도 또한, 미륵자존(彌勒慈尊)께서, '지나(勝者) 등은 미세한 탐착도'라고 [현관장엄론(現觀莊嚴論)의 3장(章)에서] 설함으로써, 금후에는 희망이 전무한 하나를 닦는 것을 알지 못하면, 이 로종의 법의 한쪽이 결여된 것임으로써 어떤 결과도 기대함이 없이 닦는 것이 중요하다. 금생을 희망함은 일반적으로 법에 들어가지 못하고, 후생을 희망함도 개별적으로 보살의 법에 들어가지 못하고, 자기의 이익을 위해서 성불을 원할지라도 또한 독각(獨覺)의 원인이기 때문이다"라고 하였다.

508) 이 구절의 의미에 대하여 제·싸르동(rJe śar gdoṅ) 린뽀체의 같은 책에서, "지금 이후부터 붓다를 이루기 전까지 나보다 타인을 애중히 여기는 보리심의 보석과 한순간도 분리됨이 없도록 또한 기원을 행하고, [증상의요(增上意樂)을] 일으켜 발출한다. 어떤 악연과 순연이 발생할지라도, '이 보리심의 보석의 도우미로 능히 전용(轉用)하리라!'는 열망을 강렬하게 일으킨다. 특별히 자기에게 불행과 분노 등이 일어남이 닥치면 그것들을 의식의 대경으로 전이시키고, 이러이러한 불행이 일어났을 때, '로종이 쇠퇴하지 않도록 자타상환의 보리심이 쇠퇴하지 않도록 인욕의 갑옷과 마음의 전용(轉用)을 이같이 행하리라!'는 열망을

반복적으로 일으킴이 극히 중요한 요결이다. 이것은 예를 들면, 적이 온다는 생각에 의심이 드는 때는 그 적을 물리치는 무기를 준비하는 것과 같다. 그와 같이 보리심의 보석을 본좌(本座: 일단의 수행시간)와 좌간(座間: 수행을 마친 휴식시간)의 일체에 걸쳐서 호지(護持)하는 것이니, 예배하고 탑돌이 하고, 염송을 행하는 등의 어떤 선행을 하더라도 일체가 그 보리심에 의해서 섭수되고, 그 상태에서 행해지고, 어떤 선행을 행하든지 일체가 보리심의 보석을 자라나게 하는 도우미가 되도록 행한다. 자타상환의 문을 통해서 보리심을 닦는 이 가르침에 보리도차제(菩提道次第)가 모두 갖추어져 있음으로써, 이 보리도차제로부터 별도로 수행이 있거나 또는 이것으로부터 별개인 것으로 인식하지 않고 도차제의 수행임을 알도록 하라"고 하였다.

참고문헌

1. 게쎼·뚭땐뻴쌍(dGe bśes thub bstan dpal bzaṅ)의 람림첸뫼싸째끼쑤르걘도뛰람딕(Lam rim chen moḥi sa bcad kyi zur rgyan mdo btus lam sgrig, 菩提道次第廣論科判別嚴集經編論), Tse Chok Ling Monastery, 2005, Dharamsala, H.P, INDIA.

2. 겐뒨갸초(dGe ḥdun rgya mtsho, 僧海)의 라매낸조르라마최빠티끼꼬르(Bla maḥi rnal ḥbyor bla ma mchod pa ḥkhrid kyi skor, 상사유가·상사공양·교도: 慧寶叢書, 根敦嘉措文集 1/6권), 중국장학출판사, 북경, 2010, China.

3. 곰데칙죄첸모(sGom sde thsig mdzod chen mo, 貢德大辭典), 佛陀教育基金會, 2013, Taipei, Taiwan.

4. 구루 빠드마쌈바와(蓮花生)의 까탕데응아(bKaḥ thaṅ sde lṅa, 五部遺敎), 북경: 민족출판사, 1997. 북경, China.

5. 까르마빠·랑중도제(Raṅ byuṅ rdo rje)의 댄빠녜와르샥빼땐쬐끼델빠(Dran pa ñe bar bshag paḥi bstan bcos kyi ḥgrel pa, 正法念處經義明釋論), Vajra Vidya Institute Library, 2011, Sarnath, Varanasi, India.

6. 까말라씰라의 수습차제 연구, 중암 지음, 불교시대사, 2006, 서울, Korea.

7. 꽁뚤·왼땐갸초(Koṅ sprul Yon tan rgya mtsho, 功德海)의 쌉모낭된낭제(Zab mo naṅ don snaṅ byed, 金剛身論釋: 藏族十明文化傳世經典叢書:噶擧系列第20券), 청해 민족출판사, 2001, 서녕, China.

8. 다조르밤뽀니빠(brDa sbyor bam po gñis pa, 聲明要領二卷), Central Institute Of Higher Tibetan Studies, 2011, Sarnath, Varanasi, India.

9. 둥까르·로쌍틴래(Duṅ dkar Blo bzaṅ ḥphrin las)의 둥까르칙죄첸모(東噶藏學大事典, Duṅ dkar tshig mdzod chen mo), 중국장학출판사, 2002, 북경, China.

10. 따라나타(Tāranāthā)의 갸가르최중(rGya gar chos ḥbyuṅ, 印度佛教史), Sherig Parkhang, 2001, Delhi, India.

11. 라당돌마꺕(Bla braṅ sgrol ma skyabs)의 편찬의 쎄르기담뷔밍칙챈델노르뷔도쌜(gSer gyi sbram buḥi miṅ tshig mchan ḥgrel nor buḥi do śal, 雪域

名著名詞精典注釋), 서장인민출판사, 1997. 1, 북경, China.

12. 래첸·꾼가걀챈(Las chen Kun dgaḥ rgyal mtshan, 慶喜勝幢)의 까담최중쌜된(bKaḥ gdams chos ḥbyuṅ gsal sgron, 噶當派源流), 서장인민출판사, 2003, 西藏, China.

13. 래첸·꾼가걀챈(Las chen Kun dgaḥ rgyal mtshan, 慶喜勝幢)의 sPyod ḥjug rta ba daṅ ḥgre pa, 텍첸로종기티쭝쌔뒤빠(Theg chen blo sbyoṅ gi ḥkhrid cuṅ zad bsdus pa, 大乘修心訣敎導攝略)의 PDF 파일.

14. 롱첸·최잉똡댄도제(Kloṅ chen Chos dbyiṅs stobs ldan rdo rje, 法界有力金剛)의 도귀린뽀체죄쓕(mDo rgyud rin po cheḥi mdzod bshugs, 현밀문고삼권(顯密文庫三卷), 사천 민족출판사, 2000, 성도, China.

15. 뮈첸·꾄촉걀챈(Mus chen dKon mchog rgyal mtshan, 稀寶勝幢, 1388-1469)의 로종쑹되매카꽁(Blo sbyoṅ gsuṅ bgros maḥi kha skoṅ, 修心談論補遺: 텍빠첸뽀로종갸짜(Theg pa chen po blo sbyoṅ brgya rtsa, 大乘修心訣百選), 뵈끼쭉락십쬐캉(Bod kyi gtsug lag shib dpyod khaṅ), 2004, New Delhi, India.

16. 바쏘·하왕최끼걀챈(Ba so lHa dbaṅ chos kyi rgyal mtshan, 天主法幢)의 람림첸모챈시닥(Lam rim chen mo mchan bshi sbrgs, 菩提道次第廣論四家合註), mTsho sṅon naṅ bstan kaṅ, 2005, China.

17. 바쑤반두(Vasuvandhuḥ, 世親)의 불수념광주(佛隨念廣註, Saṅs rgyas rjes su dran paḥi rgya cher ḥgrel pa), 데게 대장경 논장(論藏)의 경소부(經疏部) [동북목록 No.3987].

18. 보리도차제약론, 양승규 옮김, 도서출판 시륜, 2006. 9, 시흥시, Korea.

19. 부뙨·린첸둡(寶成)의 쬐죽델빠장쎔쌜제다왜외쎄르(sPyod ḥjug ḥgrel pa byaṅ sem gsal byed dza baḥi ḥod zer, 入菩薩行論注疏·菩提心明解月光), 중국장학출판사, 2010. 12, 북경, China.

20. 불수념경(佛隨念經, Saṅs rgyas rjes su dran paḥi mdo)의 원명은 성불수념(聖佛隨念, ḥPhags pa saṅs rgyas rjes su dran pa)이며, 데게 대장경 경장(經藏)의 경부(經部)[동북목록 No.279].

21. 뺄망·꾄촉걀챈(dPal maṅ dKon mchog rgyal mtshan, 稀寶勝幢, 1764-1853)의 꺕되티익툽땐고제(sKyabs ḥgroḥi ḥkhrid yig thub bstan ḥgo brjoed, 歸依敎授佛敎開門).

22. 쁘라즈냐와르마(般若鎧)의 법집요송경주해(法集要頌經註解)[또는 우다나품주해(優陀那品註解)]에서, "

23. 쌍걔곰빠·쎙게꺕(Saṅs rgyas bsgom pa Seṅ ge skyab, 佛修·獅子依怙, 1179-1250)의 로종촉쌔마(Blo sbyoṅ tshogs bśad ma, 修心法談: 텍빠첸뽀로종갸짜(Theg pa chen po blo sbyoṅ brgya rtsa, 大乘修心訣百選), 뵈끼쭉락십쬐캉(Bod kyi gtsug lag shib dpyod khaṅ), 2004, New Delhi, India.

24. 아띠쌰·디빰까라쓰리즈냐나(Dīpaṃkar Śrījñāna, 吉祥燃燈智)의 보리도등론난처석(菩提道燈論難處釋, Byaṅ chub lam gyi sgron maḥi dkaḥ ḥgrel), Sherig Parkhang, 1999, Delhi, India.

25. 아쌍가(Asaṅga, 無着)의 불수념광주(佛隨念廣註, Saṅs rgyas rjes su dran paḥi ḥgrel pa), 데게 대장경 논장(論藏)의 경소부(經疏部)[동북목록 No.3982].

26. 아비달마구사론11권, 권오민 역주, 동국역경원, 2007년, 서울, Korea.

27. 용진·예시곌챈(Yoṅs ḥdzin Ye śes rgyal mtshan, 智幢)의 텍빠첸뾔로종기티익로쌍공갠셰자와슉쏘(Theg pa chen poḥi blo sbyoṅ gi khrid yig blo bzaṅ dgoṅs rgyan shes bya ba bshugs so, 大乘修心訣教導書善慧義趣莊嚴論), 체촉링용진·예시곌첸기쑹붐냐빠(Tshe mchog gliṅ yoṅs ḥdzin ye śes rgyal mtshan gyi gsuṅ ḥbum ña pa), Tibetan Book House, Delhi, India.

28. 응울추·다르마바드라(dṄul chu Dharmabhadra, 法賢)의 삼보수념경주(三寶隨念經註, dKon mchog rjes su dran gyi mdo ḥgrel dad paḥi lcags kyu)의 PDF 파일.

29. 제·쌰르동·로쌍쌔둡(rJe śar gdoṅ Blo bzaṅ bśad sgrub rgya mtsho, 善慧講修)의 텍첸로종기티익뒤찌닝뾔델쌔린첸왕기걜뽀매차(Theg chen blo sbyoṅ gi ḥkhrid yig bdud rtsi sñiṅ poḥi ḥgrel bśad rin chen dbaṅ gi rgyal poḥi smad cha, 大乘修心訣甘露精髓註寶王下卷): 제·쌰르동·로쌍쌔둡갸최쑹붐1권(rJe śar gdoṅ blo bzaṅ rgya mtshoḥi gsuṅ ḥbum), 북경 민족출판사, 2001. 8, 북경, China.

30. 진나보살(陳那菩薩, Phyogs kyi glaṅ po)의 보현행원의섭(普賢行願義攝, Kun tu bzaṅ poḥi spyod paḥi smon lam gyi don kun bsdus), 데게 대장경 논장(論藏)의 경소부(經疏部)[동북목록 No.4012].

31. 제쭌·렝다와(rJe btsun Red mdaḥ ba)의 친우서본주(親友書本註, bŚes spriṅs kyi ḥgrel pa don gsal), 북경 민족출판사, 1999. 2, 북경, China.
진나보살(陳那菩薩, Phyogs kyi glaṅ po)의 보현행원의섭(普賢行願義攝, Kun

tu bzaṅ poḥi spyod paḥi smon lam gyi don kun bsdus), 데게 대장경 논장(論藏)의 경소부(經疏部)[동북목록 No.4012]에 수록되어 있다.

32. 쫑카빠(Tsoṅ kha pa)의 람림첸모(菩提道次第廣論, Lam rim chen mo), 청해 민족출판사, 1985, 서녕, China.

33. 쫑카빠(Tsoṅ kha pa)의 람림딩와(菩提道次第略論, Lam rim ḥbriṅ ba), Sera Je Monastic University, Mysore, India.

34. 툽땐·최끼닥빠(Thub bstan Chos kyi grags pa, 能仁教·法稱)의 쬐죽델쌔걜쌔붐쌍(Pyod ḥjug ḥgrel bśad rgyal sras bum bzaṅ, 入行論釋菩薩寶瓶), 중국장학출판사, 1993. 12, 북경, China.

35. 캔린뽀체·틴래도제(Phrin las rdo rje, 事業金剛)의 대승수심칠사주해(大乘修心七事註解, Theg chen blo sbyoṅ don bdun maḥi ḥgrel pa: 텍빠첸뽀로종갸짜(Theg pa chen po blo sbyoṅ brgya rtsa, 大乘修心訣百選), 뵈끼쭉락십쬐캉(Bod kyi gtsug lag shib dpyod khaṅ), 2004, New Delhi, India.

36. 캔뽀·꾼뺄(mKhan po Kun dpal, 全吉)의 쬐죽짜델(sPyod ḥjug rta ḥgrel, 入菩提行論釋), Yashodhara Publication, 1993, Delhi, India.

37. 하촉걜(lHa mchog rgyal)의 편찬의 슝까뾔응애칙된쌜델(gShuṅ bkaḥ pod lṅaḥi tshig don gsal ḥgrel, 藏傳佛教五明詞義詮釋), 북경 민족출판사, 2008. 11, 북경, China.

1대 달라이 라마의

대승의 마음 닦는 법

초판 인쇄 | 불기 2564년 11월 20일
초판 발행 | 불기 2564년 11월 27일

역　저 | 중암 선혜
펴낸인 | 강창희
펴낸 곳 | 금빛소리
등　록 | 2019년 7월 30일(제716-97-00556호)
주　소 | 25936 강원도 삼척시 근덕면 양리길 140
전　화 | 033-573-5671

ISBN 979-11-968038-2-7

* 책값은 뒤표지에 있습니다.
* 잘못 만들어진 책은 구입하신 서점에서 교환해 드립니다.